教育测量

（修订版）

华 东 师 范 大 学 出 版 社

Jiaoyu

王孝玲 编著

Celiang

图书在版编目(CIP)数据

教育测量/王孝玲编著. —修订本. —上海:华东师范大学
出版社,2004.3
 ISBN 978-7-5617-3727-9

 Ⅰ.教...　Ⅱ.王...　Ⅲ.教育测量　Ⅳ.G449

中国版本图书馆 CIP 数据核字(2004)第 024571 号

教育测量(修订版)

编　　著	王孝玲
责任编辑	张　捷
责任校对	王丽平
封面设计	黄惠敏
版式设计	蒋　克

出版发行	华东师范大学出版社
社　　址	上海市中山北路3663号　邮编200062
网　　址	www.ecnupress.com.cn
电　　话	021-60821666　行政传真 021-62572105
客服电话	021-62865537　门市(邮购)电话 021-62869887
地　　址	上海市中山北路3663号华东师范大学校内先锋路口
网　　店	http://hdsdcbs.tmall.com

印 刷 者	昆山市亭林印刷有限责任公司
开　　本	787×1092　16开
印　　张	21.5
字　　数	368千字
版　　次	2005年8月第二版
印　　次	2020年12月第十二次
印　　数	36 901-38 000
书　　号	ISBN 978-7-5617-3727-9/G·2036
定　　价	44.00元

出版人　王　焰

(如发现本版图书有印订质量问题,请寄回本社市场部调换或电话021-62865537联系)

目　　录

前　　言

　　本书第一版面世至今已有十多年,在此期间国外现代教育测量的新兴理论不断传入,国内教育测量学者们的研究成果也不断涌现,所以有必要加以补充和修改。

　　修订版除了对第一版原有内容加以修改之外,还新增加了三章,即第十一章"标准参照测验及其鉴定";第十二章"项目反应理论及其在标准参照测验中的应用";第十三章"测验举例",并为各章练习题(计算性的题目)提供了答案。

　　修订版第一至第十章主要论述的是,在经典测验理论指导下常模参照测验的编制原理及方法。第十一章论述的是标准参照测验。第十二章论述的是现代教育测验理论——项目反应理论,及在其指导下标准参照测验的编制原理及方法。

　　常模参照测验是一种选拔性、竞赛性的测验。这种测验过去一直以有悠久历史的经典测验理论为依据。标准参照测验是一种达标性的测验,如各级各类学校平时教学中区分学生掌握与否的测验;判断初、高中学生是否达到毕业水准的测验;各行各业招聘录用测验;任职资格证书测验;从业执照测验等。其应用范围比常模参照测验广泛。但是由于经典测验理论基本不适合于标准参照测验,所以标准参照测验理论及操作技术的产生和发展都远比常模参照测验迟得多。项目反应理论是现代教育与心理测验的新兴理论。它的理论与操作都大大优于经典测验理论,而且既适合于常模参照测验,又适合于标准参照测验。从而,标准参照测验寻到了适合它的理论及编制的方法途径。作者为了反映教育测量学的这一发展现实,特补充第十一和十二章有关内容。根据项目反应理论的优越性和经典测验理论的局限性,虽然可以推测出项目反应理论有代替经典测验理论的可能,但是由于项目反应理论目前应用最为广泛的还只是二值记分的反应模型,再加上它的计算手续繁复,所以曾经起了很大作用的经典测验理论现在仍然发挥着它的作用。这也是本书仍以介绍经典测验理论为主的原因。

　　本书第十一章第四节由安徽师范大学教育系赵必华老师撰写,其他各章均由华东师范大学王孝玲撰写。

由于作者的水平有限,本书难免会出现错误或不妥,敬请同行、读者批评指正。

王孝玲

2004 年 1 月

第一章　　教育测量的基本原理

第一节　　测 量 的 概 念

史蒂文斯(S. S. Stevens)于1951年曾给测量下了这样的定义："从广义而言，测量是根据法则给事物分派数字。"这一定义概括了物理测量、社会测量和心理测量的共性。

例如，测量学生的体重时，学生只能身穿极少量的衣服，赤脚自然站立在体重计上，这时体重计上所指示的数字，就是该生的体重。在这里，学生的"体重"是我们所要测量的属性，而"身穿极少量的衣服，赤脚自然站立在体重计上"，是测量体重所依据的规则。体重计上所指示的"数字"，就是我们用来描述学生体重的数。

又如，教师要用1、2、3、4、5五个等级对学生的道德品质进行评定，道德品质最好者评为5，最差者评为1，其他依道德品质的不同程度评为4、3、2。在这里，学生的"道德品质"是教师所要测量的属性，1、2、3、4、5五个等级是用来描述学生道德品质优劣的数字，而"教师对不同道德品质的学生，予以评定不同的等级"这种主观规定，就是规则。

从史氏对测量下的定义可以看出，测量包括三个要素：第一，事物的属性；第二，数字；第三，规则。

下面对这三个要素加以具体分析。

一、事物的属性是测量的对象

我们对事物进行测量，确切地说，测量的对象是事物的某种属性。例如，物体的长度、重量、体积、温度以及一个事件发生的时间长短等，都是事物的物理属性。它们的存在形式比较具体，大多可以被人的感觉器官所直接感觉到，如看得见、听得到、摸得着、尝得出、嗅得到。但是，我们还往往需要测量人的心理属性，如学生的智力、个性、品德、知识、技能、习惯、能力、态度、兴趣、爱好等。它们的存在形式比较抽象，大多不能被人的感官直接感觉到。

二、数字是描述事物属性的符号

数字在未被用来表示事物的属性之前,它仅仅是一个符号,它本身没有量的意义。当数字被合理地用来描述事物的属性时,我们才赋予它以量的意义,即从数字变成了数。

数的特性为逻辑运算提供了许多可能性。数的系统是非常合乎逻辑的。

数的系统(指自然数)有以下几个特性:(1)同一性和区分性。所谓同一性就是指每一个数的独特性。例如,用同一个数字表示的事物必定是相同的。既然每一个数都是独特的,那么就没有任何一个别的数与它完全相同。这就是数与数之间的区分性。是 1 就不是 2,是 2 就不是 1,用 1 和 2 分别表示的事物是不相同的两个事物。数的同一性和区分性是一个问题的两个方面。(2)等级性或位次性。这是指若干个数之间按其大小所形成的次序关系。如 3 > 2 > 1。若用数的等级性描述事物,那么,事物之间必有位次可循。(3)等距性。若第一个数与第二个数之差,等于第二个数与第三个数之差(例如,1、2、3 三个数,3 − 2 = 1,2 − 1 = 1),那么,这三个数具有等距性。(4)等比性。若一个数可以表示为是另一个数的倍数,如桌子的长是宽的 2 倍,这类数具有等比性。

上述数的特性从低到高排列。一个数若具有较高的特性,则必具有较低的特性。

在实际测量中,由于测量的需要以及所欲测量的事物属性的不同,有时并不需要让数的各种特性同时具备。当然,能多具备一些更好,因为测量中运用数的效果,确实也与这些数所包括的特性多少相关联。

假如我们能用数合理地描述事物的属性,并且在允许的条件下,对数进行运算,我们就可以通过运算的结果,对所要测量的属性进行推测。如果事物的属性和数的系统之间,在性质上或形式上存在着高度的类似性,我们就可以用数来描述事物的真实情况。

三、规则是给事物属性分派数字的依据

测量中最关键且最困难的事情就是制定规则。所谓规则就是指导我们如何测量的一种准则或方法,即在测量时给事物的属性分派数字的依据。例如,有一种规则可描述为:对色盲者,分派数字 0,对非色盲者,则分派数字 1。如果有一个集合 $M\{M_1, M_2, M_3, M_4, M_5\}$ 共有 5 个人,其中有两个(M_2, M_4)色盲,三个(M_1, M_3, M_5)非色盲。假如我们另有一种能够清晰地界定色盲与非色盲的既定规则,那么我们就可以给集合 M 中的色盲者分派数字 0,非色盲者分派数字 1。假如把 0 与 1 也视为一个集合 N,则 $N = \{0, 1\}$。这类测量的原理可以用集合 M

与集合 N 的关系来剖析(见图 1.1)。

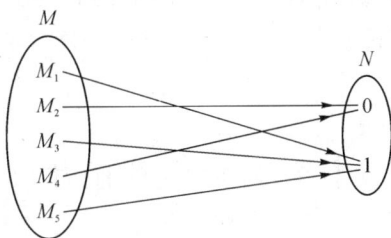

图 1.1 集合 M 与集合 N 的关系

从上图可以看出,集合 M 中的每个成员,仅能分派到集合 N 中的一个数字而已,呈现出一定的函数关系。这是一种有顺序配对的集合。其实,在数学上函数就是把某一集合中的事物分派到另一集合事物之上的规则。可以说,任何测量都呈现函数关系,而任何函数关系都是建立一种顺序配对的集合。因为被测量的成员可当作一个集合,而分派到每个成员上的数字可当作另一个集合。我们可将测量的程序写成如下的一般公式:

$$f = \{(X, Y); X = \text{任何事物}, Y = \text{一个数字}\}$$

这个公式可以解释为:函数 f 等于有顺序配对 (X, Y) 的集合,而 X 是一种事物,其相对应的 Y 是一个数字。

例如,被测量的事物(X')是 5 个学生,而数字(Y')为 1、2、3、4、5 五个等级。假使 f 是这样一种法则:对于学习最好的学生 X_4 给予等级 5,对于学习较好的学生 X_1 给予等级 4,……对于学习最差的学生 X_2 给予等级 1。那么,这种测量的程序可以用集合 X 与集合 Y 的关系图来表示,如图 1.2 所示。

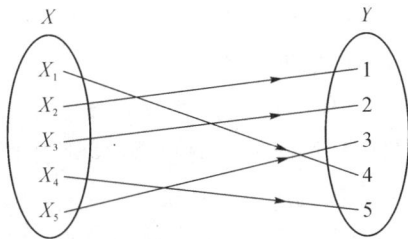

图 1.2 集合 X 与集合 Y 的关系

当测量的其他条件相同时,使用不同的规则,会产生不同的测量效果:使用好的规则,可以得到正确可靠的测量结果;使用差的规则就会得到无效或偏倚的测量结果。

规则的好坏,一方面取决于制定规则的程序;另一方面取决于所欲测量的事物属性本身是否易于建立规则和便于操作规则。一般来说,具体且稳定的事物属性,如性别、身高、体重等,其测量的规则就易于建立和使用;抽象且易变的事物属性,如人的智力、知识、技能、人格、态度等心理属性,其测量规则就难以制定和使用。

第二节 教育测量的可能性及其特点

一、什么是教育测量

从广义来说,教育测量就是对于教育领域内的事物或现象,根据一定客观标准,作缜密的考核,并依一定的规则将考核的结果予以数量的描述。

在教育工作中,根据科学研究的需要和改革教学方法、提高教育质量的需要,对学生的思想品德、学习成绩、健康状况的测量,对教师的教学效果的测量,对教学经费、物资设备以及行政管理效率的测量,都属于教育测量的范围。

从狭义来说,教育测量是指对学生某些学科经过学习和训练之后,所获得的知识、技能的测量,又称成就测量、学业成绩测量或学科测量。它是按教育测验的规则,对学生掌握某些学科的知识、技能予以数的描述。

二、教育测量的可能性

从教育测量的广义概念来说,它所测量的属性,虽然也包括了物理属性,如学生的身高、体重等,但它测量的主要对象是心理属性,如学生的知识、技能等。

物理属性的测量由来已久,其测量的可能性被大家所公认。例如,用尺量长短,用秤称重量,用钟表计时间,用温度计量温度,等等。这些都是客观的测量方法。其测量工具已达到相当精确的程度。

心理属性是否也可以客观地进行测量呢?

尽管教育测验在教学过程中已成为教师考核学生学习成绩不可缺少的工具,但是由于人的心理属性是抽象的,不易捉摸,实现客观的测量比较困难,因此有人对心理属性测量的可能性就产生了怀疑。

其实,心理属性与物理属性一样,都是可以测量的。恩格斯说:"数学的对象是现实世界的空间形式和数量关系。"在 20 世纪初,美国心理学家和测验学者已为心理属性测量的可能性提供了以下两个理论基础。(1)任何现象,只要是存在的,总有数量。这个原则是由美国心理学家桑代克(E. L. Thorndike)在 1918 年提出的。他说:"凡物的存在必有其数量。"人的心理现象虽然看不见,摸不着,但它是客观存在的现实,是脑这块高级物质的属性,它也有数量的差异。例如,人的智力有高低之分,学生的学习成绩有优劣之别。这高低之间、优劣之间,存在着程度的不同。所谓程度不同,就是数量的不同。(2)凡有数量的现象,都可以测量。这个原则是由美国测验学者麦柯尔(W. A. McCal)于1923年提出的。人的心理属性也是可以测量的,虽然我们不能用尺来量它,用秤来称它,但是它必定会反映在某种活动之中,或表现在某种行为之中,于是我们就可以通过对人的行为的测量来推测他的某种心理属性。当然实现这种测量是很困难的,到目前为止,对于某些心理属性,如智力、创造力、知识、技能、习惯、品德、理想、兴趣、态度等,我们尚不能一一加以测量或测量得还不十分准确可靠。这是因为测验学的发展历史还很短,许多测量工具还没有发明,已发明的测量工具还不十分完善。但是,我们不能因为某种心理现象的测量工具还没有发明,就说这种现象是无法测量的。

三、教育测量的特点

教育测量与物理测量虽然都具有可能性,但测量的方法却不同。物理测量的对象是物质实态的性质、功能或组织。它们中的大部分是可以被感觉得到的。其测量的单位一般仅根据一定的空间或时间就可以确定,所以可以直接测量。此外,物理现象的变化甚小,引起变化的因素也较少,所以测量的实现既容易又精确。例如,一幅布,今天量为8米,几天或几个月,甚至几年之后,再量仍为8米。

教育测量的对象多属于人的心理属性,它是不能作为物质实态来操作的结构概念。这种结构概念,不能直接测量,只能从测量与这个结构概念有关的或从反映这个结构概念的(可测量的)因素着手,对这个结构概念进行间接的测量。例如,要想测量学生算术运算能力,就得让学生完成一套有关的算术作业或测验题目,以引起他们的行为反应。这时,学生的算术运算能力必定会表现在他完成算术作业或测验的行为反应之中。这些行为反应正是他们算术运算能力所引起的结果。因此,我们可以通过对学生完成算术作业或测验行为的测量来间接地估计和推测学生的算术运算能力。这就是教育测量常用的间接测量方法。对学生测验结果的记分,虽然属于一种直接测量,但是,即使测量分数反映了学生的算术运算能力,它也不是算术运算能力的本身。

在物理测量中,有时也采用间接测量的方法。例如,测量室内气温的高低,就是通过观察温度计上水银柱的高低来确定的。因为水银柱的高低是气温变化引起的结果。

人的心理属性,往往是难以明确规定的,有些甚至缺乏公认的定义。另外,它们易受条件的影响而发生变化,制约它们变化的因素也甚多。因此,测量的实现较为困难。例如,一个学生在某种条件下,可以做出某种类型和某种难度的代数题目,而在另一种条件下,却做不出同一种类型和同等难度的代数题目。这是因为一个人的能力和作业成绩,易受心理动机、态度、情绪、发育、健康、睡眠、光线、气压、温度等因素的影响,难以得到准确可靠的测量结果。

然而,无论物理测量还是教育测量,其正确性都不是绝对的,而是相对的。因为即使是物理现象也会随着条件的变化而变化。例如,空中的高压电线会随气温的上升而伸长,随气温的下降而缩短。因此,在教育测量中一味地追求绝对的测量是徒劳无功的。

在 20 世纪 60 年代所创立的"模糊概念定量表示法",把普通集合中元素对集合的绝对隶属关系(非 0 即 1),用模糊集合隶属度(从 0 到 1 之间的许多实数)的思想来代替。所谓隶属度就是把对象属于某个事物的程度用"0,1"之间的一个实数来表示。隶属度中的 0 与 1 是两种极端,0 表示最差,1 表示最好,其他的情况处于 0 与 1 之间。这种定量表示法可能恰恰比较客观地描述了人的心理属性复杂程度的模糊性。

第三节　四种测量量表

由于事物属性不同,以及所制定的规则不同,致使用数的特性来描述事物属性所达到的程度也不同。这就产生了不同的测量水平。史蒂文斯将测量的水平分成四种,每一种测量水平都产生与其相应的测量量表。

一、名 称 量 表

名称测量是测量中最简单的形式——分类。即属于同一类的事物用同一个数字表示,属于另一类的事物用另一个数字表示。用来描述各类事物的数字仅仅是事物的名称。它只具有相同与不同的特性,没有数量大小的含义。用这类数字表示的量表叫名称量表。例如,某市升学统一考试,学生准考证号码上,前两个数字是各个区的代号。如 03 是 A 区的代号,表示 A 区的学生;04 是 B 区的代号,表示 B 区的学生。又如,将学生按性别进行分类,凡男生用 1 表示,女生用 2 表示。如果既按性别分类,又按对某门学科喜欢和不喜欢两个标准进行分类,喜欢用 1 表示,不喜欢用 0 表示。于是男生喜欢者可表示为 11;男生不喜欢者可表示为 10;女生喜欢者可表示为 21;女生不喜欢者可表示为 20。在这里,用来描述事物的数字仅仅是代表事物的符号。它只能区分事物的类别,没有数量的大小、多少、位次和倍数关系。也就是说,它只具有数的同一性和区分性,而不具有等级性、等距性和等比性。因此,不能将之进行加减乘除四则运算。对于名称测量结果的数据所进行的统计处理,不是用来描述事物的数字本身,而是归入每一类中个体的数目(频数)。对这类点计数据所允许和适用的统计方法,有比率(相对频数,即某一类的频数与总频数之比)、百分比、Φ 相关系数、χ^2 检验。

二、等级量表或位次量表

对于事物的属性按一个标准进行分类,用来描述各个类别的数字,不仅具有区分性,而且还具有等级性(位次性),这些数字之间能表示事物大小的位次关系,但不具有等距性和等比性。用这样的数字表示的量表叫等级量表或位次量表。例如,将学生的口头表达能力分成甲、乙、丙三个等级。甲等用 3 表示,乙等用 2 表示,丙等用 1 表示。于是对于学生口头表达能力的评定构成了 3>2>1 的位次关系。但是这些数字只能确定事物相等或不等的关系。在不等的情况下,只能确定大于或小于的关系,如 3>2、2>1,则 3>1 的关系,却不能确定甲等的 3 比丙等的 1 大多少个相等的单位。因为 3 与 2 和 2 与 1 之间的差距是不相等的。因此对于量表上的这些数字不能进行加减乘除的运算。它们所能适用的统计方法,有中位数、百分位数、等级相关系数、肯德尔和谐系数(多列等级相关),以及符号检验、秩次检验、秩次方差分析。

三、等 距 量 表

有相等单位和人定参照点的量表叫等距量表。这种量表上的数值不仅具有区分性、等级性,还具有等距性。但是量表上的参照点(读数的起点)不是绝对零点,而是人定的参照点。例如,用摄氏温度计测量的温度,9℃与 6℃之差等于 6℃与 3℃之差。即 $9° - 6° = 3°$, $6° - 3° = 3°$。但是,这并不意味着 9℃是 3℃的 3 倍。这是因为摄氏温度表是以冰点作为人定参照点。摄氏零度并不意味着没有温度,而摄氏温度表上的绝对零点在零下 273℃,即 -273℃。时间量表上的参照点也是人定的。钟表上的零点,并不意味着没有时间。这类量表上的数值只能作加减运算,不能作乘除运算。它们所能适用的统计方法有算术平均数、标准差、积差相关系数以及 Z、t、F 检验等。

四、比 率 量 表

有相等单位和绝对零点的量表叫比率量表。这种量表上的数值不仅具有区分性、等级性、等距性,还具有等比性,因为量表上有绝对零点。所谓绝对零点,就是量表上标着 0 的地方,表示所要测量的属性是无。这类量表上的数值既可以确定一个事物比另一事物大多少,又可以确定大多少倍。因此,量表值可以进行加减乘除四则运算。在物理测量中,长度、重量、开氏温度量表(绝对温度量表)都属于比率量表。例如,甲生身高 143 cm,乙生身高 130 cm,可以说甲生比乙生高 13 cm,也可以说甲生身高是乙生的 1.1 倍。它所适用的统计方法,除了等距量表所适用的

表 1.1 四种测量量表的比较

量表水平	特性		图示	功能	适用的统计		例
	文字表达	符号表达			描述统计	假设检验	
名称量表	同一性 区分性	断定 $A=B$ 或 $A \neq B$	⬚1 2 3	分类、命名、符号化	频数 百分比 Φ相关系数	χ^2 检验	① 准考证号码 ② 男 $=1$ 女 $=2$ ③ 男生喜欢者 $=11$ 男生不喜欢者 $=10$ 女生喜欢者 $=21$ 女生不喜欢者 $=20$
等级量表	等级性 位次性 大于或小于	断定 $A>B$ $A=B$ $A<B$	1 2 3 4	分等级、位次、排列顺序	中位数 百分位数 等级相关系数 肯德尔和谐系数	符号检验 秩次检验 秩次方差分析	学习成绩 好 $=3$ 中 $=2$ 差 $=1$
等距量表	单位相等 有人定参照点 无绝对零点	确定 $(A-B)+(B-C)=(A-C)$	1 2 3 4	求等距的度数,决定差异	算术平均数 标准差 积差相关系数	Z 检验 t 检验 F 检验	温度 9℃与6℃之差等于6℃与3℃之差
比率量表	有绝对零点	设 $A=KB$, $B=lC$ 则 $A=KlC$ 成立 $(K \neq 0, l \neq 0)$	0 1 2 3 4	从绝对零点开始求等距的度数,决定比率	几何平均数 差异系数	同上	甲生体重 40kg 是乙生体重 20kg 的 2 倍

表注：下面每种量表的性质中包括上面各种量表的性质。

统计方法之外,还可以计算几何平均数和差异系数。比率的测量,是测量的最高水平。

以上四种量表是依从低到高的次序排列的。量表的次序越高,对于描述事物的数所能允许的算术运算也就越多。后面每一种量表的性质,除包括前面各种量表的性质之外,还具有其特殊的性质。

人们往往将运用名称、等级量表进行的测量认为是定性测量,而将运用等距、比率量表进行的测量认为是定量测量。

前页表1.1用表格的形式将以上四种量表加以比较。

五、规则与量表的关系

我们在讨论测量的要素时,已经认识到规则在数字与事物属性之间的平行性上起了重要作用。这种平行性也称为形式对应性或一致性。

下列的三个实例(见表1.2)告诉我们:如果给所要描述的事物属性分派数字的规则越具有意义,那么事物的属性与数字的一致性也就越高。当然,世界上很少

表1.2　测量程序和三种量表的比较

事物: 按含有某一特点的程序而排列	规则: 分派数字的依据	数字: 代表名称、等级、等距、比率量表
例1 特质:色盲　学生1 — 　　　　学生2 — 　　　　学生3 — 　　　　学生4 — 　　　　学生5 —	按辨别色盲的标准,色盲者给予数字0,非色盲者给予数字1。	1 0 1 0 1
例2 特质:算术 　运算能力　学生1 　　　　学生2 　　　　学生3 　　　　学生4 　　　　学生5	按标准程序,在100个算术测验题中,每做对1题得1分。	85 80 75 70 65
例3 特质:体重　学生1 — 　　　　学生2 — 　　　　学生3 — 　　　　学生4 — 　　　　学生5 —	按标准程序,身穿极少量衣服,赤脚自然站在体重计上,体重计上所指示的数字。	44 kg 43 kg 42 kg 41 kg 40 kg

有与数字完全相对应的事物属性,对人的心理特性的测量更是如此。但是,只要被描述的事物属性同指派数字的规则有意义,数字就可以在相当程度上代表事物的属性。而用来描述事物属性的数字总是属于某一种量表的,于是量表就是构成规则的重要因素,量表与规则互为条件,二者不可分割。事物属性和数字之间的形式对应性越高,则测量的水平越高。

六、教育测量的结果属于哪一种测量量表

教育测量中,以上四种量表都会出现。而学生的知识、技能的测验分数多属于等级、位次量表。因为测验分数之间只能表明哪个大,哪个小,不能表明大多少,小多少。例如,一次数学测验的平均分数为 70 分,在这里,60 分与 70 分之间和 90 分与 100 分之间,虽然都相差 10 分,但是它们的差异是不相等的。众所周知,90 分与 100 分之差要比 60 分与 70 分之差难度大得多。这表明,测验分数是不等距的。另外,测验得零分的学生,并不意味着他在所测验的知识、技能方面为零。这表明,测验分数不是从绝对零点开始测量的。

虽然测验分数属于等级、位次量表,但是测验学家却把测验分数作为等距量表来处理。这是因为:第一,在统计上可以将总体呈正态分布的测验分数转换成单位相等的标准分数。第二,如果测验编制得较好,特别是对测验结果两极端分数的微小差异可能反映着巨大差异的这一现象给予注意的情况下,就可以将本来属于等级量表的分数作为等距量表的分数来处理,并将所造成的误差减少到最小程度。第三,如果测验的编制程序能使测验分数接近于等距量表,而且对测验分数当作等距量表处理时所得到的结果也确实是有意义时,那么,也就表明这种做法是可行的。

练 习 题

1. 什么叫测量?

2. 测量的对象是什么?

3. 数有哪些特性?

4. 什么是规则?它有何作用?

5. 什么是教育测量?它的实施为什么是可能的?它与物理测量有什么不同?

6. 名称量表、等级量表、等距量表、比率量表各有何特性和功能?它们可以进行哪些算术运算?适用哪些统计方法?

7. 教育测量的结果,多数属于哪一种测量量表?为什么?

8. 教育测量的结果在某种条件下为什么可以作为等距量表来处理?

第二章　测验的性质、种类和功能

上一章讲到，对学生知识、技能的测量不能采用直接测量，只能采用间接测量。也就是说，要以测验为刺激引起学生相应的行为反应，以此为根据来估计、推测学生的知识、技能。那么究竟什么是测验？测验的性质、种类和功能如何？现分述如下。

第一节　测验的定义

心理测验学家阿纳斯塔西（Anastasi）于 1961 年将心理测验定义为：是一种对行为样本客观性和标准化的测量。

从广义而言，心理测验包括智力、人格、能力倾向、学业成就等测验。这样说来，教育测验也是心理测验的一种。因为教育测验主要是指学业成就测验。所以这个定义对于教育测验也是适用的。

下面从三个方面对测验的定义加以分析。

一、行　为　样　本

行为样本就是对于所欲测量的心理属性具有代表性的一组行为反应。如果我们要想测量人的某种心理属性，就要编制一种测验来引起与该种心理属性相应的行为反应，通过对完成测验的行为反应的测量来估计、推测这种属性。但是，与这种心理属性有联系的行为反应是很多的，我们不可能把它们一一加以测量，只能选择有代表性的行为反应进行测量。而仅凭一两个有代表性的行为是不能正确地估计、推测所欲测量的属性的。因此，为了正确、可靠地推测所欲测量的属性，就需要有一组具有代表性的行为反应，这就是行为样本。例如，我们想了解初中三年级某个学生的英文阅读能力，就要选择一组对于英文阅读能力有代表性和有一定数量的测验题目对该生进行测验，然后根据该生完成测验的行为反应来估计、推测他的英文阅读能力。

行为样本的选取与测验题目(下称测题)的拟定有密切关系。测题能否引起对于所欲测量的属性具有代表性的行为,能否覆盖与该属性相联系的所有行为,这取决于测题的性质和数量。

二、标　准　化

测验的编制、实施、记分、分数的解释都按照统一的标准和严格的规定进行,使所有被试的测验条件一致,这就是标准化。

从测验的编制到测验分数的解释,在这一过程中,经过的环节较多,影响测验结果的因素较复杂。如果每一个环节的操作手续不是按照统一的标准和严格的规定进行,那么测验的结果就会不真实,测验的分数就没有比较的价值。因此,为了得到测验的真实结果,使被试的测验分数有比较的可能性,就必须对测验条件严加控制。这也就是说,使每一个被试所接受的测验条件相同,而每一个人测验分数的不同,仅仅是由测验题目所引起的。

标准化的内容主要指以下几个方面。

(一)测验材料的标准化

测验材料的标准化,就是指提供给每一个被试的测验材料是相同的。测题经过精心编制,并在试测的基础上经过严格筛选,文字表达明确,不会产生歧义,测题的印刷质量清晰,等等。

(二)测验实施的标准化

测验实施的标准化,就是指测验实施条件对每一个被试的一致性。测验的指导语应由主试严格按照说明书上的规定,逐字逐句地讲给被试,不得更改。主试对被试的答疑,不得暗示。测验环境(如温度、光线、通风、安静等)、测验进行的时间(上午或下午)以及时间限制都应严格按规定执行。

(三)评分、记分的标准化

评分、记分的标准化要求对测验结果严格按照标准答案进行评分、记分,保证对测验结果评分、记分的一致性。不得加入评阅人的主观意见。这是实现标准化的重要一环。

(四)测验分数解释的标准化

某一个测验分数必须与统一的标准进行比较才能确定其优劣。这个可供比较的标准就是常模。所谓常模就是某年级或某年龄的被试在某一种测验上的平均分数。常模的作用就在于可以将参加此次测验的以及以后参加这个测验的某个学生或某个班级的测验分数与之相比较以确定其优劣。

对于测验分数必须用统一的尺度加以解释。这个统一的尺度就是测验量表。所谓测验量表就是根据标准化样组中大量测验结果所制定的、有一定单位和参照点的、标度从低到高排列的连续体。它是说明、解释测验成绩的工具。假如，要评定某一个学生或某一个年级的某项测验成绩，就要根据该成绩在这个测验量表上所处的位置来加以确定。

教育测验的量表，多以常模作为参照点，故称为常模量表。例如，由笔者及陶保平等人编制的，1996 年由上海教育出版社出版的，题为《小学生识字量测试题库及评价量表》的小学生识字量标准化测验，其中就求出了上海市区小学 1～5 年级识字量的常模。并以此为参照点分别为各年级编制了三种测验量表，即百分等级量表、T 分数量表、年级量表。它们成为解释上海市区小学生识字量测验结果的统一标准及尺度。

三、测验评价的客观性

对于行为样本客观性测量的一个重要方面，就是在测验的编制、实施、记分、分数的解释等环节上实现标准化。而作为测量工具的测验，它是否正确，是否可靠，是否有鉴别力，它的难度是否适合于被试年级的水平或年龄（或年级）特点，以及对于测验正确性、可靠性、难度和区分度评价的客观性，就构成了客观性测量的另一个重要方面。

下面对于测验的可靠性、正确性以及常模参照测验筛选测题的指标——难度和区分度略作分析。

（一）信度

所谓信度就是同一个测验对同一组被试先后施测两次，其测验结果的一致性程度，或者等值性的两个测验对同一组被试实施结果的一致性程度。这就是测验的可靠性。

测验的信度是很重要的。例如，用一把尺对同一块布先后测量两次，其结果均为 6 米，这表明这把尺作为测量长度的工具是可靠的。如果两次测量结果不是同一长度，表明这把尺作为测量长度的工具是不可靠的。同样，用同一种智力测验，对同一个学生先后施测两次，其结果是相近的，这表明这个智力测验是可靠的。假如第一次测验的智商为 110，第二次测验的智商为 80，这表明这个智力测验是不可靠的。

估计一个测验的信度，一般是用同一个测验对同一组被试两次施测结果的相关程度来表示。或者用等值的两个测验对同一组被试施测结果的相关程度来表示。两次测验结果的相关程度高，表明测验的信度高，两次测验结果的相关程度低，表明测验的信度低。

（二）效度

所谓效度就是一个测验所欲测量的属性，能够确实测到的程度，即测验的正确性,也就是测验功能的有效性。

教育与心理测验的效度是十分重要的。这是因为教育与心理测量的对象不是物质的实态,而是心理的属性,因此需要以测验为工具进行间接测量。而测验的结果在多大程度上反映了所欲测量的属性,这就是测验的正确性问题。

估计一个测验的效度,一般要选择一个效标,这个效标就是能够足以反映需要鉴定的测验所欲测量属性的变量。被试的测验成绩与作为效标的另一个标准测验成绩之间的相关程度就是该测验的效度。例如,要估计高中入学考试的效度,可选择初三毕业考试成绩作为效标,求其高中入学考试成绩与初三毕业考试成绩之间的相关。如果二者的相关很高,表明高中入学考试的效度很高;如果二者的相关很低,表明高中入学考试的效度很低。

(三)难度

所谓难度就是测题的难易程度。测题的难易程度不是由测验编制者主观确定的,而是根据预备测验的结果客观确定的。假如,某题做对人数的百分比较高,或所有被试该题得分的平均数占该题满分的百分比较高,则该题的难度较小。反之,则难度较大。过难过易的测题,在筛选测题时都应当删去。

(四)区分度

所谓区分度就是测题对于学习成绩好的学生和差的学生的鉴别程度。区分度高的测题,学习成绩好的学生做对的人数百分比高,而学习成绩差的学生做对的人数百分比低。区分度低的测题,学习成绩好的和学习成绩差的学生,做对的人数百分比相差不多,甚至学习成绩好的学生做对的人数反而比学习成绩差的学生做对的人数百分比低。

测题的区分度一般是由该题的成绩与整个测验成绩之间的相关程度来表示。相关程度高,表明区分度高;相关程度低,表明区分度低。区分度过低的测题,在筛选测题时,应当删去。

对测验客观性的评价,不仅评价的指标是客观的,而且在测题的筛选过程中,测题的取舍也是根据实际测验结果客观地决定的。

第二节 测 验 的 种 类

一、根据测量的属性分类

(一)智力测验

智力测验又称智慧测验。其主要目的在于测量智力的高低。它是最早发展起来的一种心理测验。目前从出生的婴儿一直到老年人都有不同年龄阶段的智力测验。

（二）能力倾向测验

能力倾向测验的主要目的在于发现被试的潜在能力。所谓潜在能力是指经教育或训练之后，能够发挥出来的能力。能力倾向测验在职业训练或就业指导方面应用得最广泛。它分为两类：一类是测量一个人多方面的潜在能力，如哪些方面的潜在能力较强，哪些方面的潜在能力较弱，这一类测量称为一般能力倾向测验；另一类是测量一个人的特殊潜在能力，如音乐、图画能力等，称为特殊能力倾向测验。

（三）人格测验

人格测验主要是测量人的态度、情绪、兴趣、品德、动机、意志、性格、美感等方面的行为，以及引起行为的心理特性。由于人格一词在心理学上至今尚缺乏一致性的定义和严格的范围，这些心理特性的形成原因，既基于天赋又是环境教育的结果，不易有客观的衡量标准，所以这类测验发展较迟。

（四）教育测验

教育测验又称成就测验或学习成绩测验，其目的在于测量学生某些学科经过教育、训练之后所获得的知识、技能。根据测验的不同性质、用途和记分标准，教育测验又可分为许多种。

二、根据测验的标准化程度分类

（一）标准化测验

标准化测验是由测验专家精心周密编制的。测题根据试测的结果客观地筛选，测验经过客观地评价应具有较高的信度和效度。测验的手续，如指导语、评分标准、环境布置、测验时限、分数的解释等都有详细明确的规定，主试在实施时，必须严格遵守，不得随意更改。标准化测验一般还以大量测验结果为基础，求出常模、建立测验量表，以作为说明测验分数的标准。上一节给测验所下的定义，就是指这种测验。

（二）教师自编测验

教师自编测验的客观性和标准化程度不如标准化测验。例如，测验的编制不如标准化测验那样精心周密，一般不进行试测，不求信度、效度和常模，不建立测验量表，测验的实施和记分也不那么严格。但是，教师自编测验有以下几个优点：(1)它与教师日常的教学工作息息相关，使用频繁。它可在一个教学单元的中途和结束，或期中和期末，就较短时间的学习内容施行测验，随时了解学生的学习情况，及时地改进教学。(2)测验内容与教材内容、教学目标、教学进度完全一致。(3)测验的难易程度适合于学生的水平。(4)对于学生经常发生的错误针对性较强。(5)教师自己编制测验可省时、省力、灵活、方便。

教师自编测验的标准化程度虽不如标准化测验,但编制的原则和程序与标准化测验是基本一致的,而且教师自编测验有时也可以使用标准化测验的有关内容。

三、根据测验的功能分类

(一)普通测验和诊断测验

普通测验又称调查性测验。它的功能主要在于考查一个学生或一个年级在某方面的大概程度。例如,现行的智力测验和教育测验均属于此类。诊断测验的目的在于诊断被试在某种能力上的特殊优点和缺点,在教育上多用来发现学生在学习中的困难和错误,以此作为补救措施和改进教学的根据。例如,通过某种算术诊断测验,发现学生加法的困难在于"进位",于是就在加法进位方面加强训练。

在教育上诊断测验的功用要比普通测验大得多。

(二)难度测验和速度测验

难度测验的功能在于测量被试某一方面所达到的最高程度;速度测验的功能在于测量被试完成作业的最快速度。以算术测验为例,难度测验是测量被试能做多难的题目,即解决难题的最高能力;速度测验是测量被试对同等难度的题目,在规定的时间内,能够做对的题数。

编制难度测验时,测题应由易到难排列。测验的时间限制宜宽,使95%的被试都有做完的可能。编制速度测验时,测题的数量要多,使做得最快的人也做不完。所有测题的难度应相等,时间限制要严格规定。

(三)预测测验和成绩测验

预测测验的功能在于推测某人在某方面将来成功的可能性。如智力测验和能力倾向测验都属于此类,因为智力测验和能力倾向测验的结果,只能推测一个人将来在某一方面是否存在成功的可能性。成绩测验的功能在于测量一个人在某方面目前实际的成绩。教育测验多属于此类。

预测测验和成绩测验的功能不同,编制时所用的材料也不同。成绩测验是从作业中选择测验材料。例如,编制打字成绩测验,只需测量被试在规定时间内能打多少字、有多少错误,或者打一篇标准的文字需用多少时间、有多少错误,就可以评定一个人打字的成绩。预测测验的材料,是要对作业进行分析,找出完成该作业所应具备的要素,以此为根据来选择材料。例如,要编制一个关于打字的预测测验,拟通过此测验来推测从未学过打字的人是否具有打字成功的可能性。此时必须将打字作业所包括的要素加以分析,如手指动作的速率、动作的准确性等,然后根据分析的结果,编制一种测量这些基本要素的测验,从而推测未来成功的可能性。由此可见,预测测验的编制比成绩测验要困难得多。

四、根据记分标准分类

（一）常模参照测验

常模参照测验是以被测团体的常模（平均数）为参照标准来衡量个体成绩的测验。确定其评分基准是在测验之后，产生于被测团体之内。它是以个体在团体中所处的位置来解释个体成绩的优劣，一般用百分等级和标准分数等相对分数来表示。例如，某生语文成绩为第70百分等级，这表明在团体中有70％的人在他之下。该测验的主要功能是区分学生的个别差异和相对水平，常用于选拔性和竞赛性活动以及能力分组等方面。测验编制所基于的假设是：团体测验成绩呈正态分布。因此，要求组成测验的题目，大多数为中等难度，少数为较难、较易的题目，即测题难度呈正态分布。每个题目的内容可从所学过的广阔知识领域中抽取，并孤立地、分散地分布在测验之中。这种测验能对学生的学习起到考核、监督作用，但却不能确定学生的实际水平和达到目标的程度，缺少对困难和错误的诊断，有时还会降低或提高衡量标准。

（二）标准参照测验

标准参照测验是以预定的目标（大纲）为参照标准来衡量测验成绩的测验。确定其评分基准是在测验之前，建立在被测团体之外。个体的成绩只需与既定的目标相比较，不必与团体中的他人相比较就可以确定其优劣，一般用合格与不合格、达标与未达标、录取与未录取等绝对分数来表示。该测验的主要功能是确定被试达到目标的程度，多用于合格性、达标性活动，如学校中的期中、期末、毕业证书考试，医生、律师、打字员、驾驶员的执照考试等。测题内容主要是从所要考查的特定目标中抽取，测题在测验中的分布是以目标来分组。如一个测验拟考查20个性质不同的教学目标，每个教学目标可由5个题目组成。这种测验的作用除了甄选之外，在教学中既可以确定学生知识、技能达到目标的实际水平，又可以诊断学习中的困难，有助于提高学生学习的目的性，并为教师的教学及时地提供反馈信息。

五、根据同时受测的人数分类

（一）个别测验

个别测验是一个主试在同一时间内，只测量一个被试，多用于智力测验和特殊的教育测验，如外语的会话能力测验、幼儿或不会用文字作答的被试的教育测验等。其优点在于主试对被试的言语、情绪等反应有充分的机会进行仔细观察。其缺点在于时间不经济，测验实施的标准化不易实现，特别是智力测验手续繁复，一般人不易使用，只有受过训练的人才能作主试，评分的主观强。

（二）团体测验

团体测验是一个主试在同一时间内测量许多被试。绝大多数的教育测验和部分智力测验都是团体测验。其优点在于时间经济，主试不必经过专门训练，可反复阅卷。其缺点在于对被试的言语、情绪等反应不能作仔细观察，对其行为无法控制。

六、根据测验所用的材料和形式分类

（一）语言或文字测验

测题的形式和被试的作答形式都以语言或文字表示的测验，称为语言或文字测验。绝大多数的教育测验和大多数智力测验属于语言或文字测验。虽然语言或文字的智力测验也以图画、模型等作为材料，但是数量少。语言或文字测验的优点在于可以测量人类的高级抽象能力；它的编制和实施比较容易。团体测验多采用这种形式。但是，它不适用于语言有困难、未受过教育或语言文化背景不同的被试。

（二）非语言文字测验

以图画、仪器、模型、工具、实物为测验材料，被试以操作来作答的测验，称为非语言文字测验。它的优点是可以不受文化水平的影响，可适用于语言有困难或语言文化背景不同的被试。它的缺点是编制困难，有时不能测量高级的能力。

第三节　测 验 的 功 能

一、检查和巩固学习

在学校教育中，测验是教学过程的重要环节之一。它不仅能检查和评定学生的学习成绩，而且测验本身也能巩固学习成果。

在教学的不同阶段所进行的测验，具有不同的性质和特点。例如，在教学初期，为了查清哪些学生潜力较大，适合超前学习，可进行安置性测验；哪些学生基础较差，需要进行补救教学，可进行准备性测验。在教学进行期间，为了了解学生对某一个或几个单元教学内容的掌握程度，可进行形成性测验，即阶段测验或单元测验；为了了解学生学习中的缺点、错误及困难所在，以及应采用何种补救措施，可进行诊断测验。在教学结束时，为了全面检查学生是否达到了教学大纲的要求，客观地评定学生的成绩，进一步巩固所学的知识、技能，可进行总结性测验，即期末测验。

从心理学角度来看，测验是一种有益的"过度学习"。所谓"过度学习"就是为迎接测验,对已经学过的知识、技能再一次地复习或练习。测验本身,解答试题的过程,更是一种过度学习。良好的测验对促进学习成果的巩固及增强长期记忆有很大好处。柯鲁格在 1929 年对不同程度的过度学习,即未过度学习、50%过度学习、100%过度学习的学后保留量进行实验研究。结果表明,学后第 1、2、4、7 和 14 天的保留量,未经过度学习的保留量为最少,50%过度学习次之,100%过度学习的为最多,如图 2.1 所示。

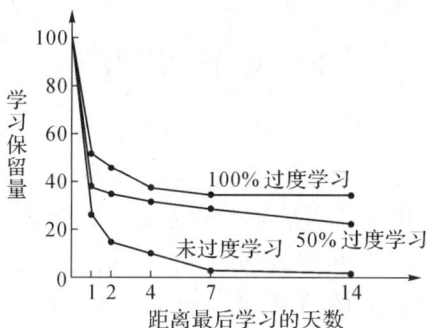

图 2.1 不同程度过度学习的学后保留量

二、辨 别 智 愚

人的智力各不相同,不仅有高、中、低之分,而且在每一类之中,还可以分成无数个等级。我们不能强迫不同智力的学生在学习上齐步走,应当以智力测验和教育测验为根据实行因材施教。例如,在分编级别时,也不能过分强调年龄和受教育的年限,应当根据教育测验成绩,将学生分编在适合的级别中。这样就会使同一个年级学生的程度较为整齐。

在同一个年级里,如果再把智力高的编入教学进度较快的班内,把智力低的编入教学进度较慢的班内,可使同一个班学生的程度更为整齐。这样,在教师方面可以避免由于学生学习能力参差不齐,进步的速率快慢不一,而对教材的取舍、进度的快慢无所适从。在学生方面,可以避免智力高者因受全班的牵制而不能充分发挥其能力,智力低者因跟不上而灰心丧气。

三、选 拔 人 才

各级各类学校都有选拔人才的问题。学校层次越高,选拔人才的问题就越重要。例如,大学和研究生班培养的是高等人才,需要选拔优秀人才加以深造。至于能否选拔出优秀人才,主要视入学考试的客观性和标准化程度。如果入学考试的客观性和标准化程度较高,能选拔真正有才能的人进入大学和研究生班,这样不仅能使录取工作做到公平合理,使真有才能的人得到充分发挥,也可为国家在培养高等人才方面节约人力、物力和财力。

美国教育考试公司所设计的大学入学考试 SAT,研究生入学考试 GRE,都是预测性的学习能力倾向测验,目的是了解考生是否具备在大学或研究生班学习的能力。SAT 测验包括语文及数学两部分,语文部分主要测量对字词关系的理解能力,对阅读材料的领会能力;数学部分主要测量对数学符号的理解能力及使用符号解决问题的能力。GRE 测验包括语言能力、定量能力、分析能力。

四、对 比 实 验

在教育研究中有一种比较实验法,可以证实何种教学法比较优异。为了使几种教学方法的作用单独地显现出来,必须对几个实验组实行等组化,这就是使几个实验组内的被试在智力和学习等方面相等,于是就要借助于智力测验和教育测验。例如,我们要比较化学课程的传统教学法和启发探究法这两种教学法的优劣,就应根据智力测验和教育测验的结果,将被试分成相等的两个组,一组采用传统教学法,一组采用启发探究法。除了教学法不同之外,其他条件应尽量相等。一段时间之后,对两组施以同一教育测验,从而判断两种教学法的优劣。可见,在对比实验之前的分组需用智力测验和教育测验,实验结果的比较也需要用教育测验。

五、考查学生学习努力程度

智力测验和教育测验二者同时应用,可以考查学生学习的努力程度。如果我们对某个学生施以教育测验并求出其教育年龄,再施以智力测验求出其智力年龄,那么将教育年龄与智力年龄相比较,若教育年龄高于智力年龄,表示该生学习比较努力;若智力年龄高于教育年龄,则表示该生学习不够努力。当然,影响一个学生学习成绩优劣的因素是多方面的,除了学生的智力及其学习努力程度之外,教材的深浅和教师所用的教学方法,学校、家庭的环境等等都会影响学习成绩。

六、预 测 能 力

通过智力和特殊能力倾向测验,可以预测一个人未来的成就。心理测验学家推孟(L. M. Terman)用斯坦福—比奈智力测验对儿童进行追踪研究。测验结果表明,一千多个被确认的天才儿童,30 年之后,他们的工作都是比较杰出的,对社会也都有特殊的贡献。假如我们对每个人从幼年开始能够根据预测测验的结果,施以适合的普通能力和特殊能力的教育,进行因材施教,使每个人的能力都能得到最大限度的发展,那么一方面可以避免国家在培养人才上的浪费,另一方面有可能使每个人各尽其才。

七、指 导 就 业

一个人的工作是否能够成功,其条件之一就是他的能力是否适合所从事的职业。假如一个人的能力与所从事的职业恰好相适合,则工作成功的可能性就较大;能力低于所从事的职业,则成功的可能性甚小;当一个人的能力大大超过他所从事的职业时,不仅他个人得不到满足,而且对社会也是一种损失。因此,在指导学生选择职业时,除了根据学生的志愿、兴趣之外,还应施以特殊能力测验和智力测验。要知道一个人的能力究竟适合于哪一种职业,必须对之施以各种能力测验才能确定。而在特殊能力测验还不够完备的情况下,只能对学生准备选择的职业进行相应的能力测验。例如,一个人对音乐感兴趣,准备到音乐学院去深造,但又对自己是否具备音乐方面的能力缺乏信心,此时可以施以音乐能力测验,以帮助其作出决定。

八、课 程 评 价

课程的设置随着社会的发展而不断更新。在社会发展的每一个阶段中,哪些课程应当淘汰,哪些课程应当增设,都不应当根据主观的见解简单从事,应当经过实验研究来决定。而实验研究往往离不开测验。例如,功用极小的拉丁文在欧美的中小学里一直作为必修课程。守旧者认为,拉丁文能训练人的转移性的记忆力。20世纪初期,进步的教育学家利用实验证实了拉丁文所训练的记忆力只对内容、程度、方法相同的材料才有转移作用,从而否定了拉丁文作为必修课程的价值。

测验的发展大大促进了课程的改革。不仅评定课程的价值,探求课程中最低限度的精华材料需要利用测验,就是科学的课程,其内容材料如何组织安排和衔接,以及什么内容在哪个年龄或年级开始教学也要通过测验。例如,美国华虚朋博士(Dr. C. W. Washburne)所组织的七人委员会,曾研究算术各项内容在什么时候开始教学最为适宜。他们在伊里诺斯州用智力测验和算术测验测量了148个城市的小学生数千人,发现儿童学习算术的各项内容都有其最适宜的年龄。例如,10以内数的加法,最早可以在智力年龄6岁5个月开始学习,而以智力年龄7岁4个月开始学习最为适宜。50以内的减法,最早可以在智力年龄6岁7个月开始学习,而以智力年龄8岁11个月开始学习最为适宜。算术一科如此,其他学科也同样如此。如果我们能用各学科测验和智力测验,找出各学科的各项教学内容最适宜的智力年龄,以此作为编制课程和实施教学的依据,就会缩短课程的学习时间和提高学习质量。

Jiao yu Celiang

练 习 题

1. 什么是标准化测验？

2. 什么是行为样本？

3. 测验的标准化包括哪几个主要方面？

4. 怎样才能使测验具有客观性？

5. 教师自编测验有何优点？它与标准化测验有何区别？

6. 普通测验与诊断测验在功能上有何区别？

7. 难度测验与速度测验在功能上有何区别？

8. 预测测验与成绩测验在功能上有何区别？

9. 常模参照测验与标准参照测验有何区别？

10. 个别测验与团体测验各有何优缺点？

11. 语言文字测验与非语言文字测验有何区别？

12. 测验有何功用？

第三章　信度的操作定义及其估计方法

为了便于理解,这里先讲测验信度的操作定义。

所谓测验的信度就是同一个测验(或相等的两个、多个测验)对同一组被试施测两次或多次,所得结果的一致性程度,也即测验的可靠性。

一个测验的信度一般是以两次测验结果的相关系数来表示。

如果一个测验不受被试的紧张、焦虑、疲劳、猜测、练习效果等因素的影响,不受评分者主观因素的影响,不受测验环境各种因素的影响,它对同一组被试的两次测验结果应当是一样的。此时,这个测验信度系数等于1,表明该测验完全可靠。但是这种测验实际上是很难找到的,因为任何一个测验总会受到一些无关因素或偶然因素的影响。因此,同一个测验对同一组被试两次施测的结果,或多或少总会有些误差,只是误差的程度大小不同。一般来说,误差越小,信度越高;误差越大,信度越低。所以,测验的信度并非全有或全无的区别,而只是程度上的不同。当然,一个测验应当具有一定的信度,否则它就失去了作为客观性测量工具的价值。假如一个测验对同一组被试两次测验的结果是不一致的,或者一致性程度很低,那么这个测验是不可靠的。

估计测验信度的方法有很多种,现分述如下。

第一节　再　测　信　度

一、再测信度及其估计方法

以同一个测验对同一组被试先后施测两次,所得结果的相关系数就是再测信度。若对同一组被试先后施测多次,其再测信度可用每两次测验结果的相关系数之平均数来表示。

这种信度系数可以表示被试在不同时间两次或多次测验分数的变化情况,故又称为稳定系数。

现以下例说明再测信度系数的计算方法。

例如,用同一个算术四则的速度测验,对小学五年级的 12 个学生先后施测两次。第一次测验结果如表 3.1 第 2 列所示,经过三个月后再施测一次,其结果如表 3.1 第 3 列所示,于是该测验的再测信度可以用两次测验分数的积差相关系数表示。

积差相关系数的公式有三种表示形式,计算时可根据计算工具的情况任选一种。

（一）用原始数据计算

$$r_{tt} = \frac{\sum X_1 X_2 - (\sum X_1)(\sum X_2)/n}{\sqrt{\sum X_1^2 - (\sum X_1)^2/n} \sqrt{\sum X_2^2 - (\sum X_2)^2/n}} \qquad (3.1)$$

在这里 r_{tt} 表示测验的信度系数

$\sum X_1 X_2$ 表示每个被试三个月先后两次测验分数乘积之和

$\sum X_1$ 和 $\sum X_2$ 分别表示两次测验分数的总和

$\sum X_1^2$ 和 $\sum X_2^2$ 分别表示两次测验分数平方之和

n 表示被试的人数

表 3.1　小学算术四则速度测验再测信度系数计算表

学生序号 （1）	X_1 （2）	X_2 （3）	X_1^2 （4）	X_2^2 （5）	$X_1 X_2$ （6）
1	20	20	400	400	400
2	20	21	400	441	420
3	21	21	441	441	441
4	22	20	484	400	440
5	23	23	529	529	529
6	23	23	529	529	529
7	23	25	529	625	575
8	24	25	576	625	600
9	25	26	625	676	650
10	26	26	676	676	676
11	26	27	676	729	702
12	27	29	729	841	783
总　和	280	286	6 594	6 912	6 745

根据公式(3.1),计算表 3.1 中的第 4、5、6 列。并将表中有关数据代入公式(3.1),则该算术四则速度测验的再测信度系数为:

$$r_{tt} = \frac{6\,745 - 280 \times 286/12}{\sqrt{6\,594 - 280^2/12}\,\sqrt{6\,912 - 286^2/12}}$$

= 0.94

(二) 用 $\overline{X}_1$、$\overline{X}_2$、σ_{X_1}、σ_{X_2} 计算

如果用计算器能直接计算出两次测验分数的平均数和标准差,那么,计算积差相关系数的公式可为:

$$r_{tt} = \frac{\sum X_1 X_2 - n\overline{X}_1 \overline{X}_2}{n\sigma_{X_1}\sigma_{X_2}} \tag{3.2}$$

在这里　$\overline{X}_1$ 和 $\overline{X}_2$ 分别表示两次测验分数的平均数

σ_{X_1} 和 σ_{X_2} 分别表示两次测验分数的标准差(有的计算器用 σ_n 表示)

该例两次测验分数的平均数分别为 $\overline{X}_1 = 23.333$,$\overline{X}_2 = 23.833$,标准差分别为 $\sigma_{X_1} = 2.248$,$\sigma_{X_2} = 2.824$,并计算出 $\sum X_1 X_2 = 6\,745$,将上述数据代入公式 (3.2),则该算术四则速度测验的再测信度系数为:

$$r_{tt} = \frac{6\,745 - 12 \times 23.333 \times 23.833}{12 \times 2.248 \times 2.824}$$

$$= 0.94$$

(三) 用 $\overline{X}_1$、$\overline{X}_2$、S_1、S_2 计算

如果用计算器能直接计算出两次测验分数的平均数和总体标准差的估计值,那么,计算积差相关系数的公式可为:

$$r_{tt} = \frac{\sum X_1 X_2 - n\overline{X}_1 \overline{X}_2}{(n-1)S_1 S_2} \tag{3.3}$$

在这里　S_1、S_2 分别表示两次测验分数总体标准差估计值

该例的 $S_1 = 2.348$,$S_2 = 2.949$,将有关数据代入公式(3.3),于是这个算术四则速度测验的再测信度系数为:

$$r_{tt} = \frac{6\,745 - 12 \times 23.333 \times 23.833}{(12-1) \times 2.348 \times 2.949}$$

$$= 0.94$$

在求再测信度时,首测与再测时间间隔的长短,应由测验的性质、测题类型、测题数量和被试的特点所决定。例如,速度测验的时间间隔可短些;难度测验可长些。0、1 记分的客观性测题时间间隔可短些;非 0、1 记分的主观性测题,时间间隔可长些。题目数量多,时间间隔可短些;题目数量少,时间间隔可长些。被试年龄小,时间间隔可短些;年龄大可长些。一般首测与再测的时间间隔在六个月之内为宜。

如果标准化测验是在一年之内施测两次,其再测信度系数大多在 0.8 以上。

二、再测信度的优缺点

再测信度的优点:(1)它最符合重复测验的涵义,是重复测验最简单最明确的方式。(2)首测和再测只需要一套测验题目,比编制两套等值测验题目要省力、省时。(3)同一套题目无论施测几次,所测量的属性是完全相同的。

再测信度的缺点是:(1)同一组被试对同一个测验先后两次作答相互之间是不独立的。因为第一次的作答在记忆中的保持,以及第一次作答后对测验内容的重新复习和相互讨论等,影响着第二次作答,使第二次测验分数有系统地增加。(2)如果两次施测的时间间隔较长,在此期间被试身心的发展、新知识的获得,都会使两次测验结果不相同。(3)同一个被试对同一个测验先后作答两次,一般来说,在第一次作答时,测验对被试的吸引力较大,而第二次作答时,往往由于被试对测验失去了兴趣而造成两次测验结果的不一致。(4)被试在两次施测时的主观状态,如身体健康、疲劳、睡眠、测验焦虑、态度、情绪等,不可能完全相同。(5)两次施测的环境,如温度、湿度、光线、通风等条件不同,也都是产生测量误差的因素。

三、再测信度的适用范围

再测信度适用于异质性测验。所谓异质性测验就是一个测验包括几个不同的部分,这几个部分分别测量几个不同的特质。它们之间可能并不存在相关或相关很低。对于这种异质性测验不适宜计算其内在一致性信度。这时,再测信度是比较可靠的,计算出的信度值也比较高。另外,再测信度适用于速度测验而不适用于难度测验。因为速度测验的测题数量多,而且有一定的时间限制,被试很难记住第一次施测的内容,因此第二次施测很少受到记忆的影响,而难度测验则相反。再测信度还适用于运动技能的测验,如跑、跳、掷等项测验,其测验成绩很少受重复测验的影响。

第二节 复 本 信 度

一、复本信度及其估计方法

所谓复本测验是指在性质、内容、题型、题数、难度等方面都一致(相等)的两份或多份测验。

同一组被试在复本测验上所得结果的相关系数就是复本信度。

若复本的个数在两个以上时,复本信度可用每两个复本测验结果相关系数的平均数来表示。

　　用复本测验对同一组被试在同一时间内连续施测,所求得的信度系数称为等值系数。而在相隔一段时间内施测,所求得的信度系数称为稳定和等值系数。

　　例如,以甲、乙两型英语复本测验对初中三年级 10 个学生施测。为了避免由测验实施顺序所造成的误差,其中 5 个学生先做甲型测验,休息 15 分钟后,再做乙型测验;而另 5 个学生先做乙型测验,休息 15 分钟后,再做甲型测验。10 个学生甲型测验结果如表 3.2 第 2 列 X_1 所示,乙型测验结果如第 3 列 X_2 所示,其测验的复本信度可以用甲、乙两型测验分数的积差相关系数来表示。其计算公式仍有三种形式。

(一) 用原始数据计算

　　根据公式(3.1),计算表 3.2 的第 4、5、6 列,并将有关数据代入公式(3.1),则初三英语复本信度(即等值系数)为:

$$r_{tt} = \frac{\sum X_1 X_2 - (\sum X_1)(\sum X_2)/n}{\sqrt{\sum X_1^2 - (\sum X_1)^2/n}\ \sqrt{\sum X_2^2 - (\sum X_2)^2/n}}$$

$$= \frac{2\,535 - 158 \times 157/10}{\sqrt{2\,550 - 158^2/10}\ \sqrt{2\,533 - 157^2/10}}$$

$$= 0.90$$

表 3.2　初三英语测验复本信度系数计算表

学生序号 (1)	X_1 (2)	X_2 (3)	X_1^2 (4)	X_2^2 (5)	$X_1 \cdot X_2$ (6)
1	19	20	361	400	380
2	19	17	361	289	323
3	18	18	324	324	324
4	17	18	289	324	306
5	16	17	256	289	272
6	15	15	225	225	225
7	15	13	225	169	195
8	14	15	196	225	210
9	13	12	169	144	156
10	12	12	144	144	144
总　和	158	157	2 550	2 533	2 535

(二) 用 $\overline{X}_1$、$\overline{X}_2$、σ_{X_1}、σ_{X_2} 计算

　　用计算器直接计算出的甲、乙两型测验分数的平均数分别为 $\overline{X}_1 = 15.8$,$\overline{X}_2 = 15.7$,标准差分别为 $\sigma_{X_1} = 2.315$,$\sigma_{X_2} = 2.610$,$\sum X_1 X_2 = 2\,535$,将之代入公式(3.2),则初三英语测验的复本信度为:

$$r_{tt} = \frac{\sum X_1 X_2 - n\overline{X}_1 \overline{X}_2}{n\sigma_{X_1}\sigma_{X_2}}$$

$$= \frac{2\,535 - 10 \times 15.8 \times 15.7}{10 \times 2.315 \times 2.610}$$

$$= 0.90$$

（三）用 $\overline{X}_1$、$\overline{X}_2$、S_1、S_2 计算

用计算器直接计算出的甲、乙两型测验分数的总体标准差估计值分别为 $S_1 = 2.440$ 和 $S_2 = 2.751$，将之代入公式(3.3)，于是初三英语测验的复本信度为：

$$r_{tt} = \frac{\sum X_1 X_2 - n\overline{X}_1 \overline{X}_2}{(n-1)S_1 S_2}$$

$$= \frac{2\,535 - 10 \times 15.8 \times 15.7}{(10-1) \times 2.440 \times 2.751}$$

$$= 0.90$$

三种计算方法结果相同。

二、复本信度的优缺点

复本信度的优点是：(1)一个测验有两个或几个复本，这意味着对于测量同一种属性具有两个或几个行为样本。由于测题数目的增加，对于与所欲测量的属性相联系的行为总体的代表性增强。因此，一个测验的两个复本在两三天至一周对同一组被试施测时，获得的复本信度系数是相当准确的。(2)测验的两个复本，如果在不同的时间使用，其信度既可以反映在不同时间的稳定性，又可以反映对于不同测题的一致性。它反映了两个层面的信度。(3)两个复本在同时连续使用时，可以避免再测信度的一些缺点，如首测对再测在记忆、练习效果的影响，间隔期间获得新知识的影响，两次施测的环境不同和被试主观状态不同的影响，以及为了应付测验所作训练的影响等。

复本信度的缺点是：(1)编制两个完全相等的测验是很困难的。如果两个复本过分相似，则变成再测的形式；而过分不相似，又使等值的条件不存在，两个复本测验有可能在某种程度上测量了不同的性质，这就会低估测验的信度。(2)被试连续接受性质相似的两个测验，可能减少完成测验的积极性。(3)虽然两个复本测验的题目材料不同，但被试一旦掌握了解题的某一模式，就能触类旁通，有可能失去复本的意义。

三、复本信度的适用范围

无论从测验的理论上来说，还是从实验研究的观点来看，复本信度是考察测验

可靠性的最好方法。

复本信度不仅适用于难度测验,也是估计速度测验信度的最好方法。在作追踪研究或探讨某些影响测验成绩的因素时,大多使用复本测验。

第三节 内在一致性信度

一、内在一致性信度及其估计方法

以上所讲的两种信度,一个是测验在不同时间的一致性,一个是测验的两种不同形式的一致性。下面介绍测验内部(即测题之间)的一致性信度,也称内在一致性系数。

(一)分半信度

分半信度就是将每一个被试的测验分数按测题分成两部分计分,然后用每个被试在两半测验上的得分求出整个测验的信度,称为分半信度或折半信度。

估计分半信度的方法有三种:

1. 斯皮尔曼—布朗(Spearman-Brown)公式校正法

首先根据内容、形式、题数、平均数、标准差、难度、测题间相关以及分布形态相等的原则,将测题分成两半;或者将从易到难排列的测题,按照测题序号,奇数测题为一组,偶数测题为一组分成两半。然后计算每个被试在两个分半测验分数的积差相关系数,再用斯皮尔曼—布朗公式加以校正。下面以实例说明其计算过程。

例如,对初中一年级学生进行地理成绩测验,每答对 1 题得 1 分,答错 1 题得 0 分,测题从易到难排列如表 3.3 第 2 列所示。试估计该测验的分半信度。

首先计算每个学生奇数测题的分数,并用 X_a 表示(见表 3.3 第 4 列);偶数测题的分数,用 X_b 表示(见表 3.3 第 5 列)。然后将第 4、5、6 列的有关数据代入公式(3.1),计算出的奇偶分数的积差相关系数为:

$$r_{hh} = \frac{\sum X_a X_b - (\sum X_a)(\sum X_b)/n}{\sqrt{\sum X_a^2 - (\sum X_a)^2/n} \sqrt{\sum X_b^2 - (\sum X_b)^2/n}}$$

$$= \frac{30 - 17 \times 15/10}{\sqrt{37 - 17^2/10} \sqrt{33 - 15^2/10}}$$

$$= 0.488$$

这个奇偶分数的积差相关系数 r_{hh},仅是原测验一半长度(题数)的信度,即一半测验的信度。而整个测验全长度的信度,并不等于分半相关系数 r_{hh} 的两倍,而是需要用斯皮尔曼—布朗公式加以校正。斯皮尔曼—布朗公式为:

表 3.3　初一地理成绩测验内在一致性信度系数计算表

学生序号 (1)	题序 (2) 1	2	3	4	5	6	总分 X_t (3)	奇 X_a (4)	偶 X_b (5)	$X_a X_b$ (6)	X_a^2 (7)	X_b^2 (8)	差数 $d=X_a-X_b$ (9)	d^2 (10)	X_t^2 (11)
1	1	0	0	0	0	0	1	1	0	0	1	0	1	1	1
2	0	1	0	0	0	0	1	0	1	0	0	1	−1	1	1
3	1	0	1	0	0	0	2	2	0	0	4	0	2	4	4
4	1	1	1	0	0	0	3	2	1	2	4	1	1	1	9
5	1	0	0	1	0	0	2	1	1	1	1	1	0	0	4
6	1	1	1	1	1	0	5	3	2	6	9	4	1	1	25
7	0	1	1	1	1	1	5	2	3	6	4	9	−1	1	25
8	1	1	0	0	1	1	4	2	2	4	4	4	0	0	16
9	1	0	0	1	0	1	3	1	2	2	1	4	−1	1	9
10	1	1	1	1	1	1	6	3	3	9	9	9	0	0	36
总和	8	6	5	5	4	4	32	17	15	30	37	33	2	10	130
p	.8	.6	.5	.5	.4	.4									
q	.2	.4	.5	.5	.6	.6									
pq	.16	.24	.25	.25	.24	.24									

$\sigma_a^2 = 0.810,\ \sigma_b^2 = 1.050,\ \sigma_t^2 = 2.76$

$\sigma_d^2 = 0.960,\ \sum pq = 1.38,\ \overline{X}_t = 3.2$

$$r_{tt} = \frac{2r_{hh}}{1 + r_{hh}} \tag{3.4}$$

在这里　r_{tt} 表示全长度的信度系数

　　　　r_{hh} 表示一半长度的信度系数

将有关数据代入公式(3.4)，于是初一地理成绩测验的分半信度系数为：

$$r_{tt} = \frac{2 \times 0.488}{1 + 0.488} = 0.66$$

2. 卢农(Rulon)公式估计法

卢农公式不要求两半测验分数的方差相等。其计算公式为：

$$r_{tt} = 1 - \frac{\sigma_d^2}{\sigma_t^2} \tag{3.5}$$

在这里　r_{tt} 表示分半的信度系数

　　　　σ_d^2 表示每个被试两半测验分数之差的方差

　　　　σ_t^2 表示测验总分的方差

以表 3.3 的资料来说明计算过程。在奇偶分数分半之后，求每个学生奇偶分数之差(见表 3.3 第 9 列)，再计算其差数的方差以及测验总分的方差。

其差数的方差为：

$$\begin{aligned}
\sigma_d^2 &= \frac{\sum d^2}{n} - \left(\frac{\sum d}{n}\right)^2 \\
&= \frac{10}{10} - \left(\frac{2}{10}\right)^2 \\
&= 0.96
\end{aligned}$$

测验总分的方差为：

$$\begin{aligned}
\sigma_t^2 &= \frac{\sum X_t^2}{n} - \left(\frac{\sum X_t}{n}\right)^2 \\
&= \frac{130}{10} - \left(\frac{32}{10}\right)^2 \\
&= 2.76
\end{aligned}$$

将以上数据代入公式(3.5)，计算出的分半信度系数为：

$$r_{tt} = 1 - \frac{\sigma_d^2}{\sigma_t^2}$$

$$= 1 - \frac{0.96}{2.76}$$

$$= 0.65$$

3. 弗拉南根(Flanagan)公式估计法

应用弗拉南根公式估计分半信度,同样不要求两半测验分数的方差相等。其计算公式为:

$$r_{tt} = 2\left(1 - \frac{\sigma_a^2 + \sigma_b^2}{\sigma_t^2}\right) \tag{3.6}$$

在这里 r_{tt} 表示分半信度系数

σ_a^2 和 σ_b^2 分别表示两个分半测验分数的方差

σ_t^2 表示测验总分的方差

仍以表 3.3 说明它的计算过程。

用表 3.3 第 4、7 和 5、8 列的数据分别计算两半测验分数的方差。

奇数分数的方差为:

$$\sigma_a^2 = \frac{\sum X_a^2}{n} - \left(\frac{\sum X_a}{n}\right)^2$$

$$= \frac{37}{10} - \left(\frac{17}{10}\right)^2$$

$$= 0.81$$

偶数分数的方差为:

$$\sigma_b^2 = \frac{\sum X_b^2}{n} - \left(\frac{\sum X_b}{n}\right)^2$$

$$= \frac{33}{10} - \left(\frac{15}{10}\right)^2$$

$$= 1.05$$

将以上有关数据代入公式(3.6),则

$$r_{tt} = 2\left(1 - \frac{0.81 + 1.05}{2.76}\right)$$

$$= 0.65$$

若两半分数的方差相等(即 $\sigma_a^2 = \sigma_b^2$),则三个公式估计出来的分半信度系数都是相同的。至于卢农和弗拉南根公式估计的分半信度系数相等,即

$$1 - \frac{\sigma_d^2}{\sigma_t^2} = 2\left(1 - \frac{\sigma_a^2 + \sigma_b^2}{\sigma_t^2}\right) \quad ①$$

是因为这两个公式之间可以互相推演。

（二）同质性信度

所谓同质性测验,是组成测验的几个部分都以同等程度测量着被试的同一种属性,测题之间存在着高度相关,而异质性测验则相反。

同质性信度是指测验内各测题间的一致性程度。测题间的一致性有两层含义:其一是指所有题目都测量同一种心理特质;其二是指各测题得分间具有较高的相关。其实同质性信度与分半信度本质上是一样的。分半信度是将一个测验中所有题目分成两半,然后考察这两部分的相互关联程度。若将半个测验中的题目再分成两半,它们之间的相关程度也属于内在一致性问题。若一直分下去,直到每一部分都只含有一个题目,那么这些题目互相之间的一致性程度就是同质性信度。其估计方法如下。

1. 0、1 记分测验的同质性信度

对于由答对得 1 分,答错得 0 分这种测题组成的测验,其同质性信度可以用库德—理查逊(Kuder-Richardson)信度加以估计。

分半信度常由于分半的方法不同,而求出的信度系数也有所不同。因此这种

---

① $1 - \frac{\sigma_d^2}{\sigma_t^2} = 2\left(1 - \frac{\sigma_a^2 + \sigma_d^2}{\sigma_t^2}\right)$ 的证明

左边 $= \frac{\sigma_t^2 - \sigma_d^2}{\sigma_t^2}$

$= \frac{\sigma_a^2 + \sigma_b^2 + 2r\sigma_a\sigma_b - (\sigma_a^2 + \sigma_b^2 - 2r\sigma_a\sigma_b)}{\sigma_t^2}$

$= \frac{\sigma_a^2 + \sigma_b^2 + 2r\sigma_a\sigma_b - \sigma_a^2 - \sigma_b^2 + 2r\sigma_a\sigma_b}{\sigma_t^2}$

$= \frac{4r\sigma_a\sigma_b}{\sigma_t^2}$

$$(\because \sigma_t^2 = \sigma_a^2 + \sigma_b^2 + 2r\sigma_a\sigma_b$$
$$\sigma_d^2 = \sigma_a^2 + \sigma_b^2 - 2r\sigma_a\sigma_b)$$

右边 $= 2\left(\frac{\sigma_t^2 - \sigma_a^2 - \sigma_b^2}{\sigma_t^2}\right)$

$= 2\left(\frac{\sigma_a^2 + \sigma_b^2 + 2r\sigma_a\sigma_b - \sigma_a^2 - \sigma_b^2}{\sigma_t^2}\right)$

$= 2\left(\frac{2r\sigma_a\sigma_b}{\sigma_t^2}\right)$

$= \frac{4r\sigma_a\sigma_b}{\sigma_t^2}$

因为左边与右边相等,所以原式成立。

估计信度的方法令人不甚满意。为此库德与理查逊两人于 1937 年 9 月发表了《测验信度估计理论》一文,文中包括一系列公式,其中有两个公式被广泛应用,即库德—理查逊公式 20 和 21。后来其他人为之设计了校正公式。这些公式都是根据测题之间的一致性,应用每个测题的方差来计算信度的,这种计算方法避免了由于分半所造成的误差。

应用库德—理查逊公式的假设条件与斯皮尔曼—布朗公式相同,它们要求测题的难度相等或近似相等以及组间相关相等。

(1) 库德—理查逊公式 20(简写 K-R20)

$$r_{tt} = \left(\frac{K}{K-1}\right)\left(1 - \frac{\sum pq}{\sigma_t^2}\right) \tag{3.7}$$

在这里　r_{tt} 表示库德—理查逊信度系数

K 表示测题的数目(或称测验长度)

σ_t^2 表示测验总分的方差

p 表示每一个测题做对的人数比率

$q = 1 - p$ 表示每一个测题做错的人数比率

现应用 K-R20 公式来估计表 3.3 资料的同质性信度。

该例各题做对人数比率 p 和做错人数比率 q 的乘积之和为:

$$\sum pq = 0.16 + 0.24 + 0.25 + 0.25 + 0.24 + 0.24$$
$$= 1.38$$

并将 $K = 6$, $\sigma_t^2 = 2.76$ 等有关数据代入公式(3.7)

$$r_{tt} = \left(\frac{6}{6-1}\right)\left(1 - \frac{1.38}{2.76}\right)$$
$$= 0.60$$

(2) 库德—理查逊公式 21(简写为 K-R21)

为了计算方便可以应用 K-R21 公式

$$r_{tt} = \left(\frac{K}{K-1}\right)\left(1 - \frac{K\,\overline{p}\,\overline{q}}{\sigma_t^2}\right) \tag{3.8a}$$

在这里　$\overline{p}$ 表示各题答对人数比率的平均数

$\overline{q} = 1 - \overline{p}$ 表示各题答错人数比率的平均数

表 3.3 资料的

$$\overline{p} = \frac{\sum p}{K}$$

$$= (0.8 + 0.6 + 0.5 + 0.5 + 0.4 + 0.4) \div 6$$
$$= 0.533$$
$$\bar{q} = 1 - \bar{p}$$
$$= 1 - 0.533$$
$$= 0.467$$

将 $K = 6$，$\sigma_t^2 = 2.76$ 等有关数据代入公式(3.8a)，于是

$$r_{tt} = \left(\frac{6}{6-1}\right)\left(1 - \frac{6 \times 0.533 \times 0.467}{2.76}\right)$$
$$= 0.55$$

由于公式(3.8a)中的 $\bar{p} = \dfrac{\overline{X_t}}{K}$，

则 K-R21 就可以变成公式(3.8b)的形式

$$r_{tt} = \left(\frac{K}{K-1}\right)\left[1 - \frac{\overline{X_t}(K - \overline{X_t})}{K\sigma_t^2}\right] \qquad (3.8b)[1]$$

在这里 $\overline{X_t}$ 表示测验总分的平均数。

应用公式(3.8b)来估计测验的同质性信度，只要求出每个被试测验总分的平均数 $\overline{X_t}$ 和标准差 σ_t 即可算出。特别是利用计算机或计算器，仅需把每个被试的测验总分输入一次，就可以同时求出其平均数 $\overline{X_t}$ 和标准差 σ_t，这样就更加方便了。

现将表 3.3 中的 $K = 6$，$\overline{X_t} = 3.2$，$\sigma_t^2 = 2.76$ 等有关数据代入公式(3.8b)，于是

---

[1] 公式(3.8a)与(3.8b)的恒等证明

$$\left(\frac{K}{K-1}\right)\left(1 - \frac{K\bar{p}\bar{q}}{\sigma_t^2}\right)$$
$$= \left(\frac{K}{K-1}\right)\left[1 - \frac{\overline{X_t}(K - \overline{X_t})}{K\sigma_t^2}\right]$$
$$\left(因为 \bar{p} = \frac{\overline{X_t}}{K}, \bar{q} = 1 - \frac{\overline{X_t}}{K}\right)$$

$$左边 = \left(\frac{K}{K-1}\right)\left[1 - \frac{K\frac{\overline{X_t}}{K}\left(1 - \frac{\overline{X_t}}{K}\right)}{\sigma_t^2}\right]$$
$$= \left(\frac{K}{K-1}\right)\left[1 - \frac{K\overline{X_t}\left(1 - \frac{\overline{X_t}}{K}\right)}{K\sigma_t^2}\right]$$
$$= \left(\frac{K}{K-1}\right)\left[1 - \frac{K\overline{X_t} - \overline{X_t}^2}{K\sigma_t^2}\right]$$
$$= \left(\frac{K}{K-1}\right)\left[1 - \frac{\overline{X_t}(K - \overline{X_t})}{K\sigma_t^2}\right] = 右边$$

$$r_{tt} = \left(\frac{6}{6-1} \right) \left[1 - \frac{3.2(6-3.2)}{6 \times 2.76} \right]$$
$$= 0.55$$

可见,用不同的方法来估计同一组资料(表3.3)的内在一致性信度,其结果也有所不同。一般来说,应用 K-R20 和 K-R21 公式与分半方法相比,对测验的内在一致性信度的估计是偏低的,K-R21 尤其如此。当测题的难度差异悬殊的时候,K-R20 也会产生低估。这是因为分半信度是根据被分成的相等的两半计算的,其两半之间的同质性较高,因此相关较高;而 K-R 信度是根据答对与答错的两部分计算的,其两部分之间异质性较高,因此相关较低。但是对于同一组资料,K-R 信度低于分半信度是就一般情况而言的,这不是绝对的。有时会出现恰恰相反的情况。这与测题的排列方法和分半的方法有关。

为了使 K-R20 和 K-R21 这两个适用的公式对测验的信度作恰当的估计,有人对此提出了以下的校正方法。

(3) 库德—理查逊信度的校正

1953 年霍斯特(P. Horst)在《心理学报》第 50 期上发表了《校正库德—理查逊关于测题难度差异的可靠性》一文,提出了对 K-R20 的校正公式(简称 K-R20′):

$$r_{tt} = \left(\frac{\sigma_t^2 - \sum pq}{\sigma_m^2 - \sum pq} \right) \left(\frac{\sigma_m^2}{\sigma_t^2} \right) \tag{3.9}$$

其中

$$\sigma_m^2 = 2\sum Rp - \overline{X}_t(1 + \overline{X}_t) \tag{3.10}$$

在这里 σ_m^2 表示当测题难度相近时,测验总分最大可能方差的估计值

R 表示测题难度的等级

p 表示测题的难度或答对的人数比率

$\overline{X}_t$ 表示测验总分的平均数

霍斯特的校正公式是为了比较实得的方差与最大可能方差之间近似的程度。

将表 3.3 的有关数据代入公式(3.10),则

$$\sigma_m^2 = 2 \times (1 \times 0.8 + 2 \times 0.6 + 3 \times 0.5$$
$$+ 4 \times 0.5 + 5 \times 0.4 + 6 \times 0.4)$$
$$- 3.2 \times (1 + 3.2)$$
$$= 6.36$$

再将有关数据代入公式(3.9),则

$$r_{tt} = \left(\frac{2.76 - 1.38}{6.36 - 1.38} \right) \left(\frac{6.36}{2.76} \right)$$

$$= 0.64$$

可见应用霍斯特校正公式计算出的信度系数高于 K-R20 公式。

当测题的难度变化较大时，K-R21 大大地低估了信度系数，特别是在有许多测题的难度接近于 1 或 0 时，这种低估就更加严重，为了校正这种低估，又设计了公式 K-R21′：

$$r_{tt} = 1 - \frac{0.8\overline{X}_t(K - \overline{X}_t)}{K\sigma_t^2} \tag{3.11}$$

将表 3.3 的有关数据代入公式(3.11)，则

$$r_{tt} = 1 - \frac{0.8 \times 3.2(6 - 3.2)}{6 \times 2.76}$$

$$= 0.57$$

可见，应用公式 K-R21′ 计算出的信度系数比 K-R21 略高一些。

据美国中西部大学评分办公室研究发现，将公式 K-R20、K-R21 和 K-R21′ 同时应用于 101 个客观测验的随机样本时，K-R21 计算出的信度系数比 K-R20 平均低估 16.1%；而 K-R21′ 计算出的信度系数比 K-R20 平均仅低估 4.2%，在 101 个样本中，仅有 7 个是 K-R21′ 计算出的信度系数高于 K-R20。这样说来，公式 K-R21′ 在应用上有一定的价值，因为由它估计的信度系数既有恰当的精确度，又计算方便。

2. 非 0、1 记分测验的同质性信度

K-R20 和 K-R21 两个公式仅适用估计 0、1 记分测题的信度。而柯龙贝(L. J. Cronbach)于 1951 年在《心理统计》第 16 期上发表的《α 系数和测验内在结构》一文，为估计连续记分法和一切非 0、1 记分法的信度设计了 α 系数：

$$r_{tt} = \left(\frac{K}{K - 1}\right)\left(1 - \frac{\sum \sigma_i^2}{\sigma_t^2}\right) \tag{3.12}$$

在这里　σ_i^2 表示每个测题分数的方差

α 系数与 K-R20 公式很相似，α 系数公式中以 $\sum \sigma_i^2$ 代替了 $\sum pq$。

例如，用 6 个论文题的测验对 5 个学生施测，其结果如表 3.4 第 2 列所示，试估计测验的同质性信度。

首先计算测验总分的方差：

$$\sigma_t^2 = \frac{\sum X_t^2}{n} - \left(\frac{\sum X_t}{n}\right)^2$$

$$= \frac{1\,979}{5} - \left(\frac{97}{5}\right)^2$$

$$= 19.44$$

表3.4　6个论文题测验同质性信度系数计算表

学生 $n=5$ (1)	题序($K=6$) (2)						总分 X_t (3)	X_t^2 (4)
	1	2	3	4	5	6		
1	3	4	3	2	1	4	17	289
2	6	3	4	5	4	6	28	784
3	1	3	1	2	4	5	16	256
4	6	2	2	1	5	3	19	361
5	5	3	1	2	4	2	17	289
总　　和	21	15	11	12	18	20	97	1 979
平 方 和	107	47	31	38	74	90		

$$\sum \sigma_i^2 = \frac{\sum \sum X^2}{n} - \frac{\sum (\sum X)^2}{n^2}$$

$$= (107 + 47 + 31 + 38 + 74 + 90) \div 5$$

$$- (21^2 + 15^2 + 11^2 + 12^2 + 18^2 + 20^2) \div 5^2$$

$$= 11.20$$

将有关数据代入公式(3.12),则

$$r_{tt} = \left(\frac{6}{6-1}\right)\left(1 - \frac{11.20}{19.44}\right)$$

$$= 0.51$$

由 α 系数估计出的信度,是信度中的最低限。

二、内在一致性信度的优缺点

内在一致性信度的优点是:(1)对同一组被试只要施测一次就可以求出信度系数,应用时既方便又可以避免再测信度的缺点。(2)分半测验的两个部分,相当于一个测验的两个复本。所以分半信度具有同时性复本信度的优点,只不过是测题经过折半后,数量减少了。(3)在使用 K-R20 时,对测题的假定或前提条件,要求相对较少,它不仅是信度的近似值,而且是决定测验信度非常正确的方法。

内在一致性信度的缺点是:(1)将一个测验分成内容、形式、题数、平均数、标准差、测题间相关、分布形态都相等的两部分,实际上是很困难的。(2)分半的方法不同,估计出的信度系数也有所不同。(3)若用斯皮尔曼—布朗公式对分半信度进行校正,会高估了测验的信度。

三、内在一致性信度的适用范围

内在一致性信度适用于同质性测验，而不适用于异质性测验；另外，它适用于难度测验，而不适用于速度测验。因为在速度测验中几乎没有被试可能将全部测题做完，那么测题中未被完成的部分就无法包括在测验之中被分成相等的两半，因此不能计算分半信度。速度测验也不能使用 K-R 公式和 α 系数计算内在一致性信度，因为每个被试所做题目的数量各不相同，无法计算每个测题做对的人数比率（即 K-R20 和 K-R21 公式中的 p 值）和每个测题的方差（α 系数公式中的 σ_i^2）。

对于不只包含一个因素的测验，分半信度系数是比较正确的估计方法，而且是最高的估计。假如，一个包含有 50 个语文题和 50 个数学题的测验，在估计它的信度时，应将语文的 50 题分成相等的两半，再将数学的 50 题也分成相等的两半，然后求其分半信度。

第四节　评分者的信度

评分者的信度是指多位评分者对同一组被试作答反应（即答卷）评分的一致性程度。

对于由客观性测题组成的测验，由于每个题目都有固定的答案，评分时较少受到评分者主观因素的影响，所以一般无需考虑评分者评分的一致性问题。但是，对于由主观性测题组成的测验，如论文题、作文题等，因为它无固定答案，在参考答案中只能列出答案的要点，评分时，受评分者主观因素的影响较大，不同的评分者对同一份答卷可能会给出不同的分数。评分者评分的差异已成为了误差的来源之一，这时必须考虑评分者评分的一致性问题。

评分者之间的信度有三种估计方法。

一、积差相关或等级相关估计法

如果每一份测验结果都是由两位评分者按照各自的评分标准记分，其评分者的信度，可以用每份测验结果两个分数之间的相关系数来表示。若两位评分者都是以连续性分数记分，则可以用公式（3.1）（3.2）（3.3）积差相关系数来计算。

如果每一份测验结果，是由两位评分者以等级进行评定，其评分者之间的信度，可以用每份测验结果的两个等级之间的等级相关系数来表示。其计算公式为：

$$r_{tt} = 1 - \frac{6\sum D^2}{n(n^2 - 1)} \qquad (3.13)$$

在这里　r_{tt} 表示评分者之间的信度系数

　　　　D 表示每份测验结果等级的差数

　　　　n 表示被试的人数

例如,10 个学生的绘画作品,由甲、乙两位评分者分别以名次进行评定。评定的结果如表 3.5 第 2 和 4 列所示,试估计两位评分者之间的信度。

表 3.5　两个评分者对 10 个学生绘画作品评分的信度系数计算表

学生序号 (1)	甲评分者		乙评分数		等级差数 D (6)	差数平方 D^2 (7)
	X (2)	等级 (3)	Y (4)	等级 (5)		
1	1	1	1	1	0	0
2	2	2	5	5	−3	9
3	3	3	3	3	0	0
4	4	4.5	6	6.5	−2	4
5	4	4.5	2	2	2.5	6.25
6	5	6	6	6.5	−0.5	0.25
7	6	7	8	9	−2	4
8	7	8	4	4	4	16
9	8	9	9	10	−1	1
10	9	10	7	8		4
总　和						44.5

为了计算二者的等级相关系数,首先分别将甲、乙两个评分者对 10 个学生绘画作品的名次重新排成等级。名列最前者,等级定为 1,随名次往后,等级数递增,相等的名次,以它们所占位置的平均数作为等级,见表 3.5 的第 3 和 5 列所示。然后计算甲、乙两位评分者对每个学生评定的等级之差 D(见表 3.5 第 6 列)及差数的平方 D^2(见表 3.5 第 7 列),并求其和 $\sum D^2$。再将表 3.5 的有关数据代入公式(3.13),于是两个评分者之间的信度系数为:

$$r_{tt} = 1 - \frac{6 \times 44.5}{10(10^2 - 1)} = 0.73$$

二、α 系数估计法

当两个以上评分者用连续性记分法对一组被试的测验结果评定时,评分者的信度可用公式(3.12)α 系数来估计。

例如,3 个评分者对 7 个学生地理学科问答题成绩评定结果如表 3.6 第 2 列所示,试估计评分者的信度。

每个学生由三位评分者所评总分的方差为:

$$\sigma_t^2 = \frac{\sum X_t^2}{n} - \left(\frac{\sum X_t}{n}\right)^2$$

$$= \frac{3\,125}{7} - \left(\frac{143}{7}\right)^2$$

$$= 29.10$$

表 3.6　3 个评分者对 7 个学生地理问答题评分者信度计算表

学生 ($n = 7$) (1)	评分者($K = 3$) (2)			总分 X_t (3)	X_t^2 (4)
	1	2	3		
1	12	8	8	28	784
2	6	8	6	20	400
3	4	6	10	20	400
4	4	1	4	9	81
5	10	8	6	24	576
6	8	4	10	22	484
7	7	5	8	20	400
总　和	51	40	52	143	3 125
平方和	425	270	416		

每个评分者对 7 个学生评分的方差之和为：

$$\sum \sigma_i^2 = \frac{\sum \sum X^2}{n} - \frac{\sum(\sum X)^2}{n^2}$$

$$= \frac{425 + 270 + 416}{7} - \frac{51^2 + 40^2 + 52^2}{7^2}$$

$$= 17.80$$

将表 3.6 的有关数据代入公式(3.12)，则 3 个评分者之间的信度系数为：

$$r_{tt} = \left(\frac{3}{3-1}\right)\left(1 - \frac{17.80}{29.10}\right)$$

$$= 0.58$$

三、肯德尔(Kandall)和谐系数估计法

当两个评分者用等级对 n 个测验结果进行评定时，可以用二列等级相关表示两个评分者的信度。当 K 个评分者用等级对 n 个测验结果进行评定时，可以用肯德尔和谐系数(多列等级相关)表示 K 个评分者的信度。其计算公式为：

$$r_{tt} = \frac{SS_R}{\dfrac{1}{12}K^2(n^3 - n)} \qquad (3.14)$$

在这里 r_u 表示肯德尔和谐系数

SS_R 表示 R 的离差平方和,即

$$SS_R = \sum(R - \overline{R})^2$$

$$= \sum R^2 - \frac{(\sum R)^2}{n}$$

$\frac{1}{12}K^2(n^3 - n)$ 表示评分者完全一致时最大可能的 SS_R。

例如,4 个评分者对 5 个学生作文的等级评定结果如表 3.7 第 2 列所示。试估计评分者之间的信度。

表 3.7 4 位评分者对 5 个学生作文评定的信度系数计算表

学生 ($n=5$) (1)	评分者($K=4$) (2)				R (3)	R^2 (4)
	1	2	3	4		
1	1	2	1	2	6	36
2	3	1	2	1	7	49
3	5	3	3	4	15	225
4	4	5	4	5	18	324
5	2	4	5	3	14	196
总　和					60	830

四个评分者对 5 个学生作文等级评定的信度可以用肯德尔和谐系数表示。首先计算 R 的离差平方和

$$\sum R = 6 + 7 + 15 + 18 + 14 = 60$$

$$\sum R^2 = 6^2 + 7^2 + 15^2 + 18^2 + 14^2 = 830$$

$$SS_R = \sum R^2 - \frac{(\sum R)^2}{n}$$

$$= 830 - \frac{60^2}{5} = 110$$

将有关的数据代入公式(3.14),于是 4 个评分者对 5 个学生的作文等级评定的信度系数为:

$$r_u = \frac{110}{\frac{1}{12} \times 4^2 \times (5^3 - 5)}$$

$$= 0.69$$

如果在评定中有相同的等级时,可以用下式进行校正:

$$r_{tt} = \frac{SS_R}{\frac{1}{12}K^2(n^3-n) - K\sum T} \tag{3.15}$$

在这里 $T = \frac{\sum(m^3-m)}{12}$ (3.16)

m 表示相同等级的个数

例如,3 个评分者对 6 个学生书法作业的名次评定结果,如表 3.8 第 2 列所示,试估计评分者之间的信度。

首先将表 3.8 第 2 列中每个评分者所评名次排成等级,对于相同的名次,以它们所占位置的平均数作为等级,然后求每个学生等级之和 R 的离差平方和

$$SS_R = 736 - \frac{63^2}{6}$$
$$= 74.50$$

表 3.8 3 个评分者对 6 个学生书法作业评定的肯德尔和谐系数计算表

学生 (n = 6) (1)	评分者(K = 3) (2)			等 级 (3)			R (4)	R^2 (5)
	1	2	3	1	2	3		
1	6	4	4	6	5	4	15	225
2	3	4	3	3	5	2.5	10.5	110.25
3	2	3	5	1.5	3	5.5	10	100
4	2	1	2	1.5	1	1	3.5	12.25
5	5	4	3	5	5	2.5	12.5	156.25
6	4	2	5	4	2	5.5	11.5	132.25
总　和							63	736.00

$$T_1 = \frac{2^3-2}{12} = 0.5 \quad T_2 = \frac{3^3-3}{12} = 2$$
$$T_3 = \frac{2^3-2}{12} + \frac{2^3-2}{12} = 1$$
$$\sum T = 0.5 + 2 + 1 = 3.5$$

将有关数据代入公式(3.15),于是 3 个评分者对 6 个学生书法作业评分之间的信度系数为:

$$r_{tt} = \frac{74.5}{\frac{1}{12} \times 3^2 \times (6^3-6) - 3 \times 3.5}$$
$$= 0.51$$

四、信度估计方法的总结及其信度系数的评价

现将本章所述信度各种估计方法用表 3.9 加以总结。实际上,信度的估计方法远不止以上几种。应当说,有多少种误差来源,就有多少种信度的估计方法。经典测验理论将被试获得分数的方差(σ_t^2)分解成真分数方差(σ_∞^2)及误差方差(σ_e^2)两部分。信度的理论定义就是真分数方差在获得分数方差中所占的比率,即 $r_{tt} = \dfrac{\sigma_\infty^2}{\sigma_t^2}$,用误差方差可表示为 $r_{tt} = 1 - \dfrac{\sigma_e^2}{\sigma_t^2}$(参见本书第四章第一节)。而误差方差又是各种误差方差的总和。阿娜斯塔西(A. Anastasi)1982 年将各种信度系数相应的误差方差的来源列成表 3.10,并假想了一个对于测验误差方差来源的分析。即假设用创造力测验的 A、B 两个复本,对 100 名被试间隔两个月先后施测,所求得的等值性和稳定性信度系数为 0.70;再分别求两个复本的分半信度系数,将其平均后,再用斯皮尔曼—布朗公式加以校正,其值为 0.80;由第二位评分者从这 100 份答卷中随机抽取 50 份答卷,另外评分,求得评分者信度系数为 0.92。根据这三个信度系数及其误差对该测验的信度作如下分析。间隔施测的复本信度估计的误差方差在获得分数方差(即总方差)中所占的比率为 $1 - 0.70 = 0.30$,其误差来源于内容和时间的取样;平均的分半信度估计的误差方差在获得分数中所占的比率为 $1 - 0.80 = 0.20$,其误差来源内容取样。由上述第一种内容和时间取样引起的误差方差之比率减去第二种内容取样引起的误差方差之比率,则为由时间取样引起的误差方差在获得分数方差中所占的比率为 $0.30 - 0.20 = 0.10$;第三种评分者信度估计的误差方差在获得分数方差中所占的比率为 $1 - 0.92 = 0.08$。于是,可求得测量的总误差方差在获得分数方差中所占比率为 $0.20 + 0.10 + 0.08 = 0.38$。而真分数方差在获得分数方差中所占比率(即测验的信度)为 $1 - 0.38 = 0.62$。可将上述分析列成表 3.11。

表 3.9　信度估计方法与测验数目、施测次数的关系

所需施测次数	所需测验数目	
	一个	两个
一次	分半信度 同质性信度 评分者信度	复本信度 (连续施测)
两次	再测信度	复本信度 (间隔施测)

表 3.10 各种信度系数相应误差方差的来源

信度系数的类型	误差方差的来源
再测信度	时间取样
复本信度（连续施测）	内容取样
复本信度（间隔施测）	时间与内容取样
分半信度	内容取样
同质性信度	内容的异质性
评分者信度	评分者之间的差异

表 3.11 一个假想测验的误差方差来源之分析

信度类型	误差方差在获得分数方差中所占比率	误差方差的来源
间隔施测的复本信度	$1 - 0.70 = 0.30$	时间和内容取样
分半信度	$1 - 0.80 = 0.20$	内容取样
上述二者之差	$0.30 - 0.20 = 0.10$	时间取样
评分者信度	$1 - 0.92 = 0.08$	评分者间差异
误差方差的总和	$0.20 + 0.10 + 0.08 = 0.38$	
真分数方差在获得分数方差中所占比率	$1 - 0.38 = 0.62$	

实际应用时究竟采用哪种方法来估计测验的信度,这要根据具体情况和条件而定。总的原则是,一个测验哪种误差大,就应当用哪种误差来估计。有时一个测验需要用几种信度系数来加以估计。

信度系数的值多大测验才算可靠呢? 这是个复杂问题,绝不能用一个死的标准一概而论地来衡量和评价每个信度系数。因为信度系数是用相关系数表示的,所以在评价时必须与求得信度系数的环境和条件联系起来。其具体的环境和条件是指测验的性质、内容,估计信度的方法,施测的时间间隔,标准化被试样本的容量及分数差异情况等。这里只能提供几个一般性的参考标准。从测验的性质、内容来说,标准化学习成绩测验及能力测验的信度系数应在 0.90 以上;标准化智力测验的信度系数应在 0.85 以上;人格测验的信度系数应在 0.80 以上;教师自编学习成绩测验的信度系数应在 0.60 以上。从信度的估计方法来说,间隔施测的复本信度系数为最低,因为造成误差的因素较多,如既含有测验内容不同引起的误差,又含有测验时间不同引起的误差。校正后的分半信度系数为最高,因为造成误差的因素较少。

练 习 题

1. 某一能力测验对同一组学生,在一个月内的两次测验成绩如下表,试估计测验的信度。

	1	2	3	4	5	6	7	8	9	10
第一次测验	50	48	43	41	52	50	40	42	45	47
第二次测验	50	52	45	46	54	53	47	48	50	49

2. A、B 两份等值的化学难度测验,在一个下午对 8 个学生进行连续测验,其测验结果如下表,试估计测验的信度。

学 生	1	2	3	4	5	6	7	8
A 测验	64	60	57	61	45	56	58	42
B 测验	62	58	51	60	47	54	59	40

3. 10 名学生汉语拼音测验成绩如下表,分别用斯皮尔曼—布朗、卢农、弗拉南根公式估计分半的内在一致性信度,并分别用库德—理查逊公式 20、21,以及它们的校正公式估计其同质性信度。

学生序号	题 目						总 分
	1	2	3	4	5	6	
1	0	0	0	0	0	0	0
2	1	0	0	0	0	0	1
3	1	0	1	0	0	0	2
4	1	1	0	0	1	0	3
5	1	0	0	1	0	0	2
6	1	1	1	0	0	1	4
7	1	1	1	1	1	0	5
8	1	1	0	1	1	0	4
9	0	1	1	0	0	1	3
10	1	1	1	1	1	1	6
总 和	8	6	5	4	4	3	30

4. 对 4 个学生进行由 5 道论述题组成的测验,其成绩如下表,试估计测验的同质性信度。

学生序号	题　目					总　分
	1	2	3	4	5	
1	6	7	6	8	5	32
2	4	3	5	3	4	19
3	2	4	3	2	1	12
4	4	5	4	5	4	22
总　和	16	19	18	18	14	85

5. 6 名体操运动员由两位评分者评定的等级如下表,试估计两位评分者的信度。

学　生	1	2	3	4	5	6
甲评判者	4	3	2	5	5	6
乙评判者	3	2	1	4	6	5

6. 3 位评分者对 4 个学生的声乐考试评分如下表,试估计评分者的信度。

学生序号	评　分　者		
	1	2	3
1	12	10	13
2	10	11	9
3	13	15	10
4	18	14	12

7. 5 位评分者对 5 个学生的摄影比赛名次排列如下表,试估计评分者之间的信度。

学生序号	评　分　者				
	1	2	3	4	5
1	1	1	2	1	2
2	4	3	1	2	1
3	2	4	4	3	4
4	3	2	5	4	3
5	5	5	3	5	5

8. 4 位评分者对 5 个学生演讲比赛所评等级如下表,试估计评分者的信度。

学生序号	评 分 者			
	1	2	3	4
1	2	1	1	3
2	6	4	5	6
3	3	2	1	1
4	6	3	3	3
5	6	4	4	3

9. 再测信度、复本信度、内在一致性信度各有什么优缺点?它们各自适用于哪种测验?

以上所讲的信度定义是进行运算的操作定义。为了对信度有进一步的了解，下面要讲信度的理论定义。

第一节 信度的理论定义

一、信度与误差的关系

假设某一个测验实施的结果被试所得分数完全是真分数，也就是说，这些分数完全是由所欲测量的某种属性决定的，其中没有任何误差。那么，这个测验是完全可靠的，它的信度系数应当等于1.00。但是，任何测量，甚至是物理测量都很难达到这样完善的程度。这是因为任何一种测量，都不可避免地包含有误差，重要的是尽可能减少误差，以及了解测验的可靠程度。

一般统计资料可能有三种误差：(1)抽样误差，就是由抽样所产生的误差。例如，在测量某种属性时从一个总体中随机地抽取几个样本，它们之间的平均数不会都相同，而且它们的平均数也不会都与总体平均数相同。这是由抽样误差所致。(2)测量误差，又称随机误差或偶然误差，它是由一些偶然因素所引起的不易控制的误差。这些偶然因素不仅来自测量工具的本身，如教育测验、问卷、调查表等，而且还来自主试、被试和测验情境。测量误差往往是各方面的偶然的不易控制的因素交互作用的结果。(3)系统误差，又称恒定误差，它是测量过程中由与测量无关的因子所引起的有一定系统性和规律性的误差。例如，数学成绩测验在午饭前第四节课施测，可能由于疲劳、饥饿，使所有被试的测验分数都偏低。

在测量中，抽样误差可以忽略不计，因为按照一定方式抽取容量较大的样本，其抽样误差的估计值 $S_{\overline{X}} = \dfrac{S}{\sqrt{n}}$ 会变得很小。系统误差在信度的估计上很难察觉。这是因为，由于这种误差的影响，可以使每一个被试的得分普遍偏高或者普遍偏低,但是这并不引起两次测验分数的不一致性,所以它并不影响测验信度。测量误差是影响信度的主要原因。关于这一点在各种信度优缺点的比较(第三章)和测验标准化(第二章)的有关问题中,都有所论述,下面在适当场合还将予以说明。

二、信度的理论定义

信度在逻辑上讲是一组测验分数中真分数方差与获得分数方差的比率。为了解释信度这个理论定义,下面逐一加以分析。

从理论上来说,每一个被试在测验中所获得的分数,其中都包括两部分:一部分是真分数,它完全由测量属性决定的纯正而没有误差的分数;另一部分是测量误差。其关系可以写成下式:

$$X_t = X_\infty + X_e \tag{4.1}$$

在这里　X_t 表示获得分数,即测验分数

　　　　X_∞ 表示真分数

　　　　X_e 表示测量误差

其实,在实际测量中,真分数和测量误差都是未知的。在物理实验中,关于真分数常以在严密控制的同等条件下,多次重复测量所得分数的平均数来加以估计。例如,一个物体的真正重量,常以在严密控制的同等条件下多次重复测量所得重量的平均数来估计该物体真正的重量。但是,测量一个人的某种心理属性时,就不可能在严密控制的同等条件下重复测量而获得真分数,因为用同一个测验对同一个人进行多次测量,由于记忆、练习效果等影响,每一次的测量都会使这个人的测量属性发生变化,这种变化影响下一次的测量结果。但是为了说明信度的理论,我们假设真分数和测量误差是已知的。

公式(4.1)表述的是一个人的获得分数、真分数和误差之间的关系。如果在一组测验分数中,满足下面两个假定条件:(1)误差是随机的,即误差的平均数等于零,误差的正负值相等,且呈正态分布。(2)误差与真分数之间无相关存在。那么,获得分数、真分数、误差三者的关系为:获得分数的方差等于真分数的方差与误差的方差之和。用公式可以表示为:

$$\sigma_t^2 = \sigma_\infty^2 + \sigma_e^2 \tag{4.2}$$

在这里　σ_t^2 表示获得分数的方差

　　　　σ_∞^2 表示真分数的方差

　　　　σ_e^2 表示误差的方差

现用表 4.1 中 10 个被试在某一测验上的得分来说明三种方差的关系。表中

真分数 X_∞ 和误差 X_e 是假设的。从理论上说,真分数是一个被试在无限相等的测验上所得分数的平均数,下标 ∞ 就是这个含义。

从表 4.1 可以看出,获得分数的平均数等于真分数的平均数,即 $\overline{X}_t = \overline{X}_\infty = 20$。误差的平均数为零,且误差与真分数的乘积之和为零(见第 6 列),故误差与真分数无相关存在。获得分数的方差等于真分数的方差与误差的方差之和,即

$$75.40 = 67.20 + 8.20$$

为了满足信度的定义,还需求出真分数的方差与获得分数的方差之比率,若将公式(4.2)同除以 σ_t^2,则

$$\frac{\sigma_t^2}{\sigma_t^2} = \frac{\sigma_\infty^2}{\sigma_t^2} + \frac{\sigma_e^2}{\sigma_t^2} \tag{4.3}$$

若以 r_{tt} 表示信度系数,根据上述的定义,它就是上式的一部分

$$r_{tt} = \frac{\sigma_\infty^2}{\sigma_t^2} \tag{4.4}$$

表 4.1 获得分数、真分数、误差三者方差的关系

学生序号 (1)	获得分数 X_t(2)	真分数 X_∞(3)	误差		$X_\infty X_e$ (6)
			X_e(4)	X_e^2(5)	
1	6	4	2	4	8
2	14	16	−2	4	32
3	20	24	−4	16	−96
4	24	22	2	4	44
5	10	12	−2	4	−24
6	16	14	2	4	28
7	18	22	−4	16	−88
8	36	34	2	4	68
9	27	28	−1	1	−28
10	29	24	5	25	120
总 和	200	200	0.00	82	0.00
平均数 $\overline{X}$	20	20	0.00		
方差 σ^2	75.40	67.20	8.20		
标准差 σ	8.68	8.20	2.86		

或者写成

$$r_{tt} = 1 - \frac{\sigma_e^2}{\sigma_t^2} \tag{4.5}$$

将表 4.1 的有关数据代入公式(4.4)及(4.5),则

$$r_{tt} = \frac{67.20}{75.40} = 0.89$$

$$r_{tt} = 1 - \frac{8.20}{75.40} = 0.89$$

三、信度系数与决定系数的关系

所谓决定系数,就是存在相关的两个变量,在因变量的方差中由自变量方差所造成的比率。决定系数的值,等于这两个变量相关系数的平方。若以 X 表示自变量,Y 表示因变量,则决定系数可表示为 r_{YX}^2。例如,学生的数学测验分数(Y),随智商分数(X)而变化,二者的相关系数为 $r_{YX} = 0.60$。这个相关系数的平方 $r_{YX}^2 = 0.60^2 = 0.36$,就表示约有 36% 的数学分数的方差是由智商分数的方差所造成,而其余的 64% 的数学分数的方差是由智商分数之外的因素所造成。

就一般情况而言,获得分数随着真分数而变化,二者是相关的。虽然这两个变量是一个包括在另一个之内,即真分数是包括在获得分数之内,但是为了从理论上说明信度系数与决定系数之间的关系,我们假设真分数是与获得分数分开的两个变量。若以真分数 X_∞ 为自变量,获得分数 X_t 为因变量,那么,二者之间相关系数的平方 $r_{t\infty}^2$ 就表示获得分数的方差中由真分数方差所决定的比率 $\frac{\sigma_\infty^2}{\sigma_t^2}$,这正是信度的涵义。于是

$$r_{t\infty}^2 = r_{tt} \tag{4.6}$$

这说明,当测量误差与真分数间没有相关存在时,决定系数就等于信度系数。现再从公式上加以证明。

表 4.1 中的获得分数对真分数的回归线如图 4.1 所示。

统计学原理告诉我们,因变量 Y 与回归值 $\hat{Y}$ 之差的标准差,就是估计标准误差 σ_{YX},用公式可以表示为

$$\sigma_{YX} = \sigma_Y \sqrt{1 - r_{YX}^2}$$

而表 4.1 第 4 列的测量误差,正是获得分数与真分数的回归值之间的差数。故上式可以表示为:

$$\sigma_e = \sigma_t \sqrt{1 - r_{t\infty}^2} \tag{4.7}$$

将上式等号两端平方,则

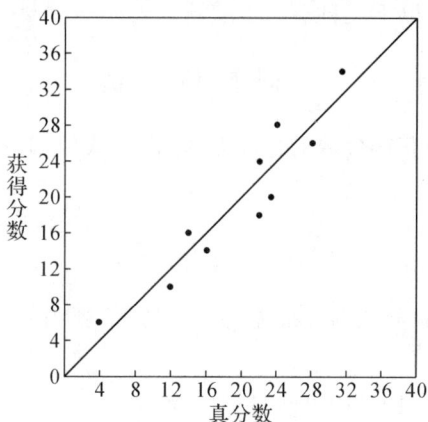

图 4.1　获得分数对真分数的回归线

（资料来源：表 4.1）

$$\sigma_e^2 = \sigma_t^2(1 - r_{t\infty}^2)$$

两端同除以 σ_t^2，则

$$\frac{\sigma_e^2}{\sigma_t^2} = 1 - r_{t\infty}^2$$

$$r_{t\infty}^2 = 1 - \frac{\sigma_e^2}{\sigma_t^2}$$

$$r_{t\infty}^2 = \frac{\sigma_t^2 - \sigma_e^2}{\sigma_t^2} \tag{4.8}$$

由于 $\sigma_t^2 = \sigma_\infty^2 + \sigma_e^2$

则上式又可写成

$$r_{t\infty}^2 = \frac{\sigma_\infty^2}{\sigma_t^2} \tag{4.9}$$

由于公式（4.9）与（4.4）相等，而公式（4.8）与（4.5）相等，从而说明决定系数等于信度系数，即

$$r_{t\infty}^2 = r_{tt}$$

第二节　测量标准误差的估计

从理论上说，测量标准误差就是获得分数与真分数的回归值之差的标准差。但是，实际上真分数永远是未知的，因此我们只能通过其他途径来估计测量的标准

误差。其估计的方法有以下三种。

一、间 接 估 计 法

当已知信度系数和获得分数的标准差时,由公式(4.6)和(4.7)可得,估计测量标准误差的公式为:

$$\sigma_e = \sigma_t \sqrt{1 - r_{tt}} \tag{4.10}$$

例如,化学成绩测验分数的标准差为 9,测验信度为 0.84,试估计测量的标准误差。

将数据代入公式(4.10),于是测量标准误差为:

$$\sigma_e = 9 \sqrt{1 - 0.84}$$
$$= 3.6$$

二、直 接 估 计 法

这种估计方法,不需要求信度系数,可根据再测或者复本测验所得的成对分数的差数,直接加以估计。其估计公式为:

$$\sigma_e = \frac{1}{\sqrt{2}}\sigma_{X_1 - X_2}$$
$$= 0.707\sigma_{X_1 - X_2} \tag{4.11}$$

在这里 $\sigma_{X_1 - X_2}$ 表示被试在再测或复本测验上两个获得分数之差的标准差

下面对公式(4.11)的来源加以介绍。

在估计信度系数时,每个被试在再测或复本测验上都可以获得两个成对的分数。于是每个被试都有两个等式:

$$X_{t1} = X_\infty + X_{e1}, \ X_{t2} = X_\infty + X_{e2}$$

当 X_{t1} 与 X_{t2} 同样可以估计真分数 X_∞ 时,一式减二式可得

$$X_{t1} - X_{t2} = X_{e1} - X_{e2}$$

为了便于推演可将上式写成

$$X_1 - X_2 = E_1 - E_2$$

可见,每一个被试在相等的两个测验上的获得分数之差,就等于其误差之差。那么获得分数之差的方差就等于误差之差的方差,即

$$\sigma^2_{X_1-X_2} = \sigma^2_{E_1-E_2}$$

根据统计学原理,若误差之间的相关为零时,误差之差的方差就等于误差之和的方差,即上式又可写成

$$\sigma^2_{X_1-X_2} = \sigma^2_{E_1+E_2}$$

或写成

$$\sigma^2_{X_1-X_2} = \sigma^2_{E_1} + \sigma^2_{E_2}$$

若两次获得分数的误差是相等的,于是

$$\sigma^2_{X_1-X_2} = 2\sigma^2_E$$

$$\frac{1}{2}\sigma^2_{X_1-X_2} = \sigma^2_E$$

等号两边开方,则

$$\frac{1}{\sqrt{2}}\sigma_{X_1-X_2} = \sigma_E$$

所以,测量标准误差即为两次获得分数之差的标准差与$\frac{1}{\sqrt{2}}$的乘积。

例如,12 个学生在物理复本测验上的得分如表 4.2 第 2 列所示,试估计测量标准误差。

表 4.2　物理成绩测验测量标准差计算表

学生序号 (1)	获得分数(2)		$d = X_1 - X_2$ (3)	d^2 (4)
	X_1	X_2		
1	18	24	−6	36
2	21	22	−1	1
3	36	32	4	16
4	21	23	−2	4
5	22	21	1	1
6	20	25	−5	25
7	31	30	1	1
8	22	20	2	4
9	28	30	−2	4
10	25	22	3	9
11	26	28	−2	4
12	30	31	−1	1
总　　和	300	308	−8	106
平方总和	7 816	8 108		
标准差 σ	5.132	4. 110		

两次测验分数差数的标准差

$$\sigma_{X_1 - X_2} = \sqrt{\frac{\sum d^2}{n} - \left(\frac{\sum d}{n}\right)^2}$$

根据表 4.2 第 3、4 列为:

$$\sigma_{X_1 - X_2} = \sqrt{\frac{106}{12} - \left(\frac{-8}{12}\right)^2} = 2.896$$

将之代入公式(4.11),于是测量标准误差为

$$\sigma_e = 0.707 \times 2.896$$
$$= 2.047$$

三、分 半 估 计 法

若以分半相关法估计信度时,其分半测验分数之差的标准差就是测量标准误差的估计值。用公式可表示为:

$$\sigma_e = \sigma_{X_a - X_b} \tag{4.12}$$

在这里 X_a 和 X_b 表示两个分半的测验分数

现以表 4.3 的资料说明分半测量误差的估计方法。

表 4.3 30 名学生英语听力测验测量标准误差计算表

学生序号 (1)	奇 X_a (2)	偶 X_b (3)	总分 X_t (4)	差 数 $d = X_a - X_b$ (5)
1	29	21	50	8
2	26	26	52	0
3	23	22	45	1
4	31	32	63	-1
5	22	21	43	1
6	19	23	42	-4
7	24	25	49	-1
8	24	25	49	-1
9	26	21	47	5
10	22	24	46	-2
11	24	25	49	-1
12	24	18	42	6

学生序号 (1)	奇 X_a (2)	偶 X_b (3)	总分 X_t (4)	差 数 $d = X_a - X_b$ (5)
13	28	25	53	3
14	16	19	35	−3
15	23	17	40	6
16	33	26	59	7
17	19	19	38	0
18	20	21	41	−1
19	23	23	46	0
20	26	22	48	4
21	22	21	43	1
22	32	32	64	0
23	32	34	66	−2
24	15	13	28	2
25	25	27	52	−2
26	37	36	73	1
27	29	24	53	5
28	19	21	40	−2
29	32	27	59	5
30	19	22	41	−3
总 和	744	712	1 456	32
平 方 和	19 278	17 622	73 452	348
方 差 σ^2	27.56	24.13	92.92	10.46
标 准 差 σ	5.25	4.91	9.64	3.24

表 4.3 奇偶分半测验分数差数的标准差为：

$$\sigma_{X_a - X_b} = \sqrt{\frac{\sum d^2}{n} - \left(\frac{\sum d}{n}\right)^2}$$

$$= \sqrt{\frac{348}{30} - \left(\frac{32}{30}\right)^2}$$

$$= 3.24$$

根据公式(4.12)可知，它就是分半测验分数的测量标准误差。

应用公式(4.10)也可以计算分半的测量标准误差。表 4.3 的奇偶测验分数积差相关系数为 0.80，整个测验的信度系数为：

$$r_{tt} = \frac{2 \times 0.80}{1 + 0.80}$$

$$= 0.89$$

测验总分的标准差为 $\sigma_t = 9.639$，将以上有关数据代入公式(4.10)，则测量标准误差为：

$$\sigma_e = 9.64 \times \sqrt{1 - 0.89}$$

$$= 3.20$$

由公式(4.10)和(4.12)估计出的测量标准误差相差不太大，这是因为奇偶两半测验分数的标准差很相近的缘故。

用分半相关估计 σ_e 的方法，也是一种直接估计方法。如果两组获得分数的标准差相等时，无论由直接或间接方法求得的 σ_e 值都是相等的；如果两组获得分数的标准差有极显著性差异时，由公式(4.10)间接方法求出的 σ_e 值，将会低估测量误差。所以相等的分半测验和随机的测量误差是解释信度的两个重要假设。当这两个假设成立时，公式(4.10)所表达的测量标准误差与信度系数之间的关系才成立。一般说来，实际的测验分数是不会完全满足这两个假设的，所以用直接的方法估计 σ_e 比用公式(4.10)间接地估计 σ_e 要好。

四、测量标准误差的应用

测量标准误差是表示测验信度的一种指标。测量误差越大，信度越低；测量误差越小，信度越高。可以说，测量标准误差 σ_e 和信度系数 r_{tt} 二者都是用来表示信度的统计量。信度系数是一个抽象的比值，它可以直接比较两个以上测验的信度。测量标准误差是个带有单位的数，它的单位与原始分数单位相同。当测量误差满足以下两个假设：(1)独立而且分布呈正态，即真正随机的。(2)均匀分布。这时，它还可以以正态分布为依据来判断个别被试获得分数的信度。

上面为了说明信度的理论涵义，将真分数视为自变量，获得分数为因变量，由真分数推测获得分数。实际上这种推测是没有意义的，因为真分数是未知的。而由个别被试的获得分数来推测其真分数，却是一件有意义的事情。其推测的方法就是在已知测量标准误差 σ_e 的条件下，按照一定的概率要求，可以对某个获得分数所对应的真分数的所在范围进行区间估计。如果要求估计的可靠性为95％，那么真分数有95％的可能落在获得分数加减1.96个测量标准误差的范围内。即

$$X_t - 1.96\sigma_e < X_\infty < X_t + 1.96\sigma_e$$

如果要求估计的可靠性为99％，则真分数有99％的可能性落在获得分数加减2.58个测量标准误差的范围内。即

$$X_t - 2.58\sigma_e < X_\infty < X_t + 2.58\sigma_e$$

例如,幼儿说话能力测验的测量误差假如满足随机性和均匀分布两个假设,其测量标准误差 $\sigma_e = 1.43$,一个幼儿的测验分数为 28 分,试分别估计该幼儿真分数的 95％和 99％的置信区间。

该幼儿说话能力的真分数有 95％的可能落在

$$28 - 1.96 \times 1.43 < X_\infty < 28 + 1.96 \times 1.43$$
$$25.20 < X_\infty < 30.80$$

该幼儿说话能力的真分数有 99％的可能落在

$$28 - 2.58 \times 1.43 < X_\infty < 28 + 2.58 \times 1.43$$
$$24.31 < X_\infty < 31.69$$

在用测量标准误差估计个人的真分数时,首先要对上述两个假设是否成立加以判断。关于测量误差的独立性问题,可根据整个测验或折半测验分数间的差异情况来判断。如果折半测验分数间的差数呈正态分布,则误差也呈正态分布,而且误差是独立的,即误差是随机的。但是测量中如有系统误差存在,测量误差就是不独立的,不随机。系统误差虽然对测验的信度没有影响,但它却影响着用获得分数对个人真分数的估计。例如,在测验情境中,由于无关因子的影响,使每个被试的获得分数普遍高于或低于其真分数。这时,由于测量误差是不独立的,对于个人的真分数,就不能进行可靠的估计。至今对于系统误差还没有满意的处理方法。关于测量误差是否呈均匀分布的问题,可以通过比较获得分数各个不同区间差异的标准差是否相等来加以判断。以表 4.3 的资料为例,如果具有均匀分布性时,总分在 50 分以上的奇偶分数之差的标准差与总分在 40 分以下的奇偶分数之差的标准差大致相等。如果有显著不同时,此假设就不成立。

第三节 影响信度的几个因素

信度系数的高低除了直接与测量误差有关之外,还和以下几个特殊的因素有关。

一、测验的长度对信度的影响

所谓测验的长度,是指测验所包括的测题(或称项目)的数量。

用分半测验分数求出的信度系数低于整个测验信度系数的事实表明,测验的长度越大,信度越高。假如原测验有 5 个测题,信度系数为 0.20,在连续应用斯皮尔曼—布朗公式(3.4) $r_{tt} = \dfrac{2r_{hh}}{1+r_{hh}}$ 将测验的长度成倍地增加时,测验长度对信度产生影响如表 4.4 所示。但是,从表 4.4 中我们也可以看出,原信度值越低,由于长度的增加而提高的信度值越多;原信度值越高,由于长度的增加而提高的信度值越少。例如,一个信度较低为 0.50 的测验,在原长度 20 个题目上,仅增加 60 个题目,就可使信度提高到 0.80,而一个信度较高为 0.80 的测验,在原长度 80 个题目上,再增加 80 个题目,信度仅提高到 0.89。

表 4.4　测验长度与信度的关系

测 题 数 目	信 度 系 数	测 题 数 目	信 度 系 数
5	0.20	160	0.89
10	0.33	320	0.94
20	0.50	640	0.97
40	0.67	∞	1.00
80	0.80		

我们可以通过增加测验的长度来改进信度,但是要求所增加的测题要与原测验的测题是同质性的,而且有相同的难度。这与使用斯皮尔曼—布朗公式求分半信度系数所要求的条件是一样的,即测验是同质性的,而且被分成的两半测验其难度相等。

公式(3.4)只能求出测验长度增加到原测验长度 2 倍时的信度系数。它仅是斯皮尔曼—布朗通式的一个特例。其通式可写成:

$$r_{nn} = \frac{n\,r_{tt}}{1+(n-1)r_{tt}} \qquad (4.13)$$

在这里　r_{nn} 表示测验长度增长到 n 倍时的信度系数

　　　　n 表示所欲延长到的测验长度与原测验长度之比

　　　　r_{tt} 表示原测验长度的信度系数

利用公式(4.13)可以求出测验长度增加为原长度任何倍数的信度系数。例如,由 50 题组成的儿童心理学测验,其信度系数为 0.72,若再增加 30 个与原测验难度相近且同质性的题目,问长度增加后的测验信度系数是多少?

将有关数据代入公式(4.13),则

$$r_{nn} = \frac{\dfrac{50+30}{50} \times 0.72}{1 + \left(\dfrac{50+30}{50}-1\right) \times 0.72}$$

$$= 0.80$$

公式(3.4)正是使测验长度增加到原长度 2 倍时的信度系数,即

$$r_{nn} = \frac{2r_{ll}}{1+(2-1)r_{ll}} = \frac{2r_{ll}}{1+r_{ll}}$$

二、预期信度水准的测验长度

如果我们想要把原测验的信度提高到某一水准,那么,测验长度应当增加到原长度的多少倍呢? 要知道,编拟测验题目是要花费时间、精力和经费的,因此,我们应当使测验长度增加到最低限度就可以使信度达到预期的水准。为了达到节约的目的,可将公式(4.13)加以变换即可求出:

$$n = \frac{r_{nn}(1-r_{ll})}{r_{ll}(1-r_{nn})} \tag{4.14}①$$

例如,原测验信度系数为 0.75,现将信度提高到 0.90,问测验长度要增加到原测验长度的多少倍?

将有关数据代入公式(4.14),则

$$n = \frac{0.90(1-0.75)}{0.75(1-0.90)} = 3$$

测验长度需要增加到原测验长度的 3 倍,信度系数才能从 0.75 提高到 0.90。

三、被试的能力全距对信度的影响

用一组测验分数来估计测验的信度,其信度系数的高低与该组被试的能力全距有很大关系。样本中被试的能力全距大比样本中被试的能力全距小计算出的信度系数高。例如,一个适合于小学高年级的算术成绩测验,若从四、五、六年级中抽取样本进行测验,计算出来的信度系数,要比从同一个年级中抽取样本计算出的信度系数高。

这一点也可以从信度的理论定义来加以解释。公式(4.5)中的误差方差 σ_e^2,在总体当中一般是比较稳定的。如果样本中的能力全距较大时,则获得分数的方

---

① 公式(4.14) 的推演

$r_{nn} = \dfrac{nr_{ll}}{1+(n-1)r_{ll}}$

$nr_{ll} = r_{nn} + (n-1)r_{nn}r_{ll}$

$nr_{ll} = r_{nn} + nr_{nn}r_{ll} - r_{nn}r_{ll}$

$nr_{ll} - nr_{nn}r_{ll} = r_{nn} - r_{nn}r_{ll}$

$nr_{ll}(1-r_{nn}) = r_{nn}(1-r_{ll})$

所以 $n = \dfrac{r_{nn}(1-r_{ll})}{r_{ll}(1-r_{nn})}$

差 σ_t^2 就会增大,而误差方差与获得分数方差的比率 $\dfrac{\sigma_e^2}{\sigma_t^2}$ 就会相对减小,于是信度系数 $r_{tt} = 1 - \dfrac{\sigma_e^2}{\sigma_t^2}$ 就会增大。如果样本中的能力全距较小时,获得分数方差 σ_t^2 就减小,而误差方差与获得分数方差的比率 $\dfrac{\sigma_e^2}{\sigma_t^2}$ 就会相对增大,则信度系数 $r_{tt} = 1 - \dfrac{\sigma_e^2}{\sigma_t^2}$ 就会减小。

同一个测验对两组被试施测,如果已知一组测验分数的标准差、信度系数和另一组的标准差,根据样本中能力全距对信度的影响,利用下式可以估计出该测验应用于另一组的信度系数。

$$r_{nn} = 1 - \frac{\sigma_o^2(1 - r_\infty)}{\sigma_n^2} \qquad (4.15)$$

在这里　r_{nn} 表示未知的信度系数

r_∞ 表示已知的信度系数

σ_o^2 表示信度系数为已知的那个分布上的方差

σ_n^2 表示信度系数为未知的那个分布上的方差

例如,一个测验对某一组被试施测,其测验分数的标准差为 11,信度系数为 0.80,再对第二组被试施测,其标准差为 10,试估计第二组的信度系数。

将以上数据代入公式(4.15),

$$r_{nn} = 1 - \frac{11^2(1 - 0.80)}{10^2}$$

$$= 0.76$$

该测验应用于第二组,其信度系数为 0.76。

练　习　题

1. 信度与哪种误差的关系最为密切? 为什么?

2. 信度的理论定义是什么?

3. 什么是决定系数? 它与信度系数有什么关系?

4. 什么是测量标准误差?

5. 历史测验分数的标准差为 11.5,测验信度为 0.67,试估计测量标准误差。

6. 用直接估计法来估计第三章练习题中第 1 题某能力测验的测量标准误差。

7. 分别用公式(4.10)和分半法来估计第三章练习题中第 3 题汉语拼音的测量标准误差。

8. 某年高考甲生物理测验分数为 74,其测量标准误差为 4,试估计该生真分数 95%及 99%可靠度的所在范围。

9. 自然常识测验信度为 0.71,欲将之延长至原测验长度的 1.5 倍,问延长后的测验信度是多少?

10. 力学测验信度为 0.80,欲将信度提高为 0.95,问测验长度最低限度应增加到原测验长度的多少倍?

11. 进化论学科成绩测验施于第一个样本时,其标准差为 12,施于第二个样本时,其标准差为 9.6,信度为 0.83,问该测验施于第一个样本时的信度为多少?

第五章　效度的操作定义及其估计方法

效度在第二章中提到过,它是一个测验对其所欲测量的属性能够测到的程度,即测验的正确性。

在物理测量中,测量本身对于所要测量的属性给予了定量的明确定义,因此用来描述属性的数字其意义是十分明确的。测量者对于他正在测量着的属性是不是他所欲测量的属性,一般不加以怀疑。也就是说,他们不必特别注意测量的效度问题,更关心的是测量的精确性问题。而在教育测量中,对于由测验引起的行为反应进行测定的目的,在于依此为根据来推测对这些行为反应起决定作用的内部属性。而且,用来描述事物的数字与它所代表的属性之间的关系也不十分明确。因此,考察作为测量工具的测验对于所欲测量的属性能够测量到什么程度,即测验的效度,就显得特别重要。

效度这个概念是相对的,而不是绝对的。其相对性的含义有两层。第一层含义是:一个测验的有效性,总是就其特殊的目的、功能和适用范围而言的,并不是就任何目的、功能和任何适用范围而言的。一个测验对于它的特殊目的、功能和适用范围是正确的、有效的,但对另一种目的、功能和适用范围,可能就是不正确的、无效的。对于任何一种目的、功能和适用范围都有效的测验是不存在的。效度相对性的第二层含义是:按照特定的目的精心编制的测验,其效度不是全有全无的区别,而只是程度上的不同。这是因为我们对某种属性的测量,是通过行为样本间接地推测而获得的。所以这种推测不可能完全正确有效。但是,测验又是根据特定的目的精心编制的,一般来说,效度不可能全无。

根据美国心理学会 1974 年出版的《教育与心理测验标准》一书,将测验的效度分为三大类:效标关联效度、内容效度和结构效度。现分述如下。

第一节　效标关联效度

一、效标关联效度的概念

所谓效标（即效度标准）就是确能显示或反映所欲测量的属性的变量。它是考察检定测验效度的一个参照标准。

所谓效标关联效度就是以某一种测验分数与其效标分数之间的相关来表示的效度，又称为统计效度。其相关系数就是效标关联效度系数。例如，某年全国高考物理学科的测验效度，可用高三会考物理学科的测验分数为效标，然后求同一组学生高考物理得分与高三会考物理得分之间的相关，此相关系数就是该年高考物理测验的效标关联效度系数。当这个相关系数与总体零相关有显著性差异时，相关系数的值（正值）越大，效度就越高；相关系数的值越小，效度就越低。

为某个测验选择一个最有效的效标，这是件既重要又困难的事情。因为我们不能凭主观认为哪一个变量确能反映和显示所欲测量的属性。作为效标需要有一定的可靠度（即信度），效标也需要测量。另外，选择哪一个变量作为某种测验的效标，还与该测验的种类有关。假如是智力测验可采用学科成绩、教师评定等级、学习总成绩、受教育年限、年龄等作为效标；能力倾向测验可采用特殊能力或特殊训练的成绩作效标；教育测验可采用相应的学科成绩或教师的等级评定作为效标；职业兴趣测验可以用从事该种职业人员的实际工作成绩与记录作为效标。

根据测验分数和效标分数二者所获得的时间关系，可以将效标关联效度分成同时效度和预测效度。所谓同时效度就是以测验分数与现有效标分数之间的相关表示的效度。这种效标资料比较容易获得，所以它的应用较普遍。预测效度是以被试的测验分数与其未来效标分数之间相关表示的效度。在这里，被试在所要检定的测验上的分数，称为预测变量。它对于未来的效标有预测的意义和作用。预测效度意味着预测变量对于被试未来成就预测的有效程度。这种效度对教育与职业指导方面有很大用处。但是这种效度的效标不能及时获得，效标分数与测验分数有时可能要相隔数周、数月甚至数年才能获得。这就需要采用追踪的办法，对被试的未来行为表现进行长期的观察、记录和考核，费时较多。另外，效标变量的样本容量往往会小于预测变量的样本容量。因此，常会低估了预测效度。

二、效标关联效度系数的几种计算方法

测验分数与效标分数之间的相关系数称为效标关联效度系数。

由于测验分数和效标分数这两个变量的类型不同，二者的相关系数的计算方

法也就不同。现将几种常用的计算方法介绍如下。

（一）积差相关法

当测验分数和效标分数均为正态连续变量时,可以用二者的积差相关系数来表示测验的效标关联效度系数。

例1,用一套高中生物成就测验对某校高二15个学生施测,其测验得分如表5.1第2列所示,并以这些学生校内生物学科的期末考试成绩(如第3列所示)为效标,试估计高中生物成就测验的效标关联效度系数。

假如高中生物成就测验分数和作为效标的校内生物学科期末考试分数均为正态连续变量,于是测验的同时性效标关联效度可以用二者的积差相关系数来表示。将表5.1中有关数据代入公式(3.1)、(3.2)或(3.3)均可。现将数据代入公式(3.1),于是计算出高中生物成就测验的效标关联效度系数为:

$$r = \frac{\sum XY - (\sum X)(\sum Y)/n}{\sqrt{\sum X^2 - (\sum X)^2/n}\ \sqrt{\sum Y^2 - (\sum Y)^2/n}}$$

$$= \frac{50\,810 - 650 \times 1\,165/15}{\sqrt{28\,480 - 650^2/15}\ \sqrt{91\,141 - 1\,165^2/15}}$$

$$= 0.72$$

表 5.1　高中生物成就测验效标关联效度系数计算表

学生序号	成就测验分数 X	校内期末成绩 Y	X^2	Y^2	XY
(1)	(2)	(3)	(4)	(5)	(6)
1	42	72	1 764	5 184	3 024
2	38	66	1 444	4 356	2 508
3	50	85	2 500	7 225	4 250
4	40	70	1 600	4 900	2 800
5	42	78	1 764	6 084	3 276
6	48	83	2 304	6 889	3 984
7	39	69	1 521	4 761	2 691
8	45	82	2 025	6 724	3 690
9	41	72	1 681	5 184	2 952
10	43	75	1 849	5 625	3 225
11	46	77	2 116	5 929	3 542
12	36	82	1 296	6 724	2 952
13	54	90	2 916	8 100	4 860
14	44	84	1 936	7 056	3 696
15	42	80	1 764	6 400	3 360
总　和	650	1 165	28 480	91 141	50 810

(二) 二列相关法

当测验分数和效标分数两个均为正态连续变量,而其中一个变量被人为地分成二分变量时,测验的效标关联效度系数可以用二列相关系数来表示。计算二列相关系数的公式有两种形式,其中一种为:

$$r_b = \frac{\overline{X}_p - \overline{X}_q}{\sigma_t} \frac{pq}{Y} \tag{5.1}$$

在这里　r_b 表示二列相关系数

p 表示二分变量中某一类别的频数比率

q 表示二分变量中另一类别的频数比率

$\overline{X}_p$ 表示与二分变量中某一类别(与 p 同类)相对应的连续变量的平均数

$\overline{X}_q$ 表示与二分变量中另一类别(与 q 同类)相对应的连续变量的平均数

σ_t 表示连续变量的标准差

Y 表示正态曲线下 p 值的纵线高度

计算二列相关系数的公式,其另一种形式为:

$$r_b = \frac{\overline{X}_p - \overline{X}_t}{\sigma_t} \frac{p}{Y} \tag{5.2}①$$

在这里　$\overline{X}_t$ 表示连续变量的平均数

例 2,对某校大学二年级 30 个学生用某一份试卷进行英语考试,其中高级班

----

① 公式(5.1)与(5.2)恒等证明

$$\frac{\overline{X}_p - \overline{X}_q}{\sigma_t} \frac{pq}{Y} = \frac{\overline{X}_p - \overline{X}_t}{\sigma_t} \frac{p}{Y}$$

左右两边同乘以 $\dfrac{\sigma_t Y}{p}$,于是

左边 $= (\overline{X}_p - \overline{X}_q)q$

$= (\overline{X}_p - \overline{X}_q)(1-p)$

$= \overline{X}_p - \overline{X}_q - p\overline{X}_p + p\overline{X}_q$

$= \overline{X}_p - \overline{X}_q - p\overline{X}_p + (1-q)\overline{X}_q$

$= \overline{X}_p - \overline{X}_q - p\overline{X}_p + \overline{X}_q - q\overline{X}_q$

$= \overline{X}_p - (p\overline{X}_p + q\overline{X}_q)$

$= \overline{X}_p - \overline{X}_t$

右边 $= \overline{X}_p - \overline{X}_t$

因为左边与右边相等,所以原式成立。

$(q = 1 - p)$

（用 1 表示）和初级班（用 0 表示）的得分如表 5.2 所示，试估计英语考试试卷的效标关联效度系数。

表 5.2　大学二年级 30 个学生英语考试成绩

学生序号	测验分数 X_t	高级班 1	初级班 0	学生序号	测验分数 X_t	高级班 1	初级班 0
（1）	（2）	（3）	（4）	（1）	（2）	（3）	（4）
1	64	1		19	34		0
2	42	1		20	83	1	
3	70	1		21	71	1	
4	61	1		22	55		0
5	56	1		23	48		0
6	43		0	24	60	1	
7	38		0	25	67	1	
8	51		0	26	53		0
9	58	1		27	52		0
10	45		0	28	63	1	
11	46		0	29	56		
12	72	1		30	28		0
13	65		0	分数总和	1 627	963	664
14	47	1		平均分数 $\overline{X}$	54.233	60.188	47.429
15	51	1		标准差 σ_t	11.910		
16	50		0	人数总和		16	14
17	44	1		人数比率		0.533 3	0.466 7
18	54	1					

　　将大二英语考试分数视为连续变量，而作为效标的高级班和初级班，被人为地分成二分变量，故大二英语试卷的效标关联效度系数可以用二列相关系数来表示。为了运用公式（5.1）和（5.2）计算效度系数，必须计算以下各值：高级班测验分数的平均数 $\overline{X}_p = 60.188$，初级班测验分数的平均数 $\overline{X}_q = 47.429$，所有被试测验分数的平均数 $\overline{X}_t = 54.233$ 及标准差 $\sigma_t = 11.910$，高级班人数比率 $p = 0.533\ 3$，初级班人数比率 $q = 0.466\ 7$。而计算 $p = 0.533\ 3$ 的 Y 值的方法是：首先由 $0.533\ 3 - 0.500\ 0 = 0.033\ 3$，然后由 0.033 3 为面积反查正态曲线下面积与高度表（附表 2），找出与 0.033 3 相对应的高度 $Y = 0.397\ 67$。将以上数据代入公式（5.1），于是英语试卷的效标关联效度系数为：

$$r_b = \frac{60.188 - 47.429}{11.910} \times \frac{0.533\,3 \times 0.466\,7}{0.397\,67}$$

$$= 0.67$$

也可将表 5.2 的有关数据代入公式(5.2),算得效度系数为:

$$r_b = \frac{60.188 - 54.233}{11.910} \times \frac{0.533\,3}{0.397\,67}$$

$$= 0.67$$

两种计算结果完全相同,应用时可任选一种。

(三)点二列相关法

当测验分数和效标分数其中一个变量为连续变量,而另一个为真正的二分变量或双峰分布变量时,测验的效标关联效度系数可以用点二列相关系数来表示。其计算公式有以下四种形式:

$$r_{pb} = \frac{\overline{X}_p - \overline{X}_q}{\sigma_t} \sqrt{pq} \tag{5.3}$$

在这里 r_{pb} 表示二列相关系数

  p 表示二分变量中某一类别的频数比率

  q 表示二分变量中另一类别的频数比率

  $\overline{X}_p$ 表示与二分变量中某一类别(与 p 同类)相对应的连续变量的平均数

  $\overline{X}_q$ 表示与二分变量中另一类别(与 q 同类)相对应的连续变量的平均数

  σ_t 表示连续变量的标准差

$$r_{pb} = \frac{\overline{X}_p - \overline{X}_t}{\sigma_t} \cdot \sqrt{\frac{p}{q}} \tag{5.4}$$

在这里 $\overline{X}_t$ 表示连续变量的平均数

$$r_{pb} = \frac{(\overline{X}_p - \overline{X}_q)\sqrt{n_p n_q}}{n\sigma_t} \tag{5.5}$$

在这里 n_p 和 n_q 分别表示二分变量中两个类别的频数

  n 表示连续变量的总频数

$$r_{pb} = \frac{\overline{X}_p - \overline{X}_t}{\sigma_t} \cdot \sqrt{\frac{n_p}{n_q}} \tag{5.6}$$

例 3，对 20 个学生进行机械性向测验，其男（以 0 表示）女（以 1 表示）学生测验得分如表 5.3 所示，试估计机械性向测验的效标关联效度。

机械性向测验分数为连续变量，而作为效标的男女学生是真正的二分变量。于是机械性向测验的效标关联效度系数可以用点二列相关系数来表示。

表 5.3　男女学生机械性向测验分数

学生序号 （1）	测验分数 X_t （2）	男 0 （3）	女 1 （4）	学生序号 （1）	测验分数 X_t （2）	男 0 （3）	女 1 （4）
1	16	0		16	18		1
2	14	0		17	16	0	
3	14		1	18	21	0	
4	13		1	19	13		1
5	15		1	20	15		1
6	18	0		分数总和	311	144	167
7	22	0		平均分数 $\overline{X}$	15.550	18.000	13.917
8	10		1	平方和		2 646	2 411
9	12		1				
10	16		1	标准差 σ	3.324	2.598	2.691
11	17	0		总体标准差 估计值 S		2.778	2.811
12	19		1				
13	11		1	人数总和		8	12
14	20	0		人数比率		0.40	0.60
15	11		1				

将表 5.3 的有关数据代入公式（5.3），于是

$$r_{pb} = \frac{18.000 - 13.917}{3.324} \times \sqrt{0.4 \times 0.6}$$

$$= 0.60$$

将表 5.3 的有关数据代入公式（5.4），于是

$$r_{pb} = \frac{18.000 - 15.550}{3.324} \times \sqrt{\frac{0.4}{0.6}}$$

$$= 0.60$$

将表 5.3 的有关数据代入公式（5.5），于是

$$r_{pb} = \frac{(18.000 - 13.917) \times \sqrt{8 \times 12}}{20 \times 3.324}$$

$$= 0.60$$

将表 5.3 的数据代入公式(5.6),于是

$$r_{pb} = \frac{18.000 - 15.550}{3.324} \times \sqrt{\frac{8}{12}}$$

$$= 0.60$$

由公式(5.3)、(5.4)、(5.5)、(5.6)计算出的效度系数完全相同,应用时究竟选择哪一个公式可结合其他分析内容(如求测验的信度系数等),全盘加以考虑。

(四)等级相关法

当测验成绩和效标成绩两个变量(或其中一个变量)以等级次序排列或以等级次序表示时,测验的效标关联效度系数可以用等级相关系数来表示。其计算公式见第三章公式(3.13)。

例 4,小学五年级 12 个学生阅读理解能力测验与作为效标的平时阅读作业成绩如表 5.4 第 2、4 列所示,试计算阅读理解能力测验的效标关联效度系数。

表 5.4 小学五年级阅读理解能力测验效标关联效度系数计算表

学生序号	阅读理解能力		平时阅读作业成绩		等级差数	差数平方
	X	等级	Y	等级	D	D^2
(1)	(2)	(3)	(4)	(5)	(6)	(7)
1	32	1	8	6	−5	25
2	33	2	6	4	−2	4
3	34	3.5	4	2	1.5	2.25
4	34	3.5	9	7	−3.5	12.25
5	36	5	7	5	0	0
6	37	6	11	9	−3	9
7	38	7	3	1	6	36
8	39	8	5	3	5	25
9	40	9	13	11	−2	4
10	41	10	14	12	−2	4
11	43	11	12	10	1	1
12	45	12	10	8	4	16
总 和						138.5

由于作为效标的平时作业成绩是以等级次序排列的,故测验分数也应以等级次序排列,则阅读理解能力测验的效标关联效度可以用等级相关系数来表示。将

表 5.4 的有关数据代入公式(3.13),于是阅读理解能力测验的效标关联效度系数为:

$$r_R = 1 - \frac{6 \sum D^2}{n(n^2 - 1)}$$

$$= 1 - \frac{6 \times 138.5}{12(12^2 - 1)}$$

$$= 0.52$$

(五)四分相关法及 Φ 相关法

当测验成绩和效标成绩都是二分变量或以二分变量表示时,测验的效标关联效度系数可以用四分相关系数或 Φ 相关系数来表示。四分相关系数的计算公式为:

$$r_t = \cos\left(\frac{\sqrt{bc}}{\sqrt{bc} + \sqrt{ad}} 180°\right) \quad (5.7)$$

在这里　r_t 表示四分相关系数

　　　　cos 表示余弦的符号

　　　　a、b、c、d 表示由两个二分变量所分成的四种类别的实际频数

Φ 相关系数的计算公式为:

$$\Phi = \frac{ad - bc}{\sqrt{(a+b)(a+c)(b+d)(c+d)}} \quad (5.8)$$

例 5,42 名学生大学入学考试数学成绩(优和良)与修业四年后,研究生入学考试数学成绩(通过和未通过)见表 5.5 所示,试估计研究生入学考试数学试卷的效标关联效度系数。

表 5.5　42 名大学生及研究生入学考试数学成绩

大学入学考试	研究生入学考试		总　　和
	通　过	未 通 过	
优	$a = 10$	$b = 4$	$a + b = 14$
良	$c = 7$	$d = 21$	$c + d = 28$
总　　和	$a + c = 17$	$b + d = 25$	$a + b + c + d = 42$

由于作为效标的大学入学考试的数学成绩和研究生入学考试数学成绩均是以二分变量表示,故研究生入学考试数学试卷的效标关联效度系数可用四分相关系数或 Φ 相关系数表示。

若用四分相关计算,则可将表 5.5 四个格子中的实际频数 a、b、c、d 分别代

入公式(5.7),于是研究生入学考试数学试卷的效标关联效度系数为:

$$r_t = \cos\left(\frac{\sqrt{4 \times 7}}{\sqrt{4 \times 7} + \sqrt{10 \times 21}} 180°\right)$$

$$= \cos 48.15°$$

$$= \cos 48°9' \quad (因为 1° = 60',所以 60' \times 0.15 = 9')$$

$$= 0.67(查附表 3 余弦表所得)$$

若用 Φ 相关计算,可将有关数据代入公式(5.8),则

$$\Phi = \frac{10 \times 21 - 4 \times 7}{\sqrt{(10+4)(10+7)(4+21)(7+21)}}$$

$$= 0.45$$

由上例可见,对同一组资料,用四分相关法比 Φ 相关法计算出来的相关系数要高;如果两个变量原均为正态连续变量,用四分相关与用积差相关法计算出的相关系数相差不多,而用 Φ 相关法比用积差相关法计算出的相关系数要低得多。因此,有人建议将 Φ 相关系数除以 0.637,以校正 Φ 相关对测验效度的过低估计。即

$$\Phi' = \frac{\Phi}{0.637} \tag{5.9}$$

在这里 Φ' 表示校正后的 Φ 相关系数

上例大学入学考试数学分数与研究生入学考试数学分数原均为连续变量,若对 Φ 相关系数 $\Phi = 0.45$ 进行校正,则效度系数可提高为:

$$\Phi' = \frac{0.45}{0.637}$$

$$= 0.71$$

(六) 列联相关法

当测验和效标成绩其中一个变量不止分为两个类别时,测验的效标关联效度系数可以用列联相关系数来表示。其计算公式为:

$$C = \sqrt{\frac{\chi^2}{N + \chi^2}} \tag{5.10}$$

在这里 C 表示列联相关系数

χ^2 表示由 $r \cdot c$ 列联表(双向表)计算出的 χ^2 值

N 表示样本容量

为了计算列联相关系数,首先应计算 rc 列联表的 χ^2 值,所谓 rc 列联表,如 2 $\times 2$ 表,3×3 表,3×4 表,2×4 表等。其计算过程见下例。

例 6，初三 137 名学生学业性向测验及高一物理学科成绩如表 5.6 所示，试估计学业性向测验的预测性效标关联效度。

表 5.6　初三学业性向测验与高一物理学科成绩

学业性向测验成绩	物 理 学 科 成 绩			总　　和
	70 分以下	70~80 分	80~90 分	
上	7(20.387)	22(20.029)	20(8.584)	$49 = n_{r_1}$
中	30(21.219)	18(20.847)	3(8.934)	$51 = n_{r_2}$
下	20(15.394)	16(15.124)	1(6.482)	$37 = n_{r_3}$
总　　和	$57 = n_{c_1}$	$56 = n_{c_2}$	$24 = n_{c_3}$	$137 = N$

由于学业性向测验与物理学科成绩两个变量均以等级表示，故学业性向测验的效标关联效度系数可以用列联相关系数来表示。

表 5.6 的行数 $r = 3$，列数 $c = 3$，则为 3×3 列联表。计算列联表的 χ^2 值有两种方法，一种是求理论频数的方法，另一种是直接求 χ^2 值的方法。现先介绍由理论频数计算 χ^2 值的方法。其计算公式为：

$$\chi^2 = \sum \frac{(f_o - f_t)^2}{f_t} \qquad (5.11)$$

在这里　f_o 表示实际频数

　　　　f_t 表示理论频数

为了求 χ^2 值首先要用下式计算与各实际频数相对应的理论频数。

$$f_t = \frac{n_r n_c}{N} \qquad (5.12)$$

在这里　n_r 表示横行各组实际频数的总和

　　　　n_c 表示纵列各组实际频数的总和

　　　　N 表示样本容量

例如，表 5.6 学业性向测验成绩为上等，而物理学科成绩在 70 分以下的理论频数为：

$$f_t = \frac{49 \times 57}{137}$$
$$= 20.387$$

学业性向测验成绩为中等而物理学科成绩在 70 分以下的理论频数为：

$$f_t = \frac{51 \times 57}{137}$$

$$= 21.219$$

其他各组的理论频数以此类推,并记在表 5.6 的括号内。然后将各组的实际频数和理论频数代入公式(5.11)求得

$$\chi^2 = \frac{(7-20.387)^2}{20.387} + \frac{(30-21.219)^2}{21.219}$$

$$+ \frac{(20-15.394)^2}{15.394} + \frac{(22-20.029)^2}{20.029}$$

$$+ \frac{(18-20.847)^2}{20.847} + \frac{(16-15.124)^2}{15.124}$$

$$+ \frac{(20-8.584)^2}{8.584} + \frac{(3-8.934)^2}{8.934}$$

$$+ \frac{(1-6.482)^2}{6.482}$$

$$= 38.20$$

另一种计算 χ^2 值的方法,不需计算理论频数 f_t,可直接求出 χ^2 值。其计算公式为:

$$\chi^2 = N\left(\sum \frac{f_o^2}{n_r n_c} - 1\right) \tag{5.13}$$

将表 5.6 中的有关数据代入上式,于是

$$\chi^2 = 137 \times \left(\frac{7^2}{49\times57} + \frac{30^2}{51\times57} + \frac{20^2}{37\times57} + \frac{22^2}{49\times56}\right.$$

$$+ \frac{18^2}{51\times56} + \frac{16^2}{37\times56} + \frac{20^2}{49\times24} + \frac{3^2}{51\times24}$$

$$\left.+ \frac{1^2}{37\times24} - 1\right)$$

$$= 38.20$$

由公式(5.11)和(5.13)求出的 χ^2 值相等。

再将有关数据代入公式(5.10),则学业性向测验的效标关联效度系数为:

$$C = \sqrt{\frac{38.20}{137+38.20}}$$

$$= 0.47$$

列联相关系数的最大值并不是 1.00,它的最大值随分类的数目而定。如果 $r = C$,两个变量之间的相关系数最大值只能达到

$$C = \sqrt{(r-1)/r}$$

如 2×2 表的列联相关系数的最大值只能达到 $C = \sqrt{(2-1)/2} = 0.707$，$3 \times 3$ 表的最大值为 $C = \sqrt{(3-1)/3} = 0.816$，如此类推。但从公式上看，无论两列变量分类如何增多，列联相关系数的最大值也不能达到 1.00。因此，两列变量的分类不宜过少，最好是从 5×5 起为好。

第二节　内容效度和结构效度

一、内　容　效　度

（一）内容效度的概念及其意义

所谓内容效度就是指测验内容对所要测量的内容的代表性程度。这种代表性表现为测验的内容范围、材料与所要测量的内容范围、教育目标是否相符，测验中测题所引起的行为是不是所要测量的属性的明确反应，测验的结果是不是一个具有代表性的行为样本，等等。

内容效度多用于学科成绩测验之中，因为学科成绩测验的主要目的在于测量学生对于某门学科的知识、技能的掌握程度。

单凭测验的内容是否就可以确定它的内容的有效性呢？例如我们能否因为一个测验的所有测题都包含着有关化学的材料，就认为它对于测量学生化学的掌握程度是有效的呢？事情不是那么简单。对于测验内容效度的检定，要以对所要测量的内容范围和教育目标系统的逻辑分析为基础，要以这些内容范围和教育目标层次所占的比重为根据来考察测验是否按比重覆盖了那么多内容。

内容效度的确定方法与效标关联效度不同，它一般不能用数量化的指标来反映测验内容的有效性程度，而是在某种依据的基础上作出的判断。因此，有人认为，与效标关联效度相比，内容效度是次要的，是缺乏科学依据的。这种看法是错误的。使测验有效化的核心问题就是内容的有效性，它是各种效度的基础。因为，无论以什么方法估计测验的效度，在编制测验时，首先考虑的共同问题就是测验涉及的领域，反映的内容、范围和目标。假如一个测验是以效标关联效度表示它的有效性，此时不需要考察它的内容效度，但是对于效标的测量仍必须考察它的内容效度。

（二）内容效度的建立过程

为了使测验的内容具有有效性，成为所欲测量内容的一个具有代表性的行为样本，在编制测验时，就要考虑建立内容效度的问题。现以学科成绩测验为例，说明内容效度的建立过程。首先对教科书中所包括的内容和教学目标进行系统的逻辑分析。然后对所欲测量的属性加以定义，对所欲测量的内容、范围加以界定，在此基础上再将各部分的内容和教学目标进行分类。其分类的方法一般是以美国教育专家Ｂ·Ｓ·布卢姆于1956年编写的《教育目标分类学》为依据，将教育目标分成六个层次：知识、领会、运用、分析、综合、评价（关于这六种认识层次，将在第十章加以详述）。再根据各部分内容及教学目标各个层次的重要性确定其比重，并用双向表将之表达出来。表5.7就是初中化学课程的内容及其教学目标细目表。

表 5.7　初中化学内容与教学目标细目表

各章内容	知识	领会	运用	分析	综合	评价	总和
第一章氧	6	3	4	4	3	2	22
第二章氢	7	2	2	3	5	2	21
第三章碳	3	1	1	1	0	2	8
第四章溶液	6	3	3	1	8	6	27
第五章酸碱盐	4	3	3	5	2	5	22
总　　和	26	12	13	14	18	17	100

表的最左侧表示各章内容，最上端表示各章内容的教学目标的层次，中间的数字表示各章内容及其各个教学目标所占的比重。如第一章"氧"，知识的比重为6，领会的比重为3。该例中所谓知识，是指能够叙述名词、概念的定义，如能够叙述原子、分子、化合价、同素异形现象、溶解度、酸碱盐的定义等；所谓领会，是指能够进一步懂得上述"知识"的理论基础等；所谓运用，是指能够用获得的知识解释化学现象等；所谓分析，是指能够确切地区分原子、分子、离子、化学方程式中系数和指数的正误写法等；所谓综合，是指能够运用知识进行一系列计算等。所谓评价，是指通过实验验证理论，并建立实验的评价标准等。细目表编好后，以此为蓝图，搜集材料拟定有代表性的测题，并按表中的比重适当分配测题，以组成整个测验。

（三）内容效度的检定方法

1. 逻辑判断法

检定测验内容效度的方法，一般是由本学科的专家根据所欲测量属性的定义和测量内容范围的界定，以及各部分内容、各认识层次的比重，用逻辑分析的方法对测题的性能是否能代表所欲测量的内容及教育目标作出判断。如果专家判断的结果是：每一个测题与预定的测量特质间符合程度较高，而且整个测验与预定的测量属性间符合程度较高，则测验具有较高的内容效度，否则测验的内容效度就较低。这种检定方法的缺点，在于缺乏数量化的指标，可能带有一定的主观性。这是因为不同的专家对同一门学科的内容范围和教学目标可能有不同的理解，而且不同的专家对同一个测题的性能,也可能有不同的理解,所以对整个测验的内容效度作出的判断就有可能不同。

有些情况下,可以借助下列两种数量化的指标来检定测验的内容效度。

2. 比较平均数差异的显著性

对同一组被试用一个测验的两个复本在某一学科教学或训练前后实施测验,该测验内容的有效性可以由两次测验成绩差异的显著性来加以判断。若两次测验分数的平均数有显著性差异,且教学后优于教学前,则表明测验所测量的内容正是教学或训练的内容,就可以认为测验的内容具有有效性。若两次测验分数的平均数无显著性差异,则表明测验所测量的内容与教学或训练的内容不相符合,就可以认为测验的内容效度缺乏有效性或内容效度较低。

检验两个复本测验分数平均数之差的显著性时,可用相关样本平均数之差的检验统计量,其公式有以下三种形式(5.14,5.15,5.16):

$$t = \frac{\overline{D}}{\sqrt{\dfrac{\sum D^2 - (\sum D)^2/n}{n(n-1)}}} \tag{5.14}$$

在这里　D 表示每个被试的两个复本测验分数之差

$\overline{D}$ 表示所有被试的两个复本测验分数之差的平均数,也可以表示为两个复本测验分数平均数之差

n 表示被试的人数

如果用计算机或计算器能直接计算出两次测验分数的平均数和标准差(或总体标准差的估计值),及其两种分数的相关系数,则公式(5.14)可用以下两种形式表示。

$$t = \frac{\overline{X}_1 - \overline{X}_2}{\sqrt{\dfrac{\sigma_{X_1}^2 + \sigma_{X_2}^2 - 2r\sigma_{X_1}\sigma_{X_2}}{n-1}}} \tag{5.15}$$

在这里　$\overline{X}_1$ 和 $\overline{X}_2$ 分别表示两个复本测验分数的平均数

σ_{X_1} 和 σ_{X_2} 分别表示两个复本测验分数的标准差

r 表示两个复本测验分数的积差相关系数

$$t = \frac{\overline{X}_1 - \overline{X}_2}{\sqrt{\dfrac{S_1^2 + S_2^2 - 2rS_1S_2}{n}}} \tag{5.16}$$

在这里　S_1 和 S_2 分别表示两个复本测验分数的总体标准差的估计值

例如,在社会发展史某一单元教学之前,对学生进行有关这一单元内容的测

验。教学之后,再以复本测验施测。两次测验分数如表5.8第2、3列所示,试检定测验的内容效度。

若以原始数据检验两个复本测验分数平均数差异的显著性,可根据公式(5.14)计算每个被试两次测验分数的差数 D(见表5.8第4列)及 D^2(见表5.8第5列),并将表5.8中的有关数据代入公式(5.14),于是

$$t = \frac{-23}{\sqrt{\dfrac{5\,534 - (-230)^2/10}{10 \times (10-1)}}}$$
$$= -13.97$$

若由计算机或计算器计算出两次测验分数的标准差以及二者的相关系数,可将表5.8中有关数据代入公式(5.15),则

$$t = \frac{36.2 - 59.2}{\sqrt{\dfrac{4.490^2 + 7.208^2 - 2 \times 0.737 \times 4.490 \times 7.208}{10-1}}}$$
$$= -13.97$$

表5.8 社会发展史某单元教学前后测验分数

学生序号 （1）	教学前 X_1 （2）	教学后 X_2 （3）	差 数 $D = X_1 - X_2$ （4）	差数平方 D^2 （5）
1	34	52	−18	324
2	40	64	−24	576
3	32	50	−18	324
4	30	54	−24	576
5	31	58	−27	729
6	35	63	−28	784
7	44	72	−28	784
8	38	67	−29	841
9	42	62	−20	400
10	36	50	−14	196
总 和	362	592	−230	5 534
平均数 $\overline{X}$	36.200	59.200	−23	
平方和	13 306	35 566		
标准差 σ_x	4.490	7.208		
总体标准差 估计值 S	4.733	7.598		
相关系数 r	0.737			

若计算出两次测验分数总体标准差的估计值,可将有关数据代入公式(5.16),则

$$t = \frac{36.2 - 59.2}{\sqrt{\dfrac{4.733^2 + 7.598^2 - 2 \times 0.737 \times 4.733 \times 7.598}{10}}}$$

$$= -13.97$$

三个公式计算出的 t 值相同,应用时可任选一种。

然后根据自由度 $df = n - 1 = 10 - 1 = 9$,查 t 值表(附表4)寻得 0.001 显著性水平 t 的双侧临界值为 $t_{(9)0.001} = 4.781$,而实际计算出的 $|t| = 13.97 > 4.781 = t_{(9)0.001}$。于是可以说,教学前后学生在两个复本测验上得分的平均数有极其显著性差异,从而可以作出判断:社会发展史的该单元测验的内容具有有效性,或内容效度较高。

3. 相关法

测验的内容效度也可以用反映同一内容范围的两个不同测验,对同一组被试施测结果的相关系数来表示。若相关高,表明测验的内容效度较高;若相关低,表明测验的内容效度较低。

(四) 提高内容效度的方法

请专家对已编好的测验进行内容效度的检定,在此基础上修改测验,这仅是提高内容效度的一个环节。其实,提高内容效度的工作应当贯串在整个测验的编制过程当中。例如,请专家共同参与界定所欲测量的属性的定义,撰拟测验题目,制定评分标准,等等。在编制测验和检定其内容效度时,可采用以下几种方法提高其内容效度。

1. 增加测题的同质性

为了提高同质性测验的内容效度,可删去区分度较低的测题,以增加测题间的同质性。对于异质性测验来说,这种方法仅限于具有同质性内容的部分,若删去与总分相关低的测题(即区分度低的测题),那么就有可能将异质性测验中的某一部分完全去掉了。例如,机械性向测验的内容包括:①机械原理、知识,②空间知觉能力,③手部灵巧。前两者可能有高相关,但第三部分与前两者无关,如果根据上述原则,把第三部分题目去掉,这样就缺失了机械性向测验中的一个重要要素,很可能降低测验的内容效度。

2. 专家小组平行作业法

为了提高内容效度,可由两个以上的专家小组独立进行增进内容效度的工作。如分别界定测量属性的定义、撰写测验题目、筛选和修改题目。如果各组工作结果的内容相近,并且各组的测验分数有较高的相关(如同复本效度),那么可以提高内

（三）结构效度的检定方法

结构效度的检定方法有许多种，如因素分析、多元特质多重方法矩阵等，现仅将几种简便常用的方法介绍于下。

1. 用内容效度为结构效度提供证据

当测验的内容范围可以被用来定义其所欲测量的结构性质时，测验的内容效度就为结构效度提供了证据。例如，关于初中生学习自觉性的测验，其内容范围定义为以下几个方面：(1)是否按时完成作业？(2)课前是否预习，课后是否复习？(3)每日的晚自修是否需要家长督促？(4)每一单元教学之后，是否主动进行阶段复习？在这种情况下，确定学习自觉性内容范围的同时，也就定义了它的结构。因此，建立测验内容效度的过程也就为建立结构效度提供了证据。

2. 用相容效度来确定结构效度

所谓相容效度就是一个新编的尚待确定其结构的测验与另一个已知其结构的测验，它们共同测量相同结构的程度。或者说，一个未经过结构效度检定的测验和一个已经经过结构效度检定的测验，两者共同测量相同结构的程度。检定的方法是将新编的测验和已知其结构的测验对同一组被试施测，然后求其两种测验分数的相关。如果相关高，则相容效度就高，表明两个测验所测量的是相同的结构。也就是说，新编测验与已知其结构的测验有着相同的结构。如果相关低，则相容效度就低，表明两个测验所测量的不是相同的结构。

3. 多元特质与多重方法矩阵

肯普贝尔(D.T. Campbell)和斐斯开(D.W. Fiske)二氏于 1959 年提出用"多元特质与多重方法矩阵"来检定结构效度。这种方法是对多种假设的结构用多种方法予以测量，于是就会得到上述的相关矩阵。如果用多种方法对同一种特质进行测量，所得结果具有高相关，则称为测验的辐合效度。而用同一种方法对多种不同特质进行测量，所得结果的相关若低于用多种方法测量同一种特质的相关，则称测验的辨别效度。如果一个测验既具有辐合效度，又具有辨别效度，则测验具有较高的结构效度。现以肯、斐二氏的实验为例来加以说明。他们以三种方法（自陈法、投射法、同伴评价法）对三种特质（支配性、社会性、成就动机）进行测量，测量结果的相关矩阵如表 5.9 所示。其中 A_1 表示在自陈量表上的支配分数；A_2 表示在投射测验上的支配分数；C_3 表示在成就动机测验上的同伴评价分数，其余以此类推。表 5.9 中，对角线括号内的数字为信度系数；三角形之外其余的数字为效度系数，即以不同方法测量同一特质的相关系数；实线三角形内的数字，是以相同方法测量不同特质的相关系数；虚线三角形内的数字，是以不同方法测量不同特质的相关系数。

表 5.9　假设的多重特质与多重方法矩阵

特　质	方　法　1			方　法　2			方　法　3		
	A_1	B_1	C_1	A_2	B_2	C_2	A_3	B_3	C_3
方法 1									
A_1	(0.89)								
B_1	0.51	(0.89)							
C_1	0.38	0.37	(0.76)						
方法 2									
A_2	0.57	0.22	0.09	(0.93)					
B_2	0.22	0.57	0.10	0.68	(0.94)				
C_2	0.11	0.11	0.46	0.59	0.58	(0.84)			
方法 3									
A_3	0.56	0.22	0.11	0.67	0.42	0.33	(0.94)		
B_3	0.23	0.58	0.12	0.43	0.66	0.34	0.67	(0.92)	
C_3	0.11	0.11	0.45	0.34	0.32	0.58	0.58	0.60	(0.85)

从理论上说,以不同方法测量同一特质的相关应当为最高,以相同方法测量不同特质的相关次之,以不同方法测量不同特质的相关为最低。例如,在表5.9中自陈量表的支配分数 A_1 与投射测验的支配分数 A_2 之间的相关要高于自陈量表中支配分数 A_1 与社会性分数 B_1 的相关。如果一套测验以此矩阵分析,所得结果符合上述论点,则具有结构效度。

第三节　效度系数的显著性检验

效度系数的数值多大,测验才算有效,才算达到了优良水平? 关于这一点,我们很难定出一个绝对的标准。我们不能说效度系数为 0.4 的测验是无效的,也不能说效度系数为 0.5 的测验是有效的。因为效度系数的估计方法甚多,各种方法计算出的相关系数也有所不同,有的偏高一些,有的偏低一些,因此无法定出一个统一的标准来加以衡量。但是,只要对效度系数经过统计假设检验,其结果表明与总体零相关有显著性差异,就可以认为测验是有效的。其检验的具体方法是,先假设所计算出来的相关系数(即效度系数)的总体相关系数为零。检验的结果若否定这个假设,则表明这个相关系数与总体零相关有显著差异,它的总体相关系数不是零,于是可以作出该测验具有有效性的结论。若检验的结果保留这个假设,则表明这个相关系数与总体零相关无显著差异,它的总体相关系数为零,于是只能作出测验缺乏有效性的结论。

由于效度系数的计算方法不同,其检验统计量也不同。现分述如下。

一、积差相关系数表示的效度系数之检验

当样本的容量 $n > 50$ 时,以积差相关系数表示的效度系数,其检验的统计量为:

$$Z = \frac{r\sqrt{n-1}}{1-r^2} \tag{5.17}$$

在这里　r 表示以积差相关系数表示的效度系数

n 表示样本的容量,也即成对数据的对子数

当样本容量 $n < 50$ 时,其检验统计量为:

$$t = \frac{r\sqrt{n-2}}{\sqrt{1-r^2}} \tag{5.18}$$

如果根据条件应当用公式(5.17)进行检验时,计算出的 $|Z|$ 应与 0.05 或 0.01 显著性水平 Z 的临界值 1.96 或 2.58 相比较,若 $2.58 > |Z| \geqslant 1.96$ 表明效度系

数在 0.05 显著性水平上与总体零相关有显著性差异。若 $|Z| \geqslant 2.58$，表明效度系数在 0.01 显著性水平上与总体零相关有显著性差异。在以上两种情况下，都说明测验具有有效性。若 $|Z| < 1.96$，表明效度系数与总体零相关无显著性差异，则说明测验缺乏有效性。

本章第一节的例 1，以积差相关法计算出的高中生物成就测验的效度系数 $r = 0.72$，试问该科测验有效性如何？

此例 $n = 15 < 50$，应当采用公式 (5.18) 计算检验统计量的值：

$$t = \frac{0.72\sqrt{15-2}}{\sqrt{1-0.72^2}}$$
$$= 3.741$$

然后根据自由度 $df = n - 2 = 15 - 2 = 13$，查 t 值表（附表 4）寻得 0.005 显著性水平 t 的双侧临界值为 $t_{(13)0.005} = 3.372$，而实际计算出的 $|t| = 3.741 > 3.372 = t_{(13)0.005}$，则表明效度系数在 0.005 显著性水平上与总体零相关有显著性差异。于是可以作出关于高中生物成就测验具有有效性的结论。

在这种条件下，为了简便计算，可根据自由度 $df = n - 2$，直接查相关系数界值表（附表 5）寻找 r 的临界值，然后将计算出的 $|r|$ 值与其 r 的临界值相比较。该例以 $df = 15 - 2 = 13$，查附表 5，寻得 0.005 显著性水平 r 的双侧临界值为 $r_{(13)0.005} = 0.683$，而实际计算出的 $|r| = 0.72 > 0.683 = r_{(13)0.005}$，则表明效度系数在 0.005 显著性水平上与总体零相关有显著性差异，与用公式 (5.18) 检验结果完全相同。

二、二列相关系数表示的效度系数之检验

当以二列相关系数来表示效度系数时，其检验统计量为：

$$Z = \frac{r_b}{\frac{1}{Y} \cdot \sqrt{\frac{pq}{n}}} \tag{5.19}$$

公式中的各种符号见第一节公式 (5.1) 的说明。

本章第一节例 2，以二列相关法计算出的英语考试试卷的效度系数为 0.67，试问该测验有效性如何？

将例 2 的有关数据代入上式，则

$$Z = \frac{0.67}{\frac{1}{0.397\,67}\sqrt{\frac{0.533\,3 \times 0.466\,7}{30}}}$$
$$= 2.93$$

由于实际计算出的 $|Z|=2.93>2.58=Z_{0.01}$，表明效度系数在 0.01 显著性水平上与总体零相关有显著性差异。于是可以说，大学二年级英语考试的考卷具有有效性。

三、点二列相关系数表示的效度系数之检验

效度系数若以点二列相关系数表示，其检验方法有两种。第一种方法是应用检验积差相关系数的公式(5.18)或直接查相关系数界值表(附表 5)进行检验。例如第一节的例 3，由点二列相关法计算出的机械性向测验的效度系数为 0.60，试问该测验有效性如何？

将有关数据代入公式(5.18)

$$t=\frac{0.60\sqrt{20-2}}{\sqrt{1-0.60^2}}$$
$$=3.182$$

根据自由度 $df=20-2=18$，查 t 值表(附表 4)，寻得 0.01 显著性水平 t 的双侧临界值为 $t_{(18)0.01}=2.878$。而实际计算出的 $|t|=3.182>2.878=t_{(18)0.01}$，则表明效度系数在 0.01 显著性水平上与总体零相关有显著性差异。可以说，机械性向测验具有有效性。

若以 $df=n-2=20-2=18$，直接查相关系数界值表(附表 5)，寻得 0.01 显著性水平 r 的双侧临界值为 $r_{(18)0.01}=0.561$，而实际计算出的 $|r|=0.60>0.561=r_{(18)0.01}$，与用公式计算结果的结论完全相同。

第二种方法是通过检验二分变量中两种类别所对应的连续变量平均数的差异，来确定效度系数与总体零相关差异的显著性。如果两个平均数差异显著，那么，效度系数与总体零相关的差异也显著；如果两个平均数的差异不显著，那么效度系数与总体零相关差异也不显著。

检验两个独立样本平均数差异的统计量，根据样本容量的大小有所不同，当两组容量均大于 30 时，其检验统计量为：

$$Z=\frac{\overline{X}_1-\overline{X}_2}{\sqrt{\dfrac{\sigma_{X_1}^2}{n_1}+\dfrac{\sigma_{X_2}^2}{n_2}}} \tag{5.20}$$

然后将计算出的 $|Z|$ 与 1.96 或 2.58 相比较，以确定两个平均数差异的显著性。

当两组的容量均小于 30 时，两个独立样本平均数差异的检验统计量有三种形式：

$$t = \frac{\overline{X_1} - \overline{X_2}}{\sqrt{\dfrac{\sum X_1^2 - (\sum X_1)^2/n_1 + \sum X_2^2 - (\sum X_2)^2/n_2}{n_1 + n_2 - 2}} \dfrac{n_1 + n_2}{n_1 n_2}} \qquad (5.21)$$

$$t = \frac{\overline{X_1} - \overline{X_2}}{\sqrt{\dfrac{(n_1 - 1)s_1^2 + (n_2 - 1)s_2^2}{n_1 + n_2 - 2}} \dfrac{n_1 + n_2}{n_1 n_2}} \qquad (5.22)$$

$$t = \frac{\overline{X_1} - \overline{X_2}}{\sqrt{\dfrac{n_1 \sigma_{x_1}^2 + n_2 \sigma_{x_2}^2}{n_1 + n_2 - 2}} \dfrac{n_1 + n_2}{n_1 n_2}} \qquad (5.23)$$

如第一节例 3,男生人数 $n_1 = 8$,女生人数 $n_2 = 12$,均小于 30,若通过比较男女生机械性向测验平均分数差异的显著性来确定效度系数与总体零相关差异的显著性,可应用公式(5.21)(5.22)(5.23)中的任何一个来进行检验。为了核对其计算结果,我们分别将数据代入以上三个公式,于是

$$t = \frac{18.000 - 13.917}{\sqrt{\dfrac{2\,646 - 144^2/8 + 2\,411 - 167^2/12}{8 + 12 - 2} \times \dfrac{8 + 12}{8 \times 12}}}$$

$$= 3.197$$

$$t = \frac{18.000 - 13.917}{\sqrt{\dfrac{(8 - 1) \times 2.778^2 + (12 - 1) \times 2.811^2}{8 + 12 - 2} \times \dfrac{8 + 12}{8 \times 12}}}$$

$$= 3.197$$

$$t = \frac{18.000 - 13.917}{\sqrt{\dfrac{8 \times 2.598^2 + 12 \times 2.691^2}{8 + 12 - 2} \times \dfrac{8 + 12}{8 \times 12}}}$$

$$= 3.197$$

由上述三个公式计算出的 t 值相同。然后根据 $df = n_1 + n_2 - 2 = 8 + 12 - 2 = 18$,查 t 值表(附表 4),寻得 0.01 显著性水平 t 的双侧临界值为 $t_{(18)0.01} = 2.878$,由于 $|t| = 3.197 > 2.878 = t_{(18)0.01}$,则男女生机械性向测验分数的平均数有显著差异,这表明机械性向测验效度系数与总体零相关有显著性差异。于是也可作出机械性向测验具有有效性的结论。两种检验方法结论相同。

四、等级相关系数表示的效度系数之检验

效度系数若以等级相关系数表示,其检验统计量可用公式(5.18)。第一节例 4,小学五年级阅读理解能力测验用等级相关计算的效度系数为 0.52,试问该测验

的有效性如何?

将有关数据代入公式(5.18),则

$$t = \frac{0.52\sqrt{12-2}}{\sqrt{1-0.52^2}}$$
$$= 1.925$$

根据 $df = n-2 = 12-2 = 10$,查 t 值表(附表4),寻得 0.05 显著性水平 t 的双侧临界值 $t_{(10)0.05} = 2.228$,而实际计算出的 $|t| = 1.925 < 2.228 = t_{(10)0.05}$,表明效度系数与总体零相关无显著差异。于是说明小学五年级阅读理解能力测验缺乏有效性。

若以 $df = n-2 = 12-2 = 10$,查相关系数界值表(附表5)寻得 0.05 显著性水平 r 的双侧临界值 $r_{(10)0.05} = 0.576$,而实际计算出的 $|r| = 0.52 < 0.576 = r_{(10)0.05}$,其结论与用公式计算结果完全相同。另外还可以以样本的容量 $n = 12$ 直接查等级相关系数界值表(附表6),寻得 0.05 显著性水平 r_R 的双侧临界值 $r_{R_{0.05}} = 0.587$,而实际计算出的 $|r_R| = 0.52 < 0.587 = r_{R_{0.05}}$,与上述两种检验方法结论相同。

五、四分相关系数表示的效度系数之检验

效度系数若以四分相关系数表示时,其检验统计量为:

$$Z = \frac{r_t}{\frac{1}{Y_1 Y_2}\sqrt{\frac{p_1 q_1 p_2 q_2}{N}}} \qquad (5.24)$$

在这里　p_1 和 p_2 分别表示两个变量中某一类别的人数比率

q_1 和 q_2 分别表示两个变量中另一类别的人数比率

Y_1 和 Y_2 分别表示与 p_1 和 p_2 相对应的正态曲线的高度

$N = a+b+c+d$ 表示样本容量总和

第一节例5,研究生入学考试数学试卷用四分相关法计算的效度系数为 0.67,试问该测验的有效性如何?

根据表5.5,$p_1 = \frac{a+b}{N} = \frac{10+4}{42} = 0.333$,则 $q_1 = 1-p_1 = 1-0.333 = 0.667$,$p_2 = \frac{a+c}{N} = \frac{10+7}{42} = 0.405$,$q_2 = 1-p_2 = 1-0.405 = 0.595$。为了求与 p_1 和 p_2 相对应的 Y_1 和 Y_2,可分别以 $0.500-0.333 = 0.167$,及 $0.500-0.405 = 0.095$ 为正态曲线下的面积,查附表2,寻得 $Y_1 = 0.36371$,$Y_2 =$

0.387 62。将有关数据代入上式,则

$$Z = \cfrac{0.67}{\cfrac{1}{0.363\,71 \times 0.387\,62}\sqrt{\cfrac{0.333 \times 0.667 \times 0.405 \times 0.595}{42}}}$$

$$= 2.65$$

由于实际计算出的 $|Z| = 2.65 > 2.58 = Z_{0.01}$,则该效度系数与总体零相关有极其显著性差异。表明研究生入学考试数学试卷具有有效性。

六、Φ相关系数和列联相关系数 表示的效度系数之检验

以 Φ 相关系数和列联相关系数表示的效度系数,二者均以 χ^2 作为检验统计量。

Φ 相关系数与 χ^2 有如下的关系:

$$\chi^2 = N\Phi^2 \tag{5.25}$$

如第一节例 5,研究生入学考试数学试卷以 Φ 相关系数表示的效度系数为 0.45,试问测验的有效性如何。

将本例的 $N = 42$,$\Phi = 0.45$,代入上式,于是

$$\chi^2 = 42 \times 0.45^2$$

$$= 8.51$$

根据自由度 $df = (r-1)(c-1) = (2-1)(2-1) = 1$,查 χ^2 值表(附表7),寻得 0.01 显著性水平 χ^2 的临界值 $\chi^2_{(1)0.01} = 6.63$,而实际计算出的 $\chi^2 = 8.51 > 6.63 = \chi^2_{(1)0.01}$,于是可以说,研究生入学考试数学试卷具有有效性。

从公式(5.10)可以看出列联相关系数 C 与 χ^2 的关系。因此我们可以用 χ^2 作为检验 C 与总体零相关差异显著性的检验统计量。

如第一节例 6,初三学业性向测验以列联相关系数表示的效度系数为 0.47,试问该测验的有效性如何?

由表 5.6 计算出的 $\chi^2 = 38.20$,然后根据自由度 $df = (r-1)(c-1) = (3-1)(3-1) = 4$,查 χ^2 值表(附表7),寻得 $\chi^2_{(4)0.01} = 13.28$。由于实际计算出的 $\chi^2 = 38.20 > 13.28 = \chi^2_{(4)0.01}$,这表明效度系数 C 与总体零相关有显著性差异,于是可以认为初三学业性向的测验具有有效性。

练 习 题

1. 什么叫效标关联效度?

2. 若以数学竞赛成绩作为效标,试估计高中代数试卷的效标关联效度,并说明测验的有效性如何。

代数测验分数	76	65	94	75	64	77	73	58	98	70
数学竞赛分数	63	74	80	60	52	84	73	56	91	72

3. 重点中学(用 1 表示)和非重点中学(用 0 表示)高中入学考试的化学成绩如下表,试估计高中入学化学考试的效标关联效度,并说明测验的有效性如何。

80	66	72	70	86	55	42	59	70	75	62	68	88	65	60
1	1	0	0	1	1	0	0	1	0	1	0	1	1	1

4. 高三男(用 1 表示)女(用 0 表示)学生立体几何测验成绩如下表,试估计高中立体几何测验的效标关联效度,并说明测验的有效性如何。

82	79	71	84	91	98	70	74	57	50	63	69	73	76	60	58
1	0	1	0	1	0	1	0	0	0	1	1	0	1	1	0

5. 小学二年级 10 个学生汉语拼音测验分数和教师评定等级(分数越高等级数越大)如下表,试估计测验的效标关联效度,并说明测验的有效性如何。

汉语拼音测验	54	46	52	36	48	44	58	50	40	42
教师评定等级	8	6	5	1	4	3	10	9	2	7

6. 初中英语成绩测验和高中英语成绩测验结果如下表,试估计初中英语成绩测验的预测效度,并说明测验的有效性如何。

初中英语测验	高中英语测验		总　　和
	及　格	不及格	
及　　格	20	5	25
不及格	7	13	20
总　　和	27	18	45

7. 小学汉语语法测验和教师评定结果如下表,试估计汉语语法测验的效标关联效度,并说明测验的有效性如何。

汉语语法测验	教 师 评 定				总 和
	甲	乙	丙	丁	
好	10	29	3	1	43
中	16	23	13	5	57
差	14	14	24	10	62
总 和	40	66	40	16	162

8. 什么叫内容效度?

9. 如何建立内容效度?

10. 如何检定内容效度?

11. 关于《辩证唯物主义常识》中"矛盾的普遍性和特殊性"的内容教学前后,以复本测验施测,两次测验成绩如下表,试问该测验的内容有效性如何?

教 学 前	50	48	56	43	47	51	46	42	44	38
教 学 后	62	53	64	53	50	67	61	63	57	45

12. 关于高中《生物学》中"细胞的结构和功能"这一内容,以两个内容相同而材料不同的测验对同一组被试施测,其测验结果如下表,试估计测验的内容效度,并说明测验的有效性如何。

A 测 验	86	82	93	76	64	57	84	77	65	50
B 测 验	83	84	89	72	70	66	78	81	72	63

13. 什么叫表面效度?它有何意义?

14. 什么叫结构效度?

15. 如何建立结构效度?

16. 如何检定结构效度?

第六章　效 度 的 理 论

上一章所讲的效度定义是进行运算的操作定义。为了对效度有进一步的理解,本章要讲效度的理论定义。

第一节　效度的理论定义及其与信度的关系

一、效度的理论定义

效标关联效度在逻辑上是指在一组测验分数中,由所欲测量的属性引起的方差与测验分数总方差的比率。也可以说,由所欲测量的属性引起的方差在测验分数总方差中所占的比率。

为了理解这个定义,要从测验分数总方差的分解讲起。一组测验分数的总方差中包括三个部分:(1)由所欲测量的属性所引起的方差;(2)与所欲测量的属性无关的特性所引起的方差(其中包括系统误差);(3)由误差引起的方差。用公式可以表示为:

$$\sigma_t^2 = \sigma_c^2 + \sigma_s^2 + \sigma_e^2 \qquad (6.1)$$

在这里　σ_t^2 表示一组测验分数的总方差

　　　　σ_c^2 表示由所欲测量的属性引起的方差

　　　　σ_s^2 表示与所欲测量的属性无关的特性引起的方差

　　　　σ_e^2 表示由误差引起的方差

若将上式都除以 σ_t^2,则

$$\frac{\sigma_t^2}{\sigma_t^2} = \frac{\sigma_c^2}{\sigma_t^2} + \frac{\sigma_s^2}{\sigma_t^2} + \frac{\sigma_e^2}{\sigma_t^2} = 1.00 \qquad (6.2)$$

若以 Val 表示效度,则

$$Val = \frac{\sigma_c^2}{\sigma_t^2} \tag{6.3}$$

二、信度是效度的必要条件

在第四章讨论信度的理论定义时,公式(4.2)是将测验分数的总方差分解成真分数方差和误差方差两部分:

$$\sigma_t^2 = \sigma_\infty^2 + \sigma_e^2$$

本节在讨论效度的理论定义时,公式(6.1)是将测验分数的总方差分解成三部分:

$$\sigma_t^2 = \sigma_c^2 + \sigma_s^2 + \sigma_e^2$$

由以上两个公式可以看出,真分数方差当中包括所欲测量的属性引起的方差和与所欲测量的属性无关的特性引起的方差两部分,即

$$\sigma_\infty^2 = \sigma_c^2 + \sigma_s^2$$

当误差方差减小时,真分数方差就增加,信度就会提高,而信度的提高又为效度的提高提供了可能性。但是,信度的提高并不意味着效度必定会提高。如果真分数方差增加,其中由所欲测量的属性引起的方差也增加时,那么信度的提高就会使得效度也随之提高;如果真分数方差增加,其中与所欲测量的属性无关的特性引起的方差也增加时,那么虽然信度提高了但效度并不会随之提高。反过来说,要具有较高的效度,就必须具有较高的信度。较高的信度为较高的效度提供了可能性。但是,具有较高的信度并不能保证必定会具有较高的效度,信度是效度的必要条件,但不是充分条件。

信度和效度的关系,从图 6.1 中可以得到直观的了解。图中 a 与 b 相比,虽然它们具有相同的信度,但效度却不相同,即 a 的效度高于 b;b 与 c 相比,b 的信度高于 c,但 b 的效度却低于 c;c 与 d 相比,c 的信度低于 d,但 c 的效度却高于 d。

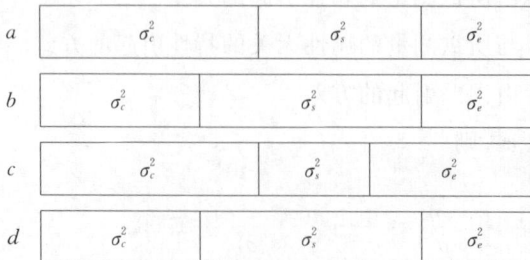

a	σ_c^2	σ_s^2	σ_e^2
b	σ_c^2	σ_s^2	σ_e^2
c	σ_c^2	σ_s^2	σ_e^2
d	σ_c^2	σ_s^2	σ_e^2

图 6.1 信度与效度关系的示意图

三、信度和效度同时提高的困难

预测效度是用测验分数与未来效标分数之间的相关系数表示的。效标分数的总方差与测验分数的总方差一样,也可以分解成三部分,其中由所欲测量的属性引起的方差,又是由几个因素按一定的比率所组成。如果测验分数和效标分数中构成这部分方差的几个因素是共同的,或共同的成分较多,而且因素间的比率相似,测验分数与效标分数之间的相关就会较高,则预测效度就会较高;如果测验分数和效标分数中构成这部分方差的几个因素共同成分较少,或因素间的比率不相符合,则测验分数和效标分数之间的相关就会较低,因而预测效度也会较低。

对于一个测验既要使它具有较高的信度,又要使它具有较高的效度,这往往是比较困难的。如果测验是同质性的,它将会有高度的内在一致性信度,因为测验的各个部分都以同一因素测量着同一种属性。但是,如果用同质性测验对于某种效标进行预测时,可能因为测验分数中构成这部分方差的单一因素与效标分数中构成这部分方差的几个因素缺乏共同性,或者说,缺乏建立联系的机会,而使效度下降。如果测验是异质性的,它的内在一致性信度可能较低,但是因为测验分数中构成这部分方差的几种因素与效标分数中构成这部分方差的几种因素建立联系的机会较多,却可能有较高的效度。由此可见,对于同一个测验既要有高度的信度,又要有高度的效度,这在同质性与异质性测验上就产生了矛盾。而解决这种矛盾的最好办法,就是避免采用单一性的测验,而尽量采用成套性的测验。所谓单一性测验就是以一种因素测量一种属性的测验。所谓成套性测验就是以几种单一性测验组成的测验。采用成套性测验时,对于其中每一个单一性测验,应使它具有较高的信度,而对于整个成套性的测验则应使它具有较高的效度。

第二节 影响效度的几个因素

由于效度的种类不同,测验的目的、性质和功能也各有所异,故效度的高低与许多因素有关系。例如,与测验的内容、测题的难度、区分度和测验的长度有关系;与测验实施时对测验情境的控制以及主试和被试所造成的误差有关系;与所选取的效标的信度有关系;与所抽取的样本的性质有关系。下面仅列举几个与效度有关的特殊因素加以分析。

一、效度与测验长度的关系

效度与测验的长度有密切关系。长度越长,效度越高。如果已知一个测验的信度和效度,将测验的长度增加到原测验长度的 n 倍,根据斯皮尔曼—布朗公式,长度增加后的新测验的效度也会随着提高。新测验的效度可以用下式加以估计：

$$r_{Y(nX)} = \frac{r_{YX}}{\sqrt{\dfrac{1-r_{XX}}{n}+r_{XX}}} \tag{6.4}$$

在这里　n 表示新测验长度与原测验长度的比率

$r_{Y(nX)}$ 表示测验长度增至 n 倍的新测验的效度系数

r_{YX} 表示原测验长度的效度系数

r_{XX} 表示原测验长度的信度系数

例如,同义词和反义词测验的信度为 0.62,效度为 0.58,如果将测验长度增加到原测验的 2 倍,其效度系数会提高到多少呢?

将有关数据代入公式 (6.4),测验长度增至 2 倍的新测验的效度系数为:

$$r_{Y(2X)} = \frac{0.58}{\sqrt{\dfrac{1-0.62}{2}+0.62}}$$
$$= 0.64$$

如果我们想要知道测验效度系数提高到某一值时,测验长度应增加到原测验的多少倍,可以将公式 (6.4) 加以变换即可求出,其变换的公式为:

$$n = \frac{1-r_{XX}}{\dfrac{r_{YX}^2}{r_{Y(nX)^2}}-r_{XX}} \tag{6.5}$$

例如,政治经济学的测验信度为 0.75,效度为 0.64,若拟将效度提高到 0.70,试问测验长度应增加为原长度的多少倍?

将有关数据代入上式,则

$$n = \frac{1-0.75}{\dfrac{0.64^2}{0.70^2}-0.75}$$
$$= 2.91$$

这表明要想将测验效度从 0.64 提高到 0.70,其测验长度应增加到原长度的 2.91 倍。

二、效度与测量误差的关系

如果测验和效标都有测量误差存在,就会使测验和效标的信度下降,同时也会减弱测验和效标之间的相关程度,就是说使效标关联效度下降。因此,为了提高测验的有效性,应从各方面减少测量误差的产生,如在测验的内容方面,要能包含所要测量的全部内容,要有适宜的测验长度,测题的语言要清楚,题意要明确,并且应当有适中的难度和较高的区分度;在测验实施方面,应遵照测验指导手册的规定,严格控制测验情境,尽量避免主试在指导语的解释和评定分数等方面主观因素的影响,以及被试在测验时的动机、兴趣、身心健康和情绪变化的影响等。

但是测量总会有误差产生,为了估计测验的真分数与效标的真分数之间的相关程度,对于由测量误差而被减弱了效度系数可用下式加以校正。这种方法称之为减弱校正法,其校正公式为:

$$r_{W\infty} = \frac{r_{YX}}{\sqrt{r_{XX} \cdot r_{YY}}}$$ (6.6)

在这里 $r_{W\infty}$ 表示测验的真正效度系数,即测验与效标真分数的相关系数

r_{YX} 表示用测验分数和效标分数之间相关系数表示的效度系数

r_{XX} 表示测验的信度系数

r_{YY} 表示效标的信度系数

例如,创造性能力测验与作为效标的教师评定之间的相关系数为0.60,创造性能力测验的信度为0.90,教师评定的信度为0.80,若创造性能力测验和教师评定之间都有测量误差,试校正创造能力测验的效度系数。

将有关数据代入公式(6.6),消除了测量误差后,纯正的效度系数为:

$$r_{W\infty} = \frac{0.60}{\sqrt{0.90 \times 0.80}}$$

$$= 0.71$$

公式(6.6)的减弱校正法,属于理论问题,实际应用较少。因为对于需要考察其效度的新编测验来说,总不会是十分完善的,存在测量误差是难免的,但是,效标的测量不可靠,却是不允许的。也就是说,效标的信度一般来说是可靠的,因此可以运用它来校正被减弱的预测效度系数。其校正的公式为:

$$r_{WX} = \frac{r_{YX}}{\sqrt{r_{YY}}}$$ (6.7)

在这里 r_{WX} 表示测验的纯正效度系数

例如,某一英语会话能力测验和教师评定之间的相关系数为0.67,作为测验效标的教师评定的信度为0.83,试校正被减弱的测验的预测效度。可将该例的有关数据代入上式,于是该英语会话能力测验校正后纯正的效度系数为:

$$r_{WX} = \frac{0.67}{\sqrt{0.83}}$$
$$= 0.74$$

三、效度与样本的关系

测验效度系数是根据样本中的被试在测验和效标上的得分计算出来的。效度系数的高低与所抽取的样本有很大关系。有的时候同一个测验应用于不同年龄、性别、职业、文化程度以及不同经验的被试,其测量的功能也就不同,效度系数也会随之不同。在这里用来考察效度所依据的样本就显得十分重要。它必须是对于测验所欲应用的总体具有代表性的样本。例如,为了确定小学 1～3 年级算术运算能力测验的效度,必须从小学 1～3 年级的学生总体中抽取有代表性的样本,而不能从 4～6 年级的学生总体中抽取样本。

样本容量的大小与效度系数的高低也有关系。样本容量越大,测量误差就会越小。而测量误差的减小,就会有助于测验和效标信度的提高,同时也有助于效度系数的提高。

另外,效度系数与样本的异质性也有关系。在其他条件不变的情况下,样本的测验分数和效标分数的全距越大,则分数分布的范围越广,效度系数就越高。例如,为了确定上例 1～3 年级算术运算能力的测验效度,从 1～3 年级中抽取样本比只从某一个年级中抽取样本效度系数要高。在抽取样本的方式上,随机抽样比依一定标准选样效度系数要高。因为随机抽样可以保证样本中被试之间的差异性,以有利效度系数的提高。

在估计测验预测效度时,如果测验分数的样本范围受到了限制,则会由于测验分数全距的缩小而低估测验的效度。例如,以大学二年级基础英语分数为效标来估计高考英语的预测效度时,用来计算二者相关系数的样本仅限于考入大学的那些学生,却不能包括参加高考而未被录取的学生。这样就缩小了高考英语分数的分布范围和全距,因而会低估高考英语试卷的预测效度。为此,可以用下式予以校正:

$$r = \frac{r'(\sigma_X/\sigma_X')}{\sqrt{1 - r'^2 + r'^2(\sigma_X^2/\sigma_X'^2)}} \tag{6.8}$$

在这里 r' 表示样本范围受到限制条件下的效度系数

σ_X 表示样本范围未受限制条件下测验分数的标准差

σ_X' 表示样本范围受到限制条件下测验分数的标准差

假如上例高考英语与大二基础英语分数的相关系数为 0.71,高考全体考生英语分数的标准差为 7,而考入大学的这部分学生高考英语分数的标准差为 4.7,将有关数据代入上式,则高考英语校正后的效度为:

$$r = \frac{0.71(7/4.7)}{\sqrt{1 - 0.71^2 + 0.71^2(7^2/4.7^2)}}$$
$$= 0.83$$

第三节　测验效度的应用

一、效标分数的预测

在测验分数和效标分数之间呈线性关系的条件下,如果已知测验的效度系数和某一个被试的测验分数,就可以利用回归方程式来预测它的效标分数的估计值。其回归方程式为:

$$\hat{Y} = r_{YX} \frac{\sigma_Y}{\sigma_X}(X - \overline{X}) + \overline{Y} \qquad (6.9)$$

在这里　$\hat{Y}$ 表示所预测的效标分数的估计值

r_{YX} 表示效标系数

$\overline{X}$ 表示样本在测验分数上的平均数

$\overline{Y}$ 表示样本在效标分数上的平均数

σ_X 表示样本在测验分数上的标准差

σ_Y 表示样本在效标分数上的标准差

X 表示某一个被试的测验分数

公式(6.9)也可以表示为:

$$\hat{Y} = r_{YX} \frac{S_Y}{S_X}(X - \overline{X}) + \overline{Y} \qquad (6.10)$$

在这里　S_X 表示样本在测验分数上的总体标准差估计值

S_Y 表示样本在效标分数上的总体标准差估计值

例如,100 个中专生的初中毕业考试数学平均分数为 72,标准差为 10.60,总体标准差的估计值为 10.65,投考中专入学考试数学的平均分数为 78.4,标准差为 14.30,总体标准差的估计值为 14.37,二者的相关系数为 0.87,如果一个初中学生毕业考试数学分数为 68,试估计该生中专入学考试数学成绩是多少分。

在这里,初中毕业考试数学分数是自变量 X,而中专入学考试的数学分数是因变量 Y(即效标),二者的相关系数是预测的效度系数,那么将有关数据代入公式(6.9),则该生中专入学考试数学分数可预测为:

$$\hat{Y} = 0.87 \times \frac{14.3}{10.6}(68 - 72) + 78.4$$

$$= 73.705$$

若以公式(6.10)来估计,其结果与公式(6.9)基本相同:

$$\hat{Y} = 0.87 \times \frac{14.37}{10.65}(68 - 72) + 78.4$$

$$= 73.704$$

二、估计标准误差和效标分数预测的置信区间

(一) 估计标准误差

利用公式(6.9)或(6.10)根据某一被试测验分数预测出来的效标分数 $\hat{Y}$,只是与这个测验分数 X 相对应的那许多效标分数 Y 的平均数的估计值。实际上该被试的效标分数并不一定等于预测出来的效标分数 $\hat{Y}$。如上例初中毕业考试获得68 分的学生,利用公式(6.9)或(6.10)预测出来的效标分数为 73.705。实际上,该生的效标分数并不一定等于 73.705,有可能高于或低于这个分数,而这个分数仅是测验分数同为 68 分的许多初中生效标分数的平均数。这种预测上的误差称为估计标准误差,用公式可表示为:

$$\sigma_{est} = \sqrt{\frac{\sum(Y - \hat{Y})^2}{n - 2}} \qquad (6.11)$$

在这里　σ_{est} 表示估计标准误差

　　　　Y 表示样本中被试的实际效标分数

　　　　$\hat{Y}$ 表示预测出来的被试效标分数的估计值

　　　　n 表示样本的容量

公式(6.11)是估计标准误差的定义公式,它可以帮助我们理解估计标准误差的意义,不过由于计算繁复,所以实际应用较少。而常用的是由它导出的以效度系数表示的下列公式:

$$\sigma_{est} = \sigma_Y \sqrt{1 - r_{YX}^2} \qquad (6.12)$$

在这里　σ_Y 表示效标分数的标准差

　　　　r_{YX} 表示测验的效度系数

上例初中毕业考试数学的效度系数为 $r_{YX} = 0.87$,作为效标的中专入学考试数学分数的标准差为 $\sigma_Y = 14.3$,根据公式(6.12)计算出来的估计标准误差为:

$$\sigma_{est} = 14.3 \times \sqrt{1 - 0.87^2}$$

$$= 7.051$$

效度系数对于效标分数的预测效力如何,与公式(6.12)中的 $\sqrt{1-r_{YX}^2}$ 有关系。$\sqrt{1-r_{YX}^2}$ 称为无相关系数,常用 K 来表示。K 值的大小是由效度系数决定的。当效度系数 $r_{YX}=1$,$K=0$,表明效度系数对于效标分数的预测不存在估计标准误差,即所预测的效标分数 $\hat{Y}$ 正等于实际的效标分数,当 $r_{YX}=0$,$K=1$,表明效度系数对于效标分数的预测毫无效力,即对于效标分数的预测结果与猜测的结果没有什么区别。从效度系数与无相关系数对照表可以看出,效度系数越高,无相关系数越低;而效度系数越低,无相关系数越高。因此,$1-K$ 是预测效力的指数。

表 6.1 效度系数 r_{YX} 与无相关系数 K 的关系

r_{YX}	K	r_{YX}	K
0.00	1.000	0.80	0.600
0.10	0.995	0.866	0.500
0.20	0.980	0.900	0.436
0.30	0.954	0.925	0.380
0.40	0.917	0.950	0.312
0.50	0.886	0.975	0.222
0.60	0.800	0.990	0.141
0.70	0.714	1.000	0.000

(二)效标分数预测的置信区间

由于测验不十分完善的缘故,致使对于个别被试效标分数的预测总会有误差产生。但是,如果测验分数为同值的那些被试的实际效标分数围绕着预测的效标分数呈正态分布,那么我们可以利用正态分布在一定可靠度上对实际效标分数的所在范围进行区间估计。如果要求预测的可靠度为 95%,那么实际效标分数有 95%的可能落在预测的效标分数 $\hat{Y}\pm1.96\sigma_{\text{est}}$ 的范围内,即

$$\hat{Y}-1.96\sigma_{\text{est}} < Y < \hat{Y}+1.96\sigma_{\text{est}}$$

如果要求预测的可靠度为 99%,那么实际效标分数有 99%的可能落在预测的效标分数 $\hat{Y}\pm2.58\sigma_{\text{est}}$ 的范围内,即

$$\hat{Y}-2.58\sigma_{\text{est}} < Y < \hat{Y}+2.58\sigma_{\text{est}}$$

上例初中毕业考试数学获得 68 分的学生,预测他的中专入学考试的数学分数

为 73.705,其预测的估计标准误差为 7.051,该生中专入学考试数学成绩有 95％ 的可能落在以下的范围内：

$$73.705 - 1.96 \times 7.051 < Y < 73.705 + 1.96 \times 7.051$$

$$59.89 < Y < 87.52$$

有 99％的可能落在以下范围内：

$$73.705 - 2.58 \times 7.051 < Y < 73.705 + 2.58 \times 7.051$$

$$55.51 < Y < 91.90$$

三、提高人才甄选的正确预测率

效度系数除了可以预测个别被试效标分数的最佳估计值 $\hat{Y}$ 及置信区间之外，还可以为人才的甄选提高正确预测效率。

为了了解正确预测效率与效度系数的关系，我们可将预测和效标变量均变成二分变量。假如将研究生入学考试（预测变量）分成录取和未录取，将他们的未来工作成绩（效标变量）分成成功与失败，于是两个变量的分布就形成四个象限，如图 6.2 所示。图中垂直粗线表示录取的分数线；水平粗线表示工作成绩合格线；A 表示正确录取的人数，即研究生入学考试被录取，且工作成绩合格的人数；B 表示正确淘汰的人数，即入学考试未录取，且工作成绩不合格的人数；C 表示错误录取的人数，即入学考试被录取，但工作成绩不合格的人数；D 表示错误淘汰的人数，即入学考试未被录取，而工作成绩合格的人数。从图中可以看出，正确预测和错误预测的比率受以下三个因素的影响：第一，受效度系数的影响。效度系数越高，即测验分数与效标分数的相关越高，其相关散点的分布越集中，范围越狭窄，则正确预测的比率（A 和 B）越大，错误预测的比率（C 和 D）越小。第二，受效标变量上成功与失败比率的影响。如果成功与失败的人数比率各为 0.5，这时效标分数的方差为最大，因为二分变量比率的方差为 $\sigma^2 = pq$，而效标分数的差异越大，效标与测验分数之间的相关就越大。第三，受测验变量上录取分数线的影响。录取分数线较高，错误录取的比率就会减少，而错误淘汰的比率就会增加；录取分数线较低，错误淘汰的比率就会减少，而错误录取的比率就会增加。

为了计算正确预测率提高的数量，必须先介绍以下几个概念。

基本率：即全体应考者中工作成功者所占的比率。于是

$$基本率 = \frac{A+D}{A+B+C+D}$$

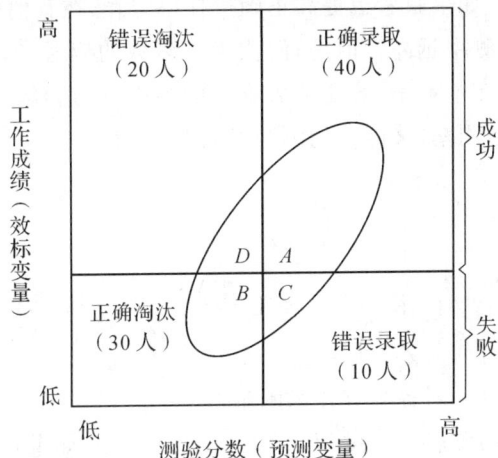

图 6.2 双向预期图

$$上例的基本率 = \frac{40+20}{40+30+10+20} = 0.60$$

正确预测率:即录取者中工作成功者所占的比率。于是

$$正确预测率 = \frac{A}{A+C}$$

$$上例的正确预测率 = \frac{40}{40+10} = 0.80$$

正确预测率提高的数量就等于正确预测率与基本率之差,于是

$$正确预测率提高的数量 = \frac{A}{A+C} - \frac{A+D}{A+B+C+D}$$

上例正确预测率提高的数量为 $0.80 - 0.60 = 0.20$。

1939 年泰勒(H. C. Taylor)和卢雪尔(J. T. Russell)二人根据上述原则编制了预期表(附表 8)。如果测验和效标变量均为正态连续变量时,可以用这个预期表直接查出某一基本率、效度系数及选择率(录取率)的正确预测率。该表的表头注有基本率,表的最左侧 r 表示效度系数,表的最上端 0.05 至 0.95 表示选择率,表的中间数字表示正确预测率。例如,基本率为 0.60,效度系数为 0.30,选择率为 0.40,则根据预期表所查得正确预测率为 0.71。也就是说,在被录取的人中,可以预期有 71% 的人工作成绩是良好的。其正确预测率提高了 $0.71 - 0.60 = 0.11$。若选择率为 0.20,则正确预测率为 0.76,其正确预测率提高了 $0.76 - 0.60 = 0.16$。

选择率是由决策者控制的,那么,选择率以多少为好呢? 也就是说,录取分数线定在何处为好呢？如果只考虑提高正确选择率，当然在其他条件相同的情况下，选择率越小，正确预测率越高。但是，淘汰绝大多数的应考者，这会消耗不少的测验经费开支。因此，在基本率、效度系数确定的前提下，选择率的确定应当既能最大限度地提高正确预测率，又能节约测验经费开支。

练 习 题

1. 效度的理论定义是什么？

2. 信度和效度有何关系？

3. 将信度和效度同时提高有什么困难？

4. 平面几何成绩测验的信度为 0.70，效度为 0.66，如果将测验长度增加到原长度的 3 倍，其效度提高到多少？

5. 力学成绩测验的信度为 0.74，效度为 0.71，现拟将效度提高到 0.80，问测验长度应增长到原长度的多少倍？

6. 作为效标的高考语文和大学语文的相关系数为 0.54，二者的信度分别为 0.82 和 0.84，如果消除了两种考试的测量误差，大学语文纯正的效度为多少？

7. 计算机语言测验以计算机语言等级考试成绩为效标，二者的相关系数为 0.69，计算机语言等级考试信度为 0.85，问纯正的效度是多少？

8. 某区初三化学会考的标准差为 9，进入重点中学的学生高一化学与初三会考成绩的相关系数为 0.69，高一化学的标准差为 8，问该区初三化学会考校正后的效度系数是多少？

9. 300 个学生大学入学考试英语的平均分数为 64 分，标准差为 6.8；国家四级英语考试的平均分数为 56 分，标准差为 6.0，二者的相关系数为 0.85。如果一个学生大学入学考试英语为 71 分，试估计该生国家四级英语考试成绩应为多少分？其估计标准误差为多少？试估计该生国家四级英语考试成绩的 95% 置信区间。

10. 中专毕业生工作成绩的基本率为 0.70，中专入学考试的录取率为 0.60，中专入学考试与未来工作成绩的相关系数为 0.65，试问正确预测效率提高了多少？

在测验编制过程中,为了改善和提高测验的信度和效度,在组成测验之前,应对每个测题进行分析,称为测题分析或项目分析。测题分析工作,除了根据测验的目的、性质、内容及双向细目表的测题比率对测题进行质的分析之外,还应在预备测验的基础上,根据统计学原理作量的分析,以作为筛选和修改测题的依据。

常模参照测验测题量的分析包括难度、区分度、效度、组间相关及多重选择题的选项分析等。这些指标都是根据试测结果求出的。

第一节 测题的难度

测题的难度是指测题的难易程度。表示测题难易程度的数量,称为测题的难度指数,一般用 P 来表示。

一、测题难度的估计

由于测题记分的方法不同,所以难度的估计方法也不同。

(一) 0、1 记分测题难度的估计

如果不考虑被试作答时猜测成功的机遇,0、1 记分测题的难度可以用两种方法来估计。第一种估计方法是用所有被试该题答对的人数比率来表示。用公式可表示为:

$$P = \frac{R}{n} \qquad (7.1)$$

在这里　　P 表示测题的难度指数

　　　　　R 表示某题答对的人数

　　　　　n 表示被试的总人数

由公式(7.1)可以看出,难度指数越大,测题的难度越小;难度指数越小,测题

的难度越大,二者的意义正好相反。

在进行预备测验时,测题不得少于 30 题,样本的容量不得少于 32 人。但是,为了举例的简单,我们仅用表 7.1 中 18 个被试对 10 个测题上的测验分数来说明测题分析的步骤。

表 7.1 中的第 1 题,答对的人数 $R = 17$,于是该题的难度指数为:

$$P = \frac{17}{18}$$
$$= 0.94$$

第二题答对的人数 $R = 14$,其难度指数为:

$$P = \frac{14}{18}$$
$$= 0.78$$

由于第一题的难度指数大于第二题,即 $0.94 > 0.78$,则表明第一题比第二题容易。其他测题的难度指数以此类推,如表 7.1 所示。

表 7.1　高中物理测验的测题分析表

被试序号	测　题　序　号 (2)										高中物理测验分数	高考物理分　数
(1)	1	2	3	4	5	6	7	8	9	10	(3)	(4)
1	1	1	1	1	1	1	1	1	1	1	10	83
2	1	1	1	1	1	1	1	1	1	1	10	85
3	1	1	1	1	1	1	1	1	0	1	9	80
4	1	1	0	1	1	0	1	1	1	1	8	78
5	1	0	1	1	1	0	1	1	1	1	8	82
6	1	1	1	0	1	0	1	1	0	1	7	78
7	1	1	1	1	0	0	0	1	1	1	7	75
8	1	1	1	0	0	0	1	1	1	0	6	81
9	1	1	1	1	1	0	0	0	1	1	6	77
10	1	1	1	0	1	0	1	0	1	0	6	73
11	0	1	1	0	0	0	0	1	1	1	5	72
12	1	0	1	0	0	0	0	1	0	1	5	74
13	1	1	0	0	0	0	0	1	0	1	4	70
14	1	1	0	0	1	0	0	1	0	0	4	71
15	1	0	0	0	0	0	1	1	1	0	4	76
16	1	1	0	0	0	0	0	1	0	0	3	68

被试序号 (1)	测　题　序　号 (2)										高中物理 测验分数 (3)	高考物理 分　数 (4)
	1	2	3	4	5	6	7	8	9	10		
17	1	1	0	0	0	0	0	0	0	0	2	65
18	1	0	0	0	0	1	0	0	0	0	2	61
答对人数 R	17	14	11	6	10	4	8	15	9	12		
答对人数 比率 p	.94	.78	.61	.33	.56	.22	.44	.83	.50	.67		
答错人数 比率 q	.06	.22	.39	.67	.44	.78	.56	.17	.50	.33		
校正后的 难度 Cp	.93	.73	.51	.16	.45	.03	.30	.79	.38	.59		

第二种估计难度的方法,是将每个被试的测验总分由高到低排列,分别从高分和低分开始各取总人数的 27% 形成高分组和低分组,然后以高分组和低分组某题答对人数比率的平均数作为该题的难度指数。用公式可表示为:

$$P = \frac{p_H + p_L}{2} \tag{7.2}$$

在这里　p_H 表示高分组某题答对的人数比率

　　　　p_L 表示低分组该题答对的人数比率

表 7.1 被试的序号是按测验总分由高到低排列的。若从高分和低分开始各取总人数的 27%,高分组和低分组各应为 5 人(即 $18 \times 27\% = 4.86 \approx 5$)。例如第一题高分组的 5 个人全部答对,于是 $p_H = \frac{5}{5} = 1$,低分组的 5 个人也都全部答对,于是 $p_L = \frac{5}{5} = 1$,根据公式(7.2),该题的难度指数为:

$$P = \frac{1+1}{2}$$
$$= 1$$

第二题高分组 5 个人中有 4 个人答对,于是 $p_H = \frac{4}{5} = 0.80$,低分组 5 个人中有 3 个人答对,于是 $p_L = \frac{3}{5} = 0.60$。根据公式(7.2)该题的难度指数为:

$$P = \frac{0.80 + 0.60}{2}$$
$$= 0.70$$

由公式(7.1)和(7.2)计算出的难度指数虽不完全相同,但其结论都是第一题的难度指数大于第二题,也就是说,第一题比第二题容易。

(二) 0、1 记分多重选择题难度的校正

被试在作答多重选择题时,选择正确答案的比率可能由于猜测机遇因素的影响,而使答对某题的人数比率增加。可供选择的答案数目越少,这种机遇的影响越大。为了对此进行校正,可采用下式来估计测题的难度:

$$CP = \frac{kP - 1}{k - 1} \qquad\qquad (7.3)$$

在这里　CP 表示校正猜测机遇之后的测题难度指数

P 表示未校正猜测机遇的测题难度指数

k 表示每个测题中可供选择的答案数目

假如表 7.1 中每题都有 5 个答案可供选择,那么第一题校正后的难度指数为:

$$CP = \frac{5 \times 0.94 - 1}{5 - 1}$$
$$= 0.93$$

第二题校正后的难度指数为:

$$CP = \frac{5 \times 0.78 - 1}{5 - 1}$$
$$= 0.73$$

其他各题校正后的难度指数以此类推,如表 7.1 所示。

如果要比较两个选项数目不同的测题难度,必须应用公式(7.3)分别将两个测题的难度进行校正,而后再进行比较。

例如,一个测题未经校正的难度指数为 0.50,可供选择的答案有 5 个,而另一个测题未经校正的难度指数为 0.53,可供选择的答案有 4 个,试比较两题的难度。

根据公式(7.3)第一个测题校正后的难度指数为:

$$CP = \frac{5 \times 0.50 - 1}{5 - 1}$$
$$= 0.38$$

第二个测题校正后的难度指数为:

$$CP = \frac{4 \times 0.53 - 1}{4 - 1}$$
$$= 0.37$$

根据校正后的难度相比,第一题比第二题稍容易<u>些</u>。如果根据未经校正的难度相比,第二题比第一题稍容易<u>些</u>,其结论是校正前与校正后正好相反。可见,在这种情况下,必须经过校正后,才能进行比较,因为选项数目不同的选择题,受到猜测机遇的影响大小不同。

(三)非 0、1 记分测题难度的估计

如果测验是由几个大题目所组成,每个题目的满分可能是几分、十几分或几十分。每个题目不只有答对和答错两种可能结果,而是从满分至 0 分之间有多种可能结果。估计这种测题的难度可以用下列公式表示:

$$P = \frac{\text{所有被试该题得分的平均数}}{\text{该题满分分数}} \tag{7.4}$$

从公式(7.4)可以看出,同样也是难度指数越大,测题的难度越小;难度指数越小,测题的难度越大。

例如,由 8 个大题目组成的初三历史成绩测验对 12 个学生的测验结果如表 7.2 所示。第一题的平均分数为 $(8+6+3+7+8+8+5+6+7+8+4+3) \div 12 = 6.08$,满分分数为 8,根据公式(7.4),其难度指数为:

$$P = \frac{6.08}{8}$$
$$= 0.76$$

表 7.2　初三历史测验测题分析表

学生序号	测　题　序　号 (2)								初三历史测验总分	高一入学考试历史分　数
(1)	1	2	3	4	5	6	7	8	(3)	(4)
1	8	10	12	15	12	14	14	7	92	76
2	6	10	12	12	10	11	13	6	80	75
3	3	5	10	15	13	15	11	7	79	72
4	7	10	9	12	8	10	9	7	72	74
5	8	7	8	13	10	6	13	5	70	71
6	8	10	12	10	7	8	10	4	69	70
7	5	9	11	11	9	8	9	6	67	69
8	6	6	14	9	13	4	3	65	68	
9	7	4	8	10	12	9	8	6	64	61
10	8	7	11	14	7	10	7	4	64	72
11	4	5	10	9	12	7	10	7	60	66
12	3	6	8	13	10	11	5	2	58	63
各题平均分数	6.08	7.33	9.92	12.33	9.75	9.75	9.5	5.33		
各题满分分数	8	10	12	15	18	16	14	7		
各题难度指数	0.76	0.73	0.83	0.82	0.54	0.61	0.68	0.76		
各题区分度指　数	0.29	0.56	0.56	0.50	0.46	0.57	0.75	0.55		

第二题的平均分数为 $(10+10+5+10+7+10+8+6+4+7+5+6) \div 12 =$ 7.33,满分分数为 10,根据公式(7.4),其难度指数为:

$$P = \frac{7.33}{10}$$
$$= 0.73$$

由于第一题的难度指数大于第二题,则第一题比第二题容易。其他各题的难度指数以此类推,如表 7.2 所示。

二、测题难度的等距量表

测题的难度一般是用答对某题的人数比率或百分比来表示的。比率或百分比属于百分量表的体系,而百分量表又属于四种测量量表中的等级量表或位次量表。在第一章曾讲到,等级量表的特点是:只能表示事物之间大小、位次的关系,可以将事物排列成次序,但不能表示事物之间差异的数量,因为它没有相等的单位。例如,三个测题的难度指数分别为 0.60,0.70,0.80,我们只能说,第一题最难,第二题次之,第三题最容易。但是我们不能说,第一题与第二题的难度之差,等于第二题与第三题的难度之差。如果仅仅是为了比较测题难度的大小,应用答对题目的人数比率或百分比已经可以完成这个任务。但是,如果需要在难度与其他变量之间建立某种函数关系时,以等级量表表示的难度就做不到这一点,因为它不能进行加减运算,因此必须将之转换成等距量表。

当样本容量很大时,测验分数将接近正态分布。如果把测题的难度指数 P 作为正态曲线下的面积,反查标准正态曲线下面积表(附表 2),就可以将以等级量表表示的 P 值,转换成以 σ 为单位的等距量表的 Z 值。在转换的过程中,将会遇到以下两个问题。第一个问题是,P 值本是逆序方向而行的,即 P 值越大,测题越容易;P 值越小,测题越难。为了适合人们的习惯,由 P 值转换过来的 Z 值,应使它正序方向而行,即 Z 值越小,表示测题越容易;Z 值越大,表示测题越难。为此,将 P 值作为正态曲线下面积时,要从右向左而行,然后再根据面积反查表寻求与之相应的 Z 值。例如,有三个测题的难度分别为 0.841 3,0.500 0,0.158 7,现将它们转换成以 σ 为单位的等距量表的 Z 值。其转换的过程是,求得第一题的难度指数 0.841 3 − 0.500 0 = 0.341 3,然后根据 0.341 3 反查标准正态曲线下的面积表,寻得与之相对应的 $Z = 1$。因为 0.841 3 作为正态曲线下自右向左的面积,它已超过了 0.500 0(见图 7.1)的面积,其相应的 Z 值在平均数之下,故为负值,于是第一题以等距量表表示的难度指数 $Z = -1$。第二题的难度指数为 0.500 0,其相应的 $Z = 0$,恰好是标准正态分布上的平均数。将第三题的难度指数转换成 Z 值的方法是,以 $0.500\,0-0.158\,7=0.341\,3$,然后根据$0.341\,3$反查标准正态曲线下面积表,寻得与之相应的 $Z=1$,于是第三题以等距量表表示的难度指数 $Z=1$(见图7.1)。

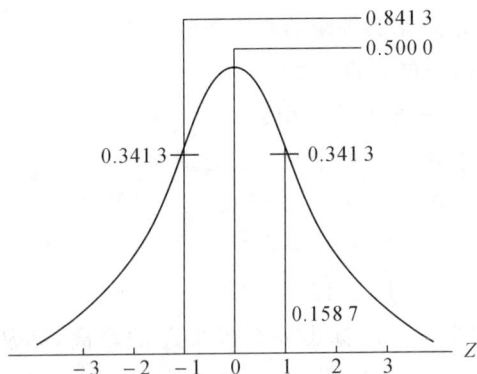

图 7.1 答对测题的人数比率与正态分布中 Z 值的关系

在转换过程中遇到的第二个问题是,转换好的 Z 值在平均数之下是负数。这不仅与人们的习惯不相符合,而且应用时也不方便。为了避免负号的出现,可采取以下两种方法。

(1)在已经转换好的 Z 值上加一个常数5。用公式可表示为:

$$Z'=Z+5 \tag{7.5}$$

这样,足以能将带有负号的 Z 值变成正值。因为从理论上说,$Z=-3$ 出现的概率为万分之十三,这是很罕见的。而 $Z=-5$ 出现的概率为一千万分之六,就更罕见了。

例如,上面第一题难度指数为$0.841\,3$,转换成 $Z=-1$,将之代入公式(7.5),则

$$Z'=-1+5=4$$

又如,上面第二题的难度指数为$0.500\,0$,转换成 $Z=0$,将之代入公式(7.5),则

$$Z'=0+5=5$$

再如,第三题的难度指数为$0.158\,7$,转换成 $Z=1$,将之代入公式(7.5),则

$$Z'=1+5=6$$

由此可见,利用公式(7.5)转换的等距难度指数 Z',其平均数为5,标准差为1。

（2）美国教育测验服务社所采取的办法是将转换好的 Z 值乘以 4，再加上 13，用公式可以表示为：

$$\triangle = 4Z + 13 \tag{7.6}$$

在这里　$\triangle$ 表示正态化的等距的难度指数

　　　　4 为正态分布上的标准差

　　　　13 为正态分布上的平均数

根据公式（7.6），上述三个测题的 $\triangle$ 值分别为：

第一题　$\triangle = 4(-1) + 13 = 9$

第二题　$\triangle = 4(0) + 13 = 13$

第三题　$\triangle = 4(1) + 13 = 17$

标准正态分布的全距一般标出 6 个标准差的距离，即从 -3 至 $+3$，若 $Z = -3$，则 $\triangle = 4(-3) + 13 = 1$；若 $Z = +3$，则 $\triangle = 4(3) + 13 = 25$。可见，等距难度指数 $\triangle$ 量表的全距由 1 至 25，平均数为 13，标准差为 4。与由公式（7.5）所转换的标准差为 1 的难度指数等距量表相比，精确度有所提高，因为它的单位缩小了。

三、难 度 的 评 价

为了从理论上说明测题的难度以多少为宜，我们先从 0、1 记分测题的平均数和标准差讲起。

（一）0、1 记分测题的平均数和标准差

0、1 记分每个测题得分的平均数就是它的难度指数 p。因为可以将公式（7.1）中某题答对的人数 R，理解为所有被试该题得分的总和，于是该题的平均分数为：

$$p = (1 + 1 + 1 + \cdots + 1 + 0)/n$$

用原始数据计算方差的公式为：

$$\sigma^2 = \frac{\sum X^2}{n} - \left(\frac{\sum X}{n}\right)^2 \tag{7.7}$$

若以上式计算 0、1 记分测题的方差，其中所有被试某题的分数

总和为：$1 + 1 + 1 + \cdots + 1 + 0 = np$

其平方和为：$1^2 + 1^2 + 1^2 + \cdots + 1^2 + 0^2 = np$

将该题所有被试得分的总和及平方和代入公式（7.7），于是 0、1 记分测题的方差为：

$$\sigma^2 = \frac{np}{n} - \left(\frac{np}{n}\right)^2$$
$$= p - p^2 = p(1-p) = pq \qquad (7.8)$$
$$(因为 1 - p = q)$$

其标准差为：$\sigma = \sqrt{pq}$ $\qquad\qquad$ (7.9)

（二）测题难度的理论评价

测题的难度，是评价测题拟定得好坏的指标之一，也是筛选测题的依据之一。那么测题的难度指数多少为好、多少为差呢？由公式(7.8)可以看出，当测题的难度指数 $p = 0.5$ 时，测题的方差 $\sigma^2 = pq = 0.5 \times 0.5 = 0.25$ 为最大。测题方差的大小，标志着测题对于被试作答反应的鉴别能力。测题方差越大，它对被试作答反应的鉴别力越大，也就是说，越能区分出学习好和学习差的被试；测题方差越小，它对被试作答反应的鉴别能力越小，也就是说，对于学习好和学习差的被试的区分能力越差。因此，中等难度，即难度指数在 0.5 左右的测题鉴别力最好。如果一个测题所有的被试都能答对，其难度指数等于 1，而方差根据公式(7.8)为 0；如果一个测题所有的被试全都答错，其难度指数等于 0，而方差根据公式(7.8)也为 0。这两种测题对于被试作答的反应，都缺乏鉴别能力和区分能力。不仅如此，这种测题对于测验的信度和效度也毫无益处。

（三）测题难度的选择

测验中各个测题难度的大小，与测验的性质、目的有关系。对于目的是衡量学生某门学科知识、技能掌握程度的测验来说，测验中的绝大部分测题的难度应在0.5左右为宜。但是，如果每个测题的难度都等于 0.5，测题之间又存在着高度相关，这就会使测验分数的分布呈双峰状态。也就是说，有 50% 的人所有的题目都答对，得满分；另外 50% 的人所有的题目都答错，得零分。为了提高学习成绩较差的被试完成测验的信心和兴趣，测验中应当安排有少量难度较小的测题；与此同时，为了使学习成绩较好的被试有发挥其才能的机会，测验中也应当有少量难度较大的测题。总之，测验中大部分测题难度指数分布在 0.35 至 0.65 之间为宜。而所有测题难度指数的平均数最好在 0.5 左右。这样不仅使测验对被试有较大的鉴别力，而且可以使测验分数接近正态分布，因为测验分数接近正态，表明测验的难度适中。如果测验中缺少比较容易的测题，大多数被试的测题分数偏低，分数的分布大多集中在左侧，呈正偏态，如图 7.2 中 a 所示；如果测验中缺少比较难的测题，大多数被试的测验分数偏高，分数的分布大多集中在右侧，呈负偏态，如图 7.2 中 b 所示。这两种测验中各个测题难度的指数，对于被试学习成绩的好坏都缺乏区分能力。因此，必须根据预测的资料对测题进行统计分析，经过筛选、增删、修改，使测验分数接近正态分布。

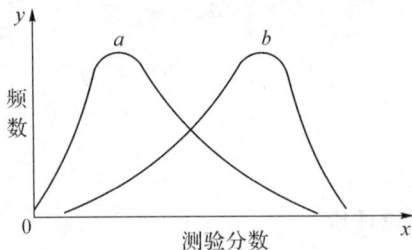

图 7.2　测验分数偏态分布曲线

但是,对于具有特殊目的的测验来说,大多数测题的难度不一定要集中在 0.5 左右。如果测验的目的在于选拔人才,那么测题难度指数的平均数应由录取率而定。例如要从高中生中选拔 20% 的人参加全市性的数学竞赛,那么就要提高测题的难度,应使其难度指数的平均数在 0.20 左右为宜。相反,如果要使 80% 的初中毕业生升入高中,那么测题的难度就应容易些,应使其难度指数的平均数在 0.80 左右为宜。假如测验的目的在于测量速度,则要求所有的测题难度指数应接近相等。如果测验的目的在于诊断分类,也就不必要求有很大的区分度,可以选择其他难度水平。

测题的难度还应考虑测验的对象,如果要编制初中程度的数学能力测验,那么就不应当以全部初中生的平均难度来选择测题,因为这实际上是适合初二的水平。测题的选择最好是 $\frac{1}{3}$ 的测题以初一学生的平均难度为准,$\frac{1}{3}$ 的测题以初二学生的平均难度为准,$\frac{1}{3}$ 的测题以初三学生平均难度为准。

第二节　测题的区分度及效度

一、测题的区分度

(一)什么是测题的区分度

测题的区分度是指测题对于被试反应的区分程度和鉴别能力,一般用某测题的得分与测验总分之间的相关系数来表示。二者的相关高,表明该题的区分度高。就教育成绩测验来说,区分度高就意味着该题对于学习成绩好的和学习成绩差的被试有较好的区分和鉴别能力。也就是说,学习成绩好的被试在该题上得分高,学习成绩差的被试在该题上得分低。如果某题得分与测验总分之间的相关低,表明该题的区分度低。这意味着该题对于学习成绩好的和学习成绩差的被试的区分和鉴别能力差。也就是说,学习成绩好的和学习成绩差的被试在该题上的得分差不多,或者正好相反,即学习成绩好的被试在该题上的得分反而低,学习成绩差的被试在该题上的得分反而高。区分度是测验编制过程中筛选测题的主要依据。

（二）测题区分度的估计

测题的区分度是在预备测验的基础上估计出来的。由于记分方法的不同,以及测题分数与测验总分两个变量的性质不同,测题区分度的估计方法也不同,现分述如下。

1. 0、1 记分测题区分度的估计

0、1 记分测题区分度的估计方法有多种,现仅介绍最常用的几种。

（1）分组法。将由高到低排列的测验总分,分成高分组和低分组。两组的人数可以各取总人数的 $\frac{1}{2}$（即 50%）、$\frac{1}{3}$（即 33%）、$\frac{1}{4}$（即 25%）或 27%,其中以取总人数的 27% 为最好。某题的区分度可以用高分组答对该题的人数比率与低分组答对该题的人数比率之差来表示,称为测题的鉴别指数。用公式可表示为:

$$D = p_H - p_L \tag{7.10}$$

在这里　D 表示测题的鉴别指数

　　　　p_H 表示高分组答对该题的人数比率

　　　　p_L 表示低分组答对该题的人数比率

例如,表 7.1 高中物理测验的被试共 18 人,高分组和低分组若各取总人数的 27%,则两组各为 5 人。第 5 题高分组 5 个人全部答对,低分组 5 个人中有 1 个人答对,根据公式(7.10),该题的鉴别指数为:

$$D = \frac{5}{5} - \frac{1}{5}$$
$$= 0.80$$

（2）点二列相关法。对于答对 1 题得 1 分,答错 1 题得 0 分的测题来说,测验总分是连续变量,每个测题虽说不是真正的二分变量(因为所有答对者之间正确理解的程度不完全相同,所有答错者之间错误理解的程度也不完全相同),但它是双峰分布的变量,因此每个测题与测验总分的关系可以用点二列相关来表示。其计算公式有以下四种形式:

$$r_{pb} = \frac{\overline{X}_p - \overline{X}_q}{\sigma_t} \sqrt{pq} \tag{7.11}$$

在这里　r_{pb} 表示点二列相关系数(在此表示某题的区分度)

　　　　p 表示某题答对的人数比率

　　　　q 表示该题答错的人数比率 $(q = 1 - p)$

$\overline{X}_p$ 表示该题答对的那些被试测验总分的平均数

$\overline{X}_q$ 表示该题答错的那些被试测验总分的平均数

σ_t 表示所有被试测验总分的标准差

$$r_{pb} = \frac{\overline{X}_p - \overline{X}_t}{\sigma_t} \sqrt{\frac{p}{q}} \qquad (7.12)$$

在这里 $\overline{X}_t$ 表示所有被试测验总分的平均数

$$r_{pb} = \frac{(\overline{X}_p - \overline{X}_q)\ \sqrt{n_p n_q}}{n\sigma_t} \qquad (7.13)$$

在这里 n_p 表示某题答对的人数

n_q 表示该题答错的人数

n 表示所有被试的总人数

$$r_{pb} = \frac{\overline{X}_p - \overline{X}_t}{\sigma_t} \sqrt{\frac{n_p}{n_q}} \qquad (7.14)$$

表 7.1 高中物理测验第 5 题,在 18 名被试中,该题答对的有 10 人,答错的有 8 人,答对的人数比率为 $p = \dfrac{10}{18} = 0.556$,答错的比率为 $q = 0.444$,该题答对的那些被试测验总分的平均数 $\overline{X}_p = 7.300$,该题答错的那些被试测验总分的平均数 $\overline{X}_q = 4.125$,所有被试测验总分的平均数 $\overline{X}_t = 5.889$,标准差 $\sigma_t = 2.424$。

根据公式(7.11),该题以点二列相关表示的区分度为:

$$r_{pb} = \frac{7.300 - 4.125}{2.424} \times \sqrt{0.556 \times 0.444}$$
$$= 0.65$$

根据公式(7.12),该题的区分度为

$$r_{pb} = \frac{7.300 - 5.889}{2.424} \times \sqrt{\frac{0.556}{0.444}}$$
$$= 0.65$$

根据公式(7.13),该题的区分度为

$$r_{pb} = \frac{(7.300 - 4.125) \times \sqrt{10 \times 8}}{18 \times 2.424}$$
$$= 0.65$$

根据公式(7.14),该题的区分度为

$$r_{pb} = \frac{7.300 - 5.889}{2.424} \times \sqrt{\frac{10}{8}}$$

$$= 0.65$$

由公式(7.11)、(7.12)、(7.13)、(7.14)计算出的第 5 题区分度完全相同,应用时可任选一种。

(3) 二列相关法。对于 0、1 记分的测题来说,测验总分是正态连续变量,测题也是正态连续变量,但被人为地分成为二分变量。因为某题答对者中间正确理解的程度是不相同的,完全正确理解者是少数;该题答错者中间错误理解的程度也是不相同的,完全错误理解者也是少数,而处于中间状态的人是大多数,那么所有被试对某题从完全正确理解至完全错误理解可以视为正态连续变量。因此,某个测题与测验总分的关系,可以用二列相关来表示。其计算公式有以下两种形式:

$$r_b = \frac{\overline{X}_p - \overline{X}_q}{\sigma_t} \frac{pq}{Y} \tag{7.15}$$

在这里　Y 表示正态曲线下 p 值的纵线高度
　　　　(其他符号的含义与点二列相关相同)

$$r_b = \frac{\overline{X}_p - \overline{X}_t}{\sigma_t} \frac{p}{Y} \tag{7.16}$$

例如,在表 7.1 高中物理测验第 5 题中,与 $P = 0.556$ 相对应的 Y 值,是以 $0.556 - 0.500 = 0.056$ 为面积,反查正态曲线的面积与高度表(附表 2)寻得与 0.056 相对应的 $Y = 0.395\,05$,将以上有关数据代入公式(7.15),于是该题的区分度为:

$$r_b = \frac{7.300 - 4.125}{2.424} \times \frac{0.556 \times 0.444}{0.395\,05}$$

$$= 0.82$$

若将以上有关数据代入公式(7.16),则该题的区分度为:

$$r_b = \frac{7.300 - 5.889}{2.424} \times \frac{0.556}{0.395\,05}$$

$$= 0.82$$

由公式(7.15)和(7.16)计算出的该题的区分度完全相同,应用时可任选一种。

以二列相关系数表示测题的区分度时,可不必用公式(7.15)和(7.16)实际计算,而利用弗拉南根(J. C. Flanagan)研制成功的表(表 7.3),可以迅速地求出二列相关系数的估计值。

表 7.3 从一样本上端与下端 27% 的答对比率估计 r_b 的方法

上端 27% 答对比率

下端 27% 答对比率	02	06	10	14	18	22	26	30	34	38	42	46	50	54	58	62	66	70	74	78	82	86	90	94	98
02	00	19	30	37	43	48	51	55	58	61	63	66	68	70	72	73	75	77	79	80	82	84	86	88	98
06		00	11	19	26	31	36	40	44	47	50	53	56	59	61	64	66	68	71	73	76	78	81	84	88
10			00	08	15	21	26	30	34	38	41	45	48	51	54	57	60	63	65	68	71	74	77	81	86
14				00	07	12	18	22	27	31	34	38	42	45	48	51	54	57	60	63	67	70	74	78	84
18					00	06	11	16	20	25	28	32	36	39	43	47	49	53	56	60	63	67	71	76	82
22						00	06	10	15	19	23	27	31	34	38	42	45	49	52	56	60	63	68	73	80
26							00	05	09	14	18	22	26	30	33	37	41	44	48	52	56	60	65	71	79
30								00	04	09	13	17	21	25	29	33	37	40	44	49	53	57	63	68	77
34									00	04	09	13	17	21	25	29	33	37	41	45	49	54	60	66	75
38										00	04	08	13	16	20	25	29	33	37	42	47	51	57	64	73
42											00	04	08	12	16	20	25	29	34	38	43	48	54	61	72
46												00	04	08	12	16	20	25	30	34	39	45	51	59	70
50													00	04	08	13	16	21	26	31	36	42	48	56	68
54														00	04	08	13	17	22	27	32	38	45	53	66
58															00	04	08	13	18	23	28	34	41	50	63
62																00	04	09	14	19	25	31	38	47	61
66																	00	04	09	15	20	27	34	44	58
70																		00	05	10	16	22	30	40	55
74																			00	06	11	18	26	36	51
78																				00	06	12	21	31	48
82																					00	07	15	26	43
86																						00	08	19	37
90																							00	11	30
94																								00	19
98																									00

注：表中数字均是小数点后面的数字。

　　由弗拉南根表直接估计二列相关系数的方法,是将测验总分由高到低排列,从高分与低分开始各取总频数的 27% 个测验分数组成高分组和低分组,然后以高分组某题答对的人数比率为表 7.3 的上端,以低分组该题答对的人数比率为表 7.3 的下端,二者交叉的数值即为该题以二列相关系数估计值表示的区分度。如果某一测题低分组答对的人数比率超过高分组答对的人数比率,查表时可将上端和下端互换,但该题以二列相关系数估计值表示的区分度为负值。

　　例如,表 7.1 高中物理测验总人数的 27% 应为 5 人,第 5 题高分组答对的人数比率为 1.00,低分组答对的人数比率为 0.20,然后以 1.00 为上端,以 0.20 为下端查表 7.3,于是表 7.3 上端最大数 0.98 与下端 0.20 交叉处的 0.81,就是二列相关系数的估计值,也就是该题的区分度。

　　表 7.1 的第 5 题,由弗拉南根表查出的区分度与利用公式(7.15)和(7.16)计算出的区分度极其接近。如果查表法与计算法的结果差异悬殊时,应以计算法所得结果为准,因为查表法仅利用了资料的一半信息。如果测题分析的目的仅在于淘汰区分度较低的测题,样本的容量较少,又没有计算机的帮助,在这种条件下,采用查表法还是可行的。如果样本的容量较大,又有计算机的帮助,利用公式计算测题的区分度,将会又快又精确。

　　2. 非 0、1 记分测题区分度的估计

　　对于非 0、1 记分测题的区分度,可以用被试在某题上的得分与其测验总分之间的积差相关来表示,因为测题分数和测验总分均为正态连续变量。其计算公式有以下三种形式:

$$r = \frac{\sum XY - (\sum X)(\sum Y)/n}{\sqrt{\sum X^2 - (\sum X)^2/n}\ \sqrt{\sum Y^2 - (\sum Y)^2/n}} \qquad (7.17)$$

在这里　　r 表示积差相关系数(在此表示测题的区分度)

　　　　　　X 表示所有被试在某一测题上的得分

　　　　　　Y 表示所有被试的测验总分

　　　　　　n 表示被试的总人数

$$r = \frac{\sum XY - n\overline{X}\,\overline{Y}}{n\sigma_X\sigma_Y} \qquad (7.18)$$

在这里　　$\overline{X}$ 表示某题得分的平均数

　　　　　　$\overline{Y}$ 表示测验总分的平均数

　　　　　　σ_X 表示某题得分的标准差

　　　　　　σ_Y 表示测验总分的标准差

$$r = \frac{\sum XY - n\overline{X}\ \overline{Y}}{(n-1)S_X S_Y} \qquad (7.19)$$

在这里　S_X 表示某题分数总体标准差的估计值

S_Y 表示测验总分总体标准差的估计值

例如,表 7.2 初三历史测验第 1 题的有关数据为:$\sum X = 73$,$\sum X^2 = 485$,$n = 12$,$\overline{X} = 6.083$,$\sigma_X = 1.847$,$S_Y = 1.929$,测验总分的有关数据为:$\sum Y = 840$,$\sum Y^2 = 59\,820$,$\overline{Y} = 70$,$\sigma_Y = 9.220$,$S_Y = 9.630$,所有被试第 1 题与总分乘积之和 $\sum XY = 5\,168$,于是根据公式(7.17),该题区分度为:

$$r = \frac{5\,168 - 73 \times 840/12}{\sqrt{485 - 73^2/12} \times \sqrt{59\,820 - 840^2/12}}$$

$$= 0.284$$

根据公式(7.18),该题的区分度为:

$$r = \frac{5\,168 - 12 \times 6.083 \times 70}{12 \times 1.847 \times 9.220}$$

$$= 0.285$$

根据公式(7.19),该题的区分度为:

$$r = \frac{5\,168 - 12 \times 6.083 \times 70}{(12-1) \times 1.929 \times 9.630}$$

$$= 0.285$$

可见,根据公式(7.17)、(7.18)、(7.19)计算出该题的区分度基本相同。应用时可任选一种。

表 7.2 第 2 题的区分度为 0.563,其他各题区分度以此类推,见表 7.2 最后一行。

二、测 题 的 效 度

(一)什么是测题的效度

测题效度是指测题分数与外部效标分数的相关程度。它对测验的效度有很大贡献。

如果把测验总分视为内部效标,那么测题的区分度也可以说是一种测题的效度,即内部效标的效度。反过来,若从测题效度(指外部效标)对被试的反应也具有鉴别能力来说,它也是一种区分度。

(二)测题效度的估计方法

凡可以用来估计测题区分度的任何一种方法,都可以用来估计测题的效度,只不过是将内部效标换成了外部效标罢了。现仅对 0、1 记分和非 0、1 记分测题效度的计算方法各举一例来加以说明。

表 7.1 是 0、1 记分的高中物理测验分数。若以高考物理分数作为外部效标,那么,测题的效度可用点二列相关来估计。在求第 5 题的效度时,可将该题答对的人数比率 $p = 0.556$ 和答错的人数比率 $q = 0.444$,答对该题的那些被试高考物理分数的平均数 $\overline{X}_p = 78.1$,答错该题的那些被试高考物理分数的平均数 $\overline{X}_q = 71$,以及所有被试高考分数的标准差 $\sigma_t = 6.222$ 代入公式(7.11),于是该题的效度为:

$$r_{pb} = \frac{\overline{X}_p - \overline{X}_q}{\sigma_t} \sqrt{pq}$$

$$= \frac{78.1 - 71}{6.222} \times \sqrt{0.556 \times 0.444}$$

$$= 0.57$$

非 0、1 记分测题的效度,可以用测题分数和外部效标分数的积差相关系数来表示。例如表 7.2 初三历史测验若以高一入学考试历史分数作为外部效标,那么初三历史测验第 1 题的效度,可将该题分数的 $\sum X = 73$,$\sum X^2 = 485$,高一入学分数 $\sum Y = 837$,$\sum Y^2 = 58\,617$,$\sum XY = 5\,129$,$n = 12$,代入公式(7.17)而求得

$$r_{XY} = \frac{\sum XY - (\sum X)(\sum Y)/n}{\sqrt{\sum X^2 - (\sum X)^2/n}\ \sqrt{\sum Y^2 - (\sum Y)^2/n}}$$

$$= \frac{5\,129 - 73 \times 837/12}{\sqrt{485 - 73^2/12}\ \sqrt{58\,617 - 837^2/12}}$$

$$= 0.38$$

三、测题区分度、效度的评价及应用

区分度和效度是筛选测题的重要指标。那么,区分度和效度多少为好,多少为差呢? 我们知道,它们的数值范围是在 -1 到 1 之间。一般来说,如果区分度或效度为正值,其数值越大,则测题越好。根据大量测验的经验,人们归纳出了评价区分度及效度的标准(如表 7.4)。但是使用这个标准筛选测题时,只能作为参考之用,不能把它看成是绝对的标准,因为同一测题由不同方法估计出的区分度或效度是不相同的。但是,用某种方法与用另一种方法估计出的区分度或效度的排列次序,是非常接近的,应用时究竟选择哪一种区分度的估计方法,还应与测验的信度、效度以及测题难度的估计方法统一考虑,以便节省时间和手续。

表 7.4　测题鉴别指数评鉴

鉴 别 指 数（D）	评　　鉴
0.40 以上	非常好
0.30～0.39	良好，如能修改则更好
0.20～0.29	尚可，仍需修改
0.19 以下	差，必须淘汰

　　在筛选测题时，是采用内部效标，根据测题的区分度来加以选择，还是采用外部效标，根据测题的效度来加以选择，这应取决于测验的目的和性质。如果测验的目的在于评定学生的学习成绩，而且测验是同质性的，则应以区分度作为评鉴测题的依据来挑选测题与整个测验一致性程度较高的测题。如果测验的目的在于预测被试在未来某种外部效标上的表现，则可以测题的效度作为评鉴测题的依据来挑选与外部效标相关高而与内部总分相关低的测题。不过测题的外部效标往往难以寻找，因此实际应用较少。特别是学科成绩测验大多属于同质性的，因为它主要是测量同一门学科的知识技能，因此较多使用区分度作为筛选测题的依据。

第三节　测题的组间相关及选项分析

一、测题的组间相关

　　测题的组间相关是指一个测验中各个测题之间的相互关系，可用每对测题之间的相关系数来表示。其估计方法，因记分方法不同而不同。

（一）0、1 记分测题组间相关的估计方法

　　0、1 记分的测题，均为二分变量。每对测题的相关可以用四分相关或 Φ 相关来估计。例如，为了估计表 7.1 第 6 题与第 7 题之间的相关，可将两题答对与答错的人数列成下表：

第 7 题

	1	0
第6题　1	$a = 3$	$b = 1$
0	$c = 5$	$d = 9$

　　表中 a 表示第 6 题与第 7 题都答对的人数；b 表示第 6 题答对，而第 7 题答错的人数，其余以此类推。若以四分相关法估计这两题的相关，可将上表中的 a、b、c、d

数值代入公式(5.7),于是两题的相关程度为:

$$r_t = \cos\left(\frac{\sqrt{bc}}{\sqrt{bc} + \sqrt{ad}}180°\right)$$

$$= \cos\left(\frac{\sqrt{1 \times 5}}{\sqrt{1 \times 5} + \sqrt{3 \times 9}}180°\right)$$

$$= \cos 54.16°$$

$$= \cos 54°9.6'$$

$$= 0.59$$

$$（因为 1° = 60'，所以 60' \times 0.16 = 9.6'）$$

$$（查余弦表所得）$$

若用 Φ 相关估计上述两题的相关,可将 a、b、c、d 数值代入公式(5.8),于是两题的相关程度为:

$$\Phi = \frac{ad - bc}{\sqrt{(a+b)(a+c)(b+d)(c+d)}}$$

$$= \frac{3 \times 9 - 1 \times 5}{\sqrt{(3+1)(3+5)(1+9)(5+9)}}$$

$$= 0.33$$

其他每对测题的相关程度,依此类推。

(二) 非 0、1 记分测题组间相关的估计方法

非 0、1 记分每个测题的得分,可视为正态连续变量。每对测题之间的相关,可用积差相关来估计。例如,以表 7.2 第 1 题为 X,第 2 题为 Y,将有关数据代入公式(7.17),于是由积差相关估计出的两题之间的相关程度为:

$$r = \frac{\sum XY - (\sum X)(\sum Y)/n}{\sqrt{\sum X^2 - (\sum X)^2/n}\,\sqrt{\sum Y^2 - (\sum Y)^2/n}}$$

$$= \frac{559 - 73 \times 88/12}{\sqrt{485 - 73^2/12} \times \sqrt{700 - 88^2/12}}$$

$$= 0.50$$

一个测验若包括 K 个测题,每对测题间的相关共有 $\frac{K(K-1)}{2}$ 个。测题的组间相关主要属于理论的研究,在实践中有时也可以此为根据删去那些互相依赖的测题。

二、测题的选项分析

所谓测题的选项分析是指对选择题后面所提供的几个答案进行分析。要考查

正确答案是否对得太明显,错的答案是否起到了干扰的作用。分析的结果可作为修改测题的依据。其分析方法是将所有被试测验总分由高到低排列,并从高、低两端各取 27% 个测验分数,组成高分组和低分组,然后再根据高分组和低分组的被试对每一个测题几个选项的选择人数来加以分析。现以笔者对 1984 年上海市高校二年级基础英语摸底测验中的 4 个测题为例,来说明选项的分析方法。

该测验每个测题都有 4 个选项。测题分析的样本容量为 178,其高分组和低分组各为 48(即 178 × 27%)。4 个测题的分析结果如表 7.5 所示。第 52 题 a 为正确答案。高分组 48 人中全部选择 a,低分组中有 94%$\left(即 \frac{45}{48}%\right)$的人选择 a,这表明 a 这个正确答案对得太明显。而 b、c、d 三个错误答案的干扰作用又太小。特别是 c 答案错得太明显了,高分组和低分组都无人选择。该题是所有测题中最容易的一个题目,区分度也很小,筛选时应当删去。

表 7.5 四个测题分析结果

| 题 序 | 组 别 | 选 答 人 数 | | | | | 难 度 $\frac{R}{n}$ | 区分度 r_{pb} |
		a	b	c	d	未做		
52	高分组	48*	0	0	0	0	0.94	0.15
	低分组	45*	1	0	2	0		
79	高分组	10	18	0	20*	0	0.16	0.13
	低分组	9	25	6	4*	4		
87	高分组	38*	3	1	6	0	0.57	0.45
	低分组	18*	10	4	12	4		
91	高分组	1	15	19	13*	0	0.30	−0.06
	低分组	3	11	7	17*	10		

* 表示正确答案

第 79 题,正确答案 d,高分组和低分组选择的人数都较少。错误答案 a,高分组比低分组选择的人数还要多,成为负向,c 答案干扰作用较小。此题是所有测题中最难的一个,也应当删去。

第 87 题,正误答案配合得较好,四个答案都有人选择。正确答案 a,高分组选择的人数多于低分组,几个错误答案低分组多于高分组。难度适中,区分度达到优秀。此题应当保留。

第 91 题,正确答案 d,高分组比低分组选择人数少,而错误答案 b、c 却是高分组比低分组选择的人数多,b、c、d 三者均为负向,此题应当删去。

三、小 结

以上第三章至第七章所讲的测验的信度、效度和测题的难度、区分度、组间相关之间的关系是非常复杂的。总的来说,测题的难度、区分度和组间相关等因素的交互作用,构成了整个测验的信度和效度。

(一)测题的难度和区分度的关系

由 0、1 记分测题的方差 $\sigma^2 = pq$ 可以看出,测题的难度越接近 0.5,测题的方差 σ^2 越大;当难度 $p = 0.5$ 时,σ^2 最大。而 σ^2 越大,表明差异性越大,则区分度也越大。这点从简单的经验也可以说明。假如,某题在 10 个被试中有 1 人答对,这个答对者与其他 9 个人的每一个人都有差异,该题共产生 9 个差异;假如,10 个人中有 2 个人答对,该题共有 $2 \times 8 = 16$ 个差异;当 10 个人中有 5 个人答对,该题有 $5 \times 5 = 25$ 个差异,此时差异最大,则区分度也就最高。另外,由测题区分度指数的计算公式 $D = p_H - p_L$ 也可以推知难度与区分度最大值的关系。当某题所有的被试全都答对或全都答错,则高分组与低分组答对人数比率之差等于零,即 $D = 0$;当某题有 50% 的人答对,假如高分组全都答对,而低分组全都答错,则区分度的最大值 $D = \frac{50}{50} - 0 = 1$;当某题有 70% 答对,假如高分组全都答对,而低分组有 20% 的答对,则 $D = \frac{50}{50} - \frac{20}{50} = \frac{30}{50} = 0.60$。由表 7.6 可知,当 $p = 0.5$ 时,D 的值最大。

表 7.6 测题难度与 D 极大值的关系

测 题 难 度	D 极 大 值	测 题 难 度	D 极 大 值
1.00	0.00	0.30	0.60
0.90	0.20	0.10	0.20
0.70	0.60	0.00	0.00
0.50	1.00		

(二)测验的信度、效度与测题区分度的关系

测验的信度、效度与测验中各个测题区分度指数 D 的平均数之间有密切关系。公式 $(4.5) r_{tt} = 1 - \frac{\sigma_e^2}{\sigma_t^2}$ 告诉我们,当测量误差方差 σ_e^2 在总体中保持不变时,测验总分的方差 σ_t^2 越大,则信度越大。而测验总分的方差又与各个测题区分度指数之和的平方成正比,用公式可以表示为:

$$\sigma_t^2 = \frac{(\sum D)^2}{6} \tag{7.20}$$

根据上式也可以说,各个测题区分度指数 D 的平均数越大,测验总分的方差就越大,而测验总分的方差越大,测验的信度就越高。因此,1967 年爱泊尔(Ebel)提

出:各个测题区分度指数 D 的平均数越大,测验的信度就越高。

另外,测题的区分度是以测题与测验总分的相关来表示的,从这个意义来说,测题的区分度既是测题的信度又是测题的效度,因为测题的区分度就是以测验总分为内部效标的测题的效度。因此,若测验中各个测题与总分的相关都比较高,即区分度都较大,一般来说,测验的信度和效度都会较高。

(三)测验的信度、预测效度与组间相关的关系

测验总分的方差若由各测题的方差和协方差来求得,于是测验总分的方差可以表示为:

$$\sigma_t^2 = p_1 q_1 + p_2 q_2 + \cdots + p_i q_i + \cdots + p_k q_k + 2r_{12}$$
$$\sqrt{p_1 q_1 p_2 q_2} + 2r_{13}\sqrt{p_1 q_1 p_3 q_3} + \cdots + 2r_{(k-1)k}\sqrt{p_{(k-1)} q_{(k-1)} p_k q_k}$$

在这里 p_1,p_2,$\cdots$,p_k 表示第 1,2,$\cdots$,K 题答对的人数比率

q_1,q_2,$\cdots$,q_k 表示 $1-p_1$,$1-p_2$,$\cdots$,$1-p_k$

r_{12},r_{13},$\cdots$,$r_{(k-1)k}$表示测题的组间相关

上式可缩写为:

$$\sigma_t^2 = \sum p_i q_i + 2\sum r_{ij}\sqrt{p_i q_i p_j q_j} \qquad (7.21)$$

若将上式移项,则可为:

$$\sigma_t^2 - \sum p_i q_i = 2\sum r_{ij}\sqrt{p_i q_i p_j q_j}$$

可见,上式等号左边是库德—理查逊公式 20:

$$r_{tt} = \left(\frac{K}{K-1}\right)\left(\frac{\sigma_t^2 - \sum pq}{\sigma_t^2}\right)$$

中的一部分。于是可以看出,测题的组间相关 r_{ij} 越大,测验的内在一致性信度越高。

但是高度的组间相关对预测的有效性是不利的,预测效度要求低度的组间相关。在这里,内在一致性信度与预测效度产生了矛盾。

(四)测验的信度、预测效度与测题难度全距的关系

当测验中各个测题的难度相近时,测验的信度高;而当各个测题的难度全距较大时,则信度低。这是因为 0、1 记分的组间相关是用 Φ 相关法来计算的。如果两个题目难度悬殊,即答对的人数比率悬殊,Φ 相关系数将会低于 0.20。组间相关低,就会使信度下降。因此说,最大的信度要求各个测题的难度相等。但是,难度相等的测题对于预测效度是不利的。预测效度要求测题的难度有所差异。在这里信度与预测效度存在着矛盾。

（五）测题难度、组间相关对测验总分分布的影响

吉尔福德把测题的难度和组间相关联系起来研究,他设想有 20 个被试来完成 10 个 0、1 记分的测题,每个测题的难度均为 0.5,而且每个测题与其他各测题之间都是完全相关(即相关系数为+1)。也就是说,一个测题答对的人,其他各测题都将答对,一个测题答错的人,其他各测题都将答错。结果只会有两种可能的分数,即 0 分和 10 分,20 个被试测验分数的分布呈 U 形,如图 7.3a 所示;如果各测题的难度接近相等,组间相关不是完全相关,但数值较大,这时出现了一些中等的分数,其测验分数呈双峰分布,如图 7.3b 所示;如果各测题的难度不同,组间相关为中等程度,测验分数将呈长方形分布,如图 7.3c 所示;如果组间相关为低度相关,则测验分数将近似正态分布,但有些低峰形态;如果测题的难度确实都等于 0.5,并且组间相关都等于 0,那么,测验分数将呈正态分布,而且内在一致性信度为零。但是,测验具备这种条件是很罕见的。

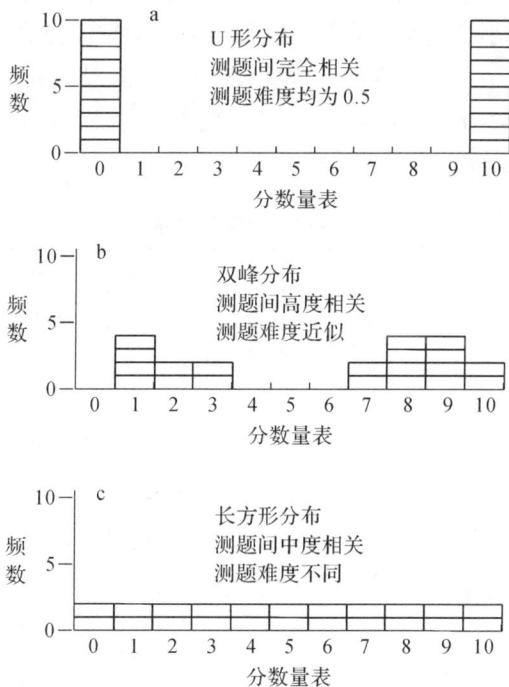

图 7.3　测题组间相关和难度对测验分数分布的影响

从测量的目的出发,连续分布能够把被试在相当精细的等级中区分开来,为了达到精细的测量,理想的条件是把测题难度沿着总体能力全距平均地区分开来。在这种条件下的组间相关不可能是完全相关,甚至有些组间相关确实很低。

由上述可见,测验的信度和效度有时往往会发生矛盾。塔克(L. R. Tucher)

于 1946 年在《心理统计》第 11 期发表的《等价测验项目的最大有效性》一文中提出,中等程度的组间相关,确切地说,组间相关在 0.10 至 0.60 之间,测题与测验总分的相关在 0.30 至 0.80 之间,常会产生良好的效度和令人满意的信度。虽然在这种条件下的信度往往不超过 0.90,但是为了提高效度,宁愿在这些数值极限之下进行,而不在这些数值极限之上进行,因为对于某些测验目的来说有效性更为重要。

练 习 题

1. 运用公式(7.1)和(7.2),计算表 1 初中数学测验第 1 和第 2 题的难度指数。

2. 两题未经校正的难度指数均为 0.4,而其中一题是 3 个选项,另一题是 5 个选项,试比较两题的实际难度。

3. 试计算表 2 小学语文测验第 1 题和第 2 题的难度指数。

4. 试将以下三个题目的难度指数 0.42,0.95,0.24 用等距量表来表示。如果正态分布的平均数为 5,标准差为 1;平均数为 13,标准差为 4,这三题难度指数的等距量表该如何表示?

表 1 初中数学测验

被试序号	测 题 序 号								初中数学测验总分	初中数学竞赛分数
	1	2	3	4	5	6	7	8		
1	1	1	1	1	1	1	1	1	8	34
2	1	1	1	1	1	1	0	1	7	33
3	1	1	1	1	1	1	1	0	7	28
4	1	1	1	0	1	1	0	1	6	30
5	1	1	1	1	0	1	1	0	6	25
6	1	1	1	1	1	1	0	0	6	32
7	1	1	0	1	1	0	1	0	5	27
8	1	1	1	1	1	0	0	0	5	22
9	1	1	1	0	1	0	0	0	4	20
10	0	1	1	1	0	0	0	0	3	23
11	1	1	0	1	0	0	0	0	3	18
12	1	0	1	0	0	0	0	0	2	19
13	1	0	0	0	0	0	0	0	1	17
14	0	0	0	0	0	0	0	0	0	15

表 2　小学语文测验

学生序号	测题序号						小学语文测验总分	初中入学考试语文分数
	1	2	3	4	5	6		
1	10	13	20	18	11	6	78	76
2	7	14	19	15	10	7	72	62
3	9	10	12	12	13	10	66	60
4	5	6	16	17	7	12	63	70
5	7	10	11	20	5	8	61	53
6	4	14	13	14	8	6	59	68
7	6	9	14	16	6	4	55	51
8	5	10	12	15	8	2	52	44
各题满分分数	12	16	24	22	14	12		

5. 运用公式(7.10)来估计表 1 初中数学测验第 1 题和第 2 题的区分度（高分组和低分组各取总人数的 27%）。

6. 分别运用点二列相关、二列相关、弗拉南根表来估计表 1 初中数学测验第 4 题的区分度。

7. 试估计表 2 小学语文测验第 6 题的区分度。

8. 表 1 初中数学测验，如果以初中数学竞赛的分数作为效标，试估计第 4 题的效度。

9. 表 2 小学语文测验，若以初中入学考试语文分数为效标，试估计第 6 题的效度。

10. 试估计表 1 初中数学测验第 4 题与第 5 题的组间相关。

11. 试估计表 2 小学语文测验第 2 题与第 3 题的组间相关。

12. 下表是环境保护测验前 20 名(27%)及后 20 名(27%)学生对 4 个测题的作答结果，试对其选项进行分析。

测题序号	组别	选项				
		A	B	C	D	E
3	高分组	0	0	0	20*	0
	低分组	2	0	1	16	1
8	高分组	0	10*	9	0	1
	低分组	2	16	2	0	0
10	高分组	2	3	2	11*	2
	低分组	1	3	3	11	2
13	高分组	5*	3	5	4	3
	低分组	0	5	8	3	4

* 表示正确答案

第八章　测验量表和常模

第一节　测验分数的解释

当我们用一个信度较高、效度经过检定合格的测验对一个被试施测后,就获得一个测验分数。对这个测验分数应当作何解释,便是这一章所要论述的问题。

一、测验分数与所测量的属性

当我们用测验来测量人的某种心理属性时,总是假定:测验分数的单位是相等的;测验分数相同的增量反映着心理属性的同等增量。因为,这样的假定对于统计运算的使用是不可缺少的。

但是,由于人的心理属性只能通过其行为反应进行间接测量,而且人的行为反应常因多种因素的影响而容易发生变化,也就是说,测量的误差较大。因此,对于人类心理属性的测量很少有绝对的测度。即使以时间、空间或能力作为单位的测量分数,它们的相同增量也很难代表着相同的心理增量。

例如,用一个由 100 个题目组成的英语词汇测验,对甲、乙两个学生施测,如果甲生全都答对,得 100 分,而乙生全都答错,得 0 分。这时,甲生的 100 分和乙生的 0 分,只能分别表示他们在这个特定的英语词汇测验上所表现出的能力,并不能代表甲、乙两个学生英语词汇的全部能力。因此,我们不能够根据这两个测验分数就作出关于甲生对于英语词汇的知识、能力全部掌握,而乙生对于英语词汇的知识、能力全部没有掌握的判断。因为,若用另一套英语词汇测验对他们施测,甲生就不一定得 100 分,而乙生也不一定得 0 分。假如在上述的测验中,甲生得 100 分,而乙生得 50 分,这也并不意味着甲生在英语词汇方面的知识和能力是乙生的 2 倍。同理,甲乙两生在同一个测验上获得相同的分数,也不能判定他们两人这方面的知识和能力是相等的。

甚至用同一个测验对同一个学生先后施测两次,可能由于在两次测验中学生的动机、情绪、态度、健康、睡眠、学习以及测验环境(如光线、气压、温度)和主试的指导语的不同,所获得的两个测验分数也不一定相同。

二、原始分数和导出分数

根据测验的记分标准,对被试的测验结果所计算出的测验分数称为原始分数。例如,一个学生在数学测验上获得 72 分,这 72 分就是原始分数。

原始分数的本身意义甚小,因为仅从个别学生的原始分数,我们既无法了解他学习成绩的好坏、知识能力的高低,也无法与其他学生相互比较。对于同一个学生不同学科的原始分数,由于缺乏参照点和一定的单位,所以,既不能相比较,也不能相加求和。例如,某期末考试成绩,语文为 69 分,数学为 86 分,英语为 90 分,根据这三门学科的原始分数,我们不能说,该生英语最好,数学次之,语文最差。此时我们还不能了解该生三门学科哪一门学得好,哪一门学得差,因为,可能由于语文的试题过难,全体考生的平均分数为 60 分,那么该生语文的 69 分,并不见得差,而英语可能试题太容易,全体考生的平均分数是 92 分,那么该生的 90 分,也不见得好。

为了使原始分数本身具有意义,使不同测验的分数可以相互比较,就必须将原始分数转换成导出分数。所谓导出分数就是经过统计整理过的、具有一定参照点和单位的、可以相互比较的分数。在教育测验中常用的导出分数有百分等级、标准分数、年级等值分数、年龄等值分数,等等。

如果对一个标准化的样本施行某一个测验之后,将所获得的原始分数以常模(平均数)为参照点转换成某种导出分数,并以等值表的形式将原始分数与导出分数之间的对应值表示出来,这就是测验量表。根据这种测验量表,我们可以为某个被试的原始分数寻找到在这个测验量表上的相对位置,以确定其测验成绩的优劣。

与上述的导出分数相对应,常用的测验量表有百分等级量表、标准分量表、年级和年龄量表等。

三、常 模 与 标 准

常模是某年级、某年龄或具有某种共同特征的被试团体在某一测验上实际达到的平均水平。标准是某年级、某年龄或具有某种共同特征的被试团体,在某一测验上应当达到的水准。例如,某一化学测验对某年级的要求标准是正确性达到百分之百。但是,被试的成绩在任何测验上的正确性很少达到百分之百,往往仅能达到百分之七十左右。由这百分之七十正确性所决定的测验分数的平均数就是常模。

常模是一个相对的数量,而不是一种绝对的、永久性的、固定不变的标准。常模随着时间和空间的不同而变化。例如,由于时代的进步,科学技术的发展,教育的改革,师资的提高,设备的改善,学生学习水平也随之提高。十年前求得的常模不一定能适用于今天。另外,由于各个地区的文化背景和教育水平的不同,对于同一个测验各个地区所求得的常模也不见得相同。适用于沿海各省的常模,不一定适用于内地各省。就是在同一个地区,不同类型的学校所求得的常模也不见得相同,例如,适用于重点学校的常模,不一定适用于普通学校。

常模和标准虽然不同,但是,从某种意义上来说,常模起着标准的作用。因为常模为个别被试的测验分数提供了比较的基础。如果一个学生某科测验成绩在常模之上,很少有人认为他的学习成绩是差的;如果一个学生某科测验成绩在常模之下,也很少有人认为他的学习成绩是好的。

四、建立常模的标准化样本

常模是根据标准化样本的测验分数经过统计处理而建立起来的。所谓标准化样本就是对于使用该测验的总体具有代表性的那部分个体。在建立常模时,由于人力、物力、时间和经济条件的限制,不大可能将总体中的每一个个体一一施行测验,往往是从总体中按照一定的方式抽取相当数量的个体施于测验。然后,用这些测验分数所建立起来的常模作为比较的尺度来解释该总体中某个个体测验分数的优劣。而该常模是否能用来解释该总体中的测验分数,那就取决于标准化样本对总体的代表性程度。

为了使标准化样本对总体有较好的代表性,不仅应采用合理的抽样方法,而且要有较大的样本容量。

分层随机抽样是保证样本中的成分及其比率与总体中的成分及其比率一致性的一种比较好的方法。例如,为了建立某地区初中一年级数学测验的常模,可以将该地区初中一年级数学的学习成绩分成好、中、差三部分。然后,在各部分中按其在总体中所占的比率进行随机抽样,以组成一个标准化的样本。样本中各部分所占的比率应与总体中各部分所占比率相同。如果总体中好的和差的各占1/4,而中等的占 2/4,则样本中好的和差的也应各占 1/4,中等的也应占 2/4。

在条件允许的情况下,样本的容量越大,对总体的代表性越强。

如果总体的范围过大,从中抽取的样本虽然对之有一定的代表性,但是,代表总体各个不同部分被试的测验分数差异性就会较大,这样建立起来的常模,对总体各个部分来说适用性较小。例如,我们从全国范围内抽取一个标准化样本,对之施行英语测验,并在此基础上建立一个全国性的常模。由于我国的地域广大,各地区的英语水平相差悬殊,用这个常模来解释英语水平较高地区学生的测验分数,这个尺度就显得太低;用来解释英语水平较低地区学生测验分数,这个尺度就显得太高了。在这种情况下,以建立地方性常模为好。

对于一些具有特殊目的的测验,有时需要根据被试的年龄、年级、性别、地区、城市与乡村、社会阶层等等因素,分别建立团体性的小组常模。例如,重点学校学科测验常模,普通学校学科测验常模,男性机械能力倾向测验常模,女性文书能力倾向测验常模,以及招考职工所用的各种职业测验常模,等等。

第二节 百分等级量表

一、百分等级量表的意义

百分等级量表是以标准化样本测验分数的中位数为参照点,以百分等级(百分位)为单位的测验量表。

百分等级量表是将标准化样本中同一个年级或同一个年龄组的被试,在某个测验上所得的分数分成 100 个等级,每个百分等级表示其相应的测验分数在该年级或该年龄组被试中所占的地位,即低于这个分数的人数百分比。例如,某年级物理测验最高分为 92 分,其百分等级为 100;最低分为 40,其百分等级为 0。在 92 分与 40 分之间分成 100 个等级。如果其中甲生测验分数为 54 分,他处于第 10 个百分等级,这表明有 10% 的学生测验分数比他差,而有 90% 的学生测验分数比他好。乙生测验分数为 73 分,他处于第 50 个百分等级,这表明有 50% 的学生测验分数比他差,而有 50% 的学生测验分数比他好,他正处于中间的地位。丙生的测验分数为 85 分,他处于第 80 个百分等级,这表明有 80% 的学生测验分数比他差,而有 20% 的学生测验分数比他好。

与百分等级相对应的原始分数称为该百分等级的百分位数。如上例第 10 百分位数为 54 分;可表示为 $P_{10} = 54$;第 50 百分位数为 73,可表示为 $P_{50} = 73$,等等。若根据标准化样本的测验分数计算出各相应的百分位数,也就是说,建立百分等级与原始分数的等值对照表,即为百分等级量表。

二、百分等级量表的编制方法

百分等级量表的编制方法如下。

(一)用原始分数直接计算其百分等级的方法

在使用计算机的条件下,可直接计算每一个可能的原始分数的百分等级,来建立百分等级量表。

现以表 8.1 初三 50 个学生生物测验分数为例,说明计算各原始分数百分等级的步骤和方法。

表 8.1　初三 50 个学生生物测验分数

85	70	67	50	87	70	68	52	53	67
72	86	89	71	42	74	60	45	83	73
62	48	82	64	72	82	79	74	61	71
81	84	96	75	65	55	57	66	77	91
76	68	58	60	69	78	94	79	67	57

（1）将表 8.1 中学生所有可能获得的分数从大到小排列,其中最大的分数要比实际获得的最大分数大 1,最小的分数要比实际获得的最小分数小 1,中间的分数依次一个比一个小,即使没有学生获得的分数也应列上。表 8.1 中实际获得的最大分数为 96,而排列时应从 97 开始;实际获得的最小分数为 42,而排列时应到 41 为止,中间有许多是学生未获得的分数,如 95,93,92 等,也应统统列上,如表 8.2 第 1 列所示。

（2）计算各原始分数的频数。如表 8.2 第 2 列所示。

（3）从下至上计算各分数的累积频数。如表 8.2 第 3 列所示。

（4）计算各分数中点的累积频数。某个分数中点的累积频数,就等于该分数频数的一半加上小于该分数的频数总和。或者说,某一个分数中点的累积频数,就等于该分数频数的 1/2,加上小于该分数的累积频数。例如,表 8.2 中 42 分的频数为 1,其 1/2 频数为 0.5,41 分的累积频数为 0,则 42 分中点的累积频数为 $0.5 + 0 = 0.5$。又如,43 分的频数为 0,其 1/2 频数还为 0,42 分的累积频数为 1,则 43 分中点的累积频数为 $0 + 1 = 1$。再如,45 分的频数为 1,其 1/2 频数为 0.5,而 44 分的累积频数为 1,则 45 分中点的累积频数为 $0.5 + 1 = 1.5$。其他以此类推,如表 8.2 第 4 列所示。

（5）计算各分数中点的百分等级。将各分数中点的累积频数除以总频数再乘以 100,即为各分数中点的百分等级。如 91 分中点的百分等级为 $\frac{47.5}{50} \times 100 = 95$。其他以此类推,如表 8.2 第 5 列所示。

表 8.2 的第 1 列和第 5 列就构成初三生物测验的百分等级量表。

表 8.2　初三生物测验分数百分等级计算表

分　数	频　数	累积频数	至中点的 累积频数	百分等级
（1）	（2）	（3）	（4）	（5）
97	0	50	50	100
96	1	50	49.5	99

分 数	频 数	累积频数	至中点的 累积频数	百分等级
（1）	（2）	（3）	（4）	（5）
95	0	49	49.0	98
94	1	49	48.5	97
93	0	48	48.0	96
92	0	48	48.0	96
91	1	48	47.5	95
90	0	47	47.0	94
89	1	47	46.5	93
88	0	46	46.0	92
87	1	46	45.5	91
86	1	45	44.5	89
85	1	44	43.5	87
84	1	43	42.5	85
83	1	42	41.5	83
82	2	41	40.0	80
81	1	39	38.5	77
80	0	38	38.0	76
79	2	38	37.0	74
78	1	36	35.5	71
77	1	35	34.5	69
76	1	34	33.5	67
75	1	33	32.5	65
74	2	32	31.0	62
73	1	30	29.5	59
72	2	29	28.0	56
71	2	27	26.0	52
70	2	25	24.0	48
69	1	23	22.5	45
68	2	22	21.0	42
67	3	20	18.5	37
66	1	17	16.5	33
65	1	16	15.5	31
64	1	15	14.5	29
63	0	14	14.0	28
62	1	14	13.5	27
61	1	13	12.5	25
60	2	12	11.0	22

分　数 (1)	频　数 (2)	累积频数 (3)	至中点的 累积频数 (4)	百分等级 (5)
59	0	10	10.0	20
58	1	10	9.5	19
57	2	9	8.0	16
56	0	7	7.0	14
55	1	7	6.5	13
54	0	6	6.0	12
53	1	6	5.5	11
52	1	5	4.5	9
51	0	4	4.0	8
50	1	4	3.5	7
49	0	3	3.0	6
48	1	3	2.5	5
47	0	2	2.0	4
46	0	2	2.0	4
45	1	2	1.5	3
44	0	1	1.0	2
43	0	1	1.0	2
42	1	1	0.5	1
41	0	0	0.0	0

（二）用频数分布表编制百分等级量表的方法

用频数分布表编制百分等级量表分为以下两大步骤。

1. 编制频数分布表

仍以表 8.1 初三生物测验分数为例,说明频数分布表的编制方法。

（1）求全距。从原始分数中找出最大值和最小值,并求其差,即为全距。本例最大值为 96,最小值为 42,全距为 $96 - 42 = 54$。

（2）决定组数和组距。各组的组距等于全距除以组数。而组数可根据总频数的多少而定,一般在 10~20 之间。本例拟分为 12 组,则各组的组距为 $\frac{54}{12} = 4.5$,为了计算方便,组距取整数 5。

（3）决定组限。每组的最小值为下限,最大值为上限。为了保持全距的连续性,各组可只写出下限,而不写出上限,因为各组的上限就是其相邻数值较大一组的下限。为了对百分等级量表的意义比较容易理解,将由小到大的各组数值从下往上排列,如表 8.3 第 1 列所示。

（4）列出各组组中值。各组组中值等于上限与下限的平均数,如第一组的组中值为（95＋100）÷2＝97.5。其他各组组中值,如表8.3第2列所示。

表8.3　初三生物测验分数百分等级计算表

分数 （1）	组中值 （2）	登记 （3）	频数 （4）	至上限的 累积频数 （5）	至组中值的 累积频数 （6）	至组中值的 累积比率 （7）	组中值的 百分等级 （8）
95～	97.5	|	1	50	49.5	0.99	99
90～	92.5	||	2	49	48.0	0.96	96
85～	87.5	||||	4	47	45.0	0.90	90
80～	82.5	卌	5	43	40.5	0.81	81
75～	77.5	卌|	6	38	35.0	0.70	70
70～	72.5	卌||||	9	32	27.5	0.55	55
65～	67.5	卌|||	8	23	19.0	0.38	38
60～	62.5	卌	5	15	12.5	0.25	25
55～	57.5	||||	4	10	8.0	0.16	16
50～	52.5	|||	3	6	4.5	0.09	9
45～	47.5	||	2	3	2.0	0.04	4
40～	42.5	|	1	1	0.5	0.01	1
总和			50				

（5）登记频数。将原始数据依次登记在各组之中,如第3、4列所示。对于既是数值较小一组的上限又是数值较大一组的下限的数据,归组时,应归入数值较大一组。例如,70这个数据,既是65～70这组的上限,又是70～75这组的下限,归组时,应归入70～75这组。

（6）计算各组至上限的累积频数。某组至上限的累积频数等于本组的频数加上小于本组下限的各组频数之和。如表8.3中50～55这组的频数为3,小于50各组的频数之和为2＋1＝3,于是这组至上限的累积频数为3＋3＝6。其他各组至上限的累积频数如表8.3第5列所示。

2. 建立百分等级与原始分数的等值对照表

建立百分等级与原始分数的等值对照表有三种方法,现分述如下。

（1）计算各组组中值百分等级的方法

确定某个原始分数在标准化样本中所处的地位,不必十分精确,因为同一个分数在不同的样本中的百分等级也不完全相同。因此,我们可以用各组组中值所对应的百分等级来代表该组各个分数的百分等级。

计算各组组中值百分等级的方法如下。

① 计算各组组中值的累积频数。某组组中值的累积频数等于本组频数的一半加上小于本组下限的各组频数之和。也可以说,本组频数的1/2,加上数值较小

相邻一组的累积频数。如表 8.3 中 40～45 这组的频数为 1，小于本组下限 40 的各组频数之和为 0，则该组组中值的累积频数为 $1 \times \frac{1}{2} + 0 = 0.5$。又如，45～50 这组的频数为 2，小于 45 的各组频数之和为 1，则该组组中值的累积频数为 $2 \times \frac{1}{2} + 1 = 2$。其他以此类推，如表 8.3 第 6 列所示。

② 计算各组组中值的累积比率。各组组中值的累积频数除以总频数，即为各组组中值的累积比率。如 40～45 这组至组中值的累积频数为 0.5，其累积比率为 $\frac{0.5}{50} = 0.01$；45～50 这组至组中值的累积频数为 2，其累积比率为 $\frac{2}{50} = 0.04$。其他以此类推，如表 8.3 第 7 列所示。

③ 计算各组组中值的百分等级。将各组组中值的累积比率乘以 100，即为组中值的百分等级。如表 8.3 组中值为 42.5 的百分等级为 $0.01 \times 100 = 1$；组中值为 47.5 的百分等级为 $0.04 \times 100 = 4$。其他以此类推，如表 8.3 第 8 列所示。表 8.3 第 2 列与第 8 列就构成初三生物测验的百分等级量表。

（2）计算几个特定的百分位数的方法

在频数分布表列好之后，可以用插值法求几个特定百分等级相对应的百分位数，一般是求第 5，10，20，30，40，50，60，70，80，90，95 共 11 个百分位数，以构成百分等级与原始分数的等值对照表，即百分等级量表。

百分位数的计算公式为：

$$P_p = L_p + \left(\frac{p}{100} n - n_1 \right) \frac{i}{f_p} \tag{8.1}$$

在这里 P_p 表示某一个百分位数

L_p 表示该百分位数所在组的下限

p 表示该百分位数的百分等级数

n 表示总频数

n_1 表示小于该百分位数所在组下限的频数总和

i 表示组距

f_p 表示该百分位数所在组的频数

现以表 8.3 资料的第 5 百分位数为例，说明各百分位数的计算步骤。

① 计算低于该百分位数的频数。如表 8.3 低于第 5 百分位数的频数为：

$$\frac{p}{100} n = \frac{5}{100} \times 50 = 2.5$$

② 确定该百分位数的所在组。由数值较小往数值较大各组累积频数，直至略

大于 $\frac{p}{100}n$ 为止,这个组就是该百分位数所在组。如表 $8.3\,p_5$ 的所在组为 $45\sim50$,因为这组的累积频数 3(见第 5 列),略大于 2.5。

③ 确定从所在组下限应上升多少分数的距离。从 p_5 所在组的下限(45)上升的距离为:

$$\left(\frac{5}{100}n - n_1\right)\frac{i}{f_5} = (2.5 - 1)\frac{5}{2} = 3.75$$

④ 计算所在组下限与其上升距离之和。其和即为所求的百分位数。

根据公式(8.1),表 8.3 资料第 5 百分位数为:

$$
\begin{aligned}
P_5 &= L_5 + \left(\frac{5}{100}n - n_1\right)\frac{i}{f_5} \\
&= 45 + \left(\frac{5}{100} \times 50 - 1\right) \times \frac{5}{2} \\
&= 48.75
\end{aligned}
$$

其他几个特定的百分位数的计算方法以此类推。

将上述几个特定的百分等级及其相应的百分位数(取整数)列成表 8.4,就构成初三生物测验百分等级量表。

表 8.4 初三生物测验百分等级量表

百分等级	95	90	80	70	60	50	40	30	20	10	5
百分位数	91	88	82	78	74	71	68	65	60	53	49

(3) 百分曲线绘图法

频数分布表列好之后,可以绘制一条百分曲线,根据这条百分曲线就可以找出各百分等级相对应的原始分数,也即形成一个百分等级量表。现仍以表 8.3 的资料来说明百分曲线的绘制方法。

① 计算各组上限的百分等级。首先将表 8.3 第 1、4、5 列转入表 8.5 第 1、2、3 列,然后求各组上限的累积比率,即各组上限的累积频数除以总频数。如表 8.5 第 4 列所示,再将各组的累积比率乘以 100,即为各组上限的百分等级,如表 8.5 第 5 列所示。

② 绘制百分曲线。将表 8.5 第 1 列的分数置于横轴,将第 10,20,…,100 百分等级置于纵轴,然后以各组的上限为横轴,以各组上限的百分等级(表 8.5 的第 5 列)为纵轴,描点。连接每相邻的两点,并使之成为光滑的曲线,此曲线即为百分曲线。如图 8.1 所示。

表 8.5　绘制初三生物测验百分曲线用表

分　数 (1)	频　数 (2)	至上限的累积频数 (3)	至上限的累积比率 (4)	至上限的百分等级 (5)
95～	1	50	1.00	100
90～	2	49	0.98	98
85～	4	47	0.94	94
80～	5	43	0.86	86
75～	6	38	0.76	76
70～	9	32	0.64	64
65～	8	23	0.46	46
60～	5	15	0.30	30
55～	4	10	0.20	20
50～	3	6	0.12	12
45～	2	3	0.06	6
40～	1	1	0.02	2
总和	50			

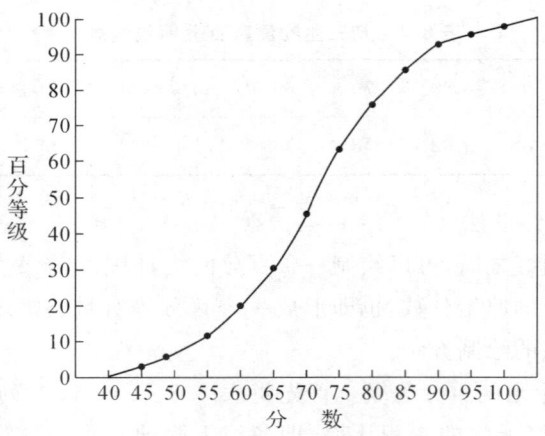

图 8.1　初三生物测验百分曲线图

根据这条曲线,我们可以从横轴上的某个分数找出与之相对应的百分等级,也可以从纵轴上的某个百分等级找出与之相对应的分数。例如,我们要找第 50 百分等级相对应的分数,可从纵轴百分等级 50 处作一条横线与曲线相交于一点,再从此点向下作一条垂线,与横轴相交于 71,71 这一点就是第 50 百分等级所对应的分数。假如,要想知道 76 分的百分等级,可从横轴 76 分开始向上作横轴的垂线与曲线相交于一点,再从此点向左作横线与纵轴相交于66,这点是第66百分等级,也就是76分所处的百分等级。

　　利用上述方法在这条百分曲线上所寻找出的第5,10,20,…,90,95百分等级相对应的原始分数,如表8.6所示。

表8.6　以百分曲线编制的初三生物测验百分等级量表

百分等级	95	90	80	70	60	50	40	30	20	10	5
百分位数	91	88	82	78	74	71	68	65	60	53	49

　　用这种方法找出的与某个分数相对应的百分等级与用插值法所建立的百分等级量表完全相等。与用组中值和原始数据所建立的百分等级量表基本相同。

三、百分等级量表的评价

(一)百分等级量表的优点

　　1.百分等级量表上的等级,其意义容易被人所理解。因为某个被试测验分数的百分等级,是由其在标准化样本中所处的地位决定的。

　　2.同一个被试在不同测验上的百分等级可以相互比较。例如,高二某生数、理、化三科的百分等级分别为65、42、71,则该生化学成绩最好,数学次之,物理最差。

　　3.不同被试在同一个测验上的百分等级可以相互比较。例如,甲、乙、丙三个学生的平面几何的百分等级分别为45、70、36,则乙生最好,甲生次之,丙生最差。

　　4.在较高层次的学校中(如中学、大学等),当年龄或年级量表不甚适用时,可采用百分量表。

　　5.百分等级可转换成标准分数。

(二)百分等级量表的缺点

　　1.百分等级的单位距离不相等

　　大多数测验的原始分数接近于正态分布,其分布的中央部分,即靠近平均数的两侧,有较多的频数分布着,而距平均数较远的两端,频数分布得较少。但是将原始分数转换成百分等级之后,百分等级呈矩形分布,也就是说,在整个百分等级量表上,各个等级之间的频数都是一样的,如图8.2所示。在百分等级量表上,靠近分布中央的原始分数稍有变化,其百分等级就会有较大的变化;而靠近分布两端的原始分数,虽然变化较大,其百分等级却变化较小。从图8.2可以看出,百分等级80与90之间的距离要大于50与60之间的距离。这点从表8.4初三生物测验的百分等级量表可以看出,百分等级是50的原始分数为71,百分等级是60的原始

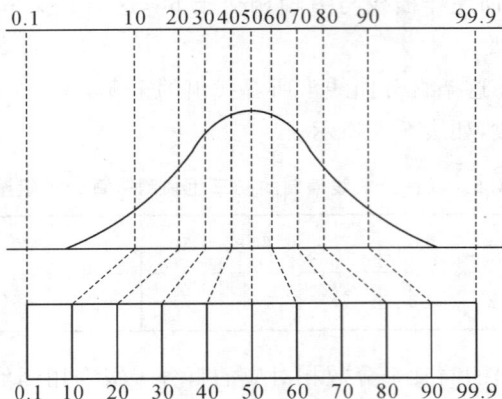

图 8.2　正态分布与百分等级关系图

分数为 74。百分等级相差 10,而原始分数相差 3;百分等级是 80 的原始分数为 82,百分等级是 90 的原始分数为 88,百分等级相差 10,而原始分数相差 6。可见,百分等级的单位是不等距的。在分布的中部,它扩大了原始分数的差异;在分布的两端,它缩小了原始分数的差异。

2. 百分等级量表属于四种测量量表中的等级或位次量表

百分等级量表的量表值(百分等级)只具有区分性和等级性,而不具有等距性和等比性,所以它仅能表示被试测验成绩的好坏和位次,不能进行加减乘除的运算。

3. 两个不同样本中的百分等级不能相互比较

例如,高三(1)班甲生的英语成绩为第 60 个百分等级,高三(2)班乙生同一次英语测验成绩也为第 60 个百分等级,但甲、乙两生的英语水平不见得相同,故不好比较。

4. 百分等级量表对测验成绩的普遍水平不够敏感,与 T 量表相比,其可靠性较差。

第三节　线性标准分数量表

标准分数量表是以平均分数为参照点、以标准差为单位的测验量表,其量表值称标准分数。

不同的测验分数只有当它们的总体平均数、标准差、分布形态相同,或者极其相近,才可以相互比较。但是,所测量的属性,其总体平均数、标准差和分布形态往往是未知的,既然我们无从确切地了解所测量的属性在总体中的情况如何,为了使不同的测验分数可以相互比较,只好假定所测量的一切属性,其总体平均数、标准差和分布形态都是一致的。若几种测验分数的样本分布形态是相近的,那么只需将几种测验分数转换成平均数相同和标准差相同的线性标准分数;若样本分布形态不一样,还需将测验分数转换成非线性的标准分数,即正态化的标准分数。

所谓线性标准分数就是由原始分数转换成标准分数之后,只改变了分布的平均数和标准差,并不改变分布的形态。也就是说,标准分数的分布形态与原始分数的分布形态是相同的。如果以原始分数为横轴,以标准分数为纵轴,根据原始分数和标准分数对应值所描的点,将会全部落在一条直线上,故称为线性标准分数,如线性 Z 分数、CEEB 分数、ITED 分数、T 分数等。

一、线性 Z 分数量表

(一)线性 Z 分数的意义

线性 Z 分数是平均数为 0、标准差为 1 的标准分数。线性 Z 分数就是原始分数与标准化样本的平均分数之差,再除以标准化样本的标准差。它是线性标准分数的基本形式。用公式可表示为:

$$Z = \frac{X - \overline{X}}{\sigma_X} \tag{8.2}$$

在这里　Z 表示平均数为 0、标准差为 1 的线性标准分数

　　　　X 表示测验的原始分数

　　　　$\overline{X}$ 表示标准化样本测验分数的平均数

　　　　σ_X 表示标准化样本测验分数的标准差

例 1,某小学五年级常识测验的平均分数为 73,标准差为 9.2,该年级甲生的测验分数为 86,根据公式(8.2)他的线性 Z 分数为:

$$Z = \frac{86 - 73}{9.2}$$
$$= 1.41$$

(二)线性 Z 分数量表的编制方法

线性 Z 分数量表就是线性 Z 分数与原始分数的等值对照表。其编制方法可分为两个步骤:第一步,根据标准化样本中每个被试测验的原始分数,计算其平均分数及标准差。第二步,根据公式(8.2)计算原始分数全距中每一个原始分数的线性 Z 分数。

例 2,现以表 8.7 中 40 名高二学生语文测验分数为例,说明线性 Z 分数量表的编制方法。

表 8.7　40 名高二学生语文测验分数

79	76	59	66	73	67	64	74	82	62
78	80	75	63	77	56	72	65	70	58
68	61	78	74	63	66	80	62	64	72
65	68	72	67	64	63	64	66	75	68

首先根据表 8.7 中的原始分数算出平均数 $\overline{X}$ 及标准差 σ_X 分别为：

$$\overline{X} = \frac{\sum X}{n} = \frac{2\,756}{40} = 68.9$$

$$\sigma_X = \sqrt{\frac{\sum X^2}{n} - \left(\frac{\sum X}{n}\right)^2}$$

$$= \sqrt{\frac{191\,670}{40} - \left(\frac{2\,756}{40}\right)^2}$$

$$= 6.67$$

然后将原始分数全距中的每一个原始分数(包括标准化样本中无人获得的分数)依次用公式(8.2)转化成线性 Z 分数，如表 8.8 第 3 列所示。

表 8.8　高二语文测验线性 Z 分数和线性 $CEEB$ 分数量表

学生序号 (1)	原始分数 (2)	Z 分数 (3)	CEEB 分数 (4)	学生序号 (1)	原始分数 (2)	Z 分数 (3)	CEEB 分数 (4)
1	82	1.96	696	15	68	-0.13	487
2	81	1.81	681	16	67	-0.28	472
3	80	1.66	666	17	66	-0.43	457
4	79	1.51	651	18	65	-0.58	442
5	78	1.36	636	19	64	-0.73	427
6	77	1.21	621	20	63	-0.88	412
7	76	1.06	606	21	62	-1.03	397
8	75	0.91	591	22	61	-1.18	382
9	74	0.76	576	23	60	-1.33	367
10	73	0.61	561	24	59	-1.48	352
11	72	0.46	546	25	58	-1.63	337
12	71	0.31	531	26	57	-1.78	322
13	70	0.16	516	27	56	-1.93	307
14	69	0.01	501				

$$\overline{X} = 68.9, \ \sigma_X = 6.67$$

假如标准化样本所代表的总体中某个高二学生的得分在所建立的量表(8.8)上,找不到与其相应的线性 Z 分数,这时可根据公式(8.2)自行计算。例如,该总体的高二某生在该语文测验的得分为85,在表8.8中找不到与之相对应的线性 Z 分数,这时可以将该生的得分和标准化样本的平均数、标准差代入公式(8.2)自行计算出该生语文测验的线性 Z 分数。

$$Z = \frac{85 - 68.9}{6.67}$$
$$= 2.41$$

(三)线性 Z 分数量表的评价

1. 线性 Z 分数的优点

(1)线性 Z 分数的单位是等距的。

(2)如果几个不同测验分数的分布形态是很相近的,那么,同一个被试在几个不同测验上的线性 Z 分数,可以相互比较。

例3,如果用原始分数来比较表8.9中甲生三门高考成绩,可能会误认为英语最好,数学次之,语文最差。其实这种比较是不妥当的,因为原始分数的单位不等距,同一个学生的不同学科的原始分数不可以相比。假如,三门学科分布的形态是相近的,将甲生三门学科测验分数用公式8.2转换成线性 Z 分数,这时三门学科的线性 Z 分数是可以比较的。比较的结果是语文最好,英语次之,数学最差(见第5列),与原始分数排列的顺序完全不同。

(3)如果几个不同测验的分布形态很相近时,可以将一个被试几个不同测验上的线性 Z 分数相加求和,或计算几个测验线性 Z 分数的平均分数,同时还可以比较不同被试几个测验线性 Z 分数的总分或平均分数。假如,用原始分数比较表8.9中甲乙两个学生三门学科的总分时,可能会认为乙生优于甲生(227 > 224),若比较三门学科线性 Z 分数的总分,却是甲生优于乙生(4.45 > 3.51)。

表 8.9　甲乙两生某年高考线性 Z 分数和 CEEB 分数转换表

考试科目 (1)	标准化样本		原始分数 (4)		线性 Z 分数 (5)		线性 CEEB 分数 (6)	
	平均分数 $\overline{X}$ (2)	标准差 σ_X (3)	甲生	乙生	甲生	乙生	甲生	乙生
语　文	51	5	62	50	2.20	−0.20	720	480
数　学	76	11	80	90	0.36	1.27	536	627
英　语	65	9	82	87	1.89	2.44	689	744
总　和			224	227	4.45	3.51	1 945	1 851
平均分数			74.67	75.67	1.48	1.17	648	617

2. Z 分数的缺点

（1）小于平均数的原始分数转换成线性 Z 分数后，都是负值，这样一方面不易理解，另一方面运算不方便。

（2）标准化样本中，线性 Z 分数的全距一般不超过 6 个单位，由于单位过大，难以区分个别被试测验成绩的差异，若要精确地区分个别被试的差异，线性 Z 分数的值在小数点后面就必须保留一至二位数字，这对实际运算又带来了不便。

（3）线性 Z 分数的分布形态与原分数的分布形态完全一样。如果原始分数呈负偏态（见图 8.3a），转换成线性 Z 分数之后，仍为负偏态（见图 8.3b）。

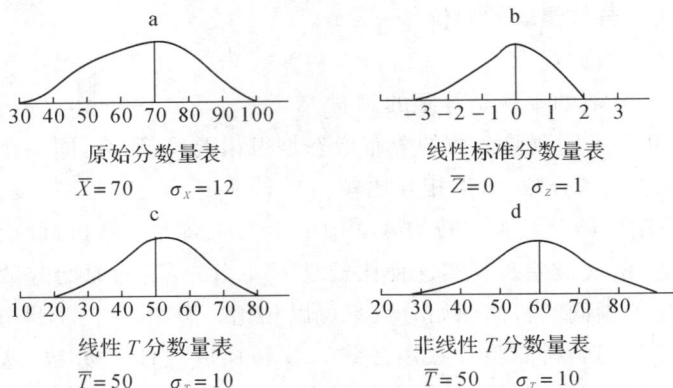

图 8.3　原始分数与线性和非线性标准分数分布的比较

当两个测验的分布形态不同时，它们的线性 Z 分数既不可以相互比较，又不可相加求和，因为虽然线性 Z 分数同为 1，在正态分布中 Z 等于与小于 1 的区间内，至少包括 84% 的频数，而在负偏态分布中 Z 等于与小于 1 的区间内，可能仅包括 50% 的频数。

二、线性 CEEB 量表

（一）线性 CEEB 分数的意义及其量表的编制

$CEEB$ 分数是平均数为 500、标准差为 100 的线性标准分数。它的获得就是在线性 Z 分数上乘以 100，再加上 500。用公式可以表示为：

$$CEEB = 100Z + 500$$
$$= 100\left(\frac{X - \overline{X}}{\sigma_X}\right) + 500 \tag{8.3}$$

本节例 1，甲生 $Z = 1.41$，他的线性 $CEEB$ 分数根据公式(8.3)为：

$$CEEB = 100 \times 1.41 + 500$$
$$= 641$$

线性 *CEEB* 分数量表就是线性 *CEEB* 分数与原始分数等值对照表。其编制的方法就是用公式(8.2)将原始分数全距中每一个原始分数转换成线性 *Z* 分数，再用公式(8.3)将每个线性 *Z* 分数转换成线性 *CEEB* 分数。

上述例 2，高二语文测验线性 *CEEB* 分数，如表 8.8 第 4 列所示。其第 2 列与第 4 列就构成原始分数与线性 *CEEB* 分数的等值对照表。

假如，该总体中被试的原始分数在对照表中找不到相应的 *CEEB* 分数时，可根据公式(8.2)和(8.3)自行计算。

（二）线性 *CEEB* 分数量表的评价

线性 *CEEB* 分数除具有线性 *Z* 分数的优点外，还克服了线性 *Z* 分数的两个缺点。

1. 线性 *CEEB* 分数的优点

（1）线性 *CEEB* 分数全为正数，因为线性 *CEEB* 分数的计算公式(8.3)可以写成 $CEEB = 100(Z + 5)$，而线性 *Z* 分数的全距一般是在 -3 至 $+3$ 之间，而 $Z = -5$ 的可能性是极其罕见的，所以在线性 *Z* 分数上加 5，就足以能使线性 *CEEB* 分数变成正数。这对运算提供了方便。

（2）线性 *Z* 分数的单位为 1，线性 *CEEB* 的单位为 $\frac{1}{100}$，在同一个分布上，线性 *Z* 分数的全距如果有 6 个单位，而线性 *CEEB* 分数的全距就有 600 个单位。由于 *CEEB* 分数单位的缩小，一方面就使它全部变成了整数而不带小数，另一方面它能够精确地区分个别被试成绩的差异。因此它特别适合用于大规模选拔性测验，如高等学校入学考试等。

表 8.9 甲、乙两生某年高考线性 *Z* 分数与 *CEEB* 分数相比，*CEEB* 分数就是既无小数又无负数。

（3）虽然 *CEEB* 分数是一种线性的转换，它并未改变原始分数的分布形态。但它多用于升学考试之中，如美国大学及研究生入学考试就采用这种分数。这类考试的被试人数是大量的，其原始分数一般接近正态分布。因此，它一方面为一个被试几种不同测验分数的相互比较以及相加求和提供了条件，另一方面也为不同被试之间多科总分的比较提供了条件。

2. 线性 *CEEB* 分数的缺点

（1）两个分布形态不同的线性 *CEEB* 分数，仍然不可以相互比较，也不能相加求和。

（2）对于单位不需要过细的测验来说，*CEEB* 分数的数字太大，计算起来不很方便。

三、线性标准分数转换的通式

如果知道了某一个样本原始分数的平均数和标准差,可以利用公式(8.2) $Z = \dfrac{X - \overline{X}}{\sigma_X}$ 将其转换成线性 Z 分数,然后根据需要再将线性 Z 分数转换成平均数和标准差为任何值的线性标准分数。除了转换成上述的

$$CEEB = 100Z + 500$$

之外,智力测验和教育测验还常用 T 分数,即

$$T = 10Z + 50 \tag{8.4}$$

美国空军在第二次世界大战时,又发展了九段标准分数,即

$$九段分数 = 2Z + 5 \tag{8.5}$$

美国中部罗瓦(Lowa)教育发展测验曾应用过 $ITED$ 分数,即

$$ITED = 5Z + 15 \tag{8.6}$$

当已知原始分数的平均数和标准差时,要想将某一个原始分数转换成某一种线性标准分数,可利用下式直接来完成

$$X_\sigma = \frac{\sigma_\sigma}{\sigma_0} X_0 - \left(\frac{\sigma_\sigma}{\sigma_0} \overline{X}_0 - \overline{X}_\sigma \right) \tag{8.7}[1]$$

在这里　X_0 表示某一个原始分数

　　　　$\overline{X}_0$ 表示原始分数的平均数

　　　　σ_0 表示原始分数的标准差

　　　　$\overline{X}_\sigma$ 表示所欲转换的线性标准分数的平均数

　　　　σ_σ 表示所欲转换的线性标准分数的标准差

　　　　X_σ 表示与该原始分数相对应的所欲转换的线性标准分数

---

[1]　(8.7) 公式推导

$$\begin{aligned} X_\sigma &= \sigma_\sigma Z + \overline{X}_\sigma \\ &= \sigma_\sigma \left(\frac{X_0 - \overline{X}_0}{\sigma_0} \right) + \overline{X}_\sigma \\ &= \frac{\sigma_\sigma X_0 - \sigma_\sigma \overline{X}_0}{\sigma_0} + \overline{X}_\sigma \\ &= \frac{\sigma_\sigma}{\sigma_0} X_0 - \frac{\sigma_\sigma}{\sigma_0} \overline{X}_0 + \overline{X}_\sigma \\ &= \frac{\sigma_\sigma}{\sigma_0} X_0 - \left(\frac{\sigma_\sigma}{\sigma_0} \overline{X}_0 - \overline{X}_\sigma \right) \end{aligned}$$

假如拟将平均分数为 70、标准差为 12 的原始分数,直接转换成平均数为 50、标准差为 10 的线性 T 分数,可利用公式(8.7)列一个转换方程式:

$$X_\sigma = \frac{10}{12}X_0 - \left(\frac{10}{12}\times 70 - 50\right)$$

$$= 0.833X_0 - 8.333$$

只要将原始分数代入上式,立即可以求出其相应的线性 T 分数。假如原始分数为 90,其相应的 T 分数为:

$$T = 0.833 \times 90 - 8.333$$

$$= 66.64$$

$$\approx 67$$

原始分数为 40,其相应的 T 分数为:

$$T = 0.833 \times 40 - 8.333$$

$$= 24.99$$

$$\approx 25$$

如果原始分数的分布呈偏态(如图 8.3a 所示),转换成线性 T 分数之后,其分布与原始分数完全相同,仍为负偏态(如图 8.3c 所示)。

第四节　非线性标准分数量表

所谓非线性标准分数量表就是正态化的标准分数量表,也就是原始分数与正态化标准分数的等值对照表,其量表值就是正态化的标准分数或非线性的标准分数。

由于种种原因样本分数的分布形态与总体的分布会有差异。例如,总体呈正

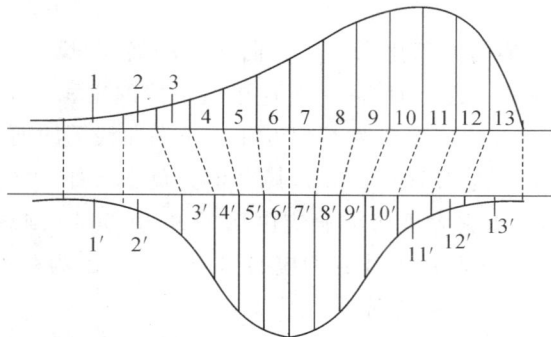

图 8.4　负偏态分布正态化图

态分布,而样本分布会发生畸形。为了使不同的测量分数可以相互比较,则需将之正态化。

正态化的意义可由图8.4来说明。图8.4的上方,是呈负偏态的原始分数分布,图的下方是与之对应的正态分布。正态分布上各区间的面积比率与原始分数的分布相对应,即1′,2′,…,13′块的面积与1,2,…,13块的面积相对应;正态分布横轴上的各段距离与原始分数的分布相对应(用虚线连接的形式来表示)。图8.4下方的正态分布是上方负偏态原始分数分布正态化的图形。

非线性标准分数量表也有多种,现仅介绍最常用的几种。

一、非线性的 T 分数量表

(一) 非线性 T 分数的意义

非线性的 T 分数就是平均数为50、标准差为10的正态化的标准分数。它与线性 T 分数的不同之处,就在于它的分布是正态化的,所以也称之为正态化 T 分数。正态化 T 分数的获得,是在将原始分数转换成 Z 分数时,就已经使 Z 分数的分布正态化了。其转换的方法,不是用公式(8.2)进行线性转换,而是以原始分数的百分等级作为正态曲线下的面积(概率),然后找出与之相对应的 Z 分数。由于 Z 分数被正态化了,再将之直线转换成 T 分数,则 T 分数从而也就被正态化了,图8.3d 是图 8.3a 正态化的 T 分数量表。

(二) 非线性 T 分数量表的编制

所谓非线性 T 分数量表就是原始分数与正态化 T 分数的对照表。

现以80名大学生有机化学测验成绩为例说明非线性 T 分数量表的编制步骤。

(1) 将80个原始分数列成频数分布表,如表8.10第1、2、3列所示。

(2) 计算各组组中值的累积比率,其计算结果见表8.10第4、5、6列所示。

(3) 以各组组中值的累积比率为正态曲线下的面积,反查正态曲线下面积表(附表2)找出其相应的 Z 值。如54~58这组组中值的累积比率为0.1,由于它小于0.5,则应由 $0.5 - 0.1 = 0.4$,然后以0.4为正态曲线下的面积,反查附表2,其相应的 $Z = -1.28$;因为0.1小于0.5,其 Z 值为负。又如82~86这组组中值的累积比率为0.919,由于它大于0.5,则应由 $0.919 - 0.5 = 0.419$,然后以0.419为正态曲线下的面积,反查附表2,找到相应的 $Z = 1.40$。因为0.919大于0.5,其 Z 值为正值。其他见表8.10第7列所示。

(4) 将各组的 Z 分数利用公式(8.4)转换成 T 分数。如54~58这组的 $Z = -1.28$,则 T 分数为:

表 8.10　80 名大学生有机化学测验 T 量表编制步骤

分数	组中值	频数	至上限的累积频数	至组中值的累积频数	至组中值的累积比率	正态化的 Z 分数	正态化的 T 分数	修匀后的 T 分数
（1）	（2）	（3）	（4）	（5）	（6）	（7）	（8）	（9）
90～	92	1	80	79.5	0.994	2.51	75.1	73.5
86～	88	3	79	77.5	0.969	1.87	68.7	69
82～	84	5	76	73.5	0.919	1.40	64.0	65
78～	80	7	71	67.5	0.844	1.01	60.1	61
74～	76	10	64	59	0.738	0.64	56.4	57
70～	72	8	54	50	0.625	0.32	53.2	53
66～	68	16	46	38	0.475	−0.06	49.4	48.5
62～	64	10	30	25	0.313	−0.49	45.1	44.5
58～	60	9	20	15.5	0.194	−0.86	41.4	40.5
54～	56	6	11	8	0.100	−1.28	37.2	36.5
50～	52	4	5	3	0.038	−1.77	32.3	32
46～	48	1	1	0.5	0.006	−2.51	24.9	28
总和		80						

$$T = 10(-1.28) + 50$$
$$= 37.2$$

又如　82～86 这一组的 $Z = 1.4$，则 T 分数为：

$$T = 10(1.4) + 50$$
$$= 64$$

其他见表 8.10 第 8 列所示。

表 8.10 第 8 列的 T 分数，也可以由第 6 列各组组中值的累积比率，通过查累积比率与 T 分数的对照表（表 8.11）而直接查得。如 54～58 这组组中值的累积比率为 0.1，于是在表 8.11 点下的比率 0.1 寻得相对应的 T 分数为 37.2。又如 82～86 这组组中值的累积比率为 0.919，与之相对应的 T 分数为 64，其结果与上述计算相同（如果有出入是小数点后面四舍五入的缘故）。

（5）对分布的趋势进行修匀。以各组组中值为横轴，以 T 分数为纵轴，在二者的交叉处描点。如果原始分数呈正态分布，则各点会在一条直线上。如果原始分数不呈正态分布，则各点就不会在一条直线上。当各点不在一条直线上时，就需要

表 8.11 累积比率与 T 分数对照表

点下的比率	T 分数	点下的比率	T 分数	点下的比率	T 分数
0.000 5	17.1	0.100	37.2	0.900	62.8
0.000 7	18.1	0.120	38.3	0.910	63.4
0.001 0	19.1	0.140	39.2	0.920	64.1
0.001 5	20.3	0.160	40.1	0.930	64.8
0.002 0	21.2	0.180	40.8	0.940	65.5
0.002 5	21.9	0.200	41.6	0.950	66.4
0.003 0	22.5	0.220	42.3	0.960	67.5
0.004 0	23.5	0.250	43.3	0.965	68.1
0.005 0	24.2	0.300	44.8	0.970	68.8
0.007 0	25.4	0.350	46.1	0.975	69.6
0.010	26.7	0.400	47.5	0.980	70.5
0.015	28.3	0.450	48.7	0.985	71.7
0.020	29.5	0.500	50.0	0.990	73.3
0.025	30.4	0.550	51.3	0.993	74.6
0.030	31.2	0.600	52.5	0.995	75.8
0.035	31.9	0.650	53.9	0.996 0	76.5
0.040	32.5	0.700	55.2	0.997 0	77.5
0.050	33.6	0.750	56.7	0.997 5	78.1
0.060	34.5	0.780	57.7	0.998 0	78.7
0.070	35.2	0.800	58.4	0.998 5	79.7
0.080	35.9	0.820	59.2	0.999 0	80.9
0.090	36.2	0.840	59.9	0.999 3	81.9
		0.860	60.8	0.999 5	82.9
		0.880	61.7		

对分布的趋势加以修匀,使之正态化。其修匀的方法是根据各点的趋势画一条直线,使点线尽量靠近,特别是中部的点子要靠近直线。对于未在直线上的点子,应尽量使直线以上和直线以下点子的个数相等,如图 8.5 所示。凡未在直线上的点子,它的 T 分数要以直线上相应的 T 分数作为修正值。如 46～50 这组的组中值为 48,由 Z 分数转换而成的 T 分数为 24.9,但组中值上的垂线与直线相交的点所对应的 T 分数为 28(见图 8.5),则 T 分数的修正值即为 28。其他各组 T 分数的修正值见表 8.10 第 9 列。然后将各组组中值与相应的 T 分数修正值(取整数)另列成一个对照表,即为 T 分数量表,如表 8.12 所示。

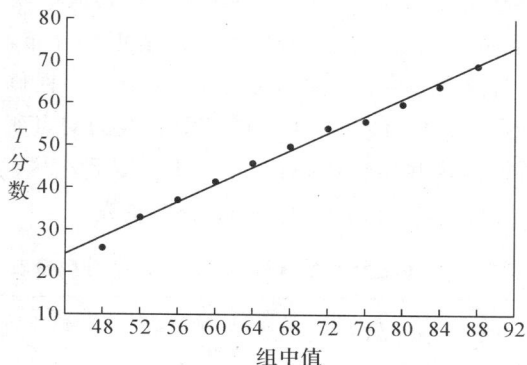

图 8.5　80 名大学生有机化学测验 T 分数修匀图

表 8.12　80 名大学生有机化学测验的 T 分数量表

原始分数（组中值）	T 分数	原始分数（组中值）	T 分数
92	74	68	49
88	69	64	45
84	65	60	41
80	61	56	37
76	57	52	32
72	53	48	28

　　T 分数量表也可以用正态概率纸图解法来编制。正态概率纸上，横线之间的距离是按累积正态曲线函数分隔开来的，如图 8.6 所示。

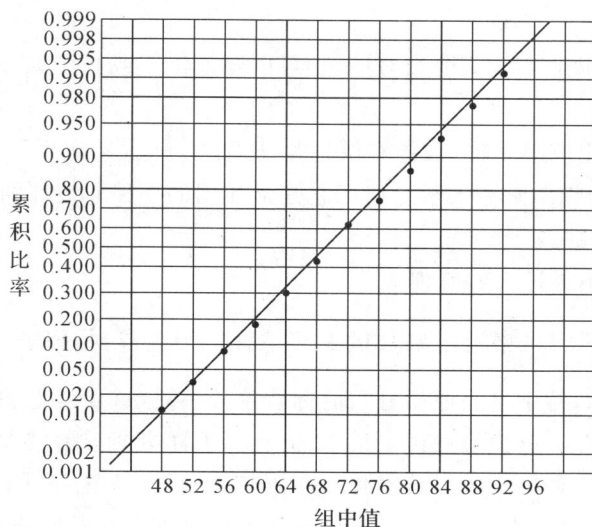

图 8.6　80 名大学生有机化学测验 T 分数修匀图

正态概率纸图解法是以表 8.10 第 2 列各组组中值为横轴,以第 6 列组中值的累积比率为纵轴,在正态概率纸上描点。若原始分数呈正态分布,各点必在一条直线上;若不呈正态分布,各点就不会在一条直线上,则需修匀。而修匀的方法仍根据各点的趋势画一条直线,然后将直线与各组组中值上垂线的交点所对应的累积比率列入表 8.13 第 2 列,再根据这些累积比率在表 8.11 上寻找相应的 T 分数,并列入表 8.13 第 3 列,即为 80 名大学生有机化学测验 T 分数量表。

表 8.13　80 名大学生有机化学测验的 T 分数量表

原始分数 (组中值) (1)	修正后的 累积比率 (2)	T 分数 (3)	原始分数 (组中值) (1)	修正后的 累积比率 (2)	T 分数 (3)
92	0.991	74	68	0.450	49
88	0.975	70	64	0.300	45
84	0.933	65	60	0.180	41
80	0.861	61	56	0.093	37
76	0.755	57	52	0.038	32
72	0.625	53	48	0.014	28

(三)非线性 T 分数的评价

1. 非线性 T 分数的优点

(1)单位是等距的。

(2)全为正值,而且全部是整数。

(3)它使分数的分布正态化。于是可以使不同测验的 T 分数进行比较,而且还可以相加求和。

(4)根据累积比率与 T 分数对照表,可以知道低于或高于某一 T 分数的人数比率。

(5)它的应用范围比较广泛,它既适用于智力测验,又适用于教育测验;既适用于小学,又适用于中学和大学。所以它是最常用的一种非线性的标准分数。

2. T 分数的缺点

(1)T 分数不易被人们所理解。

(2)当测验只需粗略地辨别被试之间某种能力差异时,以 $\frac{1}{10}\sigma$ 作为单位的 T 分数就太精细了。特别是当原始分数的标准差较小时,这点就更加明显。

(3)正态化的 T 分数虽然优点很多,但它要求样本的容量较大,而且样本对总体的代表性较强。如果原始分数本身就接近正态分布,无论是线性转换还是非线性转换,其结果仍呈正态分布。因此,通过调整测题难度使原始分数本身呈正态分布,要比把偏态的原始分数正态化好得多。

二、非线性九段分数量表

（一）非线性九段分数的意义

非线性九段分数是平均数为 5、标准差为 2，正态化的标准分数。其最低值为 1，最高值为 9。

九段分数的涵义是指按正态曲线下一定的概率将原始分数的分布分成九段，第一段的概率为 0.04，第二段的概率为 0.07，第三段的概率为 0.12 等，如图 8.7 所示。处在同一段的原始分数，其九段分数为同一个值。若将 100 个测验分数，从大到小排列，最高分的 4 个学生，其九段分数均为 9；从第 5 至第 11 个学生，其九段分数均为 8；从第 12 至第 23 个学生，其九段分数均为 7。其他以此类推，直到最低分的 4 个学生，其九段分数均为 1。

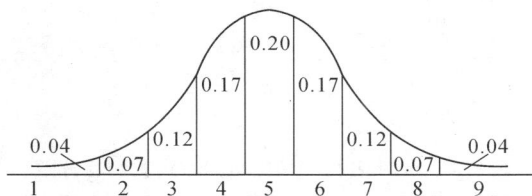

图 8.7　九段分数在正态曲线下的概率

（二）非线性九段分数量表的编制

所谓非线性九段分数量表就是原始分数与正态化九段分数的对照表。

非线性九段分数相对应的原始分数的分界点有以下两种求法。

1. 用公式计算法

其步骤如下：

（1）将图 8.7 九段分数各段的频数比率列入表 8.14 的第 1 列。

表 8.14　初一学生中国古代史九段分数量表编制步骤

每段分数的频数比率（1）	累积比率（2）	Z 分数（3）	九段分数（4）	原始分数（5）
	1.00	$+\infty$		
0.04			9	87.6 以上
	0.96	1.75		
0.07			8	83.8～
	0.89	1.23		
0.12			7	80.2～
	0.77	0.74		
0.17			6	76.6～
	0.60	0.25		
0.20			5	72.9～
	0.40	-0.25		
0.17			4	69.3～
	0.23	-0.74		
0.12			3	65.7～
	0.11	-1.23		
0.07			2	61.8～
	0.04	-1.75		
0.04			1	61.8 以下
	0.00	$-\infty$		

（2）计算每段分数的累积比率，如表 8.14 第 2 列所示。

（3）利用正态曲线下面积表，查出各段累积比率分界点的 Z 值，如表 8.14 第 3 列所示。

（4）列出九段分数。如表 8.14 第 4 列所示。

以上几个步骤对于编制任何资料的九段分数量表都是一样的，而各种测验九段分数量表的不同，主要在于由以下几个步骤所决定的各个分界点相对应的原始分数的不同。

（5）计算标准化样本的平均数和标准差。若拟将初一 120 名学生中国古代史测验结果（如表 8.15 所示）编制成九段分数量表时，需计算表 8.15 资料的平均数和标准差。其平均数等于组中值乘其频数，求其总和，再除以总频数而获得。即

$$\overline{X} = \frac{\sum fX}{n} \quad (X \text{ 表示组中值})$$

$$= \frac{89.5 \times 3 + 86.5 \times 7 + \cdots + 56.5 \times 2}{120}$$

$$= 74.73$$

表 8.15　120 名初一学生中国古代史测验分数

分　数(1)	88～	85～	82～	79～	76～	73～	70～	67～	64～	61～	58～	55～
组中值(2)	89.5	86.5	83.5	80.5	77.5	74.5	71.5	68.5	65.5	62.5	59.5	56.5
频　数(3)	3	7	11	14	18	20	16	13	8	5	3	2

其标准差为：

$$\sigma_X = \sqrt{\frac{\sum fX^2}{n} - \left(\frac{\sum fX}{n}\right)^2} (X \text{ 表示组中值})$$

$$= \sqrt{\frac{676\,596}{120} - \left(\frac{8\,967}{120}\right)^2}$$

$$= 7.38$$

（6）用公式（8.2）$Z = \dfrac{X - \overline{X}}{\sigma_X}$ 的转换式

$$X = Z\sigma_X + \overline{X} \tag{8.8}$$

求与九段分数相对应的原始分数的分界点。例如，与第 1 段分数相对应的原始分数的分界点为：

$$X = (-1.75) \times 7.38 + 74.73$$

$$= 61.8$$

凡原始分数小于 61.8 者，其九段分数均为 1；又如，与第 2 段分数相对应的原始分数的分界点为：

$$X = (-1.23) \times 7.38 + 74.73$$
$$= 65.7$$

凡原始分数在 61.8 至 65.7 之间者，其九段分数均为 2；再如，与第 9 段分数相对应的原始分数的分界点为：

$$X = 1.75 \times 7.38 + 74.73$$
$$= 87.6$$

凡原始分数大于 87.6 者，其九段分数均为 9，其他以此类推。九段分数中，每段分数所对应的原始分数的分界点，如表 8.14 第 5 列所示。

表 8.14 第 4、5 列就构成初一中国古代史正态化的九段分数量表。

2. 绘图法

非线性九段分数相对应的原始分数的分界点，也可以用绘图法求得，其步骤如下：

(1) 将表 8.15 中的分数和频数转入表 8.16 第 1、2 列。

(2) 计算各组上限的累积频数和累积比率。如表 8.16 第 3、4 列所示。

(3) 将表 8.16 第 1 列的分数置于普通坐标纸的横轴，将表 8.16 第 4 列累积比率置于纵轴，以各组的上限为横轴，以各组上限的累积比率为纵轴描点，连接每相邻的两点，使之成为一个光滑的曲线（如图 8.8 所示）。如果原始分数的分布是偏态，则曲线的一个尾巴特别短，此时可按曲线的趋势将之延长至组距之外。

表 8.16　初一学生中国古代史九段分数量表编制步骤

分　数 (1)	频　数 (2)	至上限的累积频数 (3)	至上限的累积比率 (4)
88～	3	120	1.000
85～	7	117	0.975
82～	11	110	0.917
79～	14	99	0.825
76～	18	85	0.708
73～	20	67	0.558
70～	16	47	0.392
67～	13	31	0.285
64～	8	18	0.150
61～	5	10	0.083
58～	3	5	0.042
55～	2	2	0.017

（4）根据九段分数的累积比率（即表 8.14 第 2 列），在图 8.8 的纵轴上找出相应的值，由此引横线与曲线相交，再从交点作垂线落在横轴上，即为九段分数相应的原始分数的分界点。

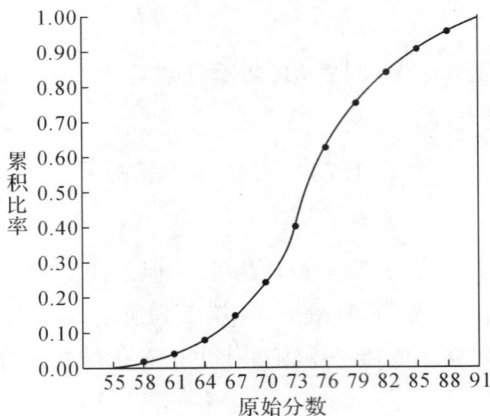

图 8.8　初一学生中国古代史九段分数量表编制图

从图 8.8 可以看出，在横轴上所定的九段分数相应的原始分数的分界点，与用公式（8.8）计算出的数值是很相近的。非线性九段分数量表也可以用正态概率纸图解法来编制。其方法与编制非线性 T 量表相同。首先以各组组中值为横轴，以各组组中值的累积比率为纵轴描点，根据各点的趋势画一条直线。然后根据九段分数的累积比率，在纵轴上找出相应的值，并由此引一横线与图上的直线相交。再从交点作垂线落在横轴上，即为与九段分数相应的原始分数的分界点。

（三）非线性九段分数的评价

非线性九段分数具有很多 T 量表的优点，而它的单位没有像 T 量表小得那么精细，它仅将所测量的属性分成九个较大的类别，这可能恰恰反映了测验对所测量的属性实际能够辨别的能力。这种量表对于辅导和咨询工作是有意义的。

非线性九段分数量表的缺点是，它不适合于选拔人才之用。这是因为它的单位太大了，如果用它作为高考选拔大学生的分数，录取分数只要有 1 个单位的变化，就会引起录取人数比率的很大变化。例如，录取分数线从 5 分变成 6 分，被淘汰的人数就会增加 20％。同样，如果录取分数线从 6 分变为 5 分，录取的人数就会增加 20％。由此也说明，上述的 $CEEB$ 分数单位甚小，适合于选拔人才之用。

三、离 差 智 商

（一）离差智商的意义

离差智商是经过两次转换的正态化智力测验的标准分数，美国韦克斯勒

(Wechsler)在他的智力测验中第一次予以应用。

韦氏智力测验包括语言和操作两个分测验,而语言和操作又各包括 6 项分测验。被试在 12 项分测验上(12 项分测验的内容见表 8.17)所得原始分数的平均数、标准差和分布形态不见得相同。为了计算每一个被试的语言测验量表总分,操作测验量表总分、语言与操作的全量表的总分,并使 12 项测验分数能够相比较,韦氏将 12 项测验分数都转换成平均数为 10、标准差为 3 的正态化的标准分数,这是第一次转换。其转换的方法是,以原始分数的累积比率作为正态曲线下的面积(概率),反查正态曲线下面积表,找出相应的正态化的 Z_1 分数,再用下式转换成平均数为 10,标准差为 3 的正态化的标准分数 X_2。

$$X_2 = 3Z_1 + 10 \qquad (8.9)$$

表 8.17 10 岁半组韦氏智力测验结果

		语 言						
		常识	类同	算术	词汇	理解	背数	总分
10 岁半组	平均数(1)	17	16	16	51	23	19	
	标准差(2)	3.3	4.2	1.5	7.3	3.9	4.4	
甲 生	原始分数(3)	16	18	16	59	29	19	
	量表分数(4)	9.1	11.4	10	13.3	14.6	10	68.4

操 作							全量表 总 分
填 图	排 列	积 木	拼 配	译 码	迷 津	总 分	
18	26	40	18	51	22		
3.4	5.9	8.8	5.4	9.4	4.2		
18	32	38	25	51	26		
10	13.1	9.3	13.9	10	12.9	69.2	137.6

在此 X_2 表示被试某种分测验(指 12 项分测验)的量表分数。然而,许多智力测验证实,其测验分数一般呈正态分布。因此,可用 $Z_1 = \dfrac{X_1 - \overline{X_1}}{\sigma_{X1}}$ 公式将原始分数 X_1 转换成线性 Z_1 分数,再用公式(8.9)将 Z_1 转换成平均数为 10、标准差

为 3 的量表分 X_2。在完成了上述第一次转换之后,就可以将同一个被试语言 6 项分测验的量表分、操作 6 项分测验的量表分以及语言和操作 12 项分测验 的量表分分别相加,求出语言量表总分、操作量表总分以及语言和操作的全量 表总分。

但是,同一年龄组语言量表总分、操作量表总分、语言和操作量表总分,三者的 平均数、标准差一般是不相同的,所以三者之间很难比较。另外,同一种量表总分 不同年龄组的平均数、标准差一般也不相同,所以也很难比较。因此,需要进行第 二次转换,也就是将各个年龄组的三种量表总分都转换成平均数为 100、标准差为 15 的标准分数,这就是离差智商。用公式可以表示为:

$$IQ = 15Z_2 + 100 \tag{8.10}$$

在这里　IQ 表示离差智商

　　　　Z_2 表示某种量表总分的标准分数

如果某种量表总分的分布不呈正态,此时,Z_2 的获得将需以该量表总分的累积比 率作为正态曲线下的面积(概率),找出相应正态化的 Z_2 值,再用公式(8.10)将之 转换成平均数为 100、标准差为 15 的 IQ。如果该种量表总分的分布呈正态,Z_2 分 数可由下式而获得

$$Z_2 = \frac{X_t - \overline{X_t}}{\sigma_t} \tag{8.11}$$

在这里　X_t 表示被试某种量表总分

　　　　$\overline{X_t}$ 表示某一年龄组该种量表总分的平均数

　　　　σ_t 表示该年龄组该种量表总分的标准差

然后再用公式(8.10)求 IQ 值。在量表总分的分布呈正态的情况下,可将公式 (8.10)和(8.11)合成为下式:

$$IQ = 15\left(\frac{X_t - \overline{X_t}}{\sigma_t}\right) + 100 \tag{8.12}$$

(二)离差智商的计算

例如,对于 200 个 10 岁半的学生施于韦氏智力测验,其结果 12 项分测验原始 分数的平均数和标准差如表 8.17 第 1、2 行所示。其中甲生的原始分数如第 3 行 所示。假如,12 项分测验的原始分数都接近正态分布,问该生语言量表总分、操作 量表总分、全量表总分各是多少? 假如,该年龄组语言量表总分、操作量表总分、全 量表总分都接近正态分布,其平均数、标准差如表 8.18 所示,问甲生语言、操作和 总的离差商数各是多少?

表 8.18 10 岁半组韦氏智力测验结果

	平　均　数	标　准　差
语言量表总分	60	11
操作量表总分	59	9
全 量 表 总 分	121	17

现以上例来说明韦氏智力测验离差智商的计算过程和步骤。

为了将甲生 12 项分测验的原始分数转换成量表分数,首先要求出该生每一项分测验的标准分数,即公式(8.9)中的 Z_1。本例已知 12 项分测验的原始分数都接近正态分布,则可以将 $Z_1 = \dfrac{X_1 - \overline{X}_1}{\sigma_{X_1}}$ 公式直接代入公式(8.9),于是该生常识的量表分为:

$$X_2 = 3\left(\frac{X_1 - \overline{X}_1}{\sigma_{X_1}}\right) + 10$$
$$= 3\left(\frac{16 - 17}{3.3}\right) + 10$$
$$= 9.1$$

该生类同量表分为:

$$X_2 = 3\left(\frac{18 - 16}{4.2}\right) + 10$$
$$= 11.4$$

其他以此类推,见表 8.17 第 4 行所示。在完成第一次转换之后,再分别计算该生语言量表、操作量表、全量表总分。于是语言量表总分为:

$$9.1 + 11.4 + 10 + 13.3 + 14.6 + 10 = 68.4$$

操作量表总分为:

$$10 + 13.1 + 9.3 + 13.9 + 10 + 12.9 = 69.2$$

全量表总分为:

$$68.4 + 69.2 = 137.6$$

由于该年龄组的语言量表、操作量表、全量表总分都接近正态分布,该生语言、操作和总的离差智商可根据公式(8.12)直接求得。现将该生三项量表总分与其该年龄组的三项量表总分的平均数和标准差(见表 8.18)分别代入公式(8.12),则该生三项离差智商分别为:

语言:$IQ = 15\left(\dfrac{X_t - \overline{X}_t}{\sigma_t}\right) + 100$

$$= 15\left(\frac{68.4 - 60}{11}\right) + 100$$

$$= 111.45$$

操作：$IQ = 15\left(\frac{69.2 - 59}{9}\right) + 100$

$$= 117.00$$

语言和操作：$IQ = 15\left(\frac{137.6 - 121}{17}\right) + 100$

$$= 114.65$$

该生在韦氏智力测验上语言、操作和总的离差智商均属中上水平，因为三项的 IQ 均在 $110 \sim 119$ 之间，都没有超过 120。

如果根据这 200 个学生的原始分数分别建立起 12 项分测验原始分数与量表分数的对照表，然后再分别建立起语言、操作、全量表总分与离差智商的对照表，这就是 10 岁半年龄组韦氏智力测验的离差智商量表。

现将各种导出分数与正态分布的对应关系用图 8.9 表示。

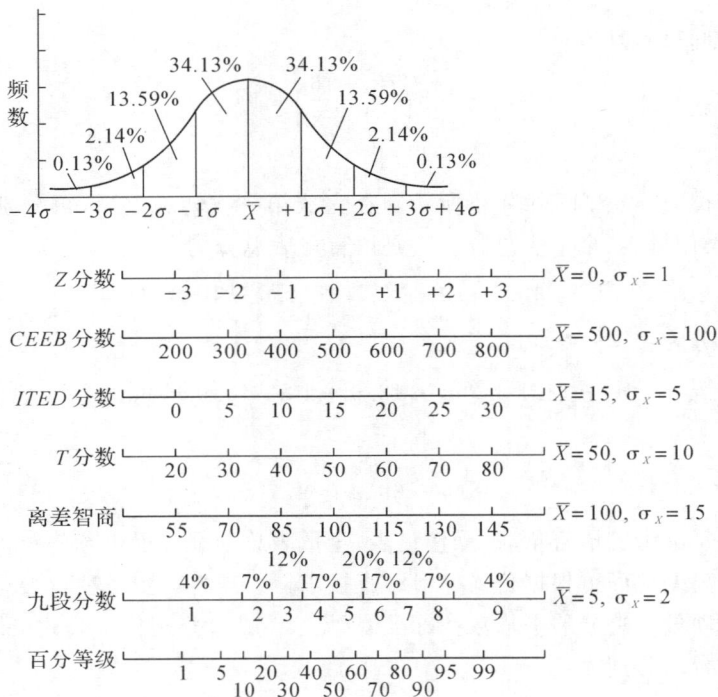

图 8.9　各种导出分数与正态分布对应图

第五节　年级和年龄量表

一、年 级 量 表

（一）年级量表的意义

测验的原始分数与年级的等值对照表称为年级量表。它是初级学校教育测验（如小学语文、数学、英语、地理、常识等）普通常用的量表。年级量表的获得，就是将某种教育测验施于由各年级组成的标准化样本,然后求出各年级测验分数的平均数（或中位数）。这些平均数与年级分数的对应表,就是年级量表。此时,年级的数目就被看作为其相应平均数的等值分数。例如,小学五年级英语测验平均数为62分,六年级为75分,若五年级某生得75分,则表示该生英语程度相当于六年级。

如果每一个年级只有一个与之对应的平均分数,使用起来很不方便。因此,现在许多年级量表的编制,是将一个学年分成十个学月,然后再定出与每一个学月相对应的原始分数。

（二）年级量表的编制方法

年级量表多用图解的方法来获得。即用同一种测验施于各种不同年级的学生,然后以年级为横轴,以各年级测验分数的平均数为纵轴描点。根据这些点的趋势画一条平滑的曲线,由这条平滑的曲线就可以找出测验分数与年级分数的对应值。例如,某年的12月初对小学2～6年级的一组学生施行算术测验。相隔五个月,于第二年的4月底或5月初,再对另一组2～6年级的学生施行该种测验,各年级测验分数的平均数如表8.19所示,以年级为横轴,以测验分数的平均数为纵轴描点。描点时,12月初测验分数所对应的横轴上的年级分数,分别为2.3（二年级三个学月）,3.3（三年级三个学月）,4.3,5.3,6.3。因为按当年9月初开学,到12月初已有三个学月。第二年的4月底或5月初测验分数的平均数所对应的年级,分别为2.8（二年级八个学月）,3.8（三年级八个学月）,4.8,5.8,6.8。因为从第一年9月初开学,到第二年的4月底或5月初已有八个学月。然后根据各点的趋势画一条尽量靠近各点的平滑曲线,如图8.10所示。利用这条曲线,可以找出测验分数与年级的等值分数,其寻找的方法就是从纵轴某一测验分数出发,作横线与曲线相交于一点,再从此点作垂线直落在横轴上,该点即是相应的年级分数,利用这种方法所列出的测验分数与年级分数的等值对照表（如表8.20所示）,就是小学2～6年级算术测验的年级量表。

表 8.19　小学 2～6 年级算术测验结果

年　　级	原　始　分　数　的　平　均　数	
	12 月初测验	第二年 4 月底测验
2	22	30
3	34	45
4	49	58
5	68	64
6	67	70

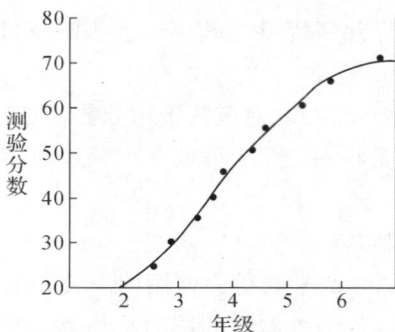

图 8.10　小学算术测验分数与年级分数对应图

表 8.20　小学 2～6 年级算术测验的年级量表

测验分数	年　　级	测验分数	年　　级
20	1.9	50	4.3
25	2.5	55	4.7
30	2.9	60	5.2
35	3.3	65	5.8
40	3.6	70	6.8
45	3.9		

（三）年级量表的评价

年级量表虽然易于理解,常普遍用来编制低年级成绩测验量表,但是它的缺点也较多,现分述如下。

1. 它常会被误解

例如,四年级某生在上述算术测验中获得 65 分,所对应的年级分数为 5.8。这可能会使人认为,该生的算术可以从四年级跳到五年级下学期。其实这是对年级等值分数的一种错误理解,因为该生没有机会学习五年级正常教授的内容,所以他不可能完全精通五年级的算术知识,至多只能说,他对该测验所包括的知识内容掌握得相当于五年级学生对该测验掌握的程度。

2. 年级量表不能比较不同测验的得分

由于年级量表是用原始分数这一绝对数量表示的,所以它不能比较不同测验的得分。例如,小学三年级某生语文测验分数为 34 分,其年级平均分数为 38 分,该生与年级平均分数相差 4 分;而该生算术测验分数为 70 分,年级平均分数为 80 分,该生与年级平均分数相差 10 分。在此情况下,我们很难确定该生究竟哪一门学科与年级平均分数相差的程度大。

3. 年级量表的可靠性较差

其原因有两个:第一,这种量表的编制包含着一个前提性的假设,即被试每个学月知识能力增长提高的比率是相同的、恒定的。而实际上这个假设常常被违反。第二,测验的种类不同所获得的平均分数也不同。例如,亚丹士(E. Adams)曾以七种著名的算术测验对 5~7 年级 152 个学生施测,其结果同一个年级不同测验的平均分数各不相同。

4. 年级量表仅适用于低年级,而不适用于高年级

中学里开设的各门学科不是每学年都有,而且设在哪一学年也时常有变化,因此年级量表往往不能应用。

二、年　龄　量　表

(一)年龄量表的意义

测验的原始分数与年龄的等值对照表称为年龄量表,其中可分为心理年龄量表和教育年龄量表。所谓心理年龄量表,是智力测验的原始分数与年龄的等值对照表,故又称为智力年龄量表。教育年龄量表,是教育测验的原始分数与年龄的等值对照表。无论智力年龄量表还是教育年龄量表,获得的方法都是用同一种测验施于由各种年龄组成的标准化样本,然后求出各年龄测验分数的平均数,与其年龄分数相对应,以构成年龄量表。在这里,年龄的数目就被看作为相应平均分数的等值分数。例如,比奈—西蒙(Binet-Simon)的3~11岁个别智力测验,每一岁有 6 个题目,每一个题目代表 2 个月的智龄。假如,一个 5 岁的儿童不仅完成了该年龄组的 6 个题目,而且还完成了 6 岁组的 3 个题目,则该儿童的智力年龄为 5 岁 6 个月(即 66 个月)。又如,推孟(L. M. Terman)的团体智力测验,13 岁 2 个月儿童测验分数的平均数为 75 分,如果一个 12 岁的儿童在该测验上得 75 分,则他的智龄就是 13 岁 2 个月。再如,一个 10 岁学生阅读测验分数等于 10 岁 9 个月年龄组阅读测验的平均数,则该生阅读测验的教育年龄为 10 岁 9 个月。

（二）年龄量表的编制方法

智力年龄量表和教育年龄量表与年级量表一样,都可以用图解法来编制。例如,要对 9～11 岁的小学生施以自然常识测验,首先要使被试的年龄在 9～11 岁范围之内,计算他们实足年龄的方法就是测验的年、月、日减去出生的年、月、日。假如,一个学生出生于 1977 年 3 月 18 日,测验的实施日期为 1986 年 2 月 14 日,该生的实足年龄为

$$
\begin{array}{r}
1986\ 年\ 2\ 月\ 14\ 日 \\
-\ 1977\ 年\ 3\ 月\ 18\ 日 \\
\hline
8\quad 10\quad 26
\end{array}
$$

计算时应注意两点:(1)每个月均以 30 天计算。(2)计算结果余下的天数凡满 15 天以上者,可按一个月计算。如上例这个学生的实足年龄可为 8 岁 11 个月。

对 9～11 岁的学生样本施以自然常识测验之后,在每一个年龄组中需要计算四个年龄点测验分数的平均数,如 9 岁组的四个年龄点分别为:9.0(9 周岁),9.3(9 周岁 3 个月),9.6 及 9.9,其他各年龄组的年龄点以此类推。9～11 岁每个年龄点自然常识测验分数的平均数,如表 8.21 所示。然后以各年龄点为横轴,以各年龄点测验分数的平均数为纵轴描点。根据所描的点画一条平滑曲线(如图 8.11 所示),再采用由纵轴某一测验分数出发作横线与曲线相交于一点,而后作垂线直落横轴找出相应年龄分数的方法,列出测验分数与年龄分数的等值对照表(如表 8.22 所示)。

表 8.21　6～11 岁各年龄点自然常识测验分数的平均数

年龄点	9.0	9.3	9.6	9.9	10.0	10.3	10.6	10.9	11.0	11.3	11.6	11.9
平均分数	35	39	48	53	58	65	67	71	72	74	78	79

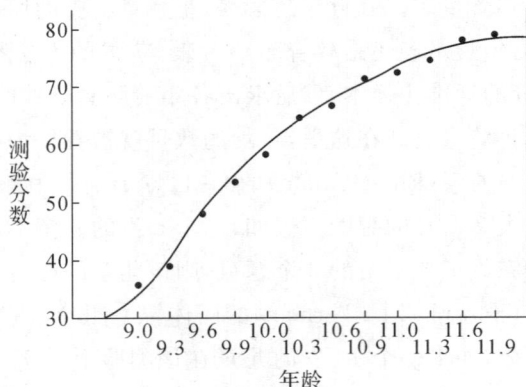

图 8.11　9～11 岁儿童自然常识测验分数与年龄分数对应图

表 8.22　9～11 岁学生自然常识测验的年龄量表

测验分数	年　　龄	测验分数	年　　龄
30	8.8	60	10.05
35	9.05	65	10.4
40	9.3	70	10.85
45	9.5	75	11.3
50	9.7	80	12.0
55	9.95		

（三）年龄量表的评价

1. 智力年龄和教育年龄量表的优点

（1）容易被一般人所理解。

（2）以年龄为单位所建立的量表比以年级为单位所建立的量表稳定。

（3）智力年龄和教育年龄都可以分别与被试的实足年龄相比较；智力年龄和教育年龄之间也可以相比较，以考查被试学习努力程度和进步的快慢。

（4）以年龄为单位的各种教育测验可以相互比较，如某生语文教育年龄为 9 岁，而算术教育年龄为 10 岁，表明该生语文比算术程度落后一年。

2. 智力年龄和教育年龄量表的缺点

（1）年龄量表的单位是不相等的。因为人的智力成熟和发展的速率前后是不相同的。学生学业程度的增进比率，每年也是不一样的。

（2）年龄量表的制定常因抽样的影响而使所定的标准不一致。若样本中水平高的学生多，所定的标准就高，反之，所定的标准就低。这样使同一个学生在不同测验上所获得的年龄分数就不一致。

（3）只知道某生的智力年龄或教育年龄，还不可能了解该生智力发展的程度和学习成绩的优劣。只有与他的实足年龄相比较才能了解其究竟，因为年龄分数是一个绝对数量。

（4）教育年龄量表在使用中还有一定困难，因为各门学科并非每年都开设，有些学科一经间断，由于遗忘的关系，高年龄学生的成绩可能反倒不如低年龄学生的成绩。

三、比率智商、教育商数和成就商数

（一）比率智商

比率智商就是被试的智力年龄除以其实足年龄再乘以 100 所得之数。用公式可表示为：

$$IQ = \frac{MA}{CA} \times 100 \qquad\qquad (8.13)$$

在这里　　IQ 表示比率智商

　　　　　MA 表示智力年龄

　　　　　CA 表示实足年龄

例如,甲乙两生实足年龄均为 10 岁,甲生智力年龄为 12 岁,乙生智力年龄为 8 岁半,两生的比率智商分别为:

$$甲生:IQ = \frac{12}{10} \times 100 = 120$$

$$乙生:IQ = \frac{8.5}{10} \times 100 = 85$$

甲生的智力高于乙生。

为了方便有时可以用月为单位来计算比率智商。例如,一个实足年龄为 7 岁 3 个月的学生,其智力年龄为 8 岁 2 个月,他的比率智商为:

$$IQ = \frac{12 \times 8 + 2}{12 \times 7 + 3} \times 100$$

$$= 113$$

1. 比率智商的优点

(1) 比率智商是一种相对数量,因此,无论同年龄的比率智商,还是不同年龄的比率智商,都可以互相比较。

(2) 一个人的比率智商具有相对的稳定性,特别是属于中等比率智商的人,如果环境、身心健康无大变化,虽然年龄在增长,但比率智商的变化甚小。因此,如果我们已知一个儿童的比率智商,可在二三年内不必再施行智力测验,根据公式(8.13)也可以测出他的智龄。

比率智商的缺点和智力年龄一样,都是没有等距的单位,而且抽样误差较大。除此之外,智力发展停止之后的比率智商无法计算。虽然有人提出在求智力发展停止之后的比率智商时可用智力停止发展那一年的年龄去除其智龄,但关于智力在哪一个年龄停止发展,见解不一。因此,所求得的结果,一致性较少。

(二) 教育商数

教育商数就是被试的教育年龄除以实足年龄再乘以 100 所得之数。用公式表示为:

$$EQ = \frac{EA}{CA} \times 100 \qquad\qquad (8.14)$$

在这里　EQ 表示教育商数

EA 表示教育年龄

CA 表示实足年龄

例如,甲生实足年龄为 7 岁,教育年龄也为 7 岁;乙生实足年龄为 9 岁,教育年龄为 8 岁。于是甲乙两生的教育商数分别为:

$$甲生:EQ = \frac{7}{7} \times 100$$

$$= 100$$

$$乙生:EQ = \frac{8}{9} \times 100$$

$$= 89$$

甲生的教育商数高于乙生。

教育商数同样也可以用月为单位进行计算。

教育商数与教育年龄的不同之处,在于它是一种相对数量,它可以在同年龄或不同年龄之间进行比较。但它与教育年龄又有相同之处,如抽样误差较大,同一学科的不同测验所定的标准不同;中学里有些学科并非每年都开设,因此无法计算它们的教育年龄及教育商数等。

(三)成就商数

成就商数就是被试的教育商数除以比率智商再乘以 100 所得之数。用公式表示为:

$$AQ = \frac{EQ}{IQ} \times 100 \qquad (8.15)$$

根据公式(8.13)和(8.14),上式又可以表示为:

$$AQ = \frac{EA/CA}{MA/CA} \times 100$$

$$= \frac{EA}{MA} \times 100 \qquad (8.16)$$

因此,成就商数也可以用教育年龄除以智力年龄再乘以 100 求得。

成就商数可以表示学生学习的努力程度。如果一个学生智龄较高,而学习成绩较差,根据公式(8.16)可以看出,他的成就商数低于 100。这表明他的学习不努力。反之,如果一个学生智龄较低,而学习成绩较好,则他的成就商数超过 100。这表明他的学习较努力。例如,甲生教育年龄为 8 岁,智力年龄为 7 岁;乙生教育年龄为 9 岁,而智力年龄为 11 岁,甲乙两生成就商数分别为:

$$甲生:AQ = \frac{8}{7} \times 100$$
$$= 114$$

$$乙生:AQ = \frac{9}{11} \times 100$$
$$= 82$$

甲生的成就商数超过 100,表明他的学习是努力的。乙生的成就商数低于 100,表明他学习不够努力。

成就商数还可以用来考查一个班级全体学生学习努力程度以及教师教学效果的好坏。但它有以下两个缺点:(1)以成就商数来判断学习的努力程度,本身包含着智力与学习成绩之间有完全相关的假设。实际上,智力不是决定学生学习优劣的唯一因素,学习成绩的好坏也与学生的健康、学习方法、教材、教法、家庭环境等因素有很大关系。(2)往往由于智力测验和教育测验用来求常模的样本不同,所定的标准也就不同,在这种情况下,智力年龄和教育年龄也就很难比较了。

第六节　品　质　量　表

一、品质量表的性质

所谓品质量表就是被试某种作品的品质与某种导出分数的对照表。如学生的作文、书法、图画等作品品质的优劣与 T 分数的对照表就是品质量表。

测量作文、书法、图画能力与测量阅读、算术能力,在方法上有很大的不同。测量阅读、算术能力,是以被试做对多少个题目来评定成绩的优劣。测量作文、书法和图画能力,是以被试作品品质的优劣来评定程度的高低。在评定成绩时,对于作品品质的评定无客观标准可以作为依据,故评定的主观性比较大。而阅读、算术能力测验的评定,虽然可能也会受到主观因素的影响,但是每一个测题都有对与错之分,都有答案可循,因此评定的主观性相对较小。所以,阅读、算术能力的测量,最重要最关键的问题就在于测验的编造,而作文、书法、图画能力的测量,最重要最关键的问题就在于评分标准或者评判量表的拟订。这种统一的评分标准或评判量表就是品质量表。

二、品质量表的编制方法

品质量表的编制可以分为三大步骤:

（一）施行测验

1. 施行预备测验

（1）从所欲测量的某一年级或年龄的学生总体中，随机抽取 110 名学生，组成一个对总体有代表性的预备测验的样本。

（2）对所欲测量的特性以及测验的内容、形式、时间限制、试卷的格式都应有明确的说明和规定。试卷上应印好校名、年级、姓名、性别、出生年月日、测验日期、实足年龄、编号等。

（3）以同样的内容对该样本先后测验两次。

（4）请三位评分者对第一次测试结果，不加商讨地进行评分。最劣者评为 1 分，次劣者评为 2 分，其他以此类推。再求出三个评分者所给予每一份试卷的平均分数。以同样的方法求出第二次测验三个评分者对每份试卷的平均分数。

（5）求两次测验分数的相关，或将两次测验分数与另一个标准化测验分数分别求相关，也可以只求其中一次测验分数与标准化测验分数之间的相关。如果相关很低，可以采取以下三种方法来加以补救：第一种方法是延长测验的时限，重新施测。第二种方法是修改原来的测验，其修改的方法是将两次测验分数相关低的被试找来询问其测验的指导语等是否有含糊不清的地方。如若发现问题，可以加以修改。第三种方法是用另外两套测验对该样本施测，然后以每个被试在几套测验上的平均数作为一个测验分数来使用。

2. 施行正式测验

在预备测验取得了经验，并对原有测验进行修改和完善的基础上，施行正式测验。正式测验的样本，应从所欲测量的被试总体中，根据随机取样的原则，每个年级或年龄组各取 200～300 人，其中应包括好、中、差三部分被试，其三种人数比率应与总体相一致。然后对该样本施行正式测验。

（二）评记分数

1. 将被评作品由劣到优分组

至少请三位评分者分别将所有正式测验的试卷，根据作品的优劣，不加商讨地分成十个大组。其第一组为最劣，第二组为次劣，第十组为最优。然后将每个大组中的试卷按品质的优劣再分成 5 个小组，其第 1 小组为最劣，第 2 小组为次劣，第 5 小组为最优。则所有的试卷共被分成 50 个小组，再将每一个小组中的试卷按品质的优劣，从劣到优排列。

2. 检查前后两个小组连接点处试卷等第排列是否正确

其检查的方法就是将第 1 小组中最优的试卷与第 2 小组中最劣的试卷相比较，若发现所排列的等第不准确，可在两个小组内重新排列。再用同样的方法对其他 48 个连接点的试卷进行比较和更正。

3. 评分者给每份试卷评分

三位评分者独立地给每份试卷评分，第一份试卷为最劣，评给 1 分，第二份试卷为次劣，评给 2 分，其他以此类推，最后一份试卷为最优，评给的分数最多。然后主试将三个评分者给每份试卷的分数加以平均。根据每份试卷平均分数的大小，再重新排列试卷的顺序。

（三）找出与几个特定 T 分数相对应的试卷，以构成品质量表

1. 将每份试卷的平均数从大到小排列，并计算每份试卷中点的累积比率。

2. 利用累积比率与 T 分数对照表（表 8.11）找出与 T 分数为 20，25，…，80 相对应的 13 个累积比率。如表 8.23 所示。

表 8.23　几个特定 T 分数与累积比率对照表

累积比率	T 分数	累积比率	T 分数	累积比率	T 分数
0.001 3	20	0.308 5	45	0.977 2	70
0.006 2	25	0.500 0	50	0.993 8	75
0.022 8	30	0.691 5	55	0.998 7	80
0.066 8	35	0.841 3	60		
0.158 7	40	0.933 2	65		

3. 抽出相当于表 8.23 中 13 个累积比率的试卷。然后将每份被抽出的试卷紧接的前后各 5 份试卷也抽出来，共形成 13 组试卷。再将每组的 11 份试卷的次序打乱，请几位评分者将每组中的试卷按优劣排列。最劣者得 1 分，最优者得 11 分。计算几位评分者对每一份试卷所评分数的平均数。根据平均数的大小，将 11 份试卷排好，从中取出居中的一份试卷，并注明其 T 分数。例如，第一组居中的试卷，其 T 分数为 20，第二组居中的试卷，其 T 分数为 25，等等。从 13 组抽出的 13 份居中的试卷及其相应的 T 分数就构成一个品质量表。

三、品质量表的使用

如果要评定某一个学生作文、书法、图画等作品的优劣，只要将之与该年龄或该年级组的 13 份试卷的品质相比较，并找出与之最相近的一份试卷，于是所找出的试卷的 T 分数就是该生作品所应获得的 T 分数。

例如，我们可以利用编好的品质量表，对于开始为了建造该量表而收集的所有试卷（除已被抽出的 13 份试卷之外）一一进行评定。其评定的方法是，至少请三位评分者，将每一份试卷与该年龄或该年级组的 13 份试卷相比较，找出与其最相近的试卷，并给予该生作品一个相应的 T 分数。然后再将三个评分者所给予的 T 分数加以平均,即为该生作品的 T 分数。

练 习 题

1. 将下列资料分别用组中值百分等级法及百分位数插值法编成百分等级量表。

分 数	90～	85～	80～	75～	70～	65～	60～	55～	50～
频 数	1	2	5	7	10	6	4	3	2

2. 假如物理和化学测验分数的总体呈正态分布,试用 Z 分数和 $CEEB$ 分数比较下列 A、B 两生两门学科的平均分数。

科 目	标 准 化 样 本		原 始 分 数	
	平均数	标准差	A 生	B 生
物 理	63	6	70	65
化 学	69	8	82	87
总 和			152	152

3. 试将下列政治测验分数编成正态化的 T 分数量表及九段分数量表。

分数	52～	55～	58～	61～	64～	67～	70～	73～	76～	79～
频数	2	4	7	9	12	10	6	3	2	1

4. 13 岁年龄组韦氏智力测验 12 项原始分数都接近正态分布,其平均数、标准差如下表:

		语 言						操 作					
		常识	类同	算术	词汇	理解	背数	填图	排列	积木	拼配	译码	迷津
13 岁组	平均数	21	18	17	55	26	19	19	30	47	20	67	23
	标准差	3	4	1.4	5.5	4	3.5	2.5	6	8	4.5	10	3.7
A 生	原始分数	20	18	19	52	28	15	16	30	40	25	65	24

① 计算 A 生 12 项分测验的量表分。

② 分别计算语言量表总分、操作量表总分和全量表总分。

③ 假如 13 岁年龄组语言、操作和全量表总分都接近正态分布,其平均数和标准差如下表,试计算 A 生语言、操作和总的离差智商。

	平 均 数	标 准 差
语言量表总分	59	9.8
操作量表总分	60	10
全量表总分	120	16

5. 某小学阅读测验,11 月初 3~6 年级的平均数分别为 26,33,45,55,第二年 4 月初另一小学 3~6 年级该测验的平均数分别为 28,40,52,62,试将之编制成年级量表。

6. 某生 1989 年 4 月 16 日出生,2001 年 1 月 1 日施于某种测验,问测验时该生的实足年龄是多少?

7. 11~12 岁年龄点英语测验的平均数如下表,试将它编成年龄量表。

年 龄 点	11.0	11.3	11.6	11.9	12.0	12.3	12.6	12.9
平均分数	42	50	56	61	66	70	73	75

8. A 生智力年龄为 10 岁,数学教育年龄为 12 岁,实足年龄为 11 岁;B 生智力年龄为 13 岁,数学教育年龄为 12 岁,实足年龄为 12 岁。试计算 A、B 两个学生的比率智商、教育商数,并比较两生学习的努力程度。

第九章　测题的种类及其编写原则

测题基本上分为两大类：选择题和供答题。若从评分客观性来分，又可分为客观性测题和主观性测题。客观性测题主要包括选择题和供答题中的填充题、简单问答题。主观性测题主要包括论文题、计算题、证明题等。

第一节　选　择　题

要求被试从测验所提供的选项中选出正确答案的测题称为选择题。选择题的种类繁多，如是非题、多项选择题、配合题等。

一、是　非　题

（一）什么是是非题

是非题又称正误题，它是要求被试对一个陈述句或问句作出对或错（是或非）判断的测题。就是让被试根据题意在所提供的两个答案中选择其中的一个。例如下列每个句子，你认为对的在括号内划"＋"号，错的划"－"号。

（　　）三角形的内角之和等于 360 度。

（　　）酸与碱反应必定产生盐和水吗？

（二）是非题的优缺点

1. 是非题的优点

（1）命题容易。题目既可以是陈述句又可以是问句。题意既可以是肯定的，又可以是否定的。

（2）被试作答方便。

（3）可以用电子计算机评阅测验卷，既省时、省力，又准确客观。

（4）各门学科都可以用。

（5）测验的效率较高。在每一小时内或每一千字内，被试回答是非题比多项选择题题数要多。

2. 是非题的缺点

最大缺点就是受猜测机遇的影响较大。

（三）是非题的编写原则

1. 题目测验的应当是重要的、有价值的内容，而不应当是琐碎的、无关紧要的细节。

2. 题目应多是测验理解能力，而不应仅测验记忆性的知识。更不要直接抄录教材中的句子，以免引导被试死记硬背书本，而不求理解。

3. 在一个题目中，只能有一个中心问题或意思，不能出现双重意思（判断）或半句对，半句不对。例如

（　　）酚酞遇碱变红色，遇盐不变色。

此题前半句对，后半句错，使被试作答时无所适从。

4. 避免使用暗示性的特殊限定词语。当题意是正确时，应避免使用"一般说来"、"一般地"、"经常"、"很少"、"有时"、"有些"、"可能"、"大多数"这类特殊限定词语，以防止被试仅根据这些词语就可以作出"是"的回答，从而猜对测题。例如

（　　）数学学得好的人，一般说来物理也学得好。

该题的答案为"是"，但如果没有这方面经验的人，仅凭"一般说来"这个短语也可以选答"是"。

当题意是错误时，应避免使用"每个"、"各个"、"所有的"、"总是"、"没有人（或任何东西）"、"决不"这类特殊限定词语，以防止被试仅根据这些词语就作出"非"的回答，从而猜对题目。例如

（　　）每个等腰三角形都是三个边相等。

该题的答案为"非"，但如果没有这方面知识的人，仅根据"每个"这个词也可以选答"非"。

5. 题目的表述应简单明了，不能似是而非、模棱两可、是非难辨、易生疑误。

6. 题目的数量要多，至少要 30～50 个题目。

7. 题意正确和题意错误的题数要大致相等。两种题目次序的排列不能形成固定形式。

8. 为了易于评分，应有统一的作答格式。一般在题目左侧设有括号，以备作答。

目前对是非题能否测量高层次的知识技能，测验效果是否与多项选择题一样，猜测机遇影响的大小，测验分数是否需要校正等问题都存在着较大的分歧。

二、多项选择题

（一）什么是多项选择题

要求被试根据题意在所提供的几个答案中选出正确答案的测题称为多项选择

题,简称多选题。

多项选择题的种类虽多,但就其结构而言,都是由题干和选项两部分组成。题干是测题的主干,可用单词、问句或陈述句来表示。选项是备择答案,可用短句、词或词组表示。在4~5个备择答案中有一个或一个以上是正确答案,其他是错误答案,又称干扰答案或迷惑答案。根据题干和选项组合的方式不同,多项选择题又分为如下几种。

1. 肯定式多选题

肯定式多选题的选项中有一个或几个是正确答案,其他都是干扰或迷惑答案,作答时要求被试从中挑选出一个或所有正确答案。例如

下列哪一个数既是素数又是奇数?

    a. 15

    b. 14

    c. 12

*   d. 11

该例题干是以问句的形式表示的,4个选项中只有d一个是正确答案(凡选项编号左上角打一个星号"*"者,表示正确答案。下同),其他均为干扰答案。又如

苍蝇生活史各个阶段的发展次序是

    a. 蛹、幼虫、卵、成虫

*   b. 卵、幼虫、蛹、成虫

    c. 幼虫、卵、蛹、成虫

    d. 卵、幼虫、成虫、蛹

    e. 蛹、卵、幼虫、成虫

该例题干是以不完全的陈述句表示的。又如

下列哪几类动物身体后端只有一个孔,称为泄殖腔孔。

    a. 哺乳类

*   b. 两栖类

*   c. 爬行类

    d. 鱼类

*   e. 鸟类

该例5个选项中b、c、e三个都是正确答案,而a、d两个是干扰答案。在作答时要求被试把所有的正确答案都选出来。

2. 否定式多选题

否定式多选题的选项中只有一个是错误答案,作答时要求被试把这个错误答案挑选出来。例如

下列答案中哪一个不是平行四边形?

  a. 正方形

  b. 棱形

  c. 长方形

  * d. 梯形

该例的题干是以问句形式表示的。选项中 d 是正确答案,a、b、c 是干扰答案。

3. 最佳式多选题

最佳式多选题的选项中只有一个是最佳答案,而其他几个干扰答案虽在某种程度上是正确的,但它们都不是最佳答案。例如

我国长城闻名世界的原因是

  a. 比较古老

  b. 全长有六千多公里

  * c. 劳动人民智慧的结晶

  d. 在月球上都能看到

该例虽然 a、b、d 三个答案都对,但以 c 答案为最佳。

4. 类推多选题

类推多选题是根据所给出的两个事物的关系,来推论另外两个事物的关系。作答的方式仍是从几个选项中选择一个适当的答案。例如

动物:吃食物。植物?

  a. 生长于土壤

  b. 产生光合作用

  c. 具有根茎叶

  * d. 吸收营养

5. 混合式多选题

混合式多选题是由几个单独答案及单独答案的不同组合所组成。例如

在胃中促使食物消化的物质是

  a. 胃酶

  b. 盐酸

  c. 胰酶

  * d. a+b

  e. a+b+c

(二)多项选择题的优缺点

1. 多选题的优点

(1)它适用于各种性质和各种认识层次的材料。

（2）作答方便。

（3）阅卷省时、省力、评分客观。

（4）猜测机遇相对减少。若被试全凭猜测猜对每个是非题的机遇为 50％，而猜对有 5 个选项的选择题的机遇为 20％。就整个测验卷来说，全凭猜测获得及格分数的机遇为零。

（5）组成一次测验的题目数量可以较多，测验内容的覆盖面较大，题目取样范围较广，代表性较强。因此，它是标准化测验较多采用的方法。

2. 多项选择题的缺点

（1）命题困难。因为编写与正确答案既有本质区别，又在表面上有相似之处的 3、4 个迷惑答案，确实是一件不容易的事情。

（2）猜测因素比是非题有所降低，但依然存在。

（三）多项选择题的编写原则

1. 题干应明确规定题意，题目的措词必须清楚明了、准确无误、不得含混。

2. 选项的数目越多，猜对的可能性越小。一个题干后面一般设 4 或 5 个选项。为了记分方便，同一个测验的选项个数最好一致，或者某一部分题目是 4 个选项，另一部分题目是 5 个选项，不要穿插使用。

3. 选项的文字表达，力求详简一致。最好简短精练，能放入题干的单词，不要在每个选项中重复出现。例如，

一个原子

a. 带有正电荷

b. 带有负电荷

c. 带有等量的正、负电荷

d. 带有不等量的正、负电荷

该题每个选项中的"带有"这个词放入题干之中，避免在选项中重复四次。

4. 不能对正确答案有任何暗示。米尔曼（Millman）与保克（Pauk）于 1969 年描述了多选题为被试提供暗示的十大特征：

A. 句子：选项中正确答案的句子比错误答案要长。

B. 条件：正确答案的条件说明得充分，使其具有精确性。

C. 通则性：正确答案比错误答案有更广泛的应用性。

D. 外形位置：正确答案不在选项的第一个或最后一个位置上。

E. 逻辑位置：按自然顺序排列的选项，正确答案不在两端的位置上。

F. 相似性或相反性：正确答案将是两个叙述相似选项中的一个，或是两个叙述相反选项中的一个。

G. 措辞：正确答案将包含在一个熟悉的或定型的句子之中。

H. 语言：正确答案中不会包含未曾让学生知道的语言或技术术语。

I. 情感词：正确答案中不会包含"胡言乱语"、"莽撞的"、"轻率的"等激烈性的词。

J. 愚蠢概念：正确答案不会用无礼的话或超出常情的话来表示。

5. 不能使选项中的错误答案错得太明显，而应使它与题干有一定的逻辑联系，即有一定的似真性或似乎合理性，并且要增加选项之间的相似性和同质性。在编写测题时，错误答案主要来源于学生在课堂提问、课外作业中经常发生的错误。为了获得迷惑答案，有时可先拟一道相应内容的问答题让学生回答，然后根据学生回答中的错误，再拟迷惑答案。

6. 选项中不要泛用"以上皆错"和"以上皆对"，特别是"以上皆错"不能作为最佳式多选题中的一个选项。因为最佳式多选题的所有选项都是正确的。它只能用于肯定式多选题之中，但也不适宜作为正确答案。例如

$$20.3 - 6.5 = \boxed{}$$

a. 3.8

b. 14.8

c. 13.7

d. 14.2

e. 以上皆错

该题的得数应为 13.8。但 a、b、c、d 四个答案都是错误的，于是"以上皆错"是正确答案。如果一个被试自己计算错了，他也会选择 e，他同样也可以得满分。

"以上皆对"不适宜用在只有一个正确答案的否定式多选题中，因为这种题目只有一个答案是正确的，所以"以上皆对"这个答案可以很容易被学生猜出是个错误答案。

总之，在应用"以上皆错"和"以上皆对"时，要特别慎重。

7. 尽量避免使用以陈述句表示的否定式多选题。因为这种题目理解起来比较困难，若将上述否定式多选题例子中的题干从问句改为陈述句就不容易理解了。例如

下列答案是平行四边形，除了

a. 正方形

b. 棱形

c. 长方形

* d. 梯形

这种题目难以理解的原因并不在于所考查的知识本身，而在于题目的形式。而且

测题的一般目的不在于挑选错误答案,而在于挑选正确答案。如果必须通过这种题目来测验时,应将否定词印刷成黑体字,或在否定词下面打上着重号。

8. 选项中答案要相互独立,避免重叠。例如

下列哪个长度最长?

a. 1 公尺

b. 100 厘米

c. 1 米

d. 1 000 毫米

该例 4 个答案都是相同的。又如

纯水的冰点(摄氏)

a. 在－2℃以上

b. 是 0℃

c. 在－3℃以下

d. 在 3℃以下

该例 a、b、d 三个答案是相互重叠的。

9. 在可能的条件下各选项可按逻辑顺序或时间顺序排列。例如

纯水的沸点(摄氏)

a. 在 95℃与 100℃之间

b. 是 100℃

c. 在 100℃与 105℃之间

d. 与温度高低无关

几个答案这样排列,其正确答案有可能落在首或尾,以有助于克服主、被试都不把首尾两个位置上的选项视为正确答案的倾向。

10. 各题正确答案的位置不要形成一个固定形式,以免让被试从答案的位置猜对题目。其办法就是对能够按逻辑或时间顺序排列的选项,就以逻辑和时间顺序排列。对于难以按逻辑或时间顺序排列的选项,可以随机排列。

三、配 合 题

(一)什么是配合题

配合题是选择题的一种,其结构包括两部分:一是,一组问题;二是,一组备择选项。作答时要求被试从选项中为每一个问题选择一个最合适的答案。每个选项可以选用一次,也可以选用多次或者一次也不选用。例如

从右列姓名中为左列每篇文学作品找出作者

(c) ①《祝福》　　　　　　　a. 老舍

（a）②《骆驼祥子》　　　　　　b．丁玲

（c）③《故乡》　　　　　　　　c．鲁迅

（d）④《子夜》　　　　　　　　d．茅盾

（二）配合题的优缺点

1. 配合题的优点

（1）最适合于测量事实的知识，以及事实之间的相关性。

（2）测验的效率较高，在单位测验时间内覆盖的知识面较广。

2. 配合题的缺点

缺点是仍然有猜测因素存在。

（三）配合题编写的原则

1. 要确保各问题之间性质相同，各选项之间性质相同。若在问题一列中有的问人名，有的问地名，有的问年代，其所问的性质不同，这样被试很容易从选项中找出相应的正确答案。例如

从右列姓名中为左列文学作品找出相应的作者

（d）①《母亲》　　　　　　　　a．老舍

（c）②《祝福》　　　　　　　　b．丁玲

（a）③《骆驼祥子》　　　　　　c．鲁迅

（c）④《故乡》　　　　　　　　d．高尔基

（f）⑤《钢铁是怎样炼成的》　　e．赵树理

　　　　　　　　　　　　　　　f．奥斯特洛夫斯基

该例左列问题中既有中国文学作品，又有外国文学作品，作答时被试很容易将右列外国人的姓名填写在左列外国作品前的括号内，以猜对测题。

2. 在同一次测验中作答的格式要一致，而且对作答的方法要有明确的规定和说明。如将问题列在左面，选项列在右面，并用不同种类的符号为每个问题和选项编号，作答时要求在每个问题左面的括号内填写上答案号码。在同一个测验中，问题和选项的左右位置不要更换。同一个题目的一组问题和一组选项应印刷在同一页纸上。

3. 问题和选项数目要适当。问题的数目以 5 个左右为宜。选项数目可以与问题的数目相等，称为完全配合。选项数目也可以比问题的数目多一两个，称为不完全配合。后者优于前者，因为前者猜对的机会比后者多。假如一个完全配合题，其中有 5 个问题，只要被试为 4 个问题找到了正确答案，另一个问题的答案就会立即猜对。

4. 各个问题和各个选项的位置排列，要两方面同时考虑。各选项尽量按逻辑或时间顺序排列。

第二节 供 答 题

供答题是要求被试根据所提出的问题做出答案,而不是在所提供的选项中挑选答案。供答题主要有填充题、简单问答题、论文题、计算题、证明题等。现分述如下。

一、填 充 题

(一)什么是填充题

要求被试将一个句子里空白的地方填写出来,这种测题称为填充题。

例 1. 我国长江发源于_____山,流入_____海。

例 2. 我国古代四大发明是_____、_____、_____、_____。

(二)填充题的优缺点

1. 填充题的优点

(1) 可以测量对知识记忆和理解的程度。

(2) 各种学科都可以用,应用范围广。

(3) 猜测机遇小。

2. 填充题的缺点

(1) 从表面上看,填充题比选择题需要更高级的智力活动,因为是在重现的基础上作答,而不是在再认的基础上作答,但实际上填充题没有选择题需要更深刻的分析识别、思维和理解能力。

(2) 对被试的作答难以把握,作答的确定性差,评分的主观性强。

(3) 无法由电子计算机阅卷评分。

(三)填充题的编写原则

1. 所空缺的词应当是重要的内容和关键的词。避免引导被试去背诵那些不重要的知识。

2. 每个空缺处应当有非常确定的正确答案,而且只能有一个正确答案。

3. 为了使题意更明确,题目最好以问句的形式出现。

4. 题目中空白的地方不能太多,以免使句子变成支离破碎,不易理解题意。

5. 测题不要抄录教科书上的句子,以免被试死记硬背课本,而不求理解。

6. 尽量将空白放在句子后面或中间,而不要放在句子的开头。

7. 空白处线段的长度应当一样,不能随正确答案文字的多少而有所长短,以免有暗示作用。

8. 如果答案是数字,应指明单位和数字的精确程度。

二、简单问答题

（一）什么是简单问答题

要求被试用简短的几个字或句子对问题进行回答的测题是简单问答题，简称为简答题。

例1. 第二次世界大战中，轴心国是哪三个国家？

答＿＿＿＿＿＿＿＿＿＿＿＿＿＿＿＿＿。

例2. 什么叫日食？

答＿＿＿＿＿＿＿＿＿＿＿＿＿＿＿＿＿。

简答题和填充题都是供答题中简单的形式，有时二者还可以互换。上述简答题的例1就可以改成填充题。而填充题的例2也可以改为简答题。

（二）简单问答题的优缺点

1. 简答题的优点

（1）适合于考查基本概念和基本原理。

（2）命题容易。

（3）猜测机遇小。

2. 简答题的缺点

（1）作答比选择题自由，因此阅卷较选择题困难。

（2）评分的主观性较强。

（3）不能用电子计算机阅卷评分，耗费的人力和时间较多。

（三）简单问答题的编写原则

1. 在考查对一些概念的理解时，题目的问法应避免让被试重复概念的定义。例如，"所谓××是××"，"××叫××"。应从应用角度来考查概念的理解。

2. 题意要明确。题目本身要对答案的范围有明确的规定，不能让被试对题目产生多种理解或有多种答案。

3. 问题要具体。要使被试用简短的句子就能回答。

三、论　文　题

（一）什么是论文题

要求被试用自己的话写成较长的答案来回答问句或陈述句，这种测题是论文题。例如，怎样理解民主与集中的关系？试述巴黎公社失败的原因。

论文题包括论述题和作文题。这种测题的特点是作答有较大的自由性。如，在题材的选择上、理论的阐述上、观点的评价上、材料的组织上、重点的确定上都有较大的自由性。

（二）论文题的优缺点

1．论文题的优点

（1）可以测量高层次的认识能力，如表达概念的能力、讨论问题的能力、阐明关系的能力、建设性的评论能力、有效的总结能力、描述与运用原理的能力，等等。

（2）能促使被试注意从整体上掌握学科的内在联系。

（3）有助于对被试文字表达及写作能力的培养。

（4）命题较容易。

（5）作答时猜测因素小。

2．论文题的缺点

（1）测题取样既不广泛又不均匀，对所要测量的内容覆盖面小，代表性差。假如有 5 个学生，对某门学科都掌握了 50％的内容，但所掌握的内容分布情况不同，如图 9.1 所示。图中有阴影的部分是已掌握的内容，空白的地方是未掌握的内容。如果仅用 4 个测题来测验该科内容，则 A 生得 50 分，B 生得 0 分，C 生得 100 分，D 生得 75 分，E 生得 25 分。5 个学生成绩悬殊的原因是测题的数量太少，覆盖面太小，测验前的猜测因素较大，因此学生得分的偶然性就较大，这样在很大程度上失去了测量的客观性。

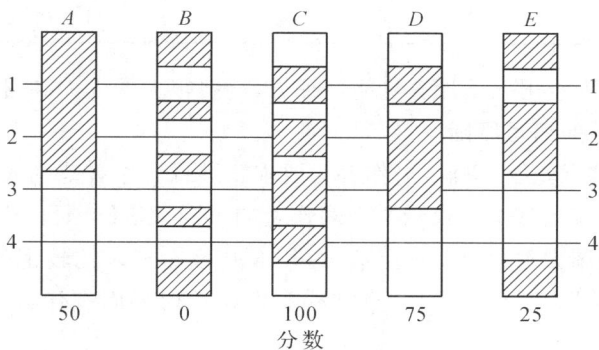

图 9.1　5 名学生掌握学习内容的分布情况

（2）难以作出使所有评分者都遵循的标准答案。1920 年夏季英国许多大学教授在评阅历史试卷时，有一位教授为了评阅方便，自己写了一份标准答案。不料这份标准答案和待评的试卷混在了一起，被另一位教授评为不及格。为了慎重又请其他教授评阅，其结果在 40 至 90 分之间。可见，标准答案很难做到标准。

（3）评分的主观性强。由于论文题作答自由性强，很难制定比较统一、详细的标准答案，被试的测验分数很大程度上决定于评分者的评判。因此，评分者的知识水平、教学经验、对标准答案的理解、评分掌握的宽严以及阅卷时的状况，如健康、心境、情绪等都会造成评分的差异。

我们从华东师范大学录取的学生中,抽取了 1986 年全国高考语文和数学试卷各一份,将试卷上原评分痕迹清除后,再请全国 10 个省市高中教师按评分标准和评分细则重新评阅。其评判结果如表 9.1 所示。从两种学科来看,语文比数学评分差异性大。从题型来看,在语文学科中主观性测题(作文)比客观性测题(选择题和简答题)的评分差异性大。在数学学科中,同样也是主观性测题(计算题)比客观性测题(选择题和简答题)的评分差异性大。

表 9.1　不同评分者对同一份试卷的评判结果

科　目	评分人数	题　型	满　分	最高分	最低分	全　距
语 文	102	选择题	26	23	19	4
		简答题	44	41	31	10
		作文题	50	48	12	36
		总　分	120	105.5	67.5	38
数 学	108	选择题	30	27	24	3
		简答题	24	21	16	5
		计算题	66	48	24	24
		总　分	120	92	64	28

(4) 论文题不能用电子计算机阅卷评分,耗费很大的人力和财力。

(三) 论文题的编写原则

1. 要避免题意笼统、空洞,对作答无要求、无限制,作答范围太宽太广

例如,"试比较记叙文与议论文在写作上的不同。"该例题目本身笼统、空洞,允许自由作答的范围太宽太广。如果改为:用 300 字左右来比较记叙文"一件小事"与论述文"论学习"在写作顺序、文章结构和素材选取方面有什么不同。这样题意就具体明确多了。

2. 可以将较大的题目改成几个小题目

例如,可以将"试述法国资产阶级革命"改为以下几个小题目:

试述法国资产阶级革命

a. 时代背景

b. 革命的经过

c. 革命的特点

d. 革命的意义

3. 不能让被试自由选择题目来作答

如果被试自由选择题目作答,其所得成绩就失去了相互比较的可能性。

4. 每题都应有作答时间和字数的限制

这样便于被试适当分配作答时间。例如,用 10～15 分钟的时间说明个人利益和集体利益的关系。又如,用 5～10 分钟的时间说明实践对认识的作用。

第三节　关于各种题型的研究

前面两节介绍了各种题型的优缺点和最好的适用范围,现就教育家们对各种题型的研究成果介绍于下。

一、不同题型的相关性

用同一内容的两种不同题型,对同一组被试或条件基本相同的两组被试进行测验,这两次或两组测验分数的相关系数就是这两种不同题型的相关性。两种题型之间的相关越高,越表明两种题型对同一种内容来说是等效的。

1952 年考雷斯(Cowles)和呼贝德(Hubbard)等人在美国全国医学考试委员会所主持的药理学和内科学的考试中发现,同一内容的多选题和论述题相关较低。药理学相关系数为 0.23,内科学相关系数为 0.22。

1955 年库克(Cook)将相同的知识内容,编写成两种不同题型的测验。一份为填充题,另一份为选择题。两份测验分数的相关系数为 0.97,校正后的相关系数增大到 0.99。这表明填充题和选择题对测验的准确性来说都是有效的。

以上两种研究结果是相一致的,即同一个内容的两种不同题型答案长短以及自由作答的程度越相近,测验分数的相关就越高;答案长短以及自由作答的程度相距越大,测验分数的相关就越低。

1978 年弗斯迪克(Forsdyke)将同一内容在医前期学生中,一组采用供答题测验,另一组采用选择题测验,其测验分数相关系数为 0.63,这一相关系数与总体零相关的差异达到极其显著性程度。其 $P < 0.001$。

1978 年哈尔梯亚罗奇(Haltiaratchi)对 104 名学生进行研究,将同一题目的内容用两种题型进行测验,其相关系数为 0.45。他认为在一次测验中把多选题与论述题结合起来使用,会更合理些。

二、测验题型对学习过程的影响

测验的题型不仅对被试测验前的准备及平时的学习方式有很大影响,而且对教师的教学以及教师布置给被试练习作业的方式也有很大影响。

麦叶尔(Meyer)于 1934 年和 1935 年用两种题型对历史课的近期记忆力和远期记忆力的影响进行研究,具体作法就是将被试分成两组,一组用供答题进行测验,一组用选择题进行测验,测验后不久首先考查他们的近期记忆力,相隔5周后,再考查其远期记忆力。然后将他们的测验分数、近期记忆力、远期记忆力与学习方法进行比较,结果表明:(1)两种测验方式对实际知识近期记忆力的影响,无明显差别。(2)相隔5周后的远期测验,按供答题测验方法进行学习的学生得分超过按选择题测验方法进行学习的学生。反过来,也就是说,对知识的遗忘率,按选择题测验方法学习的学生大于按供答题测验方法学习的学生。(3)按供答题测验方法进行学习的学生,学习比较全面,而按选择题测验方法进行学习的学生,学习比较深入。

三、对不同题型的反应

费尔兰斯(Vallance)于1971年向医科、牙科和理科学生进行调查,57%～84%的学生表示,笔试应当包括多选题和论述题,不要在一次测验中只采用一种方法。

姆克罗斯基(McCloskey)和霍兰德(Holland)于1976年向学生调查关于对测验题型的反应。其中有9%的学生赞成学校里的测验全部用多选题,21%的学生赞成全部用论述题或简答题,70%的学生赞成两种题型配合起来使用。其中有43%的学生表示,如果不把两种题型配合起来使用,而全部采用多选题,他们就要用不同的方法进行学习。

1982年我国向部属和部分非部属医学院的医学专业应届毕业生和部分教师共665人进行调查,其中有76.2%的人认为多选题有利于扩大测验范围,50%以上的人认为多选题并不比论述题容易,但47%的人认为多选题的主要缺点是有猜测机遇存在。

练 习 题

1. 什么叫选择题和供答题?它们各包括哪几种题型?

2. 什么叫是非题、多项选择题、配合题、填充题、简答题、论文题?它们各有什么优缺点?编拟试题时各应遵循哪些原则?

3. 主观性测题和客观性测题各包括哪些题型?

第十章 测验编制的步骤和方法

测验编制的方法,虽然由于测验的目的、性质、种类有所不同,但基本步骤是相同的,就是确定测验目的,分析测量目标,设计测验蓝图,决定测验时限、测题类型、测题数量、记分方法,拟定测验题目,施行试测,测题分析,筛选测题,组成测验,建立题库,鉴定测验的信度和效度,编制测验量表,编写测验使用说明书。现将以上各步骤分述如下。

第一节 拟定测验编制计划

测验编制计划应包括以下几个方面。

一、确定测验目的

编制测验的第一步,就是要确定测验目的,也就是要明确以下几个问题:(1)所要测量的是哪一种属性? 是智力还是学科成绩? (2)测验的对象,是儿童还是成人? 是幼儿、小学生、中学生、大学生还是研究生? (3)测验的内容和范围,是测量语文学科成绩还是数学学科成绩? (4)测验的性质及用途,是选拔录取测验还是成绩测验? 是目标参照测验还是常模参照测验? 是难度测验还是速度测验? 都要一一加以明确。

现以美国 SAT 学习能力测验(高等学校入学考试)为例,说明测验目的应包括的内容。美国高等学校考试委员会在该测验的指导书中关于其测验目的是这样规定的:"鉴于各个中学的课程、学业标准和评分实践中都有很大差距,因此,高等学校的行政机构在选拔来自不同中学的考生时,就需要借助于衡量学习能力的标准测量。""SAT 是一个三小时的能力测验,它可以为高考提供对考生进行语文和数学能力的标准测量。SAT 的语文部分将测量学生对字词与字词关系的理解和考生对阅读材料的领会能力,SAT 的数学部分将检查考生对数学符号的理解能力和使用符号去解决问题的能力。"

二、分析测量目标

教育测验除了要有明确的目的之外,还要有具体的测量目标。而测量目标的确定,又依赖于对教育目标的分析。美国教育家布卢姆(B. Bloom)的《教育目标分类学》认知领域部分是分析确定各科教育测量目标的基础。

布卢姆将认识领域的教育目标分成六个主要类别,即知识、领会、运用、分析、综合、评价。这六个类别是按照从简单到复杂排列的,也可以说是由浅到深的六个认识层次。前一种类别是后一种类别的基础,后一种类别包括了前一种类别。

(一)知识

知识是指对所学内容的回忆,包括对具体事物、普遍原理、方法和过程、模式和结构等方面的回忆。测验时提问的形式虽然与初学时知识出现的形式有所变化,也就是说,测验虽然要求学生对所记住的材料作一些变化,但变化不大。

(二)领会

领会是最低层次的理解,它与完全理解并不是同义词,与完全掌握信息也不是一回事情。领会是指对交流内容中所含的文字信息的理解。学生不必对所交流的材料、观念最充分地弄清它的含义,也不必把某种材料与其他材料联系起来,就可以知道正在交流的内容,并能够对正在交流的内容加以运用。在理解的过程中学生可能在头脑中或在反应中改组交流的内容。

(三)运用

运用是在特定的情况下,对抽象概念的使用。这些抽象的概念可能是一般的观念、程序的规则、概括化的方法,也可能是专门性的原理、观念和理论。

(四)分析

分析是将交流的内容分解成几个要素或组成部分,以便分清一个事物中各要素或各部分的层次和关系。

(五)综合

综合是将所分解的各个要素或组成部分组合成一个整体,是对各个要素或各个组成部分进行加工的过程和进行排列组合以构成一个比较清楚的模式或结构的过程。

(六)评价

评价是为了特定的目的对材料和方法的价值所作的判断,也就是说,对材料和方法符合标准的程度所作的定量或定性的判断。

布卢姆认知领域教育目标的这六个层次是从学习过程的心理能力来划分的,它适用于任何一门学科,而且有很高的实用价值。

三、设计测验蓝图

为了使测验的取样对教学内容及教学目标有较好的代表性,既能覆盖教材的全部内容,又能反映各部分内容和各认识层次的相对比重,避免东抓一道题,西抓一道题,还应确定各部分内容和各认识层次测题数量的比率。这就是设计测验蓝图。这个蓝图一般用双向细目表来表示。表中横标目表示测验的内容,纵标目表示认识层次,中间数字表示测题的比率。如表 5.7 初中化学测验细目表,就是以这一格式拟定的。细目表的格式无严格的规定,也可以纵标目表示测验的内容,横标目表示认识层次。如表 10.1 高中语文测验细目表所示,表中圆圈内的数字表示测题序号,圆圈外的数字表示测题数量,如游记(文言)的词意理解有两个题目,即第 12 和第 13 题。

表 10.1　高中语文测验蓝图

	史论（文言）	哀祭（文言）	游记（文言）	议论（白话）	文评（白话）	哲理（白话）	小品（白话）	词曲（文言）	总和	百分比
意旨探讨	1 ①		1 ⑮	1 ⑳	1 ㉑	1 ㉛		1 ㊳	6	15
词义理解	1 ②		2 ⑫⑬			1 ㉗	1 ㉝	1 ㊲	6	15
内容分析	2 ③④	3 ⑦ ⑥⑧	1 ⑪	2 ⑰⑱	2 ㉓㉔	3 ㉙ ㉖㉚	1 ㉞		14	35
综合推理	1 ⑤	1 ⑨		2 ⑯⑲	2 ㉒㉕		1 ㉟	1 ㊳	8	20
文体鉴别		1 ⑩						1 ㊵	2	5
修辞辨认			1 ⑭			2 ㉘㉜		1 ㊶	4	10
总　和	5	5	5	5	5	7	3	5	40	100

一个测验若由几种不同的题型组成,各种题型可以用不同的代号来表示。如 A 表示选择题,B 表示简答题等等。然后把这些代号写在细目表的小方格内。假如表 10.1 史论与意旨探讨所对应的小方格内的一个测题是选择题,可以在其方格中写成A1;假如游记与意旨探讨所对应的小方格内这一测题是简答题,则在其方格
①
中写成B1。
⑮

将测题按心理能力分类,并不是一件简单容易的事情,因为同一个问题提问的方法不同,就会使成功作答所需要的心理能力有所不同。因此,当尚未掌握布卢姆教育目标分类标准或测题很难按心理能力分类时,可以按测题的外部特征,如基础知识题、基本原理题、综合题、应用题等,加以分类,更为方便易行。

四、确定测验时间限制

在确定测验时间限制时,应遵循以下几个原则:(1)要使被试以正常速度将测题全部做完。除速度测验之外,测验的时间限制应当放宽,起码要使90%以上的被试以正常速度能将全部测题做完。这是因为:第一,绝大多数测验的目的不在于回答问题的速度。第二,作答的速度与正确性不存在高度相关。1969年11月3日美国做过这样一个实验:请100个学生来完成125个是非题组成的测验,第10个交卷的人用了50分钟,最后一个交卷的用了120分钟。按交卷的时间顺序,每十个人归为一组,每组测验分数的总和及其分数全距并不依完成测验所花时间长短而有多大的差异(见表10.2)。第三,测验的焦虑总是存在的,甚至在没有时限的情况下,测验的焦虑也依然存在。如果时限太紧就会增加紧张焦虑,这样会影响测验成绩的正确率。(2)被试年龄越小,测验时间越应当短些。时间太长会因疲劳而影响测验效果。团体教育测验的时限,小学一般控制在45分钟之内;中学控制在100分钟之内;大学控制在150分钟之内。(3)测验的内容多,测验时间可以长些;测验的内容少,测验时间可以短些。

测题拟定之前所规定的计划时限,还应根据试测结果加以调整。

表10.2 速度与正确性之间的相关

完成的次序(指速度)	总分	分数的全距	完成的次序(指速度)	总分	分数的全距
1～10	965	35	51～60	955	25
11～20	956	32	61～70	965	27
21～30	840	31	71～80	1 010	30
31～40	964	32	81～90	942	24
41～50	848	52	91～100	968	40

五、决定测题类型

采用哪种题型是由测验目的、内容、规模及各种题型的特点几方面决定的。如果是大规模社会性的选拔录取测验,应当更多地采用客观性测题,因为这种题型评分客观,可靠性大,能由计算机阅卷评分,误差较小。规模较小的成绩测验,可采用主观性测题。测验的内容较多,范围较广,需要的覆盖面较大,可采用客观性测题。

测验内容较少,范围较小,可采用主观性测题。测量的属性是对某些知识的理解、判断,可采用客观性测题。考查对事物间内在联系的逻辑阐述能力、综合性地分析问题和解决问题的能力以及写作能力的,可采用主观性测题。

两种题型各有其优缺点和不同作用。任何一种题型都不能单独地对学习成绩的各个方面进行全面的、有效的、可靠的测量。如能在一个测验中把两种题型配合起来使用,各发挥其优点,互相补充,扬长避短,那就更好了。

六、决定测题的数量

一份测验包括多少测题为宜,与以下三个因素有关:(1)与题型有关。主观性测题,数量不可能太多;客观性测题数量可以较多。(2)与测验时间限制有关。时间长,测题数量可以多些;时间短,测题数量可以少些。(3)与所欲达到的信度和平均区分度有关。根据斯皮尔曼—布朗关于测验长度、信度、测题平均区分度之间的关系式可以推出:

$$r_{tt} = \frac{K\bar{\gamma}_{it}^2}{1 + (K-1)\bar{\gamma}_{it}^2} \tag{10.1}$$

测验信度和平均区分度达到某一定值时的测验长度预测公式为:

$$K = \frac{r_{tt}(1 - \bar{\gamma}_{it}^2)}{\bar{\gamma}_{it}^2(1 - r_{tt})} \tag{10.2}[1]$$

在这里　K 表示测验长度,即测题数量

　　　　r_{tt} 表示所欲达到的信度

　　　　r_{it} 表示测题平均区分度

客观性测题标准化测验的信度一般要求在 0.9 以上。以二列相关估计的测题区分度的平均数要求在 0.3 以上。如果按以上这两个指标的最低要求用公式(10.2),可以预测出测题的数量应为:

---

[1]　(10.2) 公式证明

$$r_{tt} = \frac{K\bar{\gamma}_{it}^2}{1 + (K-1)\bar{\gamma}_{it}^2}$$

$$K\bar{\gamma}_{it}^2 = r_{tt} + (K-1)\bar{\gamma}_{it}^2 r_{tt}$$

$$K\bar{\gamma}_{it}^2 = r_{tt} + K\bar{\gamma}_{it}^2 r_{tt} - \bar{\gamma}_{it}^2 r_{tt}$$

$$K\bar{\gamma}_{it}^2 - K\bar{\gamma}_{it}^2 r_{tt} = r_{tt} - \bar{\gamma}_{it}^2 r_{tt}$$

$$K\bar{\gamma}_{it}^2(1 - r_{tt}) = r_{tt}(1 - \bar{\gamma}_{it}^2)$$

$$K = \frac{r_{tt}(1 - \bar{\gamma}_{it}^2)}{\bar{\gamma}_{it}^2(1 - r_{tt})}$$

$$K = \frac{0.90(1 - 0.3^2)}{0.3^2(1 - 0.90)}$$

$$= 91$$

所以,为了保证测验的信度和区分度,一份由客观性测题组成的测验应当包括 100 个题目为宜。那么就要用 300 个测题进行试测。因为根据测验学者的经验,每 3 个选择题中经过试测筛选之后,只能有一个测题可以保留。

七、决定记分方法

对于选择题的测验分数要不要校正,要不要从测验分数中除掉猜测的机遇,存在着不同的意见。如果要除掉猜测因素的影响,可以采用下列公式对测验分数进行校正。

$$校正分数 = \left(做对题数 - \frac{1}{选项数目 - 1} \times 做错题数\right) \times 每题所占分数$$

若每题所占分数为 1,则校正猜测机遇的通式为:

$$S = R - \frac{W}{k - 1} \qquad (10.3)$$

在这里　S 表示校正后的分数

　　　　R 表示做对题数

　　　　W 表示做错题数(包括未做的题数)

　　　　k 表示选项数目

例如,一个测验共有 80 个测题,每题有 4 个选项,做对 1 题得 1 分。某生做对 50 题,若排除猜测因素,该生应得多少分?

$$S = R - \frac{W}{k - 1} = 50 - \frac{80 - 50}{4 - 1}$$

$$= 50 - \frac{30}{3} = 40(分)$$

公式(10.3)也适用于是非题。假如一个题目有两个选项,即是非题,则 $k = 2$,其校正后的得分为:

$$S = R - \frac{W}{2 - 1}$$

$$= R - W$$

公式(10.3)校正猜测机遇的道理如下:

设由 100 个选择题组成的测验,当 $k = 2$,被试全凭猜测,猜对的概率为 $\frac{1}{2}$,在

100 题中可猜对 $\frac{100}{2} = 50$（题），猜错 $\frac{100}{2} = 50$（题）。若消除猜测机遇，他应得零分，即

$$S = R - \frac{W}{k-1} = \frac{100}{2} - \frac{100 - 100/2}{2-1}$$
$$= 50 - 50 = 0$$

当 $k=3$，被试全凭猜测，猜对的概率为 $\frac{1}{3}$，在 100 题中可猜对 $\frac{100}{3}$ 题，猜猎 $100 - \frac{100}{3}$ 题。若消除猜测机遇，他应得零分，即

$$S = R - \frac{W}{k-1} = \frac{100}{3} - \frac{100 - 100/3}{3-1} = 0$$

当 $k=4$ 或 $k=5$，其校正分数以此类推。

公式（10.3）使用的前提条件是被试作答时完全凭猜测，即随机地瞎猜乱碰。但是参加大规模标准化测验的被试，对应测的学科一无所知，全凭猜测得分，这样的人是极少数的。只要对测题答案有一点了解的人，作答时就会在此基础上作判断，不会任意瞎猜乱碰。因此，对分数进行校正只对少数人有意义。另外仅凭猜测而获得及格分数的可能性是极小的。因为根据二项分布定理，一个被试全凭猜测来猜 100 道选择题，如果每题有 5 个选项，所得分数有 95% 可能落在 12.16～27.84 之间；有 4 个选项所得分数有 95% 可能落在 16.51～33.49 之间；有 3 个选项，所得分数有 95% 可能落在 24.10～42.56 之间；有 2 个选项，所得分数有 95% 可能落在 40.20～59.80 之间。

一个被试全凭猜测来猜 100 个是非题，全部猜对的概率是百万分之几，因为猜对 1 道题的概率为 50%，猜对 2 道题的概率为 25%，猜对 5 道题的概率为 3%，猜对 10 道题的概率为 0.1%。以此类推，猜对 100 道题目的概率为 $(50\%)^{100}$。

根据以上几个理由，有人不主张对选择题的测验分数进行校正。这个问题应该如何处理有待于进一步研究。

第二节　试测和测题筛选

编制测验的计划拟定好之后，就应当根据测题的编写原则（见第九章）拟定测题。为了考查这些测题的质量就应当进行试测和测题分析。

一、试　　测

试测就是在正式测验之前，将初步拟定好的测题对被试总体有代表性的样本，

按正式测验的要求进行预备测验,然后以试测结果为根据,对测题进行整理、筛选和修改。

(一)试测的目的

在测题拟定过程中,曾根据测验的目的、性质、内容对测题进行反复的筛选和修改。这是必不可少的定性分析,但它可能在某种程度上带有主观性,经过试测可能还会发现一些意想不到的问题。此外,尚需对测题进行数量化、客观性指标的定量分析。

试测的具体目的是:(1)找出那些有问题的测题。如找出措辞不清楚、意义不明确、指导语不适当、选项不起干扰作用以及前后重复等测题。(2)根据试测结果估计每个测题的难度、区分度,并对选择题的选项进行分析,为筛选、修改测题和按不同难度比率拼题提供依据。(3)决定测验的题数和测验时限。

(二)试测的步骤

对于新编测验的试测一般分为以下三个步骤。

第一步,试测前将测题在小样本中试用。试用时,可由命题者亲自主持在不十分严格控制的条件下,对 50～100 人的样本施行测验,以观察题型是否适用,并且发现测题有否明显错误和缺点。试用结果不需作完整的测题分析(指数量化分析)。

第二步,进行正式试测。抽取一个对被试总体有一定代表性的,至少含有 300 人的样本,在与正式测验基本相同的条件下,进行试测。然后根据试测结果估计每个测题的难度、区分度,对选择题的选项进行分析,并以此为根据对测题进行筛选和修改。如果被删掉、修改的测题比较多,则应在筛选修改之后,再进行一次试测。

第三步,为检定整套测验再行试测。在对测题筛选、修改之后,就拼成一套测验。为了了解这套测验是否适用,估计测验的信度、效度并建立常模,还应对拼好的整套测验再进行一次试测。

(三)试测的注意事项

试测时应注意以下事项。

1. 试测对象应对正式测验的被试总体有一定的代表性

试测样本最好 400～500 人,至少 300 人。规模较大的测验,试测样本中应有不同地区、不同类别的学校以及不同年龄的人数比率。

2. 试测应按正式测验的要求进行

试测实施条件要与正式测验条件相同,特别是要激发被试积极作答的心理、认真严肃的态度,主动自觉地与主试配合。

3. 试测时限要充分

要使每个被试都能做完每一道题目,使所获得的每一道题的资料准确可靠。

如果是速度测验,可将试测的题目按不同次序安排在两三套测验中。假如试测 30 题,可将这 30 题分成 A、B、C 三组。在甲测验中 30 题的次序为 A、B、C;在乙测验中为 B、C、A;在丙测验中为 C、A、B。这样不仅保证每个题目都有人去做,而且消除了由于作答时间次序不同带来的差异。

4. 注意测题的保密

可以把新编的测题以循环的形式穿插安排在另一个正式测验之中,以实现新编测验试测的保密性。

5. 要认真记录试测时被试的反映

例如大多数被试完成测验所花的时间,哪些题目指令不清楚,哪些题意不明确,哪些地方印刷不清楚,等等。

二、测题分析及筛选

根据试测的结果,计算每个测题的难度和区分度,如果是选择题还应对每个选项进行分析。测题难度、区分度的计算方法以及选择题选项的分析方法等详见第七章,在此不再赘述。

在测题分析的基础上,应根据以下几个原则决定其取舍或修改。

第一,应根据表 7.4 区分度评价标准对每个测题进行评价,凡区分度在 0.3 以上者均为良好的测题。

第二,应考查每个测题的难度。测题难度平均数的大小依测验的目的而不同。但各种不同难度的分布应接近正态分布。为此,应将测题的实际难度和区分度列成双向表,并与所设计的不同难度测题比率相比较。

例如,小学三年级数学测验,不同难度测题计划比率如表 10.3 所示,其实际测验结果的难度和区分度的分布如表 10.4 所示。从表 10.4 可以看出,区分度不合格(在 0.2 以下者)有 7 题。整个难度分布基本接近正态,但较难的题目稍多了些。与计划难度分布相比,中等难度(0.30 至不满 0.70)的题数比原计划少 2 题;较难(0.1 至不满 0.3)的题数比原计划多 7 题;较易(0.7～0.9)的题数比原计划少 5 题。

表 10.3　小学三年级数学测验难度分布计划

实际难度	难　度　值	比　率	题　数
较　难	0.1～	15%	15
适　中	0.3～	70%	70
较　易	0.7～0.9	15%	15
总　和		100%	100

表 10.4　小学三年级数学测验难度与区分度双向表

区分度 (r_b)	难度										总和
	0～	0.1～	0.2～	0.3～	0.4～	0.5～	0.6～	0.7～	0.8～	0.9～	
<0.1	1	0	0	0	0	0	0	0	1	1	3
0.1～	0	1	1	0	0	0	0	0	1	1	4
0.2～	0	1	2	2	2	0	0	1	1	0	9
0.3～	0	0	5	1	3	2	2	0	0	0	13
0.4～	0	0	4	2	4	4	2	1	0	0	17
0.5～	0	1	3	7	6	6	3	1	0	0	27
0.6～	0	0	2	2	3	3	2	2	0	0	14
0.7～	0	0	0	2	1	3	2	0	0	0	8
0.8～	0	0	1	0	0	1	0	0	0	0	3
0.9～	0	0	0	1	1	0	0	0	0	0	2
总　　和	1	3	18	19	21	16	12	5	3	2	100
实际题数	22			68					10		
计划题数	15			70					15		

可以采取以下方法进行调整。区分度在 0.2 以下的 7 个测题可以都删去,因为它们不是过难就是过易。区分度符合要求且难度适中的测题可以增加 2 题,或由较难的测题,经修改后补充之,因为较难的测题较多。较容易的测题共 10 个,其中区分度在 0.2 以下被删掉了 4 个,还剩下 6 个,按原计划还应再增加 9 个。

至于哪些题需要修改,应根据测题分析的结果来决定。哪些题需要增加,还应考虑下一个因素。

第三,应根据测验编制前所设计的各种不同内容及其认识层次的比率蓝图,来检查所挑选的测题与之是否相符。如果不相符合还应再加以调整。

按上述原则初步调整好的测验,还应再试测一次,以考查该测验是否适用。

第三节　测验的鉴定及量表的建立

一、鉴定测验的信度和效度

测题经过修改、调整组成测验之后,在使用之前,还应对测验的信度和效度进行估计和评价。其估计的方法和评价的标准详见第三和第五章。

在考查测验的效度时,应当注意不能用测题分析的样本再来估计测验的效度。

也就是说,根据某一个样本对测题进行分析,从中挑选区分度较高的测题组成一个测验。当鉴定这个测验的效度时,就不能还用这个样本求所挑出来的这些测题的总分与其效标分数间的相关,来估计测验的效度。因为这样估计出来的效度,从理论上说接近完全相关。但是,所挑选出来的这些测题,很可能受该样本机遇因素的影响,仅适用于该组样本,而不适用于其他样本。例如,库顿(Cureton)于 1950 年以 85 个 0、1 记分的测题对 29 名学生实行试测,从中挑选出区分度较高的 24 个测题,然后再根据这 29 个学生的这 24 个测题的得分与作为效标的学业成绩求相关,其结果为 0.82。但这 24 题的内在一致性信度却为 -0.06。又如,劳克(Locke)于 1961 年在编制人格测验时,用测题分析的样本再来估计测验的效度,结果效度为 0.97,信度为 0.67,但用另一个样本所估计的效度却为 -0.08。因此,在鉴定测验效度时,应从同一个总体中再抽取一个样本来计算其测验分数与效标分数间的相关,以考查测验是否适用于该总体的其他样本。

　　除此之外,还应进行效度复核。假如测题分析的样本称为实验组,从同一总体抽取的另一个样本称为延伸组。效度复核的方法如下:首先根据实验组的资料列出由测验分数预测效标分数的回归方程,再利用此方程对延伸组每个被试的效标分数进行预测,然后再求预测出的效标分数与实际效标分数的相关。

表 10.5　延伸组三角函数测验与高考分数

学 生 序 号	(1)	1	2	3	4	5	6	7	8
测 验 分 数	(2)	68	80	59	75	86	73	95	67
实际高考分数	(3)	72	71	63	78	76	63	92	70
预测的高考分数	(4)	65.1	76.1	56.8	71.5	81.6	69.7	89.9	64.1

　　例如,在编制三角函数测验时,将测验施于某一样本,获得了测验分数,并取其高考成绩作为效标,然后将这些被试随机分成实验组和延伸组,由实验组的测验分数对高考分数预测的回归方程式为 $\hat{Y}=0.92X+2.5$,而延伸组测验分数和实际高考分数如表 10.5 第 2、3 行所示。在进行效度复核时,可以延伸组的测验分数为 X,根据回归方程式 $\hat{Y}=0.92X+2.5$ 来预测延伸组中每个被试的高考分数,如预测出的第 1 个学生高考分数为:

$$\hat{Y}=0.92\times 68+2.5$$
$$=65.1$$

第 2 个学生的预测高考分数为:

$$\hat{Y}=0.92\times 80+2.5$$
$$=76.1$$

其他以此类推,如表 10.5 第 4 行所示。然后再用积差相关法计算预测的高考分数与实际高考分数的相关,其结果为:

$$r = \frac{\sum XY - (\sum X)(\sum Y)/n}{\sqrt{\sum X^2 - (\sum X)^2/n} \ \sqrt{\sum Y^2 - (\sum Y)^2/n}}$$

$$= \frac{42\,596.2 - 585 \times 574.8/8}{\sqrt{43\,387 - 585^2/8} \ \sqrt{42\,075.2 - 574.8^2/8}}$$

$$= 0.82$$

这表明由实验组测验分数与效标分数的关系所预测的延伸组的效标分数,与其实际效标分数是相符合的。即这组测验题目不仅适用于实验组,也适用于同一总体的其他组。

测验在正式使用之前应当进行效度复核,特别是当样本容量较小,而要从许多题目中筛选出一部分题目的情况下,更不能用测题分析的样本来估计测验的效度。

二、编制测验量表

当测验的信度、效度鉴定合格之后,为了用统一的标准来比较测验分数,用统一的尺度解释测验分数,需要求测验常模和编制测验量表。各种测验量表的编制方法详见第八章。

三、编写测验说明书

编写测验说明书是编制测验的最后一步。说明书中主要应包括对该测验的介绍,对使用该测验的有关规定。其具体内容有以下几点:(1)该测验由什么人在什么时候所编制,测验由什么人主持,测验结果有何法定权益。(2)测验的目的、性质、功能、内容、结果、效度,以及测验具体分为几部分,每部分有多少题目,测验时限,作答方法等。(3)什么人可以使用这个测验,使用时应注意哪些问题,谁可以参加该测验,被试应具备什么条件和资格。(4)阅卷方法、标准答案、评分标准、分数制度。(5)测验常模、测验量表以及如何应用测验量表来说明解释测验分数。(6)选拔人才单位如何根据测验分数作出决策。各种录取单位怎样定录取方案等。

四、建 立 题 库

以上是在没有题库的情况下,编制一份测验的基本过程。如果在有题库的情况下编制一份测验那就方便多了。

题库就是被储存起来的能够涵盖某门学科的内容及其认识层次的、质量良好的那些测题。

　　题库中的测题在质量和数量方面应具备以下几个条件:(1)库中的测题都是试测过的。测题的难度、区分度、选项,以及测题的措辞都是符合要求的。(2)试测的样本是从将来参加测验的被试总体中抽取出来的。这就保证了测题对被试总体的适应性。(3)库中测题能够涵盖某门学科的全部内容,测题的数量应足够拼配5到10份在测验功能、平均分数、标准差几方面相同而材料又不重复的复本测验。(4)测题要有较完备的保存、管理、索引系统。题库中的测题多以卡片的形式来保存。而卡片的形式又有多种,现仅介绍其中的一种。卡片的正面式样如表10.6所示。其中"4—2"表示第四章第二节;"B"表示领会这一认识层次;"$乙_B$"表示供答题中的简答题;"M"表示试测代号;"难度"和"区分度"表示在代号为M的试测中该题的难度和区分度。卡片的背面如表10.7所示。

表 10.6　卡片正面式样

编号:0467	章节:4—2	层次:B	题型:$乙_B$
试测代号:M	难度:0.68	区分度:0.36	满分:4分
测题内容:两个相似三角形它们的边和角有什么关系?			
编制人:×××	审定人:×××、×××		
编制时间:×年×月×日	审定时间:×年×月×日		

表 10.7　卡片背面式样

答案(　　)及评分规定
｜ （1）对应角相等(2分) （2）对应边之比等于相似比(2分)

　　题库初建立时,测题的收集和征集可广泛进行,除专业人员之外,还可多次组织有经验的教师集中命题。但可分工负责,每个人只需提供整个蓝图中的某一部分测题,然后对每个测题都应经小组讨论后,经过修改,再施行试测。

　　题库建立之后,为了不断充实和提高,还应不断收集、征集和修改测题。库中测题每使用一次,都要将使用的年级、年龄、性别、人数,以及该题使用时的难度、区分度记录在卡片上。因为同一个测题在不同的情境下,表现出来的特征也有可能不相同。例如,由于被试成员的不同,参加测验的人数不同,测题排列的次序不同,同一个测题的难度和区分度也可能不尽相同。

　　有了题库,如果需要组织一次测验,可以根据测验的目的、内容,以及认识层次的比率将适宜的测题寻出来,就可以很快拼配成一份适用的测验。

练 习 题

1. 编制一个测验有哪几个步骤？

2. 试对某门学科某一章节的内容用布卢姆教育分类学的方法分析其认识层次。

3. 一份由客观型测题组成的测验应包括多少测题？其根据是什么？

4. 一个由50题组成的5重选择题测验，每答对1题得2分，某生做对35题，若排除了猜测因素，该生应得多少分？

5. 在编制测验的过程中，为什么要进行试测？怎样进行试测？

6. 筛选测题所依据的原则是什么？

7. 哲学成绩测验实验组和延伸组测验分数与效标分数如下表，试对该测验进行效度复核。

实验组	测验分数	26	30	25	32	27	34	24
	效标分数	28	27	29	30	31	35	26
延伸组	测验分数	31	25	20	30	26	33	28
	效标分数	34	21	18	35	26	31	29

8. 题库中的测题应具备什么条件？

9. 测验说明书应包括哪些内容？

第十一章 标准参照测验及其鉴定

第一节 标准参照测验概述

一、什么是标准参照测验

格雷(W. M. Gray)对 40 多位教育与心理测量学者关于标准参照测验定义进行了分析,发现其定义共有 57 种之多,至今尚未定论。总的来说,标准参照测验是以预定的标准为参照,来衡量个体被试是否达到标准的一种测验。所谓标准是由测验所参照的行为领域(内容范围)或教学目标所确定的被试在测验上应当达到的行为表现水平。而测验就是从这一行为领域或教学目标中抽取出来的样本。对个体被试测验反应结果可以用标准直接加以解释。凡反应水平等于或超过标准者为测验通过者;反应水平低于标准者为未通过者。

标准参照测验分为两类:一类是领域参照测验,另一类是掌握测验。领域参照测验必须对行为领域进行严格而精确的界定,以便对个体领域分数具有可解释性。掌握测验源于"掌握学习"理论,它建立在一组教学和行为目标之上,按教学目标把被试分为掌握者及未掌握者。

标准参照测验的应用十分广泛,如在各级各类学校的各学科平时教学中区分学生是否达到掌握程度的学科考试;判断普通初、高中学生是否达到毕业水准的毕业考试;各行各业各单位的招聘、录用考试;任职资格证书考试;从业执照考试,等等,都属于标准参照测验。

二、标准参照测验理论的产生及发展

以经典测验理论为基础的常模参照测验,其主要功能是选拔和竞赛,用以确定被试在团体中的位置。然而 20 世纪五六十年代在美国教育改革中,人们提出了"为掌握而教学"、"个别化教学"等教学要求。为了有效地实现这些改革,教师必须能为某种知识、技能的"掌握"下定义,并在实践中能识别学生是否达到了掌握程

度。这就对传统的教育测量提出了挑战。因为常模参照测验常常为了提高测验的区分能力而舍去能判断被试是否掌握的题目,另外常模参照测验内容领域较广,难以用来确定被试的实际掌握程度。于是人们就产生了用绝对标准评定成绩的愿望。

格拉泽(Glaser)和克劳斯(Klaus)于1962年首先提出"标准参照测量"这一术语。格拉泽于1963年在《美国心理学家》杂志上发表了题为《教育技术和学习成果测量的一些问题》的论文,在文中提出了标准参照测验的思想,并将标准参照测验与常模参照测验之间的关系进行了比较。人们称此文的发表改变了教育测量的方向和结构,标志着标准参照测验理论的产生。但是,由于格拉泽思想的复杂和深奥,令人难以理解,加上人们对这一思想的陌生,因而此文在当时并没有引起许多人的关注。

1969年波帕姆(W. J. Popham)和赫塞克(T. R. Husek)在《教育测量杂志》上发表了题为《标准参照测量的应用》一文。文中进一步详述了格拉泽对两种测量所作的区分,并列举了两种测量方法的利和弊。此文的发表推动了标准参照测验理论的发展。伯克(R. A. Berk)称此文是一种唤起测量团体注意的刺激。正是由于这篇论文的发表,才使20世纪70年代成为标准参照测量理论有重大发展的十年。

70年代期间,教育与心理测量专家们对标准参照测验的概念作了进一步探讨,对测验编制原理和方法、分界分数的确定、信度的估计和效度的验证等方面进行了研究,提出了一系列数学模型。从70年代后期起,测量学者们除了陆续发表了一系列有关标准参照测验理论研究报告之外,还出版了专著,其中以伯克主编的两本书影响最大。一本是1980年出版的《标准参照测量技术的现状》,书中论述了如何界定标准参照测验的内容(或行为领域)及如何编写测题;阐述了标准参照测验的项目分析及测验分数的效度问题;评析了标准参照测验的三种信度估计方法。另一本是1984年出版的《标准参照测验构造指南》。书中总结和分析了标准参照测验理论发展状况,提出了以后需要研究的问题,为标准参照测验的实践提供了指导。这些专著的出版标志着标准参照测验理论趋于成熟。

在标准参照测验理论发展的同时,测验实践也在迅速发展。如1969年以后,波帕姆及其同事们编制和发表了许多标准参照测验,并在许多课堂上加以使用,使课堂实践者也变成了标准参照测验的狂热支持者。当时美国许多州的教育部也编制了许多标准参照测验。

80年代是新兴测量理论——项目反应理论蓬勃发展的十年。项目反应理论在实际应用方面有三个重要成就,其中之一就是对测验编制的指导。伯恩鲍姆将费啸的测验信息结构的测度引入测验之中,通过建立测验信息目标函数来影响测验的结果,从根本上改变了测验编制的指导思想。特别是对标准参照测验编制的指导,一改经典测验理论软弱无力的指导状态。项目反应理论有效地指导着标准参照测验编制的各个环节(详见第十二章第五节),使标准参照测验的编制在新型理论指导下向前发展。

三、标准参照测验与常模参照测验的区别与联系

关于什么是标准参照测验和常模参照测验,在本书第二章第二节已经论及,现仅从二者的区别与联系角度再加以强调。

(一)标准参照测验与常模参照测验的区别

1. 对测验结果解释的参照系不同

标准参照测验解释测验结果的参照系是预定的外部标准。这个标准是根据社会对所测特质的要求或教学目标的要求,在测验实施之前就确定的,是建立在被试团体之外的绝对标准。一般用达标与未达标的临界点(分界分数)来表示。

常模参照测验解释测验结果的参照系是常模,即标准化被试团体的平均数。常模产生在测验之后的被试团体之内,是个相对的参照点。

2. 对测验结果的解释不同

标准参照测验解释测验结果时,只需将个别被试的测验分数与标准(分界分数)相比较,从而对被试是否达到标准直接作出判定,被试之间的测验分数不必作比较,某个被试成绩的优劣不依赖于其他被试的行为表现。

常模参照测验对测验结果的解释是用常模组的平均数来说明某个被试的测验成绩在标准化被试团体中的相对地位。对测验成绩的解释完全依赖于常模组,脱离了这个常模组,就失去了对测验分数的解释功能。

3. 分数的形式不同

标准参照测验进行的是绝对评分,被试所获得的分数是绝对分数,一般用及格与不及格、达标与未达标、录取与未录取、合格与不合格、掌握与未掌握等形式表示。

常模参照测验进行的是相对评分,被试获得的是相对分数,一般是用百分等级分数及标准分数来表示。

4. 测验的用途不同

标准参照测验主要用于各级各类学校毕业证书考试;各行各业招聘、录用考试;任职资格证书考试;从业执照考试;以及平时的各科教学考试等。

常模参照测验主要用于选拔及竞赛性考试,以及能力分组等。如大学入学考试、研究生入学考试、各种学科竞赛等。

5. 测验的组成不同

标准参照测验的测量目标不多,内容不广,范围不大,其目的是为了保证在每

个测量目标上有足够的测题能准确地测出被试是否达到目标的状况。测题在测验中是按测量目标分组,测题与相应的测量目标相匹配,二者有高度的一致性。测量同一目标的题目既数量充足,又具有高度的同质性。测题的难易程度取决于测量目标的需要。测题的区分度对它来说是没什么意义的,因为它的目的不在于区分被试的个别差异。

常模参照检验中的测题难度适中,区分度较大。这样可以使被试测验成绩的分布范围较广,出现最大限度的变异性及离散度,从而增强测题对被试的鉴别能力,以利于对不同水平的被试进行可靠的区分。测题是从十分广泛的范围内抽取出来的,并以孤立和分散的形式分布在测验之中。

(二)标准参照测验与常模参照测验的联系

在某种情况下标准参照测验与常模参照测验必须严格区分,二者不可混淆。如飞机和汽车驾驶员资格证书考试就纯属于标准参照测验,其中不能含有常模参照测验的成分。也就是说,被试必须达到标准才能发给资格证书,而不能采用事先规定好的,考试成绩在前百分之多少之内的人发给资格证书的常模参照测验的办法。但是在有些情况下,标准参照测验和常模参照测验也不是截然分开的,绝对对立的。譬如人们在为某种被试团体确定标准时,总要考虑这种被试在所测特质上的一般发展水平,也就是说,标准中含有常模的因素。另外标准参照测验虽然强调标准的达成,但它并不抹煞被试间的个别差异。它承认无论在达标者内部,还是在未达标者内部,都存在着掌握百分比的不同。在有些情况下,标准参照测验与常模参照测验可结合使用。例如有些地区为了减轻工作量将初三毕业考试与高中入学考试合并为一次考试。这是因为这两种考试的内容都受初中各科教学大纲的制约;高中入学考试的淘汰率不高,初中毕业生中的绝大多数人可以升到高中就读。多年实践证明,这样做也是有效的。事实上人们在日常生活中也经常是把这两类不同的测验成绩结合起来使用。如人们在查问一位小学生期末考试某科成绩时,不仅要问是否及格,而且还要问这个分数在班级里排名第几,即在团体中的位置。可见标准参照测验与常模参照测验不仅有区别,而且还有联系。

第二节 标准参照测验分界分数的确定

一、分界分数的概念及意义

分界分数是将被试在某一测验上的成绩划分成通过与未通过、掌握与未掌握,或者划分成不同掌握程度能力组的分界点。它是测验分数量表上的某个点。根据测验目的若只需要将被试划分为达标与未达标两类,则只有一个分界分数;若需要将被试划分成几个不同的能力组,则需要有多个分界分数。

分界分数的作用就在于对被试测验结果的解释提供了直接依据;为实施测验的主管部门之决策提供了有力的依据。分界分数确定得是否科学合理,涉及到人才甄选、资格认定、成绩考核的正确与否。正因为它有如此重要的作用,人们为了将误判概率,即把已达标者误判为未达标者,或把未达标者误判为达标者的可能性,减少到最低限度,在确定分界分数时,都持谨慎态度。对确定分界分数的研究也成了标准参照测验理论中的一个热点。根据现有的文献资料统计,分界分数的确定及矫正方法就有 38 种之多,其发展有着成为标准参照测验理论分支的趋势。

伯克将分界分数的确定分为三类:第一类是根据潜在特质或能力的假设将分界分数确定方法分为状态模型和连续模型。其中状态模型假设认为:掌握或真分数行为表现是一种全有全无的状态,故将真正掌握的分界分数值设立在 100%。其偏差归因为"假掌握"和"假未掌握"。连续模型假设认为:掌握行为是一种连续分布的能力,是连续体的上端区间。第二类是根据在确定分界分数时主要是依赖于专家判断还是依赖于被试的测验分数将其分为:判断法、判断经验法、经验判断法。其中判断法是指由一位或几位评判者不参考被试测验分数条件下,完全靠判断来确定分界分数的方法。判断经验法是指主要由专家作判断,但可以借助测验分数来确定分界分数的方法。经验判断法是指主要根据对被试测验分数的统计分析来确定分界分数的方法,而专家判断起次要作用。第三类是将经验判断法又分为两类,其中一类是使用经验资料确定分界分数的方法,另一类是使用经验资料估计误差等第,用以调节分界分数的方法。

在 38 种确定分界分数的方法中,连续模型有 23 种,占 60.53%,判断法占 1/3。

现将确定分界分数最常用的方法介绍于下。

二、最常用分界分数的确定方法

(一) 判断法

1. 安戈夫方法

该方法是由安戈夫(Angoff)于 1971 年提出。它是将多位评判者对刚达标的被试能正确回答每题概率估计值的平均数分别乘以各题满分分数,再求其和,而获得的分界分数。

例如,初三语文毕业考试各题满分分数如表 11.1 第 2 列所示,现用安戈夫方法确定此次考试的分界分数。首先请 5 位初三语文教师各自独立地对假设刚达标的学生(即达标学生中最差者)能正确回答各题的概率作估计,其估计值如第 3 列;5 位教师对每题估计值的平均数如第 4 列;各题满分分数与其正答概率平均数的乘积如第5列；其和为 $64.47 \approx 64$。这就是此次考试的分界分数。参加此次考试的学生，凡分数等于或大于 64 分者为达标，小于 64 分者为未达标。

表 11.1　5 位教师对假设的刚达标者正答各题概率的估计值

题序 (1)	满分 X (2)	教师判断的各题正答概率(%) (3)					正答概率平均值 $\overline{P}$(%) (4)	满分与正答概率平均值的乘积 $X\overline{P}$ (5)
		1	2	3	4	5		
1	14	90	85	85	90	85	87.00	12.18
2	16	65	63	60	65	68	64.20	10.27
3	18	60	55	60	55	60	58.00	10.44
4	20	35	30	33	38	35	34.20	6.84
5	17	75	70	75	75	70	73.00	12.41
6	15	80	75	85	83	88	82.20	12.33
总和	100							64.47

2. 安戈夫修正法

此法与安戈夫方法基本相同，惟一不同之处就是请评判者估计假设刚达标者能正确回答各题概率时，仅需从特定的 7 种概率值（5%、20%、40%、60%、75%、90%、95%）中选择其一。

例如，某校计算机课程毕业考试中操作部分满分为 50，各题满分分数如表 11.2 第 2 列。为了用安戈夫修正法确定此次考试的分界分数，请 4 位计算机教师对假设刚合格的学生能正确回答各题概率从上述 7 种概率值中选择，其结果如第 3 列；4 位教师每题正答概率平均值如第 4 列；各题满分分数与正答概率平均值的乘积如第5列；其和为 $31.86 \approx 32$。这就是此次考试的分界分数。参加此次考试的学生，分数等于或大于 32 分者为合格，小于 32 分者为不合格。

表 11.2　4 位教师对刚达标者各题正答概率的估计

题序 (1)	满分 X (2)	教师评判各题正答概率 P(%) (3)				正答概率平均值 $\overline{P}$(%) (4)	满分与正答概率平均值的乘积 $X\overline{P}$ (5)
		1	2	3	4		
1	7	90	75	95	90	87.50	6.13
2	10	75	75	90	75	78.75	7.88
3	13	40	40	60	40	45.00	5.85
4	12	60	40	60	40	50.00	6.00
5	8	75	60	90	75	75.00	6.00
总和	50						31.86

3. 纳西夫方法

该方法是由纳西夫(Nasiff)于 1978 年提出。其评判步骤是:(1)请评判者对假设刚达标者能否正确回答各题作估计。认为能正确回答,记为+1;不能正确回答记为-1;难以确定记为 0。(2)将各位评判者对某题的评判结果加以综合。其综合方法是:在某题评判结果-1、0、+1 中,哪种符号出现的次数百分比等于或大于 60%,就记为哪种符号;若某题-1、0、+1 出现次数百分比没有一种等于或大于 60%的,可将之转换成概率值。其转换方法为:记-1 的可转换成 30%,0 转换成 60%,+1 转换成 80%。各位评判者对该题的综合意见可用所转换的概率值的平均值来表示。(3)将各位评判者对每题的综合意见再用上述方法全部转换成得分率(概率值),如某题总评结果为-1,可转换成 30%,意思是说,刚达标者应得到该题 30%的满分分数。(4)各题得分率与其满分分数乘积之和,就是分界分数。

例如,小学六年级阅读理解考试,各题满分分数如表 11.3 第 2 列,现用纳西夫方法确定其分界分数。请 6 位小学语文教师对假设刚合格的学生是否能正确回答各题作判断,并按上述方法用-1、0、+1 加以表示。其判断结果如第 3 列。其中第 1、2 题+1 出现的百分比及第 4 题-1 出现的百分比都大于 60%,故分别记作+1 或-1。而第 3 题无任何一种符号出现次数的百分比等于或大于 60%,只好将符号转换成概率值。将+1 转换成 80%,0 转换成 60%,然后将每题总评意见全部转换成得分率(如第 5 列),再分别乘以各题满分分数(如第 6 列),求其和,则分界分数是 24.40 ≈ 24。凡等于或大于 24 分者为合格者,低于 24 分者为不合格者。

表 11.3　6 位教师对刚合格学生能否正确回答各题的判断

题序 (1)	满分 X (2)	教师评判结果 (3)						总评意见 (4)	得分率(%) P (5)	各题得分 XP (6)
		1	2	3	4	5	6			
1	7	+1	+1	+1	0	+1	+1	+1	80	5.60
2	9	0	+1	+1	0	+1	+1	+1	80	7.20
3	11	+1	0	0	+1	0	+1	+1	70	7.70
4	13	-1	-1	0	-1	0	-1	-1	30	3.90
总和	40									24.40

4. 埃贝尔方法

该方法由埃贝尔(Ebel)于 1979 年提出。它的特点是,为了使评判者比较准确地估计刚达标者各题正答概率,首先请每位评判者按测题难度(难、中、易)及测题与内容的相关性(高、中、偏低、极低)两个维度将每个测题归入 3×4 列联表的各格中。然后求每位评判者对刚达标者能正确回答各题的概率估计值与其满分分数乘积之和,再将各位评判者评判结果加以平均,即为此次考试的分界分数。

例如,国家公务员考试各题满分分数如表 11.4 所示。拟用埃贝尔方法确定其分界分数。请 8 位专家首先按测题难度及测题与内容的相关性将各题归入表11.5各格中。如其中一位专家将题目较难,且题目与内容相关性较高的第 4、7 题归入了左边第一格,其他以此类推。然后该专家为每格中各题估计刚达标者的正答概率,并与各题满分分数相乘,求其和,即为每小格得分,将各小格得分相加,如 $11.6+16+15.6+7+8.6+4.75=63.55\approx64$,即为该位专家所确定的分界分数。最后以 8 位专家所确立的分界分数的平均数 63 作为此次考试的分界分数(为了节省篇幅在此不列出其他 7 位专家的评判表)。此次考试分数凡等于或大于 63 分者被录用,小于 63 分者不被录用。

表 11.4　国家公务员考试各题满分分数

题序	1	2	3	4	5	6	7	8	9	10	11	12	总和
满分	4	6	7	8	12	15	12	10	8	7	6	5	100

表 11.5　一位专家对刚达标者正答不同难度及
不同内容相关性各题得分的评判

难度 水平	内 容 相 关 性			
	高 相 关	中 等 相 关	偏 低 相 关	极 低 相 关
难	④⑦ $8\times70\%+12\times50\%=11.6$	⑤⑨③ $12\times40\%+8\times70\%+7\times80\%=16$		
中		②⑥⑩ $6\times80\%+15\times30\%+7\times90\%=15.6$	⑧ $10\times70\%=7$	
易		①⑪ $4\times95\%+6\times80\%=8.6$		⑫ $5\times95\%=4.75$

5. 麦克尼恩及哈尔平方法

该方法由麦克尼恩(Malean)及哈尔平(Halpin)于 1984 年提出。它与埃贝尔方法基本相同,其不同之处是,为了使评判者较准确地估计刚达标者正答各题的概率,首先请各位评判者按完成测题所需的反应能力(记忆、理解、运用)及测量目标两个维度将各题归入列联表的各格中,其他步骤与埃贝尔方法相同。

例如,某大学基础英语考试的各题满分分数如表 11.6 所示。现用麦克尼恩及哈尔平方法确定其分界分数。首先请 7 位大学基础英语教师按反应能力(记忆、理解、运用)及测量目标(语音、词汇、语法、结构、阅读)将各题分配到 3×5 列联表各格中。表 11.7 是其中一位教师的分配结果,然后该位教师为每格中各题估计刚达标者答对概率,并乘以各题满分分数,求其和,即为各格的得分。将各格得分相加,即 $11 + 8.9 + 4.5 + 7.8 + 4.9 + 8.8 + 10.3 + 7 = 63.20 \approx 63$,这就是该位教师所确定的分界分数。最后以 7 位教师所确定的分界分数的平均数 62 为此次考试的分界分数(其他 6 位教师的评判结果在此不予列出)。此次考试分数凡等于或大于 62 分者为合格,小于 62 分者为不合格。

表 11.6　某大学基础英语考试各题满分分数

题序	1	2	3	4	5	6	7	8	9	10	11	12	13	总和
满分	4	5	7	7	10	11	14	10	9	7	6	6	4	100

表 11.7　一位教师对刚达标者正答不同反应能力

及不同测量目标各题得分的评判

反应能力	测量目标				
	语　音	词　汇	语　法	结　构	阅　读
记忆		③⑧ $7 \times 70\% + 10 \times 40\% = 8.9$			
理解		② $5 \times 90\% = 4.5$	⑦⑬ $14 \times 30\% + 4 \times 90\% = 7.8$	⑪① $6 \times 80\% + 4 \times 100\% = 8.8$	⑥⑫ $11 \times 50\% + 6 \times 80\% = 10.3$
运用	④⑨ $7 \times 80\% + 9 \times 60\% = 11$		⑩ $7 \times 70\% = 4.9$		⑤ $10 \times 70\% = 7$

(二)判断与经验法

这是一种先由评判者对达标者、未达标者、难以确定是否达标者进行区分,然后根据所区分出的三种被试测验成绩来确定分界分数的方法。它包括以下三种方法。

1. 边缘组法

该方法由利文斯顿(Livingston)和兹利(Zeiley)于 1982 年提出。其操作步骤是:请评判者首先界定在所测量的内容上刚达到合格水平的最低行为标准。然后从应试者中选出行为表现与所界定的刚合格的行为标准相接近的被试,组成边缘组。该组的被试甚至于是评判者难以判定他们是否达到标准的一些被试,故称边缘组。最后以边缘组被试该次考试分数的中位数作为分界分数。

例如,有246人参加某次会计师资格考试,现用边缘组法确定分界分数。首先请几位专家界定在所测量的内容方面刚达标者的行为标准,然后依此标准对应试者一一作评判,从中挑选出边缘组被试34人。为了求边缘组被试此次考试分数的中位数,将他们的考试分数编成简单及累积频数分布表11.8。

表 11.8　会计师资格考试边缘组成绩分布表

分　　数	45～	50～	55～	60～	65～	70～	75～	80～	总和
频　　数	1	2	4	10	7	6	3	1	34
累积频数	1	3	7	17	24	30	33	34	

然后用下式计算其中位数

$$Md = L_{md} + \left(\frac{N}{2} - n_1 \right) \frac{i}{f_{md}} \qquad (11.1)$$

在这里　Md 表示中位数

L_{md} 表示中位数所在组的下限

N 表示总频数

n_1 表示小于中位数所在组下限的频数总和

i 表示频数分布表的组距

f_{md} 表示中位数所在组的频数

该例 $N = 34$,$N/2 = 34/2 = 17$,从表11.8累积频数一行中可以看出,中位数落在 60～65 这一组。小于所在组下限 60 的累积频数 $n_1 = 7$,将有关数据代入(11.1)式,则

$$Md = 60 + \left(\frac{34}{2} - 7 \right) \times \frac{5}{10}$$

$$= 65$$

边缘组考试分数的中位数为 65 分,这就是此次考试分数的分界分数。凡考试成绩等于或大于 65 分者获得会计师资格证书,小于 65 分者不能获得资格证书。

2. 对照组方法

对照组方法与边缘组方法相依而生。在所有应试者中除去边缘组被试之外,再根据所界定的行为标准将余下来的被试划分成达标者及未达标者就形成了对照组。将达标者与未达标者此次考试分数的频数分布曲线绘制在同一坐标轴上。若

达标者误判为未达标者与未达标者误判为达标者有着相同的严重性,则可用两条曲线重叠面积的均分点作为此次考试的分界分数。这样可以使真正的达标者而考试却未通过的误差(概率)与真正未达标者而考试却通过的误差(概率)相等。若两种误判后果的严重性不同,可根据实际需要来分割两条曲线重叠的面积,从而选择合适的分界分数。

上例 246 人参加某次会计师资格考试,除去边缘组 34 人外,其余的合格者 194 人及不合格者 18 人的频数分布表如表 11.9 所示。为了用对照组法确定其分界分数,将两组频数分布曲线绘制在同一个坐标轴上,如图 11.1 所示。现两种误判严重性相等,则用两条曲线重叠面积的均分点作为分界分数。从图 11.1 上看,其均分点为 65 分。这与用边缘组法所确定的分界分数相同。

表 11.9　会计师资格证书考试达标及未达标成绩分布

分　数	30～	35～	40～	45～	50～	55～	60～	65～	70～	75～	80～	85～	90～	95～	总和
频数 达标组						2	3	13	28	38	43	34	26	7	194
未达标组	1	1	2	1	2	4	3	2	1	1					18

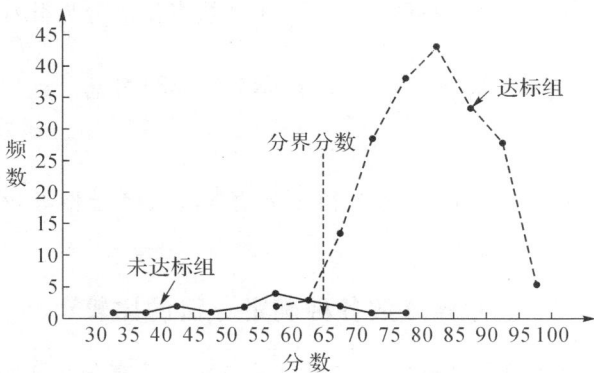

图 11.1　会计师资格考试达标及未达标者成绩分布

3. 依据常模和定额确定分界分数的方法

这种方法是根据某种可接受的已知通过率来直接确定分界分数的方法。如果某一需要确定分界分数的测验与另一种已知的测验相关性较强;实践证明已知的分界分数是有效的,即用已知测验的通过率作决策是可接受的、实用的;根据经验得知需要确定分界分数测验的通过率与已知测验通过率相近,这时可用已知测验的通过率来直接确定需要确定分界分数测验的分界分数。

例如,现在需要为今年初三英语毕业会考确定分界分数。根据经验得知,历年来初三英语毕业会考的通过率都在 95% 左右。实践也证明,教育主管部门历年来以 5％淘汰率作决策效果是比较好的。今年初三毕业生的水平及考试难度都与往年无大变化,于是可以用 95％通过率(即 5％淘汰率)来确定今年初三英语毕业会考的分界分数。其具体操作步骤是:首先将今年初三英语毕业会考分数编成简单及累积频数(从数值小向数值大的方向上累积)分布表 11.10。 然后用本书第八章

表 11.10 今年初三英语毕业会考成绩分布

分 数	50～	55～	60～	65～	70～	75～	80～	85～	90～	95～	100～	105～	110～	115～	总和
频 数	1	3	5	6	8	15	34	56	76	104	94	48	37	13	500
累积频数	1	4	9	15	23	38	72	128	204	308	402	450	487	500	

$$P_p = L_p + \left(\frac{P}{100}n - n_1\right)\frac{i}{f_p}$$

第二节公式(8.1)计算此次考试第 5 百分位数即为此次考试的分界分数。上式中第 5 百分位数的 $\frac{P}{100} = \frac{5}{100} = 0.05$,$\frac{P}{100}n = 0.05 \times 500 = 25$。从表 11.10 累积频数一行中可以看出,第 5 百分位数落在 75～80 这一组中,于是小于所在组下限 75 的累积频数 $n_1 = 23$。将有关数据代入上式,则此次考试的分界分数为:

$$P_5 = 75 + (0.05 \times 500 - 23) \times \frac{5}{15}$$

$$= 75.67 \approx 76$$

凡此次考试分数等于或大于 76 分者为初三英语毕业会考合格者,小于 76 分者为不合格者。

三、分界分数各种确定方法的比较

伯克对于评价分界分数的确定方法提出了技术上的充分性和实用性两方面标准。所谓技术上的充分性是指满足测量和统计原理的程度,即某种分界分数确定方法是否有充足的理论依据。这一标准又包括以下五个方面内容:(1)能否提供有利于正确判定达标与未达标的适当信息,即能否确定一个或几个分界分数。(2)对被试的实际测验成绩的敏感性,即对被试实际测验成绩的反映程度。(3)对教学或训练效果的敏感性,即对教学或训练实际效果的反映程度。(4)统计上的理论依据。(5)提供决策的效度证据,即对于正确判断及错误判断概率的估计。所谓实用性标准是指分界分数的确定方法是否易于理解、实施及计算。该标准包括以下四个方面:(1)易于实施;(2)易于计算;(3)易于向非专业人员解释;(4)非专业人员对它的可信性。

伯克又将某种分界分数的确定方法满足某一标准的程度用四个等级来表示。"1"表示对某一评价标准满足得很不好,"2"表示不好,"3"表示好,"4"表示极好。

上面所介绍的几种确定分界分数的方法满足这 9 条评价标准的程度如表 11.11所示。

表 11.11　分界分数各种确定方法的比较

评　价　标　准		判　　断　　法					判断与经验法		
		安戈夫方法	安戈夫修正法	纳西夫方法	埃贝尔方法	麦克尼恩与哈尔平方法	边缘组方法	对照组方法	按常模确定法
技术上的充分性	1. 提供适当分类信息	4	4	4	4	4	4	4	4
	2. 对被试实际测验成绩的敏感性	1	1	1	3	1	4	4	4
	3. 对教学及训练成果的敏感性	2	2	1	2	2	3	4	2
	4. 统计上的可靠性	4	4	2	2	2	3	3	2
	5. 提供决策效度证据	1	1	1	1	1	1	4	2
实用性	1. 易于实施	3	3	3	3	2	3	3	3
	2. 易于计算	4	4	3	4	3	4	4	3
	3. 易于向非专业人员解释	4	4	3	4	2	4	4	2
	4. 非专业人员对此法的可信性	4	4	3	4	2	2	2	2

判断法的优点是:易于理解、计算和实施,有较强的实用性。其缺点是:(1)很难满足技术上的充分性。(2)主观性较强,从而导致所确定的分界分数带有不精确性和不一致性。如不同的评判者对同一个测验用同一种方法的评判结果差异较大;由同一组评判者对同一个测验采用不同方法所确定的分界分数也有差异。即不同的评判者之间,不同方法之间都缺乏较高的一致性。这可能是由于各位评判者对刚达标者的掌握程度、测题的难度、测题与内容的相关性、完成测题所需的反应能力,以及对测量目标的理解不同所致。如果在评判者独立评判之后,进行交流讨论,在考虑分歧意见的情况下,再重新评判,直至达到满意结果为止,这会使一致性有较大改善。(3)有系统地低估或高估被试实际水平的倾向。

判断与经验法中的几种方法,其优点是:(1)技术上的充分性较高,特别是对照组法在确定分界分数时考虑到两类误判的相对严重性,使所确定的分界分数更加符合实际需要。依此作决策更加准确、科学、合理。所以,对照组法最受人们的推崇。(2)将评判者的评判与被试实际测验成绩相结合,比判断法在某种程度上减少了主观性。(3)在实用性方面与判断法相比,虽说有所下降,但边缘组方法、以常模和定额确定分界分数的方法还是比较易于理解、计算和实施的。其缺点是:对达标者、边缘者、未达标者行为反应的界定比较困难;根据所界定的行为标准对被试的区分既困难又带有一定的主观性。特别是对边缘组被试的挑选更为困难。另外边缘组被试常因样本容量不足,使得所确定的分界分数波动较大。

第三节　标准参照测验的测题分析

因为标准参照测验的目的在于测量被试是否达到了预定的测量目标,而不是测量被试的相对位置和等第,所以常模参照测验分析鉴定测题质量,筛选测题的指标——难度及区分度,对标准参照测验来说是不适用的。标准参照测验测题的难度由测量目标及内容所决定,测题的区分度对它来说是没有意义的。假如测量目标及内容较为简单,测题必然比较容易,可能所有的被试都能答对某个题目,其难度值等于 1,区分度为 0。但是,对于标准参照测验来说,该题仍然是有效的。

标准参照测验进行测题分析所要考查的是:(1)测题对于被试是否达到目标的区分和鉴别的能力,即考查测题是否有助于对达标者及未达标者作出正确判断。(2)测题是否测量了相应的内容和目标。(3)测题编写的技术性问题。测题分析常用的方法有测题识别度分析,敏感度分析及测题与目标一致性程度分析(即效度分析)等。关于测题与目标一致性分析将在本章第五节予以阐述。

一、测题识别度分析

测题识别度指数是达标者及未达标者对某题答对人数比率之差。其计算公式为:

$$D = P_p - P_n \tag{11.2}$$

在这里　D 表示测题的识别度指数

P_p 表示达标者中对某题的正确回答人数比率

P_n 表示未达标者中对该题正确回答的人数比率

例如,某一标准参照测验的分界分数为 64 分,40 名应试者考试分数等于及大于 64 分者有 32 人,低于 64 分者有 8 人,在合格者中答对某题的有 24 人,在不合格中答对该题的有 4 人。根据(11.2)式,该题的识别度指数为:

$$D = \frac{24}{32} - \frac{4}{8}$$
$$= 0.25$$

识别度指数的数值范围在－1至＋1之间。若识别度指数为零，表明该题对达标者及未达标者没有什么识别能力。因为达标者与未达标者对该题答对人数比率一样；若识别度指数为负值，表明该题的质量很差，因为它不仅不能鉴别达标者及未达标者，反倒是未达标者对该题答对人数比率高于达标者，是一种反常现象；识别度指数为正值，其数值越大对达标者及未达标者二类人的鉴别力越强，测题质量越好。但是识别度指数的数值一般不会太高，因为标准参照测验测题难度一般较小，特别是平时教学的达标性考试是按照让绝大多数学生都能通过的原则设计的。本例识别度指数为 0.25，属于有良好识别作用的测题。

识别度指数的最大优点是，只需对一组被试实施一次测验即可求出。它的缺点是，识别度指数的计算及解释受到分界分数大小的限制。

二、敏 感 度 分 析

测题的敏感度是指测题对教学效果的反映能力。若同一测题在教学前、教学过程中及教学后，对同一个学生先后施测四次，做对用"＋"表示，做错用"－"表示。如果学生的反应模式为：

$$1. \quad - - - + , \qquad 2. \quad - - + + , \qquad 3. \quad - + + +$$

表明测题对教学效果有足够的敏感度及反映能力，即测题有较强的敏感性。如果学生的反应模式为：

$$1. \quad + - - - , \qquad 2. \quad + - + - , \qquad 3. \quad - - - -$$

表明测题没能反映出教学效果，对教学效果感受能力差，即敏感性差。

进行敏感度分析所用的指标是敏感性指数。所谓敏感性指数是指同一组被试对某个测题在教学前后答对人数比率之差，或者对等的教学组与未教学组对某题答对人数比率之差。用公式可表示为：

$$S = \frac{R_A - R_B}{T} \qquad\qquad (11.3)$$

在这里　S 表示敏感性指数

　　　　R_A 表示教学后（或教学组）某题答对人数

　　　　R_B 表示教学前（或未教学组）该题答对人数

　　　　T 表示作答该题的总人数

例如，表 11.12 是用同一个标准参照测验的 5 个测题对同一组学生在教学前后施测两次所求得的各题敏感性指数。其中第 1 题的敏感性指数为：

$$S = \frac{8-4}{8}$$
$$= 0.50$$

其他各题的敏感性指数列在表的最下面一行。

表 11.12　某标准参照测验测题敏感性指数

学生序号	测题序号 1		2		3		4		5	
	前	后	前	后	前	后	前	后	前	后
1	－	＋	－	＋	＋	＋	＋	－	－	－
2	＋	＋	－	＋	＋	＋	＋	－	－	－
3	＋	＋	－	＋	＋	＋	＋	－	－	－
4	－	＋	－	＋	＋	＋	＋	－	－	－
5	－	＋	－	＋	＋	＋	＋	－	－	－
6	－	＋	－	＋	＋	＋	＋	－	－	－
7	＋	＋	－	＋	＋	＋	＋	－	－	－
8	－	＋	－	＋	＋	＋	＋	－	－	－
S 值	0.50		1.00		0.00		－1.00		0.00	

S 的数值范围在－1 至＋1 之间，只要 S 值大于 0 就是有效的测题，其值越大，表明测题对教学效果反映得越灵敏；若 S 为 0 或为负值，表明它不能反映出预期的教学效果，是不良的测题。

下面根据 S 值的大小对表11.12中 5 个测题的敏感性进行分析。

第 1 题，$S = 0.50$，该题是个有效的测题。因为通过教学，答对该题的人数比率从 0.5 上升到了 1。

第 2 题，$S = 1$，教学前所有的学生都答错，教学后所有的学生都答对，是一个对教学效果反映极灵敏的测题。同时也说明教学是有效的。

第 3 题，$S = 0$，教学前后所有的学生都答对，表明该题太容易，无法反映教学的影响。

第 4 题，$S = -1$，教学前所有学生都答对，教学后所有学生反而都答错，是质量最差的测题。当然也可能是极容易的题目，学生不学也会做，但因教学不当，教学后反把学生搞糊涂了。

第 5 题，$S = 0$，教学前后都无人做对，表明测题太难，不能反映教学效果。

敏感性指数存在以下几个缺点：(1)为了计算敏感性指数需要实施两次测验，浪费人力、物力和时间。(2)若用同组学生教学前后的反应求 S 值，则需等到教学结束后才能计算 S 值，可操作性较差。(3)敏感性指数本身无法将教学因素与测题因素区分开来。例如上述第3,4,5题S值很低的原因,可能是测题太易、太难、题意模糊不清,也可能是教学效果不好。所以,仅根据S值无法把测题质量与教学效果区分开来。(4)若用同组被试教学前后对某题的反应来计算S值,可能会因重复测量而产生练习效应。也就是说,若后测成绩优于前测成绩,我们无法分辨成绩进步是因为教学的效果,还是因为学生熟悉了题目的内容或解答方式所致。如果前测后测时隔太短,练习效应会更大。若用教学组与未教学组对某题的反应来计算S值,其等组化较为困难。配成各方面都相等的两个被试在实际工作中是相当困难的。

尽管敏感性指数有这么多缺点,但在目前尚无更好方法的情况下,人们仍用它来评价、鉴定标准参照测验的测题。

第四节 标准参照测验信度的估计

由于标准参照测验的目的在于考察被试在所测特质上的绝对水平,而不是被试间的差异,因此搬用常模参照测验中的相关或方差分析来表示标准参照测验的信度并不适宜。针对标准参照测验的特点,近年来测验专家提出了不少描述标准参照测验信度的统计量,根据其作用,大致可分为两种类型。

一、分类一致性信度

分类一致性信度是一个标准参照测验在重复施测时对于掌握者与未掌握者分类的一致性程度。其信度指标的估计方法有以下几种。

(一)斯明旺内森方法

斯明旺内森方法(Swaminnathan Method)适合于对同一组被试实施两次测验(再测或复本)的情形。将两次测验成绩按其分界分数把被试分成掌握者与未掌握者,这样就可以构成一个 2×2 的列联表来表示该组被试在两个测验上的掌握情况。

表 11.13 两次测验掌握与未掌握的区分结果

测 验 1	测 验 2		总 和
	掌 握	未掌握	
掌 握	p_{11}	p_{10}	$p_{1.}$
未 掌 握	p_{01}	p_{00}	$p_{0.}$
总 和	$p_{.1}$	$p_{.0}$	1

表中 p_{11} 表示在两个测验上都被区分为掌握者的被试占被试总数的比率，p_{00} 表示在两个测验上都被区分为未掌握者的被试占被试总数的比率，p_{10}、p_{01} 则分别表示在一个测验上被区分为掌握者而在另一测验上被区分为未掌握者的被试占被试总数的比率。因此，可用在两次测验上被一致区分的被试比率 ρ_0 作为标准参照测验分类一致性信度系数。其估计量 $\hat{\rho}_0$ 为：

$$\hat{\rho}_0 = p_{11} + p_{00} \tag{11.4}$$

显然 $\hat{\rho}_0$ 的上限是 1，只有当所有被试在两次测验上都被一致区分时才产生。对于两个等值的测验，$\hat{\rho}_0$ 的下限是指在两个测验上被偶然地一致区分的被试比率。就是说即使两个测验内容毫不相干，单凭偶然因素也有可能使一部分被试被一致地区分，从而使 $\hat{\rho}_0$ 很难接近其下限 0。分类一致性信度的 K 指标就是剔除了偶然因素影响真正由测验所作区分的比率，其估计量 $\hat{K}$ 为：

$$\hat{K} = \frac{\hat{\rho}_0 - \hat{\rho}_c}{1 - \hat{\rho}_c} \tag{11.5}$$

在这里 $\hat{\rho}_c$ 表示被试被偶然地一致区分的比率

$$\hat{\rho}_c = p_{1.} \, p_{.1} + p_{0.} \, p_{.0} \tag{11.6}$$

在这里 $p_{1.} \, p_{.1}$ 表示测验 1 上掌握者人数比率与测验 2 上掌握者人数比率的乘积

$p_{0.} \, p_{.0}$ 表示测验 1 上未掌握者人数比率与测验 2 上未掌握者人数比率的乘积

例如，40 名同学参加了两次平行测验，他们在两个测验上掌握与未掌握的情况如表 11.14 所示（括号内数字为学生人数），试估计测验的分类一致性信度。

表 11.14　40 名同学两次测验掌握与未掌握的结果统计

测　验　1	测　验　2		总　　和
	掌　握	未掌握	
掌　握	0.40(16)	0.20(8)	0.60(24)
未　掌　握	0.15(6)	0.25(10)	0.40(16)
总　　和	0.55(22)	0.45(18)	1(40)

根据题意，将有关数字分别代入公式(11.4)、(11.6)、(11.5)，则该测验的分类一致性信度估计值 $\hat{\rho}_0$、$\hat{K}$ 分别为：

$$\hat{\rho}_0 = p_{11} + p_{00} = 0.40 + 0.25 = 0.65$$

$$\hat{\rho}_c = p_{1.}p_{.1} + p_{0.}p_{.0} = 0.60 \times 0.55 + 0.40 \times 0.45 = 0.51$$

$$\hat{K} = \frac{\hat{\rho}_0 - \hat{\rho}_c}{1 - \hat{\rho}_c} = \frac{0.65 - 0.51}{1 - 0.51} = 0.29$$

（二）萨白考维克方法

萨白考维克方法（Subkoviak Method）只需要一次测验，它以一个被试在重复测验中的观察分数的二项分布为理论假设，通过一系列复杂计算估计出每一被试被一致区分的概率来获得信度系数。下面通过一个例子来具体介绍该方法的步骤。

例如，40 名学生做 20 道 0，1 记分的测题，其得分如表 11.15 所示（表中第 1 列 X 表示测验得分，第 2 列 N_X 表示频数），分界分数确定为 12，库德—理查逊 20 系数为 0.78，试估计该测验的信度。

先确定符号的意思，N 表示被试人数，n 表示测题数量，c 表示分界分数。

1. 计算平均数和库德—理查逊 20 系数。

$$\hat{\mu} = \frac{\sum N_X X}{N} = \frac{447}{40} = 11.17$$

库德—理查逊 20 系数可用本书第三章公式（3.7）计算，本例中 $\hat{\alpha}_{20}$ 已直接给出。

2. 计算 $\hat{p}_X$。如果把测验的题目看作是来自实际或假设的题目全域中的一个样本，$\hat{p}_X$ 表示一个测验上得分是 X 的被试正确回答那个全域题目的期望比率，也可以看作是该被试对题目正确反应的概率（表 11.15 第 3 列数据）。

$$\hat{p}_X = \hat{\alpha}_{20}(X/n) + (1 - \hat{\alpha}_{20})(\overline{X}/n)$$

比如，本例中得分为 5 分的被试正确回答题目全域的比率为：

$$\begin{aligned} \hat{p}_X &= \hat{\alpha}_{20}(X/n) + (1 - \hat{\alpha}_{20})(\overline{X}/n) \\ &= 0.78(5/20) + (1 - 0.78)(11.17/20) \\ &= 0.32 \end{aligned}$$

3. 计算对题目正确反应比率为 $\hat{P}_X$ 的被试正确回答题目数超过分界分数从而被区分为掌握者的概率 $\hat{P}_X$。可以查二项分布表，也可以代入二项分布通式计算 $\hat{P}_X$（表11.15第 4 列数据）。如在测验上得分为 5，正确回答题目全域比率为 0.32 的被试被区分为掌握者的概率为：

$$\hat{P}_X = \sum_{i=c}^{n} C_n^i \hat{p}_X^i (1 - \hat{p}_X)^{n-i}$$

$$= \sum_{i=12}^{20} C_{20}^i (0.32)^i (1-0.32)^{20-i}$$
$$= 0.008\ 6$$

4. 计算具有 $\hat{P}_X$ 的一个被试在两个测验上被一致区分的概率(表 11.15 第 5 列数据)。如上面那个得分为 5 分,被区分为掌握者概率为 0.008 6 的被试在两个测验上被一致区分的概率为:

$$\hat{P}_X^2 + (1-\hat{P}_X)^2 = 1 - 2(\hat{P}_X - \hat{P}_X^2)$$
$$= 1 - 2(0.008\ 6 - 0.008\ 6^2)$$
$$= 0.983\ 0$$

表 11.15 萨白考维克方法计算步骤说明

X (1)	N_X (2)	$\hat{P}_X$ (3)	$\hat{P}_X$ (4)	$1-2(\hat{P}_X - \hat{P}_X^2)$ (5)	$N_X[1-2(\hat{P}_X - \hat{P}_X^2)]$ (6)	$N_X\hat{P}_X$ (7)
20	0	0.90	1.000 0	0.999 9	0.000 0	0.000 0
19	0	0.86	0.999 4	0.998 7	0.000 0	0.000 0
18	0	0.82	0.996 0	0.992 0	0.000 0	0.000 0
17	1	0.79	0.984 4	0.969 2	0.969 2	0.984 4
16	1	0.75	0.955 9	0.915 8	0.915 8	0.955 9
15	4	0.71	0.901 4	0.822 3	3.289 2	3.605 8
14	9	0.67	0.815 3	0.698 8	6.289 1	7.337 4
13	5	0.63	0.699 1	0.579 3	2.896 3	3.495 4
12	4	0.59	0.562 6	0.507 8	2.031 3	2.250 3
11	2	0.55	0.420 9	0.512 5	1.025 0	0.841 9
10	2	0.51	0.290 2	0.588 0	1.176 0	0.580 4
9	1	0.47	0.182 6	0.701 5	0.701 5	0.182 6
8	3	0.43	0.103 6	0.814 3	2.442 8	0.310 8
7	1	0.40	0.052 3	0.901 0	0.901 0	0.052 3
6	3	0.36	0.023 0	0.955 1	2.865 2	0.069 0
5	2	0.32	0.008 6	0.983 0	1.965 9	0.017 2
4	1	0.28	0.002 6	0.994 7	0.994 7	0.002 6
3	0	0.24	0.000 6	0.998 7	0.000 0	0.000 0
2	0	0.20	0.000 1	0.999 8	0.000 0	0.000 0
1	1	0.16	0.000 0	1.000 0	1.000 0	1.000 0
0	0	0.12	0.000 0	1.000 0	0.000 0	0.000 0
总和	40				29.463 2	20.686 0

5. 用加权平均法计算$\hat{\rho}_0$。先将第 2 列与第 5 列相乘,可以得到得分为 X 的 N_X 个被试在两个测验上被一致区分的可能人数(表 11.15 第 6 列),如测验上得分为 5 的 2 个被试被一致区分的可能人数为:$2 \times 0.983\,0 = 1.965\,9$。再将第 6 列数据累加求和得到所有被试被一致区分的可能人数为 29.463 2(表 11.15 第 6 列最后一行数据)。最后除以总被试人数,即可获得一致性信度的估计值$\hat{\rho}_0$。

$$\hat{\rho}_0 = \frac{29.463\,2}{40} = 0.74$$

6. 估计偶然性因素造成的一致性比率$\hat{\rho}_c$。先将表中第 2 列与第 4 列相乘,可以得到得分 X 的 N_X 个被试在一个测验上被区分为掌握者的可能人数(表 11.15 第 7 列),如测验上得分为 5 的 2 个被试在一个测验上被区分为掌握者的可能人数为 $2 \times 0.008\,6 = 0.017\,2$。再将第 7 列数据累加求和得到所有被试在一个测验上被区分为掌握者的可能人数为 20.686 0(表 11.15 第 7 列最后一行数据)。再除以总被试人数,即可得到所有被试在一个测验上被区分为掌握者的比率 $p_{1.}$。由于 $p_{1.} = p_{.1}$,$p_{0.} = p_{.0}$,$p_{0.} = 1 - p_1$,根据公式(11.6)可得:

$$\hat{\rho}_c = p_{1.}\,p_{.1} + p_{0.}\,p_{.0} = p_{1.}^2 + (1 - p_{1.})^2$$

$$= \left(\frac{20.686\,0}{40}\right)^2 + \left(1 - \frac{20.686\,0}{40}\right)^2 = 0.50$$

7. 代入公式(11.5)可得到$\hat{K}$:

$$\hat{K} = \frac{\hat{\rho}_0 - \hat{\rho}_c}{1 - \hat{\rho}_c} = \frac{0.74 - 0.50}{1 - 0.50} = 0.48$$

(三) 惠恩反正弦近似正态法

惠恩方法(Huynh Method)先进行反正弦转换使测验分数近似正态,然后通过查双变量正态分布函数与关联函数表进行相关计算来获得信度系数。仍以萨白考维克方法的例子介绍具体步骤。

1. 计算平均数、标准差、库德—理查逊系数 21 以及参数 α 的值,并确定分界分数。本例中 $c = 12$,$\hat{\mu} = 11.17$。

$$\hat{\sigma} = \sqrt{\frac{\sum N_X X^2}{N-1} - \frac{(\sum N_X X)^2}{N(N-1)}}$$

$$= \sqrt{\frac{5\,569}{40-1} - \frac{447^2}{40(40-1)}} = 3.84$$

$$\hat{\alpha}_{21} = \frac{n}{n-1}\left[1 - \frac{\hat{\mu}(n - \hat{\mu})}{n\hat{\sigma}^2}\right]$$

$$= \frac{20}{20-1}\left[1 - \frac{11.17(20 - 11.17)}{20 \times 3.84^2}\right] = 0.70$$

$$\hat{\alpha} = \left(-1 + \frac{1}{\alpha_{21}}\right)\hat{\mu}$$

$$= \left(-1 + \frac{1}{0.70}\right) \times 11.17 = 4.79$$

2. 将有关变量反正弦转换,使测验分数近似正态化。

$$\hat{\mu}' = \sin^{-1} \sqrt{\hat{\mu}/n}$$

$$= \sin^{-1} \sqrt{11.17/20} = 0.844$$

$$\hat{\sigma}' = \sqrt{(\hat{\alpha}_{21} + 1)/(\hat{\alpha} + n)}$$

$$= \sqrt{(0.70 + 1)/(4.79 + 20)} = 0.262$$

$$\hat{\rho} = \hat{\alpha}_{21} \sqrt{(n-1)/(n + \hat{\alpha}_{21})}$$

$$= 0.70 \times \sqrt{(20-1)/(20 + 0.70)} = 0.671$$

$$c' = \sin^{-1} \sqrt{(c - 0.5)/n}$$

$$= \sin^{-1} \sqrt{(12 - 0.5)/20} = 0.861$$

经过转换之后,上述变量分别对应于平均数、标准差、内在一致性信度系数和分界分数。

3. 计算分界分数对应的标准分 z。

$$z = (c' - \hat{\mu}')/\hat{\sigma}'$$

$$= (0.861 - 0.844)/0.262 = 0.065$$

4. 查双变量正态分布函数与关联函数表(附表 9),得到单变量小于或等于分界分数的概率 $\hat{p}_z$(附表 9 第 2 列数据)。本例中 $z = 0.065$ 介于 $0.00 \sim 0.10$ 之间,进行插值计算估计 $\hat{p}_z$。

由 $\dfrac{0.00 - 0.065}{0.00 - 0.10} = \dfrac{0.500\,0 - \hat{p}_z}{0.500\,0 - 0.539\,8}$ 得 $\hat{p}_z = 0.525\,9$

5. 查双变量正态分布函数与关联函数表,得到在两个变量相关为 $\hat{\rho}$(第 1 行数据)的情况下,z 小于或等于分界分数的概率 $\hat{p}_{zz}$。本例中相关系数 $\hat{\rho} = 0.671$ 介于 $0.60 \sim 0.70$ 之间,$z = 0.065$ 介于 $0.00 \sim 0.10$ 之间,需要经过三次插值计算才能估计出 $\hat{p}_{zz}$。

当 $\hat{\rho} = 0.671$,$z \leqslant 0.00$ 时,由 $\dfrac{0.60 - 0.671}{0.60 - 0.70} = \dfrac{0.352\,4 - \hat{p}_{zz}}{0.352\,4 - 0.374\,3}$ 得 $\hat{p}_{zz} = 0.367\,9$

当 $\hat{\rho} = 0.671$,$z \leqslant 0.01$ 时,由 $\dfrac{0.60 - 0.671}{0.60 - 0.70} = \dfrac{0.393\,0 - \hat{p}_{zz}}{0.393\,0 - 0.413\,9}$ 得 $\hat{p}_{zz} = $

0.407 8

当 $\hat{\rho} = 0.671$，$z \leqslant 0.065$ 时，由 $\dfrac{0.00 - 0.065}{0.00 - 0.10} = \dfrac{0.367\,9 - \hat{p}_{zz}}{0.367\,9 - 0.407\,8}$ 得 $\hat{p}_{zz} =$
0.393 8

6. 计算 $\hat{\rho}_0$ 和 $\hat{K}$。

$$\hat{\rho}_0 = 1 - 2(\hat{p}_z - \hat{p}_{zz})$$
$$= 1 - 2(0.526\,7 - 0.393\,9) = 0.73$$

$$\hat{K} = \frac{\hat{p}_{zz} - \hat{p}_z^2}{\hat{p}_z - \hat{p}_z^2}$$
$$= \frac{0.393\,9 - 0.526\,7^2}{0.526\,7 - 0.526\,7^2} = 0.47$$

萨白考维克方法与惠恩反正弦近似正态法均以测验分数的二项分布为理论假设，同一实例估计出的信度指标值 $\hat{\rho}_0$、$\hat{K}$ 相差不大。

（四）玛希尔方法

玛希尔方法（Marshall Method）与萨白考维克方法一样，只需要一次测验，以个体的观察分数的二项分布为假设。其思路是这样的：对被试组实施含 n 个测题的一个测验，并保证二项分布的假设，就可以在一个假设的、"等值"的 $2n$ 个测题的测验上估计被试组的分数。从理论上讲，这样一个有 $2n$ 个测题的测验可以分成两个分半测验，每个测验有 n 个测题。按照斯明旺内森方法可以估计出被试在这两个分半测验上被一致区分的比率。对于将这 $2n$ 个测题的测验分成许多这样的分半测验的每一种可能结果（组合数为 C_{2n}^n），都可以得到这样一个比率，因此可以取这些比率的均值作为对 ρ_0 的估计。仍以萨白考维克方法中的例子介绍这一方法的具体步骤。

1. 列 n 个测题的测验频数分布表（见表 11.15 第 1、2 例），计算在假定的 $2n$ 个测题的测验上得分为 w 的被试频数 N_w。

$$N_w = \sum N_X C_{2n}^w \left(\frac{X}{n}\right)^w \left(1 - \frac{X}{n}\right)^{2n-w} \tag{11.7}$$

本例中 $n = 20$，可以计算出被试在 $2n = 40$ 个测题的测验上得分从 $0 \sim 40$ 分的被试频数 N_0、N_1、N_2、$\cdots$、N_{40}，如在 40 题的测验上得分为 30 的被试频数为：

$$N_{30} = \sum_{X=0}^{20} N_X C_{40}^{30} \left(\frac{X}{20}\right)^{30} \left(1 - \frac{X}{20}\right)^{40-30}$$
$$= 0 \times C_{40}^{30} \left(\frac{0}{20}\right)^{30} \left(1 - \frac{0}{20}\right)^{10} + 1 \times C_{40}^{30} \left(\frac{1}{20}\right)^{30} \left(1 - \frac{1}{20}\right)^{10} + \cdots$$

$$+ 0 \times C_{40}^{30} \left(\frac{20}{20} \right)^{30} \left(1 - \frac{20}{20} \right)^{10}$$

$$= 2.112\,5$$

2. 计算在 $2n$ 测题的测验上得分为 w 的一个被试在两个分半测验上被一致区分的比率 $\Phi_w(a, b)$。

$$\Phi_w(a, b) = \sum_{j=a}^{b} \frac{C_w^j C_{2n-w}^{n-j}}{C_{2n}^n} \tag{11.8}$$

在这里，a、b 的值由 n 个测题的测验上的分界分数 c 和特定的 w 值决定。对于某些特定的 w 值，这种一致区分的比率要么为 0，要么为 1。本例中，$c = 12$，那么当 $w < c = 12$ 或 $w \geqslant n + c = 20 + 12 = 32$ 时，一致区分的概率为 1；当 $w = 2c - 1 = 23$ 时，这种一致区分的概率为 0。因此主要是计算 w 在 $c = 12 \sim 2c - 2 = 22$ 之间以及 w 在 $2c = 24 \sim n + c - 1 = 31$ 之间一致区分的概率。如在 40 个测题的测验上得分为 30 的被试在两个分半测验上被一致区分的概率为：

$$\Phi_{30}(12, 18) = \sum_{j=12}^{18} \frac{C_{30}^j C_{40-30}^{20-j}}{C_{40}^{20}}$$

$$= \frac{C_{30}^{12} C_{10}^8}{C_{40}^{20}} + \frac{C_{30}^{13} C_{10}^7}{C_{40}^{20}} + \cdots + \frac{C_{30}^{18} C_{10}^2}{C_{40}^{20}}$$

$$= 0.991\,6$$

3. 加权平均，把 N_w 与 $\Phi_w(a, b)$ 结合起来，就可以得到 $\hat{\rho}_0$。

$$\hat{\rho}_0 = \frac{1}{N} \Big[\sum_{w=0}^{c-1} N_w + \sum_{w=c}^{2c-2} N_w \Phi_w(w - c + 1, c - 1)$$

$$+ \sum_{w=2c}^{n+c-1} N_w \Phi_w(c, w - c) + \sum_{w=n+c}^{2n} N_w \Big]$$

$$= \frac{1}{40} \Big[\sum_{w=0}^{11} N_w + \sum_{w=12}^{22} N_w \Phi_w(w - 11, 11)$$

$$+ \sum_{w=24}^{31} N_w \Phi_w(12, w - 12) + \sum_{w=32}^{40} N_w \Big]$$

$$= \frac{1}{40} (4.979\,3 + 9.109\,3 + 13.721\,0 + 3.833\,6) = 0.79$$

这就是用玛希尔方法估计出的该测验的分类一致性信度系数值。玛希尔方法除了计算极为复杂外，一个重大缺陷是没有给出 $\hat{K}$ 的估计公式。

测验的分类一致性信度估计的前提是对掌握者和未掌握者的界定，而分界分数又决定了掌握者和未掌握者占被试总数的比率，因此所得信度系数的大小随分界分数而变化。对标准参照测验分类一致性信度的评价，除了要参考常模参照测验的信度评价标准外,还需要考虑具体的分界分数。

二、测验分数的信度

分类一致性信度指标考察的是对被试掌握与未掌握分类的一致性,而对被试的具体分数并不敏感。比如在满分为 100 分的测验中,分界分数定为 60 分,有两个被确定为掌握者的被试,甲为 65 分,乙为 85 分,显然两人对测验内容的掌握程度有差异,而这一差异在计算分类一致性信度时被忽视了,测验分数的信度则考虑了这一问题。

测验分数的信度是指一个标准参照测验在重复施测时被试分数距离分界分数离差的一致性程度。它不仅能描述分类一致性信度所描述的关于掌握者和未掌握者的质的区分,而且能在分数连续体上描述掌握者和未掌握者量的差异。这类信度主要采用利文思顿系数 $K^2(X.T)$。

利文思顿(Livingston)系数 $K^2(X.T)$ 是依据经典测验理论的信度理论定义 $r_{tt} = \dfrac{\sigma^2(T)}{\sigma^2(X)}$ 而提出的。

$$K^2(X.T) = \frac{\sigma^2(T) + (\mu_T - c)^2}{\sigma^2(X) + (\mu_T - c)^2} \tag{11.9}$$

在这里 X 表示观察分数

$\qquad$ T 表示真分数

$\qquad$ μ_T、μ_X 分别表示真分数与观察分数的均值

$\qquad$ c 表示分界分数

这一公式实际上是真分数对于分界分数的方差,与观察分数对于分界分数的方差之比的变型。这是理论上的定义公式,其具体估计公式有两个:

(一) 再测或复本测验 $K^2(X.T)$ 的估计

对于再测或复本测验,测验分数的信度估计量为:

$$\hat{K}^2(X.T) = \frac{r_{tt}\hat{\sigma}_{X_1}\hat{\sigma}_{X_2} + (\hat{\mu}_{X_1} - c)(\hat{\mu}_{X_2} - c)}{\sqrt{\hat{\sigma}_{X_1}^2 + (\hat{\mu}_{X_1} - c)^2}\sqrt{\hat{\sigma}_{X_2}^2 + (\hat{\mu}_{X_2} - c)^2}} \tag{11.10}$$

在这里 r_{tt} 表示两测验的相关系数,

$\qquad$ $\hat{\sigma}_{X_1}$、$\hat{\sigma}_{X_2}$ 分别表示两测验的标准差

$\qquad$ $\hat{\mu}_{X_1}$、$\hat{\mu}_{X_2}$ 分别表示两测验的均值

例如,以甲、乙两型数学复本测验(每一测验由 20 个 0,1 记分题组成)对初一某班 40 名学生施测,经计算得 $r_{tt} = 0.68$,$\hat{\sigma}_{X_1} = 3.84$,$\hat{\sigma}_{X_2} = 3.59$,$\hat{\mu}_{X_1} = 11.17$,$\hat{\mu}_{X_2} = 11.33$,分界分数确定为 12。试估计该测验分数的信度。

将各数据代入公式(11.10),则

$$\hat{K}^2(X.T) = \frac{0.68 \times 3.84 \times 3.59 + (11.17 - 12)(11.33 - 12)}{\sqrt{3.84^2 + (11.17 - 12)^2}\sqrt{3.59^2 + (11.33 - 12)^2}}$$
$$= 0.69$$

(二) 一次测验 $K^2(X.T)$ 的估计

如果只有一次测验成绩,那么将第二次测验成绩的有关指标用第一次测验指标代替,两者之间的相关系数以内在一致性 K-R20 系数(α_{20})来代替,则测验分数的估计量为:

$$\hat{K}^2(X.T) = \frac{\hat{\alpha}_{20}\hat{\sigma}_X^2 + (\hat{\mu}_X - c)^2}{\hat{\sigma}_X^2 + (\hat{\mu}_X - c)^2} \tag{11.11}$$

例如,假设上例中只进行了甲型测验,经计算得 $\hat{\alpha}_{20} = 0.78$,试估计该测验分数的信度。

将有关数据代入公式(11.11),则甲型数学测验分数的信度估计值为:

$$\hat{K}^2(X.T) = \frac{0.78 \times 3.84^2 + (11.17 - 12)^2}{3.84^2 + (11.17 - 12)^2} = 0.79$$

第五节　标准参照测验效度的检定

标准参照测验虽然也是从内容效度、效标关联效度、结构效度三个方面来检查鉴定测验的效度,但是由于它的功能与常模参照测验不同,所以检定的方法也有所不同。譬如在效标关联效度方面,由于常模参照测验的功能主要是通过对被试间分数差异性的比较来确定其在团体中的位置,所以它估计和检定效标关联效度的方法也都是以分数差异性为基础的各种相关法。这对标准参照测验来说,是不完全适用的,因为标准参照测验考查的是被试对目标的达成,它不强调被试测验分数的差异性。如果所有被试都能做对测验中的题目,分数间无任何差异,这正是教学所期盼的理想状况。所以,标准参照测验效度的检定有其不同之处。

目前人们对标准参照测验效度研究最多的是内容效度,而对效标关联效度及结构效度的研究相对较少。下面着重介绍内容效度。

一、内　容　效　度

内容效度是指测验内容对所欲测量内容的代表性程度。标准参照测验内容效度的检定主要是通过对其测题的正确性及代表性的考查来实现。

（一）测题正确性的鉴定

测题的正确性是指测题对所测目标的正确反映程度。其鉴定方法有两个方面。一方面是检查测题与测量目标的一致性程度；另一方面是检查测题的技术质量问题。下面着重介绍第一个方面。

1. 测题与测量目标一致性程度的检定

（1）专家评判法

① 五点量表法

由多位专家独立地对测验中每个测题与其相应测量目标的一致性程度，用 5 个等级（好记为 5，较好记为 4，一般记为 3，较差记为 2，差记为 1）加以评定，然后求多位专家对每个测题评定结果的中位数及平均数，并将其与上述五点量表等级数相对照，以确定各测题与相应测量目标的一致性程度。

例如，初二语文某一标准参照测验中关于写作这一测量目标共有 4 个测题。为了确定各题与写作目标的一致性程度，请 6 位初二语文教师用五点量表法进行评定，其评定结果如表 11.16 所示。关于每题中位数的求法，是将各位评判者对某题评定的等级数从小到大排列，若评判者人数为奇数，则处于中间位置的等级数即为中位数；若评判者人数为偶数，则处于中间位置的两个等级数的平均数，即为中位数。如将表 11.16 中 6 位教师对第 1 题评定的等级数从小到大排列为：3，4，4，5，5，5。由于评判者人数为偶数，则 6 位教师评定的中位数为 $(4+5) \div 2 = 4.5$。然后将 4.5 与五点量表的等级数相对照，它正处于 4 与 5 两个等级数中间，考虑到 6 位教师对该题评定的平均数是 4.33，与 4 这个等级数最为接近，故将该题与目标的一致性程度评为较好。又如，第 2 题的中位数是 2，属于较差，其平均数为 1.67，四舍五入后也为较差。

表 11.16　用五点量表法对测题与目标一致性程度评判结果

测量目标	题序	教　师　序						各　题		一致性程度总评
		1	2	3	4	5	6	中位数	平均数	
写作	1	4	5	5	3	4	5	4.5	4.33	较好
	2	2	2	2	1	2	1	2	1.67	较差
	3	3	4	3	2	3	3	3	3.00	一般
	4	3	4	4	3	4	5	4	3.83	较好
教师评判与中位数的离差		1.5	1.5	0.5	4.5	0.5	2.5			

有时，为了增加评判者之间评判的一致性程度，可以求每位评判者在所有题目上所评等级与各题中位数的离差绝对值之和，然后通过比较各位评判者离差绝对

值之和的大小来决定对评判者的取舍。如表 11.16 中第 4 位教师在所有题目上所评等级与各题中位数离差绝对值之和为：$|3-4.5|+|1-2|+|2-3|+|3-4|$ $= 4.5$。在 6 位教师中第 4 位教师的离差绝对值之和为最大。这表明这位教师与其他几位教师的评定有较大差异。于是，可以不考虑这位教师的意见，用其他 5 位教师的评定结果重新计算各题的中位数及平均数，并据此决定题目的取舍。

该法的优点是评判易行、计算简单，根据评判结果还可以分析评判者之间评判的一致性。但不足之处是，需要一组专家进行操作，这对教师自编测验来说实现较为困难。另外可能由于各位评判者对各等级评判标准的理解不同，而造成对同一测题与目标的一致性程度的评定差异较大。

② 匹配法

匹配法是将一列测题和一列测量目标提供给几位评判者，让他们对每个测题测量了哪一个目标进行匹配。若评判者认为某一测题测量了某一个目标，则将二者的关系用"1"表示；认为某一测题不是测量某一目标，则将二者的关系用"0"表示。某题与相应目标的匹配程度用评判者认为该题与该目标相匹配的人数比率来表示。其人数比率越大，表明该题与该目标的一致性程度越高。

例如，由 6 个题目组成的测量三个目标的某一标准参照测验，请 8 位教师用匹配法对测题与目标进行匹配，其结果如表 11.17 所示。其中第 5 题有 5 位教师认为测量了第 2 个目标，则测题与目标的一致性程度为 $5/8 = 62.5\%$。其他各题与目标一致性程度如表最后一列所示。6 个题目中，第 6、3 题与目标一致性程度最好，第 4 题最差。

表 11.17　用匹配法对测题与目标一致性程度的评判结果

目标序	题序	教 师 序								匹配程度（%）
		1	2	3	4	5	6	7	8	
1	6	1	1	1	1	1	1	1	1	100
2	2	1	0	1	1	1	1	1	1	87.5
	5	0	1	1	0	1	1	0	1	62.5
	1	0	0	0	0	1	1	0	1	37.5
3	4	0	0	0	0	0	0	0	0	0
	3	1	1	1	1	1	1	1	1	100

该方法与五点量表的优缺点相同。另外只有当评判者具有较高判断能力时，才能达到良好的检定效果。

③ 测题与目标一致性指标法

罗文利(Rovinelli)和汉布尔顿(Hembleton)曾提出一种关于测题与目标一致性评定方法及统计量。其统计量称之为"测题与目标一致性指标"。用公式可表示为：

$$I_{iK} = \frac{N \sum\limits_{j=1}^{n} X_{ijK} - \sum\limits_{i=1}^{N} \sum\limits_{j=1}^{n} X_{ijK}}{2(n-1)N} \tag{11.12}$$

在这里　I_{iK} 表示测题(K)与目标(i)的一致性指标

　　　　N 表示目标个数

　　　　n 表示评判者人数

　　　　X_{ijK} 表示评判者(j)对测题(K)与目标(i)一致性程度的评判结果(用 $+1$，0，-1 表示)

此法的具体操作是：请几位评判者对测验中的每个测题与各个目标的一致性一一进行评判。评判者认为某题是测量某个目标用"1"表示；认为不能确定某题是测量某个目标用"0"表示；认为某题不是测量某个目标用"-1"表示。然后用公式(11.12)来计算该题与相应目标的一致性指标值。

现用此法计算上例第 6 题与第 1 个目标的一致性指标值。8 位教师对第 6 题分别与三个目标的一致性程度评判结果如表 11.18 所示。

表 11.18　第 6 题与第 1 个目标一致性指标评判结果

目标序 i	教师序								总和
	1	2	3	4	5	6	7	8	
1	$+1$	$+1$	$+1$	$+1$	$+1$	$+1$	$+1$	$+1$	$+8$
2	-1	-1	-1	-1	0	-1	-1	-1	-7
3	-1	0	-1	-1	0	-1	-1	-1	-6

现将有关数据代入(11.12)式，于是第 6 题与第 1 个目标的一致性指标值为：

$$I_{1,6} = \frac{3 \sum\limits_{j=1}^{8} X_{1j6} - \sum\limits_{i=1}^{3} \sum\limits_{j=1}^{8} X_{ij6}}{2 \times (8-1) \times 3}$$

$$= \frac{3 \times (+8) - [(+8) + (-7) + (-6)]}{2 \times (8-1) \times 3}$$

$$= 0.690$$

每个测题与相应目标的一致性指标都按此办法计算出来之后(上例其他 5 个测题与相应目标的一致性指标值在此从略)，还必须选择一个分界点确定测题的有效性。一般以过半数的评判者认为某题测量了某目标的人数比率作为分界点。上例有 8 位评判者，至少应有 5 位评判者认为某题测量了某个目标，则分界点为 5/8 = 0.625。测题与目标一致性指标值等于或大于 0.625 者为有效测题，小于 0.625 者为无效测题。上例第 6 题与第 1 个目标的一致性指标值 0.690 > 0.625，于是可以说是有效测题。

这种方法的优点是确保了测题与目标的充分匹配，是检查内容效度的有效方法。但是它的缺点也不少：第一，费时，费力，工作繁复；第二，在教师自编测验中根据他个人的评判虽然也可以计算 I_{iK} 值，但就失去了应有功效；第三，由于各位评判者评判的差异，也会影响 I_{iK} 值的大小；第四，有些测题的不正确性是存在于被试对测题的反应之中，专家既不能发现也预测不到被试对测题的理解。针对这些问题，塞克莱斯科(C. Secolsky)提出了用学生评判法来检查测题与目标的一致性。

（2）学生评判法

学生评判法是让学生在答题过程中同时对该题与测验编制者所欲测量的目标是否一致进行判断。当学生判断与测验编制者的意见一致，表明测题具有较高的内容效度；若二者意见不一致，表明测题缺乏有效性，则须重新修改。

学生的评判结果可能有四种结果，如表 11.19 所示。A 表示学生答对了测题并对该题和目标的一致性所作的判断与测验编制者相同。显然这种结果能提高该题具有正确性的证据。B 表示学生虽然答错了该题，但他对该题和目标一致性所作的评判与测验编制者相同。这表明学生可能理解了测题，但缺乏正确回答该题的知识。同样这种结果也可以作为测题正确性的证据。C 表示学生答对了测题，但他对该题和目标一致性所作的判断却与测验编制者不同。这可能是学生误解了评判的任务，也可能是他猜对了答案。对这种结果一般不能作出肯定解释。D 表示学生答错了测题并对该题和目标的一致性所作的判断也与测验编制者不同。D 产生的原因可能是测题的含糊，也可能是学生缺乏正确回答测题的知识。显然 D 结果能为测题缺乏有效性提供证据。

表 11.19　学生对某题作答及评判结果

学生与测验编制者的评判	学生作答结果	
	正确	错误
相同	A	B
不同	C	D

为了进一步分析 D 类学生答错测题的原因是由测题不正确而引起，还是由学生个人因素所造成，可将 D 类学生测验总分平均数 $\overline{X}_D$ 与所有参加测验的学生总

分平均数 $\overline{X}_t$ 相比较。可以想像,若 $\overline{X}_D$ 小于 $\overline{X}_t$,且差距较大,可以认为 D 类学生答错测题,并对测题和目标一致性所作的判断与测验编制者不同,其原因在于学生的个人因素,而不是由测题的不正确而引起。若 D 类学生的 $\overline{X}_D$ 小于 $\overline{X}_t$,但差距不大,特别是当 $\overline{X}_D$ 大于 $\overline{X}_t$,可以认为 D 类学生答错测题,并对测题和目标的一致性所作的判断与测验编制者不同,其原因可能是由测题的不正确所引起,而非学生个人因素所致。这种方法不仅限于对 D 类的分析,也可以对 A、B、C 类进行分析。

在对某类学生的总分平均数与所有应试者总分平均数相比较时,究竟相差多少为差距较大或差距较小呢?为了科学、精确地确定某类学生总分平均数与所有应试者总分平均数是否有本质区别,可以进行平均数显著性统计假设检验。其检验的步骤是:首先提出某类学生平均数与全体应试学生平均数无显著性差异的原假设及该类学生平均数与全体应试学生平均数有显著差异的备择假设。然后,计算检验统计量的值,其检验统计量为:

$$Z = \frac{\overline{X}_{ij} - \overline{X}_t}{\sigma_t} \sqrt{n_{ij}} \qquad (11.13)$$

在这里　i 表示学生评判方式:与测验编制者意见一致或不一致

　　　　j 表示学生对测题作答方式:答对或答错

　　　　$\overline{X}_{ij}$ 表示某类(指 A,B,C,D 中的一类)学生的总分平均数

　　　　n_{ij} 表示该类学生人数

　　　　$\overline{X}_t$ 及 σ_t 分别表示所有应试学生的总分平均数及标准差

若统计量 Z 的绝对值 $|Z|$ 小于 1.96,则采用原假设,而拒绝备择假设,表明某类学生的总分平均数与所有应试学生总分平均数无本质差异,其差异属于抽样误差;若 $|Z|$ 等于或大于 1.96,则拒绝原假设而采用备择假设,表明该类学生与所有应试学生的总分平均数有本质差异,下此结论的可靠度为 95%;若 $|Z|$ 等于或大于 2.58,则拒绝原假设而采用备择假设,表明该类学生与所有应试学生的总分平均数有本质差异,下此结论的可靠度为 99%。

例如,采用学生评判法来检定某一化学标准参照测验各测题的正确有效性。在学生作答并对各题进行评判之后,现拟通过考查某题 D 类学生与全体考生平均数之间是否有本质差异来确定该题的正确有效性。D 类学生共有 25 人,其总分平均数为 68,全体考生总分平均数为 72,标准差为 9.5,将有关数据代入(11.13)式,则检验统计量的值为:

$$Z = \frac{68 - 72}{9.5} \cdot \sqrt{25}$$

$$= -2.11$$

由于 $|Z| = 2.11 > 1.96$，则拒绝原假设，而采用备择假设。检验结果表明，D 类学生与全体考生总分平均数有本质差异。该结论的可靠程度为 95%。

由于 D 类学生总分平均数显著低于全体考生的总分平均数，故可以认为 D 类学生做错该题，并对该题和目标一致性所作的判断与测验编制者不同，其原因是 D 类学生的个人因素，并不是由该题的不正确性所造成。这一结果说明该题是有效的。另外，还可以通过对 A，B，C 类学生平均数的分析，从多方面考查该题的正确有效性。

2. 测题技术质量的鉴定

对标准参照测验测题技术质量的鉴定，主要是考查测题本身是否存在语义上及语法结构上的缺陷；测题本身是否为正确答案提供了线索；测题之间是否会相互提供某种暗示；测题类型是否恰当等。

（二）测题代表性的鉴定

测题的代表性是指组成测验的测题样本对所欲测量领域的代表性程度。

组成测验的测题必须对测验领域总体有一定的代表性，测验才会有良好的内容效度，测验分数的解释才会有意义。

在这里可以采用常模参照测验增进和提高测题代表性的一些方法（见本书第五章第二节）。如在测验编制之前建立测验内容与测量目标的双向细目表，以作为测验编制的设计蓝图。在测验编制时采用专家平行作业法，即请两组能力相等的测验编制者及评论者，为他们提供相同的测验说明材料，如关于内容的定义、测量目标的描述、抽样的规则、对评论者的指导及对被试的说明等。让他们根据测验的有关说明独立地为测验准备测题，然后将他们所编写的两套测题对同一组被试施测，并比较这组被试在两套测题上的得分，以确定两套测题的等值性。通过对两套测题的分析比较，对测题的代表性作出鉴定，为测题的筛选及修改提供依据。这种方法对提高测题的代表性有应用价值，但它对实施条件要求较高，即要有两组能力相等的测验编制者及评论者。另外，这种方法难以发现两组测验编制者共同忽视的内容。

二、效标关联效度

（一）区分效度

标准参照测验常用区分效度来鉴定测验对达标者与未达标者区分的有效性。区分效度是用测验成绩和效标成绩所确定的达标者与未达标者的一致性程度来表示。区分效度系数是测验成绩和效标成绩均达标者及均未达标者人数之和，再除以测验总人数。用公式可表示为：

$$P = \frac{A + D}{n} \tag{11.14}$$

在这里 P 表示区分效度系数

A 表示测验成绩及效标成绩均达标人数

D 表示测验成绩及效标成绩均未达标人数

n 表示总人数（两个效标组人数之和）

例如,为了检查初三数学毕业会考的区分效度,选择了具有较高区分效度的初三期末数学考试成绩为效标,并从中确定两个效标组。期末数学考试在 80 分以上者是达标组（高分组）,60 分以下者是未达标者（低分组）。这两个效标组数学期末考试及毕业考达标与未达标人数如表 11.20 所示。将表中这两次考试都达标、都未达标及其总人数（即两个效标组人数之和）代入(11.14)式,则初三数学毕业会考的区分效度系数为：

$$P = \frac{246 + 2}{267}$$

$$= 0.929$$

表 11.20 初三数学期末与毕业考试成绩分布

期末考试（效标）	毕 业 考 试		总 和
	达 标	未 达 标	
达标（高分组）	$A = 246$	$B = 0$	246
未达标（低分组）	$C = 19$	$D = 2$	21
总 和	265	2	267

P 值较大,表明依据效标成绩及测验成绩对考生所作的达标与否的区分一致性程度较高,则测验区分效度较高。也就是说,测验对考生所作的达标与否的区分具有有效性。P 值较小,表明依据效标及测验成绩对考生所作的达标与否的区分一致性程度较低,则测验的区分效度较低,即测验对考生所作的达标与否的区分缺乏有效性。

该例的区分效度系数 0.929,非常高,故可以认为毕业会考与期末考对学生达标与未达标的区分一致性程度较高,即毕业会考对学生所作的达标与未达标的区分具有有效性。

（二）预测效度

预测效度就是测验分数对未来的效标变量（效标成绩）能够准确预测的程度。

假如,用某门学科的一个标准参照测验对同一组学生在教学前后各测一次,若教学前的测验成绩对作为效标的教学后测验成绩有预测作用,则教学前的测验成绩就具有较好的预测效度。

标准参照测验常以预期表的形式来表示某一测验的预测效度。

例如,高中几何某单元标准参照测验在教学前对一组学生施测的成绩用百分制分数表示,教学后对该组学生施测的成绩用通过与未通过表示。两次测验结果如表 11.21 所示。从表 11.21 中可以看出,教学前测验结果不到 40 分者教学后几乎没有人能够通过。所以,可用教学前测验的 40 分为决断点,凡是教学前测验成绩不满 40 分者应补课合格后方能进入下一单元的学习。预期表对效标成绩预测的准确程度与编制此表所依据的学生人数有关,人数越多,预测的准确程度越好。

表 11.21　几何学科某单元内容预期表

前　　测	后　　测		总　　和
	未通过	通　过	
70～	0	1	1
60～	0	12	12
50～	1	33	34
40～	6	26	32
30～	10	2	12
20～	5	1	6
10～	2	0	2
0～	1	0	1
总　　和	25	75	100

若需计算教学前测验的预测效度系数,由于教学前测验分数不是十分狭窄,故可用相关法加以估计。教学前测验成绩是连续变量,教学后测验成绩是人为二分变量或双峰变量,可以用二列相关或点二列相关法计算其效度系数。现用二列相关法的公式(5.2)(见本书第五章)来计算其效度系数:

$$r_b = \frac{\overline{X}_p - \overline{X}_t}{\sigma_t} \frac{p}{Y}$$

上式中 r_b 表示教学前测验的预测效度系数;$\overline{X}_t$ 及 σ_t 分别表示教学前全体学生测验分数的平均数及标准差;$\overline{X}_p$ 表示教学后测验通过者其教学前测验分数的平均数;p 表示教学后测验通过者人数比率;Y 表示与 p 值相对应的正态曲线高度。将表 11.21 中有关数据代入上式,则教学前测验的预测效度系数为:

$$r_b = \frac{52.467 - 47.700}{12.398} \times \frac{0.75}{0.318\,74}$$
$$= 0.905$$

再对该效度系数进行与总体零相关的显著性检验,以确定其有效性。即将有关数据代入本书第五章(5.19)式,其检验统计量的值为:

$$Z = \frac{r_b}{\frac{1}{Y}\sqrt{\frac{pq}{n}}}$$

$$= \frac{0.905}{\frac{1}{0.318\,74}\sqrt{\frac{0.75 \times 0.25}{100}}}$$

$$= 6.66$$

由于 $|Z| = 6.66 > 2.58 = Z_{0.01}$,表明该效度系数不是来自于效度系数为零的总体,故教学前的测验成绩对教学后测验成绩的预测是有效的。

三、结 构 效 度

标准参照测验中的结构效度,是指从理论上来验证对测验分数解释的合理性程度。由于标准参照测验分数的狭窄性限制了用相关法来检定结构效度的途径,因而标准参照测验理论中关于结构效度的研究较为薄弱,至今尚未出现一种广泛使用的、有效的检定方法。汉布尔顿只是提出了使用格特曼量图分析法和因素分析法对标准参照测验结构效度检定、验证的可能性。

格特曼量图分析法是一种检查测验是否具有一维性程序的方法。如果标准参照测验的测量目标能以线性或等第顺序排列,对这种测验结构效度的检定及验证,量图分析法将是一种恰当的方法。这种方法的基本思路是:先阐述组成测验的一套测量目标的等级构造,如果用相应的等级知识能预测出被试在这个等级上的目标分数(被试在某一目标上所有测题的得分总和),就获得了支持这一目标分数结构效度的证据;如果不能预测被试的目标分数,则可能是由于对等级阐述得不正确,或者所获得的目标分数并不能对所欲测量的目标作正确的反映,或者二者兼有。

因素分析是常模参照测验检定结构效度的常用方法。对于测验分数分布范围狭窄、差异性比较小的标准参照测验来说,有时是不适用的。因为从本质上来说,因素分析的过程仍然用的是相关法。它是用一组被试同时对多个变量的反应,建立起多个变量之间的相关系数矩阵,经过分析从中找出公共因素,各公共因素的方差贡献率之和就可成为测验结构效度的指标。为了能较好地使用因素分析来检定标准参照测验的结构效度,可以选择能力范围较广的被试样本,以解决分数差异较小的问题。

练 习 题

1. 什么是标准参照测验？它与常模参照测验有何区别和联系？

2. 什么是标准参照测验的分界分数？它有何作用？

3. 某次汽车执照考试,各题满分分数及 3 位专家对刚合格者正确回答各题概率的估计如下表,试用安戈夫方法计算此次考试的分界分数。

题 序	满 分	专家评判的各题正答概率（%）		
		1	2	3
1	9	75	70	60
2	7	70	83	80
3	10	40	35	33
4	4	88	85	90
总 和	30			

4. 大学语文考试各题满分分数及 7 位教师对刚达标者能否正确回答各题评判结果如下表,试用纳西夫方法确定其分界分数。

题序	满分	教 师 评 判 结 果							
		1	2	3	4	5	6	7	8
1	20	+1	0	0	+1	+1	+1	0	+1
2	20	0	−1	0	0	−1	0	−1	0
3	12	−1	0	−1	−1	0	−1	−1	−1
4	18	0	+1	+1	0	−1	0	−1	0
总和	70								

5. 埃贝尔方法、麦克尼恩和哈尔平方法是如何确定分界分数的？

6. 评判者根据所确定的刚达标者最低行为标准,从一次电工证书考试中挑选出边缘组被试 33 人,其成绩分布如下表,试确定此次考试的分界分数。

分数	40～	45～	50～	55～	60～	65～	70～	75～	80～	85～	总和
频数	1	3	4	5	6	7	3	2	1	1	33

7. 师范学校普通话合格考试达标组及未达标组成绩如下表,试确定其分界分数。

	分　数	40～	45～	50～	55～	60～	65～	70～	75～	80～	85～	总和
频数	达标组			1	1	4	9	12	17	20	16	80
	未达标组	1	2	3	3	2	1	1	1			14

8. 某年高等学校自学考试物理成绩如下表,若按往年 94% 的通过率确定此次考试的分界分数,该年分界分数是多少?

分数	53～	56～	59～	62～	65～	68～	71～	74～	77～	80～	83～	总和
频数	1	2	4	4	11	15	18	17	12	8	4	96

9. 确定分界分数的判断法及判断经验法中的各种方法有哪些优缺点?

10. 36 个学生接受某一标准参照测验,及格者 26 人,不及格者 10 人。对其中一题的作答结果是:及格者中有 20 人答对,不及格者中有 5 人答对,试对该题进行识别度分析。

11. 标准参照测验中的某一题,教学组及未教学组对该题的作答(答对用"＋"表示,答错用"－"表示)情况如下表,试对该题进行敏感度分析。

学生序号	1	2	3	4	5	6	7	8	9
教　学　组	＋	＋	＋	－	＋	＋	＋	－	＋
未教学组	－	＋	－	＋	＋	－	－	－	＋

12. A、B 两型等值的物理标准参照单元测验(每一测验有 10 个 0,1 记分的测题),对某班 30 名同学施测,其测验结果如下表所示,分界分数为 8 分。试估计测验的分类一致性信度。

学号	1	2	3	4	5	6	7	8	9	10	11	12	13	14	15
A 型	9	8	7	7	7	6	6	6	6	5	5	5	5	4	4
B 型	7	8	7	4	3	7	7	7	5	4	6	4	2	2	7
学号	16	17	18	19	20	21	22	23	24	25	26	27	28	29	30
A 型	4	4	4	4	4	4	4	3	3	3	3	2	2	1	1
B 型	7	6	4	4	4	6	2	6	4	4	4	2	2	4	1

13. 假定只实施了上题的 A 型测验,经计算算得 $\hat{\alpha}_{20} = 0.47$,试分别以萨白考维克方法、玛希尔方法、惠恩反正弦正态近似法估计测验的分类一致性信度。

14. 将 A、B 两型标准参照英语测验对同一代表性被试组施测,结果如下表,分界分数确定为 60 分,试估计测验分数的信度。

被试	1	2	3	4	5	6	7	8	9	10
A 型	82	90	58	74	44	78	62	86	64	83
B 型	79	93	64	78	50	82	73	83	70	80

15. 假定只实施了上题的 A 型测验,经计算算得 $\hat{\alpha}_{20} = 0.51$,试估计该测验分数的信度。

16. 某一英语标准参照测验中,以 3 个题目测量语法这一目标,现请 7 位教师用五点量表法对各题与目标一致性程度进行评定,其评定结果如下表,问各题与目标一致性程度如何?

测量目标	题 序	教 师 序						
		1	2	3	4	5	6	7
语法	1	3	4	3	4	3	4	3
	2	5	4	4	4	5	5	5
	3	2	2	1	2	1	2	1

17. 小学自然常识某标准参照测验用 4 个测题测量 2 个目标,由 9 位教师用匹配法对测题与目标匹配结果如下表,问第 2 和第 3 题与目标的一致性程度是多少?它们是否有效?

目标序	题 序	教 师 序								
		1	2	3	4	5	6	7	8	9
1	2	0	0	1	0	1	0	1	1	0
	4	1	1	0	1	1	1	1	0	1
2	1	1	0	1	1	1	1	0	0	1
	3	1	1	1	0	1	1	1	0	0

18. 下表是 6 位专家对某一标准参照测验中第 1 题与 4 个目标之间一致性程度的评判结果,请用测题与目标一致性指标值来说明该题对测量第 2 个目标是否有效。

目 标 序	专 家 序					
	1	2	3	4	5	6
1	0	-1	-1	-1	0	-1
2	$+1$	$+1$	$+1$	$+1$	-1	$+1$
3	-1	-1	-1	-1	-1	-1
4	$+1$	-1	0	0	-1	-1

19. 为检查某个生物标准参照测验某题的内容效度,让学生作答测题的同时,对测题与测验编制者所欲测量的目标一致性作评判。学生中该题答错,且对测题和目标一致性所作的判断与测验编制者相同的人数为 30 人,这类人测验总分的平均数为 76 分,全体应试者的总分平均数为 81 分,标准差为 10,试分析该题的有效性。

20. 为了鉴定某高校基础英语标准参照测验对学生及格与不及格区分的有效性,以四级英语国家考试结果为效标,两个效标组学生两次考试结果如下表,求该校基础英语考试的区分效度系数。

四级考试(效标)	基 础 英 语	
	不及格	及 格
低分组	12	28
高分组	4	218

第十二章 项目反应理论及其在标准 参照测验中的应用

第一节 项目反应理论概述

一、项目反应理论的概念

项目反应理论(简称 IRT)是一种新兴的现代教育与心理测验理论。它起源于 20 世纪 30 年代。1952 年美国测量学专家洛德(Lord)在自己的博士论文中首次提出项目反应模型。这标志着该理论的正式诞生。

项目反应理论是关于被试潜在特质(能力水平)与其对测验项目(题目)反应之间关系的理论。它的主要研究内容是:首先确定项目特征曲线的形态。所谓项目特征曲线,就是以支配人某种行动潜在特质的量表分数为自变量,以被试在试题上正确作答的概率为因变量,所求得的因变量对自变量的回归线。亦即被试在试题上正确作答概率对其能力水平的回归线。然后,根据项目曲线的形态写出它的解析式,即以数学形式将被试能力与其对测验题正确作答概率之间关系表达出来,这就是项目反应模型。可以根据被试在项目上的行为反应来判断他的能力,也可以根据被试的能力水平来预测他在项目上的反应(即答对的概率)。项目反应理论的核心就是数学模型的建立,以及对模型中各个参数的估计。

二、项目反应理论基础模型举例

项目反应模型有多种,从潜在特质空间维度来说,有单维特质空间模型和多维特质空间模型;从题目记分角度来说,有二值记分、多值记分、连续记分模型;从模型中所含参数的数目来说,有单参数、双参数、三参数及四参数模型,等等。

下面仅简略介绍单维空间二值记分的逻辑斯蒂(Logistic)模型。该模型由伯恩鲍姆(Birnbaum)于 1957 年至 1958 年提出。

逻辑斯蒂模型有单参数、双参数及三参数之分,其函数表达式分别为:

$$P_i(\theta) = \frac{1}{1 + e^{-D(\theta - b_i)}} \tag{12.1}$$

$$P_i(\theta) = \frac{1}{1 + e^{-Da_i(\theta - b_i)}} \qquad (12.2)$$

$$P_i(\theta) = c_i + \frac{1 - c_i}{1 + e^{-Da_i(\theta - b_i)}} \qquad (12.3)$$

在这里 $P_i(\theta)$ 表示能力为 θ 的被试在项目 i 上正确作答的概率

         θ 表示被试的能力

         b_i 表示项目 i 的难度参数

         e 表示自然对数之底 $e = 2.71828$

         D 表示量表因子 $D = 1.7$

         a_i 表示项目 i 的区分度参数

         c_i 表示项目 i 的伪随机水平参数,习惯称猜测参数

    上述三个模型中以三参数逻辑斯蒂模型应用最为广泛。现结合三参数逻辑斯蒂模型的项目特征曲线图(如图 12.1)来进一步说明各参数的涵义。图 12.1 中横坐标表示被试能力,称能力量表,纵坐标表示被试对项目的正确作答概率,称为概率量表。三参数逻辑斯蒂模型曲线是一个 S 形曲线。

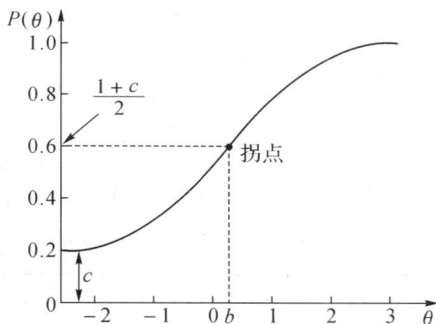

图 12.1   三参数逻辑斯蒂模型的项目特征曲线

    b_i 表示项目的难度参数,它与能力量表 θ 定义在同一个量表上。b_i 等于项目特征曲线斜率最大处在能力量表上对应点的值,是曲线的拐点。在这点上被试正确作答的概率为 $(1 + c_i)/2$。b_i 也是曲线的定位参数。若 b_i 变大,即项目难度变大,则曲线右移;b_i 变小,即项目难度变小,则曲线左移。b_i 取值范围,虽然从理论上说与 θ 一样,都是在 $-\infty$ 至 $+\infty$ 之间,但过小的 b_i 表示项目过分容易,过大的 b_i 表示项目过分难。所以,实际上当 θ 取标准分数量表时,b_i 的取值和 θ 取值都在 -4 至 $+4$ 之间。

    a_i 是项目的区分度参数。它是曲线在拐点 b_i 处切线的斜率。a_i 值越大,曲线在 b_i 点附近越陡峭。此时,对于能力 θ 值处于 b_i 点附近的被试,只要其 θ 值与 b_i

稍有差异,其正确作答项目的概率就迅速增大或变小,表现出很强的区分作用或对能力值变化的敏感性。反之,a_i 越小,曲线在 b_i 点附近越平坦,此时对于能力 θ 值处于 b_i 点附近的被试,其正确作答项目的概率变化较小,对被试的区分作用就降低。

c_i 是猜测参数,它表示项目特征曲线下端渐近线的高度。就是说,即使能力极低的被试在项目上也有 c_i 的正确作答概率。由项目反应理论估计出的每个项目的 c_i 值各不相同。c_i 作为猜对的概率,取值范围从理论上说在 0 至 1 之间,但在实际上,猜对可能性在 0.5 以上的项目显然不能作为好的项目。因此,c_i 实际上取值范围是在 0 至 0.5 之间。

关于参数 c 和 a 对于模型的影响,德雷斯哥和帕森斯于 1983 年提出了下面的两个例子。

例 1,已知项目 1 和项目 2 的参数分别为 $a_1 = a_2 = 0.90$,$b_1 = b_2 = -0.08$,$c_1 = 0.155$,$c_2 = 0.5$,求 θ 值分别为 -2,-1,0,1,2 的各类被试对于这两个项目正确作答的概率 $P(\theta)$。

解:项目 1 和项目 2 的项目特征函数分别为:

$$P_1(\theta) = 0.155 + \frac{1 - 0.155}{1 + e^{-(1.7)(0.90)[\theta - (-0.08)]}}$$

$$P_2(\theta) = 0.5 + \frac{1 - 0.5}{1 + e^{-(1.7)(0.90)[\theta - (-0.08)]}}$$

将各类被试能力值分别代入以上二式,所得 $P(\theta)$ 如下表:

表 12.1 能力不同的被试在猜测参数值不同的项目上的正答概率

项 目	c 值	θ 值				
		-2	-1	0	1	2
项目 1	0.155	0.20	0.32	0.60	0.86	0.97
项目 2	0.5	0.53	0.60	0.77	0.92	0.98

从表 12.1 可以看出,c 值同样是从 0.155 提高到 0.5,对于能力 $\theta = -2$ 的被试其作答项目的概率 $P(-2)$ 值从 0.20 增至 0.53,提高 0.33,而对于 $\theta = 2$ 的被试 $P(2)$ 值从 0.97 增至 0.98,只提高了 0.01。可见,c 值大小对于能力较低者的 $P(\theta)$ 影响较大,而对能力较高者 $P(\theta)$ 的影响较小。这也说明能力低的被试作答时有较多猜测成分,而能力较高的被试主要是根据自己的能力作答,很少受猜测因素影响。

将表 12.1 的数据绘成项目特征曲线图,如图 12.2 所示。从图 12.2 可以看出,猜测因素对不同能力被试正确作答的影响是不同的。

例 2,已知项目 1 和项目 2 的参数分别为:$b_1 = b_2 = -0.08$,$c_1 = c_2 = 0.155$,$a_1 = 0.90$,$a_2 = 1.90$,求能力值 θ 为 -2,-1,0,1,2 各类被试对于这两个项目正确作答的概率 $P(\theta)$。

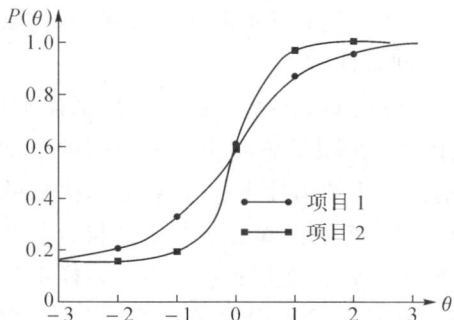

图 12.2　参数 c 对于 $P(\theta)$ 的影响

解:项目 1 和 2 的项目特征函数分别为:

$$P_1(\theta) = 0.155 + \frac{1 - 0.155}{1 + e^{-(1.7)(0.90)[\theta - (-0.08)]}}$$

$$P_2(\theta) = 0.155 + \frac{1 - 0.155}{1 + e^{-(1.7)(1.90)[\theta - (-0.08)]}}$$

将各类被试能力值分别代入以上二式,所得 $P(\theta)$ 如表 12.2。

表 12.2　能力不同的被试在区分度不同的项目上正答概率

项　目	a 值	θ 值				
		-2	-1	0	1	2
项目 1	0.90	0.20	0.32	0.60	0.86	0.97
项目 2	1.90	0.16	0.20	0.63	0.97	1.00

从表 12.2 上数据可以看出,位于难度值 -0.08 附近的两类能力值(即 -1 和 1)的被试对于区分度 a 较小的项目 1 的正确作答的概率分别为 0.32 和 0.86,二者相差 $0.86 - 0.32 = 0.54$。而这两类被试对于区分度 a 较大的项目 2 的正确作答概率分别为 0.20 和 0.97,二者相差 $0.97 - 0.20 = 0.77$。可见,a 值较大的项目对于能力值处于难度 b 附近的被试能够敏锐地把他们区分开来,而 a 值较小的项目对被试的区分作用较差。

将表 12.2 的数据绘成项目特征曲线图,如图 12.3 所示。从图 12.3 也可

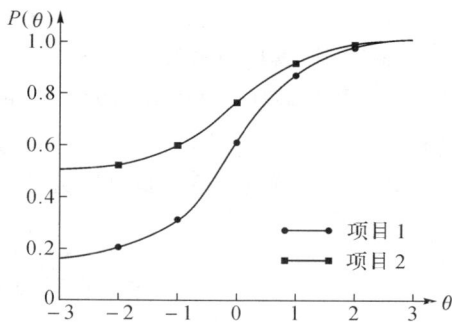

图 12.3　参数 a 对于 $P(\theta)$ 的影响

以看出,a 值的大小对于能力处于在 b 附近的被试区分程度是不同的。对于区分度较大的项目,其项目特征曲线在 b 附近较陡,而在其他地方却相对比较平坦。如上例中的项目2,对于 θ 值分别为 -3 和 -2 的被试,其相对应的正确作答的概率分别为 $P(-3) = 0.155$,$P(-2) = 0.157$。二者相差甚微。这说明区分度较大的项目,对于能力接近 b 值的被试区分能力较强,而对能力值远离 b 值的被试却无什么区分能力。

三、项目反应理论的优点

项目反应理论是在批评经典测验理论局限性的基础上发展起来的。其优点恰恰克服了经典测验理论的缺点。项目反应理论有以下几方面优点。

(一)被试能力的估计与所施测的项目无关

如果一个能测量同一种心理特质的题库,所有的项目都符合项目反应模型,且项目参数已知,这时无论用其中任何一部分项目对同一个被试施测,所估计出的被试能力都是该被试真实能力的无偏估计值。这一性质称之为能力参数不变性。这就使参加不同测验被试能力的比较成为了可能。

在经典测验理论中被试的测验分数依赖于所施测的项目难度。也就是说,被试能否答对测验中的各个项目,除了取决于被试本身的能力外,还取决于项目的难度。项目难度越大,被试得分就越低。用不同的测验项目对同一被试的同一种心理特质进行测量,不能得到相同的分数。这使得被试在不同测验上的所得分数无法比较。

(二)项目参数的估计与被试样本无关

如果用同一批项目对来自同一个总体的不同被试样本施测,所估计出的项目参数(难度、区分度、猜测参数)是一样的。这一性质称之为项目参数不变性。这是因为项目特征曲线是被试正确作答概率对能力水平的回归。而对于项目反应函数来说,回归线的形态及位置不依赖于被试人数分布,即已知能力为 θ 的被试在项目 i 上正确作答的概率,仅依赖于能力 θ 值,并不依赖于具有 θ 水平的人数多少,所以它的参数是不变的。这点为题库建设提供了便利条件。

在经典测验理论中项目的统计量(难度、区分度)依赖于所施测的被试样本。如项目的难度被定义为答对的人数比率,若用同一个项目施测于水平不同的被试样本,所估计出的难度就各不相同。水平高的被试样本估计出的难度小;水平低的被试样本估计出的难度大。又如项目的区分度被定义为被试在项目上的得分与测验总分的相关系数,而相关系数值的大小受被试样本中能力全距的影响。样本中能力全距分布范围宽,相关系数的值就大;样本中能力全距分布范围窄,相关系数的值就小。所以,同样一个项目施测于能力全距分布不同的被试样本,所估计出的区分度值也就不同。经典测验理论为了避免抽样偏差对参数估计的影响，采用随机抽样以保证样本对总体的代表性。但是，随机抽样的偏差总是存在的，何况在实际操作中限于客观条件，还做不到真正的随机抽样。

（三）能力参数与项目难度参数的配套性

项目反应理论是将能力参数与项目难度参数定义在同一个量表上。被试能力与项目难度参数相匹配的好处很多，如对能力已知的被试配给一个难度已知的试题，通过项目反应模型立刻可以预测被试正确作答的概率。为已估出能力的被试从题库中选出难度与之相当的项目进行新一轮测试，可使能力估计更精确。根据洛德 1980 年及威斯 1983 年研究表明，当项目难度与被试能力水平相匹配时，能提高测验的效度。

经典测验理论中的能力量表与难度量表是不一致的。被试能力量表是测验的卷面总分，其参照系是测验的全部项目。项目难度量表是被试群体的得分率，其参照系是被试群体。被试得分 70 表示他正确作了全部项目的 70％，项目难度 0.70 表示有 70％的被试答对了这个项目。由于二者参照系不同，就无法判断难度为 0.70 的项目是否与得 70 分的被试水平相匹配。这就使在编制测验时从题库中选择与被试能力水平相匹配的项目陷入了盲目性。该理论失去了对编制测验的指导作用。

（四）为被试能力估计提供了测量精确度指标

项目反应理论摒弃了信度这一经典测验理论中的基本概念，而用项目和测验的信息函数来表示对被试能力估计的测量精确度。某个项目在某种能力水平处所提供的信息量随被试能力水平的不同而不同，整个测验的总信息量等于所含项目信息量的总和，测验中各项目都是独立地对测验总信息量作贡献。在这里，项目性能指数与测验性能指数之间存在着明确的逻辑关系；同一个测验可为不同能力水平的被试提供不同的信息量；在测验实施之前就能知道各个项目对不同能力估计的精确度；可根据对能力水平估计的测量精确度的目标来编制测验，等等，都是项目反应理论的突出优点。

经典测验理论中的信度是用被试在平行测验上得分的相关系数来表示的。首先，完全平行测验实际上是不可能实现的，故所估计出的信度也是不精确的。另外，用相关系数表示的信度受到被试样本能力全距的影响。能力全距宽，信度系数高；能力全距窄，信度系数低。与项目反应理论相比，测验信度与其项目参数之间无明显的逻辑关系；一个测验只有一个信度系数，不能为不同能力的被试提供不同的信息。

第二节　项目反应模型的参数估计

一、概　　述

在众多项目反应模型中目前比较成熟的是,以 0、1 方式记分的、只测量一种潜在特质的模型,即二值记分的单维模型。其中最常用的是单参数、双参数、三参数的逻辑斯蒂模型。三参数逻辑斯蒂模型适用于最一般的情况,另两种是它的特例。

项目反应模型中的参数有两类,一类是被试潜在特质(能力)参数,另一类是项目参数,如项目的难度 b、区分度 a、猜测度 c。测量工作者的任务就是要把这些参数估计出来。项目反应模型参数估计的过程,都是从获得 N 个被试对 m 个项目答对(记 1)或答错(记 0)的一组反应数据开始的。这组数据是一个形如下列的矩阵。

$$U = \begin{bmatrix} u_{11} & u_{12} & \cdots\cdots & u_{1m} \\ u_{21} & u_{22} & \cdots\cdots & u_{2m} \\ \vdots & \vdots & & \vdots \\ u_{N1} & u_{N2} & \cdots\cdots & u_{Nm} \end{bmatrix} \tag{12.4}$$

在这里　U 表示元素为 u_{ij} 的 $N \times m$ 的项目反应矩阵

u_{ij} 表示第 i 个被试对第 j 个项目的作答反应

当第 i 个被试答对第 j 个项目时,则 $u_{ij} = 1$;当第 i 个被试答错第 j 个项目时,则 $u_{ij} = 0$。于是第 i 个被试在第 j 个项目上的分布函数为

$$P_{ij}^{u_{ij}} Q_{ij}^{1-u_{ij}} \tag{12.5}$$

在这里　P_{ij} 表示第 i 个被试答对第 j 个项目的概率

Q_{ij} 表示第 i 个被试答错第 j 个项目的概率

$$Q_{ij} = 1 - P_{ij}$$

当 $u_{ij} = 1$ 时,上式表示为 P_{ij},当 $u_{ij} = 0$ 时,该式表示为 Q_{ij}。

项目反应模型参数估计,大多运用极大似然估计法,其目的是寻找一组项目和被试能力的参数估计值,使得在取这组估计值时出现所观察到的实际反应数据的可能性为最大。其似然函数的形式如下。

$$L(U \mid \theta, a, b, c) = \prod_{i=1}^{N} \prod_{j=1}^{m} P_{ij}^{u_{ij}} Q_{ij}^{1-u_{ij}} \tag{12.6}$$

在这里　θ 表示被试能力向量

　　　　a，b，c 表示由各项目参数组成的向量

　　　　Π 表示连乘的符号

　　　　m 表示项目个数

　　　　N 表示被试人数

其他符号与上面相同。为了计算简便，一般将上式等号两边分别取自然对数，使连乘式转化成连加式。其对数似然函数为：

$$\ln L(U \mid \theta, a, b, c) = \sum_{i=1}^{N} \sum_{j=1}^{m} \left[u_{ij} \ln P_{ij} + (1 - u_{ij}) \ln Q_{ij} \right] \tag{12.7}$$

在参数估计时，往往要寻找使似然函数达到最大值的那个参数值。幸运的是，似然函数和它的对数似然函数在同一点上达到最大值。

上式中 P_{ij} 有不同的形式，逻辑斯蒂单参数、双参数、三参数的项目特征函数如公式(12.1)、(12.2)、(12.3)所示。

为了得到使对数似然函数为最大值的参数值，根据高等数学知识得知，就应使对数似然函数 $\ln L$ 对于项目参数或被试参数的一阶偏导数等于零。对于三参数模型来说，就得到这样一组似然方程

$$\frac{\partial \ln L}{\partial \theta_i} = 0 \tag{12.8}$$

$$\frac{\partial \ln L}{\partial a_j} = 0 \tag{12.9}$$

$$\frac{\partial \ln L}{\partial b_j} = 0 \tag{12.10}$$

$$\frac{\partial \ln L}{\partial c_j} = 0 \tag{12.11}$$

根据求导的联锁规则公式(12.8)、(12.9)、(12.10)、(12.11)分别为：

$$\frac{\partial \ln L}{\partial P_{ij}} \cdot \frac{\partial P_{ij}}{\partial \theta_i} = \sum_{j=1}^{m} \frac{u_{ij} - P_{ij}}{P_{ij} Q_{ij}} \cdot \frac{\partial P_{ij}}{\partial \theta_i} = 0 \tag{12.12}$$

$$\frac{\partial \ln L}{\partial P_{ij}} \cdot \frac{\partial P_{ij}}{\partial b_j} = \sum_{i=1}^{N} \frac{u_{ij} - P_{ij}}{P_{ij} Q_{ij}} \cdot \frac{\partial P_{ij}}{\partial b_j} = 0 \tag{12.13}$$

$$\frac{\partial \ln L}{\partial P_{ij}} \cdot \frac{\partial P_{ij}}{\partial a_j} = \sum_{i=1}^{N} \frac{u_{ij} - P_{ij}}{P_{ij} Q_{ij}} \cdot \frac{\partial P_{ij}}{\partial a_j} = 0 \tag{12.14}$$

$$\frac{\partial \ln L}{\partial P_{ij}} \cdot \frac{\partial P_{ij}}{\partial c_j} = \sum_{i=1}^{N} \frac{u_{ij} - P_{ij}}{P_{ij} Q_{ij}} \cdot \frac{\partial P_{ij}}{\partial c_j} = 0 \tag{12.15}$$

只要将对数似然方程组的解求出来,就得到项目或被试的参数值。但是,极大似然估计法在估计项目参数时,对于所有被试都答对或都答错的项目参数无法估计;在估计被试能力时,对于所有项目全部答对或全部答错的被试能力也同样无法估计。

由于有 N 个被试和 m 个项目,对三参数来说,每个项目又有 3 个参数,所以从理论上来说共有 $N+3m$ 个参数,即该方程组中共含有 $N+3m$ 个方程。这些方程都是非线性方程。若要将这么多的未知参数同时估计出来是很困难的。为了把问题简化,可分两阶段进行:若假定项目参数为已知,估计被试能力参数,这时只要求(12.12)式的解。若假定被试能力参数为已知,估计项目参数。这时,对逻辑斯蒂模型单参数来说只要求(12.13)式的解;对双参数来说,要求(12.13)和(12.14)式的解;对三参数来说,要求(12.13)、(12.14)和(12.15)式的解。在一般情况下能力参数和项目参数均为未知,这时要用联合极大似然估计法。在使用此法对某个参数进行估计时,就必须假设其他参数都是已知的。即必须首先确定初始的项目参数值或初始能力参数值。假设先确定了项目参数初始值来估计被试能力参数,将估计出的被试能力参数值视为真实值,然后据此估计项目参数,再以此为依据重新估计被试能力。如此反复循环,直至获得比较稳定的项目参数值及被试能力参数值为止。

二、项目参数已知时对被试能力的估计

在项目参数已知时估计被试的能力,就是求公式(12.12)方程的解。其中包括 N 个方程。从数学上讲,求非线性方程的解,采用的是数值分析方法。其中最常用的方法是牛顿—拉夫森方法。这是一种迭代方法,也称作切线法或牛顿法。

牛顿迭代法的基本思想是把复杂的非线性方程

$$f(x) = 0$$

转化为简单的线性方程来解,其数学依据是:设 x_0 为非线性方程 $f(x) = 0$ 的一个近似根,δ 为校正数,于是,该方程根的精确值可写作

$$x = x_0 + \delta$$

于是方程变为

$$f(x_0 + \delta) = 0$$

将该式在 x_0 附近展开为泰勒多项式,得到

$$f(x_0 + \delta) = f(x_0) + \delta f'(x_0) + \frac{\delta^2}{2} f''(x_0 + \theta\delta) \tag{12.16}$$

$$0 < \theta < 1$$

若 δ 很小,就可略去其高次 δ^2 而得到

$$f(x_0 + \delta) \approx f(x_0) + \delta f'(x_0) \approx 0$$

从而得到一次校正值 δ_1 为:

$$\delta_1 = -\frac{f(x_0)}{f'(x_0)} \qquad (12.17)$$

于是该方程根的一次校正值为:

$$x_1 = x_0 + \delta_1 = x_0 - \frac{f(x_0)}{f'(x_0)} \qquad (12.18)$$

用同样方法可得逐次近似值为:

$$\left.\begin{aligned}
x_2 &= x_1 + \delta_2 = x_1 - \frac{f(x_1)}{f'(x_1)} \\
x_3 &= x_2 + \delta_3 = x_2 - \frac{f(x_2)}{f'(x_2)} \\
&\cdots\cdots \\
x_{k+1} &= x_k + \delta_{k+1} = x_k - \frac{f(x_k)}{f'(x_k)}
\end{aligned}\right\} \qquad (12.19)$$

这种方法的几何意义如图 12.4 所示。设有曲线 $y = f(x)$,过 x 轴上的初始值 x_0,作 x 轴的垂线,交曲线 $y = f(x)$ 于 P_0 点,过 P_0 点作曲线 $y = f(x)$ 的切线 $P_0 x_1$,交 x 轴于 x_1,切点 P_0 处的一阶导数可近似写作

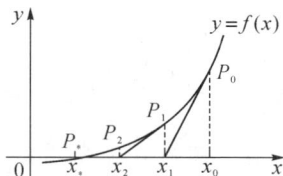

图 12.4　牛顿—拉夫森法

$$f'(x_0) = \frac{0 - f(x_0)}{x_1 - x_0}$$

移项得到

$$f(x_0) + f'(x_0)(x_1 - x_0) = 0 \qquad (12.20)$$

若将公式(12.18)移项可得

$$x_1 - x_0 = -\frac{f(x_0)}{f'(x_0)}$$

$$f(x_0) + f'(x_0)(x_1 - x_0) = 0 \qquad (12.21)$$

(12.20)与(12.21)两式相同,说明它们所表示的意义相同。由此可见牛顿法就是用切线方程来代替非线性方程,即用直线(切线)代替曲线,从而简化计算。

然后过 x_1 点再作 x 轴的垂线 P_1x_1,交曲线 $y = f(x)$ 于 P_1 点,过 P_1 点作曲线 $y = f(x)$ 的切线 P_1x_2,交 x 轴于 x_2 点,同样可得

$$f(x_1) + f'(x_1)(x_2 - x_1) = 0$$

重复上述过程,可得一个点的序列

$$x_0,\ x_1,\ x_2,\ \cdots x_*$$

其极值位置就是 x_*。通过不断地迭代,使方程的近似根不断向精确根逼近,当近似根达到预定精度就停止迭代。

牛顿—拉夫森迭代流程图如图 12.5 所示。从图 12.5 可以看出牛顿迭代法的步骤:(1)使用前一次近似根值,求方程所对应的函数 $F = f(x_0)$ 及其导数 $F_1 = f'(x_0)$ 的值。(2)使用迭代公式 $x_1 = x_0 - F/F_1$,求出方程新的近似根值。(3)若近似根的值已达到预定精度(即 $|x_1 - x_0|$ 小于允许的误差 ε),则停止迭代;若近似根尚未达到预定精度(即 $|x_1 - x_0|$ 大于允许的误差 ε),则重复上述步骤,继续进行迭代。

运用牛顿法的基本原理和方法解决项目参数已知条件下估计被试能力参数时,根据公式(12.19),有 $f(\theta) = \dfrac{\partial \ln L}{\partial \theta} = 0$,这时迭代公式为:

$$\theta_{k+1} = \theta_k - \frac{f(\theta_k)}{f'(\theta_k)} \quad k = 0,\ 1,\ 2,\ 3,\ \cdots \tag{12.22}$$

且 $f(\theta) = \dfrac{\partial \ln L}{\partial \theta}$,$f'(\theta) = \dfrac{\partial^2 \ln L}{\partial \theta^2}$

对于初始值 θ_0 的选取,一般用该被试在这次测试中的得分 x_i 与失分 $m - x_i$ 之比的自然对数 $\ln[x_i/(m - x_i)]$ 作为该被试的能力初始值。在这里

$$x_i = \sum_{j=1}^{m} u_{ij}$$

上式中的 m 是测验中所含项目个数,即测验长度,也是测验满分分数。当被试样本容量较大时,x_i 也可用标准分数来表示。有了初始值就按公式(12.22)进行迭代,一直进行下去,直到满足收敛准则为止。迭代的收敛准则有多种,其中一种方法是满足校正值的绝对值小于预定的 ε 值(一般确定为 $\varepsilon = 0.01$)时,则停止迭代。

现用单参数的一个简单例子来说明牛顿迭代法。

例如,一个被试作答 4 道是非题,其得分为 1,1,0,1,各题难度值分别为 -1,0,1,0.5,试求该被试能力估计值(令 $\varepsilon = 0.01$)。

已知:$u_{i1} = u_{i2} = u_{i4} = 1$,$u_{i3} = 0$,$b_1 = -1$,$b_2 = 0$,$b_3 = 1$,$b_4 = 0.5$

解:根据题意该题项目参数(单参数)已知,要用牛顿迭代法求公式(12.12)方

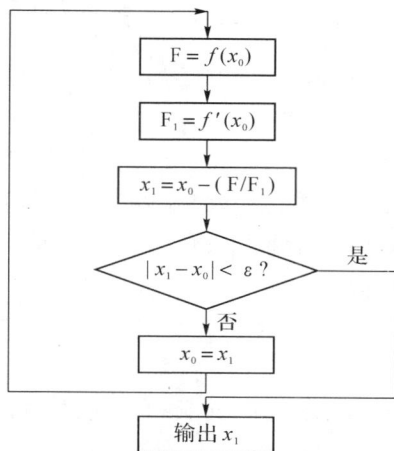

图 12.5 牛顿—拉夫森迭代流程图

程的解。对于单参数逻辑斯蒂模型求出的关于函数$\ln L$的

一阶偏导数为 $\dfrac{\partial \ln L}{\partial \theta} = D \sum\limits_{j=1}^{m} (u_{ij} - P_{ij})$

二阶偏导数为 $\dfrac{\partial^2 \ln L}{\partial \theta^2} = - D^2 \sum\limits_{j=1}^{m} P_{ij} Q_{ij}$

于是有

$$f(\theta) = \frac{\partial \ln L}{\partial \theta} = D \sum_{j=1}^{4} (u_{ij} - P_{ij})$$

$$f'(\theta) = \frac{\partial^2 \ln L}{\partial \theta^2} = - D^2 \sum_{j=1}^{4} P_{ij} Q_{ij}$$

该被试能力初始值 $\theta_0 = \ln[3/(4-3)] = 1.0986$。根据公式(12.1)该生答对每题的概率分别为:

$$P_{ij}(\theta_k) = \frac{1}{1 + e^{-D(\theta_0 - b_j)}}, \qquad Q_{ij}(\theta_k) = 1 - P_{ij}(\theta_k)$$

$$P_{i1}(\theta_0) = \frac{1}{1 + e^{-1.7(1.0986+1)}} = 0.972551726$$

$$P_{i2}(\theta_0) = \frac{1}{1 + e^{-1.7(1.0986-0)}} = 0.866182651$$

$$P_{i3}(\theta_0) = \frac{1}{1 + e^{-1.7(1.0986-1)}} = 0.541807159$$

$$P_{i4}(\theta_0) = \frac{1}{1 + e^{-1.7(1.098\,6-0.5)}} = 0.734\,508\,745$$

于是

$$f(\theta_0) = D \sum_{j=1}^{4} (u_{ij} - P_{ij})$$

$$= 1.7 \times [(1 - 0.972\,551\,726) + (1 - 0.866\,182\,651)$$

$$+ (0 - 0.541\,807\,159) + (1 - 0.734\,508\,745)]$$

$$= -0.195\,585\,47$$

$$f'(\theta_0) = -D^2 \sum_{j=1}^{4} P_{ij} Q_{ij}$$

$$= -(1.7)^2 \times [0.972\,551\,726 \times (1 - 0.972\,551\,726) + 0.866\,182\,651$$

$$\times (1 - 0.866\,182\,651) + 0.541\,807\,159$$

$$\times (1 - 0.541\,807\,159) + 0.734\,508\,745 \times (1 - 0.734\,508\,745)]$$

$$= -1.693\,143\,9$$

$$\theta_1 - \theta_0 = -\frac{f(\theta_0)}{f'(\theta_0)} = -\frac{(-0.195\,585\,47)}{(-1.693\,143\,9)} = -0.115\,5$$

由于 $|\theta_1 - \theta_0| = 0.115\,5 > 0.01 = \varepsilon$，所以要继续进行迭代。

进行第二次迭代的初始值：

$$\theta_1 = \theta_0 - \frac{f(\theta_0)}{f'(\theta_0)} = 1.098\,6 - 0.115\,5 = 0.983\,1$$

$$P_{i1}(\theta_1) = \frac{1}{1 + e^{-1.7(0.983\,1+1)}} = 0.966\,794\,486$$

$$P_{i2}(\theta_1) = \frac{1}{1 + e^{-1.7(0.983\,1-0)}} = 0.841\,745\,071$$

$$P_{i3}(\theta_1) = \frac{1}{1 + e^{-1.7(0.983\,1-1)}} = 0.492\,817\,994$$

$$P_{i4}(\theta_1) = \frac{1}{1 + e^{-1.7(0.983\,1-0.5)}} = 0.694\,505\,859$$

$$f(\theta_1) = D \sum_{j=1}^{4} (u_{ij} - P_{ij})$$

$$= 1.7 \times [(1 - 0.966\,794\,486) + (1 - 0.841\,745\,071)$$

$$+ (0 - 0.492\,817\,994) + (1 - 0.694\,505\,859)]$$

$$= 0.007\,032\,203$$

$$f'(\theta_1) = -D^2 \sum_{j=1}^{4} P_{ij} Q_{ij}$$

$$= -(1.7)^2 \times [0.966\,794\,486 \times (1-0.966\,794\,486) + 0.841\,745\,071$$

$$\times (1-0.841\,745\,071) + 0.492\,817\,994 \times (1-0.492\,817\,994)$$

$$+ 0.694\,505\,859 \times (1-0.694\,505\,859)]$$

$$= -1.813\,270\,11$$

$$\theta_2 - \theta_1 = -\frac{f(\theta_1)}{f'(\theta_1)} = -\frac{0.007\,032\,203}{(-1.813\,270\,11)} = 0.003\,9$$

由于 $|\theta_2 - \theta_1| = 0.003\,9 < 0.01 = \varepsilon$，故可停止迭代。于是该被试能力估计值为：

$$\theta_2 = \theta_1 - \frac{f(\theta_1)}{f'(\theta_1)} = 0.983\,1 + 0.003\,9 = 0.987\,0$$

三、被试能力已知时对项目参数的估计

在被试能力已知条件下估计项目参数，随逻辑斯蒂模型中所含参数个数的增加，参数估计的过程就越加复杂。这里只能着重地讲其重点。

（一）单参数的情况

当被试能力已知估计项目难度参数时，与上述单参数的项目参数已知时估计被试能力的过程基本相同，其不同之处有两点，也是难度参数估计的要点。

1. 牛顿迭代公式：

$$b_j^{(k+1)} = b_j^{(k)} - \Delta b_j^{(k)} \quad k = 0, 1, 2, \cdots$$

$$f(b_j) = \frac{\partial \ln L}{\partial b_j}$$

$$\Delta b_j^{(k)} = f(b_j^{(k)})/f'(b_j^{(k)})$$

2. 项目参数初始值 $b_j^{(0)}$ 的选取

可用下列方法选取初始值：

$$b_j^{(0)} = \ln\left[(N - \sum_{i=1}^{N} u_{ij})/(\sum_{i=1}^{N} u_{ij}) \right]$$

$$- \sum_{j=1}^{m} \ln\left[(N - \sum_{i=1}^{N} u_{ij})/(\sum_{i=1}^{N} u_{ij}) \right]/m$$

（二）双参数的情况

1. 牛顿迭代公式

当被试能力已知，估计项目区分度及难度参数 a_j，b_j 时，牛顿迭代公式是以如下向量形式表示的。为了书写方便去掉了第 j 个项目的下标。

$$x = \begin{bmatrix} a \\ b \end{bmatrix}, \; f = \begin{bmatrix} \dfrac{\partial \ln L}{\partial a} \\ \dfrac{\partial \ln L}{\partial b} \end{bmatrix} = \begin{bmatrix} f_1 \\ f_2 \end{bmatrix},$$

$$Df = \begin{bmatrix} \dfrac{\partial^2 \ln L}{\partial a^2} & \dfrac{\partial^2 \ln L}{\partial a \partial b} \\ \dfrac{\partial^2 \ln L}{\partial b \partial a} & \dfrac{\partial^2 \ln L}{\partial b^2} \end{bmatrix} = \begin{bmatrix} d_{11} & d_{12} \\ d_{21} & d_{22} \end{bmatrix} \tag{12.23}$$

于是牛顿迭代公式可表示为：

$$x_{t+1} = x_t - [Df(x_t)]^{-1} f(x_t) \tag{12.24}$$

在这里　x，f 表示向量

$Df(x_t)$ 表示二阶方阵

$[Df(x_t)]^{-1}$ 表示 $Df(x_t)$ 的逆矩阵

2. 初始值的选取

确定初始值有多种方法，其中一种是双参数的参数近似估计法。根据 N 个被试在第 j 个项目上的测试结果，求在经典测验理论意义上该项目的难度及区分度。其难度为：

$$P_j = \sum_{i=1}^{N} u_{ij} / N \tag{12.25}$$

在这里　P_j 表示答对第 j 个项目的人数比率或通过率

$\sum\limits_{i=1}^{N} u_{ij}$ 表示答对该项目的人数总和或该项目上的得分总和

N 表示被试总人数

项目 j 的区分度是以被试在项目上的得分与卷面总分的二列相关系数来表示。用公式可表示为：

$$r_{b_j} = \frac{\overline{X}_{P_j} - \overline{X}_t}{\sigma_t} \cdot \frac{P_j}{Y_{Z_j}} \tag{12.26}$$

在这里　r_{b_j} 表示项目 j 的得分与卷面总分的二列相关系数

$\overline{X}_{P_j}$ 表示答对项目 j 的那些被试卷面总分的平均数

$\overline{X}_t$，σ_t 分别表示全体被试卷面总分的平均数及标准差

Y_{Z_j} 表示与项目 j 标准分数 Z_j 相对应的正态分布密度函数值

在计算过程中，首先将 P_j 转换成标准分数 Z_j，同时求出 Y_{Z_j}，即将项目 j 的得分率 P_j 作为正态曲线下的上端面积，然后查正态曲线的面积(P)与纵线(Y)表(附表 2)，在表上 P 栏中寻找与 $0.5 - P_j$ 最相接近的值，该值所对应的 Z 就是 P_j 的标

准分数 Z_j；该值所对应的 Y 就是标准分数 Z_j 点上的密度函数值 Y_{Z_j}。最后取 b_j 及 a_j 的近似为：

$$\left. \begin{array}{l} b_j = Z_j / r_{b_j} \\ a_j = r_{b_j} \big/ \sqrt{1 - r_{b_j}^2} \end{array} \right\} \qquad (12.27)$$

于是(12.27)式就是(12.24)式中的迭代初始值。

3. 收敛准则

由于 $-Df$ 的行列式为正，则

$d_t = d_{11}d_{22} - d_{12}^2$，这时 $d_t > 0$，于是记

$$\Delta a_t = (d_{22}f_1 - d_{12}f_2)/d_t$$

$$\Delta b_t = (d_{11}f_2 - d_{12}f_1)/d_t$$

此时(12.24)式可改记为：

$$\left. \begin{array}{l} a_{t+1} = a_t - \Delta a_t \\ b_{t+1} = b_t - \Delta b_t \end{array} \right\} \qquad (12.28)$$

按(12.28)式继续反复进行迭代，一直到满足某种收敛准则为止。收敛准则可确定为：当 $\| x_{t+1} - x_t \|_2 = \sqrt{(\Delta a_t)^2 + (\Delta b_t)^2} < \varepsilon$，可停止迭代。式中 $\| x_{t+1} - x_t \|_2$ 表示向量 $x_{t+1} - x_t$ 的 2—范数。

（三）三参数的情况

1. 牛顿迭代公式

当被试能力已知估计项目区分度、难度及猜测参数 a_j，b_j，c_j 时，其牛顿迭代公式的向量及矩阵为：

$$x_t = \begin{bmatrix} a_t \\ b_t \\ c_t \end{bmatrix} \quad f(x_t) = \begin{bmatrix} \dfrac{\partial \ln L}{\partial a} \\[2mm] \dfrac{\partial \ln L}{\partial b} \\[2mm] \dfrac{\partial \ln L}{\partial c} \end{bmatrix} \quad \triangleq \begin{bmatrix} f_1(x_t) \\ f_2(x_t) \\ f_3(x_t) \end{bmatrix}$$

$$Df(x_t) = \begin{bmatrix} \dfrac{\partial^2 \ln L}{\partial a^2} & \dfrac{\partial^2 \ln L}{\partial a \partial b} & \dfrac{\partial^2 \ln L}{\partial a \partial c} \\[3mm] \dfrac{\partial^2 \ln L}{\partial b \partial a} & \dfrac{\partial^2 \ln L}{\partial b^2} & \dfrac{\partial^2 \ln L}{\partial b \partial c} \\[3mm] \dfrac{\partial^2 \ln L}{\partial c \partial a} & \dfrac{\partial^2 \ln L}{\partial c \partial b} & \dfrac{\partial^2 \ln L}{\partial c^2} \end{bmatrix}_{x = x_t} \triangleq \begin{bmatrix} d_{11} & d_{12} & d_{13} \\ d_{21} & d_{22} & d_{23} \\ d_{31} & d_{32} & d_{33} \end{bmatrix}$$

牛顿迭代公式表示为：

$$x_{t+1} = x_t - [EDf(x_t)]^{-1} f(x_t) \qquad (12.29)$$

在这里 $EDf(x_t)$ 是 $Df(x_t)$ 的期望矩阵

2. 参数初始值的选取

关于猜测参数 c 的选取目前还有争议，有的学者认为以能力 $\theta < b_j - (2/a_j)$ 的被试答对项目 j 的比率作为项目 j 猜测 c_j 的初始值。

将公式(12.25)表示的难度值修改为：

$$P'_j = c_j + (1 - c_j) P_j \quad j = 1, 2, \cdots, m \qquad (12.30)$$

式中 P_j 如(12.25)式所定义。

将(12.26)式表示的项目区分度修改为：

$$r_{b_j} = \frac{\overline{X}_{P'_j} - \overline{X}_t}{\sigma_t} \frac{P'_j}{Y_{Z'_j}} \qquad (12.31)$$

将 P'_j 转换成标准分数 Z'_j 同时求 $Y_{Z'_j}$ 时，要以 P'_j 作为正态曲线下的上端面积，查正态曲线面积(P)与纵线(Y)表(附表 2)，在 P 栏中寻找与 $0.5 - P'_j$ 最接近的值，从而求得该值所对应的 Z'_j 及 $Y_{Z'_j}$ 值。

于是难度初始值为：

$$b_j = Z'_j / r_{b_j}$$

区分度的初始值为：

$$a_j = r_{b_j} / \sqrt{1 - r_{b_j}^2}$$

第三节 项目反应模型与资料拟合性检验

任何一种测量理论都有一定的假设。项目反应理论也是建立在强假设基础之上的。如果这些假设不成立，用选择的模型来分析所得的数据其结果不能很好地解释客观实际。所以，要考察选择的模型与所要解决的特定测量问题是否相适合，也就是要进行模型与资料拟合性检验。

一、项目反应理论的基本假设

（一）潜在特质空间的单维性假设

潜在特质空间是指由潜在特质组成的抽象空间。项目反应理论假设潜在空间是单维的。即决定被试对项目作反应的潜在特质只有一种，那就是被试的某种能力水平,而组成某个测验的所有项目都是测量同一种心理特质。虽然影响被试作反应的因素是多方面的,如知识、人格、动机、焦虑、速度等,但只要所欲测量的心理特质是影响被试对项目作反应的主要因素,就认为测验数据是满足单维假设的。

（二）局部独立性假设

局部独立性假设是指某一被试对测验中某个项目正确作答的概率不受他对该测验中其他项目反应的影响。即一个测验中的任何一个项目不会给另一个项目提供线索。那么,影响被试对某个项目反应的只有被试的特质水平和该项目的特性。用统计术语来讲,就是对于具有相同特质水平的被试来说,测验中的各个项目之间是独立的(不相关的)。由于这个"局部"是指所给定的具有某种特定能力水平 θ 值的同质被试来说的,而不是对于具有不同 θ 值的被试总体来说的,所以它是局部的。若局部独立性假设得到满足,则被试得分的概率等于该被试对于各个项目得分概率的乘积。

（三）项目特征曲线的假设

项目特征曲线是指项目特征函数或项目反应函数的图像形式。项目特征函数是被试的潜在特质与其对该项目正确作答概率 $P_i(\theta)$ 之间关系的数学表达式。即项目分数对所测特质的非线性回归函数。项目特征曲线就是项目分数对于被试能力分数的回归线。项目特征曲线的假设就是指对于这种函数关系或回归线的某种具体表达形式所作的假设。不同的反应模型有不同的项目特征曲线假设。例如,拉希项目反应模型的项目特征曲线假设是,各项目基本不含猜测,且各项目的区分度相同,因为拉希模型是个单参数模型。又如,逻辑斯蒂双参数模型的项目特征曲线假设是各项目不含猜测。

二、最常用的拟合检验统计量

统计上对间断性数据的拟合度一般采用 χ^2 检验。关于项目反应模型与数据拟合性检验,学者们提出了许多种 χ^2 统计量,现仅列举几个最常用的统计量。

（一）博克的 χ^2

博克于 1972 年提出了一种计算 χ^2 的方法,简称为 BCHI。其步骤如下:(1)将能力量表分成 J 个区间。(2)根据每个被试能力估计值,及其对某个项目答对或答错的情况,将其分配到 $2 \times J$ 列联表中的相应格子中。(3)按下式计算第 i 个项目的博克 χ^2 值:

$$\text{BCHI}_i = \sum_{j=1}^{J} \frac{N_j (O_{ij} - E_{ij})^2}{E_{ij}(1 - E_{ij})} \qquad (12.32)$$

在这里　O_{ij} 表示第 j 个区间的被试对第 i 个项目实际答对比率

E_{ij} 表示第 j 个区间的被试对第 i 个项目的预测答对比率(即答对比率的期望值)

N_j 表示第 j 个区间的被试人数

其中 E_{ij} 的计算方法是将第 j 个区间被试能力估计值的中位数和项目参数估计值代入项目反应模型而求得。

博克 χ^2 的自由度为 $J-m$，m 为模型中项目参数的个数。

(二) 耶恩的 χ^2

耶恩于 1981 年提出的 χ^2 计算方法，简称 YCHI。

$$YCHI_i = \sum_{j=1}^{k} \frac{N_j(O_{ij} - E_{ij})^2}{E_{ij}(1 - E_{ij})} \tag{12.33}$$

在这里　k 表示将能力量表划分区间数。耶恩令 $k = 10$

此法与博克方法基本相同。仅有以下两点区别:(1)耶恩将能力量表分成 10 个区间，而博克没有规定所分区间数。(2)耶恩令 E_{ij} 为第 j 个区间内被试对第 i 个项目正确反应预测概率的平均数。即将第 j 个区间内每个被试能力估计值及该项目参数估计值代入项目反应模型而求得平均数。

YCHI 的自由度为 $10-m$，m 为模型中项目参数的个数。

(三) 似然率 χ^2

似然率 χ^2(LCHI)法与耶恩 χ^2 法非常相似，也是将能力量表分成 10 个区间，每个区间内被试人数大致相同，根据被试的能力及其对某一项目答对或答错的反应，将所有的被试分配到 10×2 列联表的 20 个格子内，再按下式计算似然率 χ^2 值。

$$LCHI_i = 2\sum_{j=1}^{20} O_{ij} \ln\left(\frac{O_{ij}}{E_{ij}}\right) \tag{12.34}$$

在这里　ln 表示以 e 为底的对数

LCHI 的自由度为 $10-m$。m 为模型中项目参数的个数。

麦金利和米尔斯于 1985 年经研究认为:对于拒绝拟合假设的检验，似然率 χ^2 的误差最小;对于接受拟合假设的检验，博克的 χ^2 误差最小。另外，被试样本容量的大小对于 χ^2 计算的误差也有影响。当样本容量在 500 至 1 000 人时，运用耶恩的 χ^2 误差最小，效果最好。

三、模型与资料拟合性检验的内容和步骤

采用某个单一的统计量来检验模型与数据的拟合性是非常困难的。汉布尔顿和斯沃米纳塞于 1985 年提出要从以下三个方面进行检验:(1)在模型假设方面，要

检验实际数据是否满足所选用的模型假设;(2)在模型性质方面,要检验通过实际数据能否体现出所选模型期望有的性质及优点;(3)在模型预测能力方面,要检验用所选模型作出的预测(模拟数据)与实际数据是否一致。

几乎没有哪种测验数据能够完全满足项目反应模型的假设。但是,由汉布尔顿等人于 1969 和 1978 年的研究表明,只要实际测验数据与模型偏离程度不很严重,模型还是相当稳健的,即实际数据稍许偏离假设,模型仍能成立。

麦金利和米尔斯于 1985 年提出了拟合检验的步骤:(1)根据项目反应模型估计项目的各个参数;(2)运用项目参数估计值通过项目反应模型预测被试的反应模式;(3)将预测的被试反应模式与被试的实际反应模式进行比较。

可见,拟合性检验实际上是检查预测的结果与实得结果之间的相似性。

四、模型与资料拟合性检验的方法

汉布尔顿等人将统计上提供的拟合检验方法用文字来加以总结和描述。

(一)模型假设的检验

1. 单维性检验

除多维模型之外,几乎所有的项目反应模型都要进行单维性检验。常用的检验方法有以下几种。

(1)计算项目间相关系数矩阵的特征值,若最大特征值与次大特征值之比接近或超过 5,则认为资料符合单维性假设。研究认为,在建立相关系数矩阵时,用四分相关比用 Φ 相关要好。

(2)比较两个相关系数矩阵的特征值。其中一个相关系数矩阵是根据实测数据求得的,另一个相关系数矩阵是根据从正态分布数据中随机抽出的数据求得的,实测数据与随机数据的样本容量相同。若实测数据的相关系数矩阵最大特征值明显大于随机数据的相关系数矩阵最大特征值,而其他特征值都相似,则认为实测数据符合单维性假设。

(3)检查能力(或测量分数)不同被试的方差与协方差矩阵或相关矩阵。若该矩阵的非对角线元素小,且趋于零,则认为局部独立性假设成立,从而可以认为资料是单维的。

(4)用非线性单因素分析模型拟合于项目间相关系数矩阵,并分析其残差,用以处理各对项目间以及项目与被试能力之间非线性关系。

(5)直接根据项目反应理论进行因素分析。假设在多维三参数正态卵形模型中,被试对项目的反应是一个向量,如果得到的是一个单维解,则认为实测数据满足单维性假设。

(6)在不同的样组中计算同一个项目的 b 值,如果它们呈线性关系,则认为实测数据满足单维性假设。

2. 等区分度检验

该种检验适用于单参数逻辑斯蒂模型。单参数模型要求各项目区分度相等，其检验方法是，用二列相关法或点二列相关法计算各项目与测验总分的相关系数，若这些相关系数的分布较集中，则认为等区分度的假设成立。

3. 最小猜测检验

该种检验适用于单参数或双参数模型，因为它们不含猜测参数。常用的检验方法有：

（1）能力水平很低的被试对很难项目的答对概率若接近于零，则认为最小猜测假设成立。

（2）绘制项目与测验总分回归线图，图上若能力很低的被试成绩接近于零，则认为最小猜测假设成立。

（3）从分析项目的难度、作答时限及所用题型等，来确定是否有猜测的可能。

4. 非速度性检验

所有的项目反应模型都要检验非速度性的假设。对单维性模型来说，它的假设是只有被试能力因素对测验结果起作用，若速度因素也在起作用，那么就不满足单维性假设。对多维模型来说，速度因素也将会是在测验的设计者所考虑的因素之外。常用的检验方法有：

（1）若被试未回答项目数的方差与答错项目数方差之比趋于零，则认为满足非速度性假设。

（2）将被试在有时间限制下与无时间限制下的测验分数相比较，若二者很接近，则认为非速度性假设成立。

（3）计算全部完成测验项目的被试人数比率、完成 75% 的人数比率，并计算 80% 被试完成的项目数，若几乎所有被试完成了所有项目，则表明速度不是影响成绩的主要因素。

（二）模型性质的检验

若实测数据与所选用的某一项目反应模型拟合很好，则会出现三个优点（特性）：①被试能力参数不变性，即被试能力估计不依赖于用来施测的项目，当然这些项目都是来自于同一个题库，并测量着同一种能力；②项目参数不变性，即项目参数估计值不依赖于被试的样本；③能够求得能力量表每个点上估计值的精确度指标。反过来推理，若实际上出现了这三个优点，则可认为该模型与实测数据是拟合的。其检验方法如下：

1. 被试能力参数不变性检验

这是所有项目反应模型都应检验的特性。其检验方法是从同一个题库中抽取两个(或两个以上)难度不同的项目组,并用此对同一组被试施测,根据所获得的两组测验数据来估计被试的能力参数。若两组能力估计值呈线性关系,即根据每个被试的两个能力估计值在直角坐标系上描点,若各散点有直线趋势,则表明这些数据与所选用的项目反应模型能够拟合。这也反映出被试能力参数估计值不依赖于用来施测的项目样本。

2. 项目参数不变性检验

这是所有项目反应模型都应检验的特性。其检验方法是将同一套测试项目对从同一个被试总体中抽出的两个或两个以上样组施测。用所获得的两组数据分别求出他们对各项目参数(区分度、难度、猜测参数)的估计值,然后根据每个项目同一种参数的两种估计值在直角坐标系上绘制散点图。若各种项目参数散点图上的散点都有直线趋势,则表明这些数据与所选用的项目反应模型相拟合,同时也反映出项目参数估计值不依赖于被试样本的优点。

（三）模型预测力的检验

若数据与模型拟合得很好,该模型必有较好的预测力。检验模型预测力的方法有以下几种。

1. 考察模型与数据拟合时的残差及标准残差

既要对每个项目作考察又要对每个被试作考察,根据考察结果,即根据各个项目及各个被试与模型的拟合程度,来选定适当的项目反应模型。其具体检验方法将在后面加以叙述。

2. 在假设所有的模型参数估计值都正确的前提下来预测分数的分布,并将观察的与预测的测验分数分布用 χ^2 检验进行比较。

3. 通过对影响测验效度各种因素的考察,如对项目的排列、练习效应、测验速度、作弊、厌烦、课程、模型选择不当、测验指导语、认识过程以及其他因素的考察,由此给出使用某种项目反应模型的恰当证据。

4. 绘制能力估计值与相应测验分数的散点图。若模型与数据拟合得较好,散点将会高度集中在项目特征曲线附近,偏离只是由测量误差所引起。

5. 对运用不同方法获得的项目特征曲线进行比较。若它们很接近,则说明所选用的模型与数据相拟合。

6. 用各种统计检验方法来确定模型与项目是否拟合、与被试是否拟合。

7. 使用计算机模拟方法,比较实际的与估计出来的能力参数及项目参数。

8. 用计算机模拟方法来研究项目反应模型的稳健性。

上述方法中最有实用价值及最有发展前途的是残差分析法。所谓残差(原始残差)就是某一被试组对于项目的实际反应与预测反应之差。具体操作步骤是:先选定一个项目反应模型,根据这一模型将项目参数及被试能力估计出来,然后将能

力量表划分成 $10\sim15$ 个相等的组(分组数目不宜过多或过少),再用下式计算每个组的残差。

$$R_{ij} = P_{ij} - E(P_{ij}) \tag{12.35}$$

在这里　i 表示项目序号

j 表示能力组序号

R_{ij} 表示第 j 能力组被试在第 i 个项目上的残差

P_{ij} 表示第 j 能力组被试对第 i 个项目的答对比率

$E(P_{ij})$ 表示第 j 能力组被试对第 i 个项目答对比率的期望值

在计算 $E(P_{ij})$ 值时,先要将第 j 组每个被试能力估计值及第 i 个项目参数估计值代入所选用的项目反应模型中,求出该组每个被试对该项目的答对比率,然后求该组被试对该项目答对概率的期望值。求其期望值有两种方法:一种方法是计算该组被试对该项目答对概率的平均数;另一种方法是以该组能力估计值处于中点(中位数)的被试答对概率作为 $E(P_{ij})$。

若所求出的残差值较大,表明实际数据与预测数据拟合得不好,即该模型的预测力没有体现出来。若残差值较小,则表明实际数据与预测数据拟合得较好,即该模型的预测力体现出来了。

上述的原始残差不可以直接比较,也不能相加求和,所以还要求出标准残差。其计算公式为:

$$SR_{ij} = \frac{P_{ij} - E(P_{ij})}{\sqrt{\dfrac{P_{ij}(1 - P_{ij})}{N_j}}} \tag{12.36}$$

在这里　N_j 表示第 j 组的被试人数

标准残差就是原始残差除以 P_{ij} 的标准误(即 P_{ij} 在抽样分布上的标准差)。

例如,汉布尔顿介绍了 1982 年由 2 662 名被试参加了有 75 个项目组成的阅读测验。对其进行的标准残差分析结果如表 12.3。

表 12.3　阅读测验三种模型的标准残差分析

模型参数个数	标准残差绝对值的百分比			
	$0 \leqslant \|SR\| \leqslant 1$	$1 < \|SR\| \leqslant 2$	$2 < \|SR\| \leqslant 3$	$\|SR\| > 3$
单参数	42.6	27.8	15.0	14.6
双参数	60.6	29.7	7.3	2.4
三参数	63.3	29.6	6.0	1.1

从表 12.3 可以看出,标准残差绝对值大于 2 的项目数占总项目数的百分比,在单参数为 $15.0\% + 14.6\% = 29.6\%$,在双参数为 $7.3\% + 2.4\% = 9.7\%$,在三参数为 $6.0\% + 1.1\% = 7.1\%$。从标准残差绝对值小于 1 的项目所占百分比可直接看出,三参数最大,双参数次之,单参数最小。可见,模型与数据的拟合程度,三参数最好,双参数次之,单参数最差。由此可得出结论:该组数据应选用三参数模型最好。但是,三参数模型的参数估计最复杂,故在选择模型时要统筹兼顾。

当计算出某个项目在各能力区间的残差或标准残差后,还可以将之绘制成散点图。其绘图方法是:横轴表示能力,纵轴表示残差或标准残差。横轴在各能力区间的中点,纵轴在相应残差值高度描点。通过散点图可以了解及分析实际数据与预测数据在各能力段的拟合情况。

在考察模型与数据的拟合性时,除了用残差分析之外,还经常用统计检验方法。其中耶恩 χ^2 检验法运用得最为广泛,即运用(12.33)式对每个项目的拟合性进行 χ^2 检验。

经考察若绝大多数项目拟合程度良好,而个别项目却不适合所选的模型,这时可对这个项目加以修改或剔除。

检验模型预测性的另一个指标称为"不拟合统计量"。该指标是将个别被试的实测分数与预测分数相比较。赖斯 1977 年提出了一个"平方标准残差"的不拟合统计量指标,其标准残差为:

$$SR_i = (u_i - P_i(\hat{\theta})) / \sqrt{P_i(\hat{\theta})(1 - P_i(\hat{\theta}))} \tag{12.37}$$

在这里　u_i 表示某被试在项目 i 上的得分(0 或 1)

　　　　$P_i(\hat{\theta})$ 表示该被试用所选模型求得的项目 i 上的项目反应函数值

平方标准残差为:

$$W = \sum_i SR_i^2 \tag{12.38}$$

若选用单参数逻辑斯蒂模型,于是(12.38)式可简化为:

$$W = \sum_i [u_i e^{-(1.7)(\hat{\theta} - b_i)} + (1 - u_i) e^{1.7(\hat{\theta} - b_i)}] \tag{12.39}$$

若平方残差值较大,表明这种被试不适合所选用的模型。

例如,在某次测验中两位被试的能力估计值 $\hat{\theta}$ 都是 1,两人在 5 个项目上的作答情况如表 12.4 所示。

从表 12.4 可以看出,被试 2 答对了 3 个难题,却答错两个容易的题目,有些反常。按公式(12.39)式计算二者的平方标准残差值为:

表 12.4　两个被试在 5 个项目上的反应

项目序号	难度 b_i	被　试		$e^{-1.7(\hat{\theta}-b_i)}$	$e^{1.7(\hat{\theta}-b_i)}$
		1	2		
1	−1	1	0	0.03	30.08
2	0	1	0	0.18	5.48
3	1	1	1	1.00	1.00
4	2	0	1	5.48	0.18
5	3	0	1	30.08	0.03

被试 1　$W = 0.03 + 0.18 + 1.00 + 0.18 + 0.03 = 1.42$

被试 2　$W = 30.08 + 5.48 + 1.00 + 5.48 + 30.08 = 72.12$

由于被试 2 的平方标准残差值极大,说明该被试不适合所选用的模型。据此可进一步分析其造成原因,如作弊、填涂答案卡错位等。

第四节　信息函数及测验的精确度

一、项目和测验信息函数的概念

信息论的创始人香农把信息定义为不确定性的消除。例如,我们要了解上海市 25 岁男子的平均身高,在未作调查之前,不确定性为无限大,所掌握的信息为零。当对其某样本的身高作了调查之后,得到样本的平均数 $\overline{X}$,我们可以据此信息在一定程度上推论出其总体平均数 μ 的所在范围。这时,不确定性减少了,因为我们已经掌握了一定的信息量,能以一定把握作出一定程度的肯定。我们减少了多少不确定性,又获得了多少信息,如何对信息量进行度量,这与总体参数置信区间的宽度有关。假如我们对总体平均数进行区间估计,其置信区间越宽,所提供的信息量越少;置信区间越窄,所提供的信息量越多。而置信区间的宽度与平均数标准误的平方 $\sigma_{\overline{X}}^2$(即样本平均数在抽样分布上的方差)有关。$\sigma_{\overline{X}}^2$ 值大,置信区间宽,信息量少;$\sigma_{\overline{X}}^2$ 值小,置信区间窄,信息量多。于是我们把信息量函数 I 定义为平均数标准误平方的倒数,即:

$$I = 1/\sigma_{\overline{X}}^2 \qquad\qquad (12.40)$$

以上是一般统计参数估计的情况。教育和心理测量中的问题与之相类似。在我们未获得有关被试在项目上的反应,以及没把被试能力水平 θ 估计出来之前,我们对某被试的能力水平无任何信息。当从项目反应中估计出 θ 之后,就获得了有

关 θ 的信息。若对被试能力 θ 采用逻辑斯蒂函数,按最大似然估计法进行估计,那么具有共同能力 θ 的极大似然估计值 $\hat{\theta}$ 呈渐近正态分布。$\hat{\theta}$ 的平均数为真值 θ,方差为 $V(\hat{\theta}|\theta)$。于是,同样也可以将测验信息函数定义为对于具有共同能力 θ 被试的极大似然能力估计值 $\hat{\theta}$ 的渐近抽样分布上方差(即估计标准误的平方)的倒数。

$$I(\theta) = V(\hat{\theta} \mid \theta)^{-1}$$

由洛德 1980 年证明,测验信息函数为:

$$I(\theta) = \sum_{i=1}^{m} \left[(P_i')^2 / P_i Q_i \right] \tag{12.41}$$

在这里　P_i 表示在 θ 处第 i 题的项目反应函数　$i = 1, 2, \cdots, m$

$Q_i = 1 - P_i$

P_i' 表示第 i 个项目反应函数对 θ 的一阶导数(即斜率)

由(12.41)式可知,测验信息函数是测验所含 m 个项目的信息函数之和。于是,项目信息函数为:

$$I_i(\theta) = (P_i')^2 / P_i Q_i \tag{12.42}$$

$$I(\theta) = \sum_{i}^{m} I_i(\theta) \tag{12.43}$$

项目反应模型不同,项目反应函数的构造就不同,于是项目信息函数也就不同。例如,三参数逻辑斯蒂模型的项目信息函数为:

$$I_i(\theta) = \frac{1.7^2 a_i^2 (1 - c_i)}{\left[c_i + e^{1.7 a_i(\theta - b_i)} \right] \left[1 + e^{-1.7 a_i(\theta - b_i)} \right]^2} \tag{12.44}$$

二、项目及测验信息函数的性质

（一）项目信息函数值随被试能力水平 θ 值而变化,在 θ 值等于或略大于项目难度 b_i 处项目信息函数值为最大

例如,有一个三参数逻辑斯蒂项目 $a = 2.0$,$b = 0.921$,$c = 0.2$,可用公式(12.44)求出该项目在不同能力水平 θ 上的项目信息函数值,如表 12.5 所示。若横坐标表示 θ 值,纵坐标表示项目信息函数值,可将表 12.5 的数据绘制成项目信息函数曲线图 12.6。从表 12.5 及图 12.6 都可以看出,该项目对不同能力水平的 θ 值都有特定的信息函数值与之相对应。这表明一个项目所提供的信息量随被试能力水平 θ 值的变化而变化。

从表 12.5 及图 12.6 中还可以看出,当被试能力水平 θ 值等于或略大于项目难度 b_i 值时,项目信息函数值为最大(如本例项目信息函数的最大值为 1.97,所对

表 12.5　项目信息函数值

θ	-2.5	0.00	0.25	0.50	0.75	1.00	1.25
$I_i(\theta)$	0.000 5	0.066	0.26	0.78	1.57	1.97	1.61
θ	1.50	1.75	2.00	2.25	2.50	2.75	
$I_i(\theta)$	0.97	0.49	0.223	0.098	0.043	0.018	

应的 θ 值为 1.00，项目的难度值 $b = 0.921$ ）；当能力水平 θ 值从左右两边离开 b_i 值时，项目信息函数值逐渐变小；θ 值离 b_i 值越远，项目信息函数值越小。

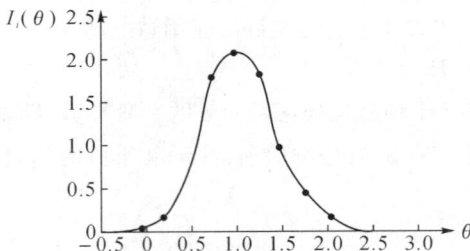

图 12.6　项目信息函数曲线

　　至于项目信息函数达到最大值时究竟需要 θ 值比 b_i 值大多少，这还与项目的区分度参数 a_i 及猜测参数 c_i 有关。对于三参数逻辑斯蒂模型来说，项目信息函数处于最大值时的被试能力水平值为：

$$\theta_{\max} = b_i + \frac{1}{1.7a_i}\ln(0.5 + 0.5\sqrt{1 + 8c_i}) \qquad (12.45)$$

从上式可知，当被试能力水平 θ 比项目难度 b_i 超出（12.45）式等号右面第二项这么大的量，项目信息函数就达到了最大值。而这部分超出值的大小还取决于项目的区分度 a_i 及猜测水平 c_i。当 a_i 值大时，则超出的值小；当 c_i 值小时，超出的值也小。当 $c_i = 0$ 时，能力水平 θ 在项目难度 b_i 点上项目信息函数值为最大。可见，项目的性能越好，超出的值越小。

（二）项目信息函数值的大小还受项目自身特性的影响

　　如项目的区分度 a_i 值越大（即项目特征曲线越陡），方差越小，猜测水平 c_i 值越小，项目信息函数值越大，即项目提供的信息量越大。前两点可从（12.42）式中直接看出。式中分子是 P'_i 的平方，P'_i 是项目反应函数对 θ 的一阶导数，即项目特征曲线的斜率。而曲线在拐点处的斜率就是项目的区分度 a_i。因此，可以说，项目的区分度 a_i 越大，提供的信息量越大。式中的分母 P_iQ_i 是二项分布的方差，则方差越小提供的信息量越大。再从表 12.6 及据此所绘制成的项目信息函数曲线图

12.7 来看,其中项目 1 的区分度 a 最大,项目特征曲线最陡,猜测参数 $c = 0$,所以,项目信息函数曲线峰值最大,整个曲线高耸。项目 4 的 a 值最小,且 c 值也不等于零,整个项目信息函数曲线低矮平直,几乎在 θ 轴的任何一点上都只有极小的信息函数值。但是,区分度大的项目也不一定能在整个 θ 轴各个区间都能提供较大的信息量,如本例的项目 1 和 2,它们的 θ 值在 ± 1 之间可以提供较大的信息量,而在 2 附近的区间内,所提供的信息量却远小于 a 值比它们小而 c 值比它们大的项目 3。

表 12.6　四个项目的参数及最大信息函数值

项　目	b	a	c	最大信息函数值
1	0	1.8	0	2.34
2	0	1.8	0.20	1.60
3	1.5	1.2	0.25	0.64
4	-1.2	0.4	0.10	0.10

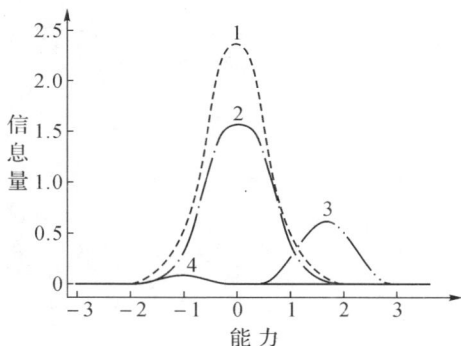

图 12.7　4 个项目信息函数曲线

（三）项目信息函数值具有可加性,测验信息函数值等于所含各项目信息函数值的累加和

测验由项目组成,当一个测验对某种能力水平 θ 的被试施测时,测验在该 θ 值上所提供的信息量就等于各项目在该点上所提供的信息量之和。表 12.7 和图 12.8 是由 5 个项目组成的测验信息函数值表及其曲线图。从表 12.7 及图 12.8 可以看出,测验信息函数在 $\theta = 0.5$ 处为最高,其函数值为:

$$I(\theta) = \sum_{i=1}^{5} I_i(\theta) = I_1(\theta) + I_2(\theta) + \cdots + I_5(\theta)$$
$$= 0.78 + 0.22 + 4.09 + 0.56 + 0.22$$
$$= 5.87$$

表 12.7　测验信息函数值

a_i	b_i	c_i	$I_i(\theta)$	θ −.75	−.50	−.25	.00	.25	.50	.75	1.00	1.25	1.50	1.75	2.00	2.25	2.50	θ_{max}
2.0	.921	.2	$I_1(\theta)$	.00	.00	.01	.07	.26	.78	1.57	1.97	1.61	.97	.49	.22	.10	.04	1.00
1.0	1.5	.1	$I_2(\theta)$	.00	.00	.01	.08	.13	.22	.33	.44	.54	.59	.58	.52	.43	.33	1.59
2.5	.5	.05	$I_3(\theta)$	.00	.01	.30	1.15	2.86	4.09	3.22	1.63	.65	.24	.08	.03	.01	.00	.52
1.0	.00	.05	$I_4(\theta)$	.40	.51	.61	.65	.64	.56	.46	.36	.26	.18	.13	.09	.06	.04	.05
1.5	−.75	.1	$I_5(\theta)$	1.33	1.26	.97	.65	.39	.22	.12	.07	.04	.02	.01	.00	.00	.00	−.69
测验信息函数 $I(\theta)$				1.73	1.78	1.90	2.60	4.28	5.87	5.70	4.47	3.10	2.00	1.29	.86	.60	.41	

注:为了便于阅读,表中纯小数省略了小数点前面的"0"。

其中第 3 个项目对测验总信息量所作的贡献最大，约占 69.68%，即 $4.09 \div 5.87 = 69.68\%$。

（四）测验信息函数值平方根的倒数是某能力水平 θ 估计值 $\hat{\theta}$ 的估计标准误

若参数 θ 的估计标准误用 $\sigma_{\hat{\theta}}$ 来表示，则

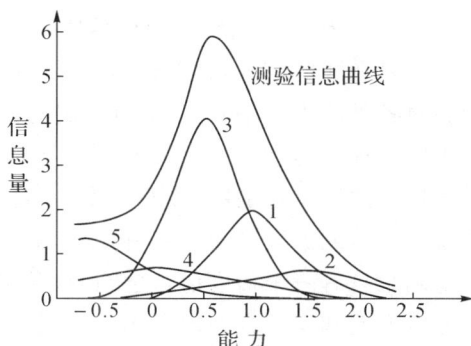

图 12.8　测验信息函数曲线

$$\sigma_{\hat{\theta}} = 1 \Big/ \sqrt{\sum_{i=1}^{m} I_i(\theta)} \quad (12.46)$$

从上式得知，θ 的估计标准误与测验信息函数值成反比。测验信息量越大，估计标准误就越小，θ 的置信区间就越窄（因为 95% 的置信上下限为 $\theta \pm Z_{\frac{\alpha}{2}} \sigma_{\hat{\theta}}$），估计的精确度就越高。

项目信息函数是项目反应理论中的一个重要概念，现已广泛应用于测验精度的评价、记分权重的确定、项目的选择及测验的编制等许多方面。

三、项目反应理论新的信度观

测验的精确度是评价、鉴定测验质量的重要指标。教育与心理测量不能没有精确度的指标。经典测验理论把信度（或测验的随机误差）作为测验精确度指标，但是它对信度的估计方法以及估计结果是极其不精确的。项目反应理论是用项目及测验信息函数来表示对被试能力估计的精确度，这一新的信度观具有许多优点。

（一）精确度的估计方法科学且可操作性强

用项目及测验信息函数作为被试能力估计精确度的指标，是以信息论、数理统计中平均数抽样分布理论（即中心极限定理）以及极大似然估计理论为依据，结合项目反应模型推演出来的，其估计方法是科学的。另外，从计算的角度来说，它有极强的可操作性。从（12.44）式可以看出，对于三参数逻辑斯蒂模型来说，只要知道各项目 a，b，c 三个参数及被试能力估计值，就可以算出各项目的信息函数值，将它们累加起来就可算出整个测验的信息函数值。而经典测验理论的信度以真分数理论为基础，它假设原始分数可线性分解为真分数和误差分数两部分，并把信度定义为真分数方差与原始分数方差之比。在这里，假设的真实性就需要加以考证。再从操作角度上看，这样定义的信度是无法计算的，因为真分数方差和误差方差都是无法求得的。为此，经典测验理论实际上是在平行假设下估计测验的信度和测量标准误，而严格的平行测验在现实中又是不可能存在的。所以，由此估计出的测验信度也不会非常精确。

（二）精确度的估计值明确具体

项目和测验信息函数值总是针对某一种被试能力水平 θ 值的，同一个项目或测验对各种能力水平 θ 值，都有特定的信息函数值相对应。不同的项目或测验施测于同一种能力水平 θ 值的被试也会产生不同的信息函数值。这就是说，用信息量来描述的测量精确度（或测量误差）是明确的、具体的。这种测量的精确度表示用哪个项目或测验施测于哪种能力水平的被试所产生的。而在经典测验理论中一个测验只有一个信度值，这个信度值是笼统的、模糊的。因为从定义上它就把真分数方差和误差方差定义为是来自一个被试总体的。信度值反映的是一个总体的平均测量精度。它假设所有被试的误差方差都是相等的。事实上，这一假设是不能成立的。例如，一个较难的测验施测于能力较低的被试产生的误差会较大，而施测于能力较高的被试产生的误差会较小。所以，经典测验理论不能为一个测验施测不同被试提供不同的测量精度，也不能为不同项目和测验施测于同种能力的被试提供不同的测量精度。它是一个僵死的概念。

（三）精确度指标与项目参数具有明确的逻辑关系

项目信息函数值随被试能力水平 θ 值而变化，只受本项目的特征参数的制约，不受其他项目的影响。各项目的信息函数都独立地为测验总信息函数作贡献，测验信息函数等于所含项目信息函数的总和。这里项目信息函数与项目参数的关系是明确的；项目信息函数与整个测验信息函数的关系也是明确的。而经典测验理论的信度与项目参数之间是相互依存、相互制约、互为前提的。例如，项目的区分度与测验信度的关系就是如此。若测验中只要有一个项目发生了变化，测验总分就会发生变化，于是各项目的区分度和测验的信度也发生了变化。因为各项目的区分度是项目的得分与测验总分的相关，信度是平行测验总分的相关。

（四）精确度的估计值不依赖于被试的样本

项目和测验信息函数值随被试能力水平而变化，但它们不随着不同被试样本而变化。经典测验理论的信度是随不同被试样本而变化，因为它们用来表示信度的相关系数受测验总分变异性、分布范围的影响。而测验总分的变异性又与样本中被试能力的变异程度有关。所以，同一个测验施于不同的被试样本组，所估计出的信度值也就不同。

（五）测验信息函数可直接用来指导测验的编制

项目反应理论在编制测验时，是按测验使用的要求，根据项目和测验信息函数的计算方法，制定测验目标信息曲线的形态，然后以此为依据有针对性地挑选项目，组成测验。这使测验编制成为目的明确、自觉调控、受逻辑理性指导的技术过程。而经典测验理论建立在平行测验的信度，是对整个被试样组的一个"平均"意义上的笼统值。信度值不但取决于测验本身，还取决于被试样组能力全距的大小。

所以它无法指导测验的编制。

第五节　在项目反应理论指导下标准参照测验的编制

　　测验的编制是教育测量学的核心内容。能否编制出高质量的测验,首先取决于用何种测验理论为指导。经典测验理论是在常模参照测验的基础上发展起来的,它主要适用于常模参照测验的编制,却不适用于标准参照测验的编制。而项目反应理论既适用于常模参照测验又适用于标准参照测验的编制。

　　项目反应理论可直接有效地指导标准参照测验编制过程中的各个环节,如对项目参数及被试能力参数的估计,测验精确度的规划,测量误差的控制,分界分数及测验长度的确定,测验目标信息曲线的设计,项目的挑选,题库的建立等。其中有些环节已在前面叙述过了,现对其他有关环节再加以阐述。

一、标准参照测验分界分数的确定

　　项目反应理论揭示了对某一特质领域的掌握百分比分数 π 与被试特质水平 θ 间的定量关系。当一个题库确能较好地代表某一特质领域,这时,被试对该领域的掌握百分比 π,就是他在该题库所有项目上期望分数的平均数,即

$$\pi = \frac{1}{m}\sum_{i=1}^{m}P_i(\theta) \tag{12.47}$$

　　在这里　m 表示项目的数量

由于题库中每个项目参数都是确定的,于是 π 与 θ 之间有一一对应关系。根据上式 π 与 θ 可互相转化。当根据需要确定了对某题库所代表的特质领域的掌握百分比 π,那么就可以根据上式求出相对应的 θ 值。例如,某一题库由 80 个项目组成,其项目参数如表 12.8 所示,根据需要确定特质领域掌握百分比 $\pi = 0.70$,求分界分数在 θ 量表上的对应值。根据(12.47)式,有

表 12.8　某题库项目参数表

项目参数	项目			
	1	2	⋯	80
a	1.60	2.00	⋯	1.20
b	−0.70	0.46	⋯	1.00
c	0.15	0.10	⋯	0.20

$$0.70 = \frac{1}{80} \sum_{i=1}^{80} \left[c_i + \frac{1-c_i}{1+e^{-Da_i(\theta-b_i)}} \right]$$

$$= \frac{1}{80} \left\{ \left[0.15 + \frac{1-0.15}{1+e^{-1.7(1.6)(\theta+0.7)}} \right] \right.$$

$$\left. + \left[0.1 + \frac{1-0.1}{1+e^{-1.7(2)(\theta-0.46)}} \right] \right.$$

$$\left. + \cdots + \left[0.2 + \frac{1-0.2}{1+e^{-1.7(1.2)(\theta-1)}} \right] \right\}$$

这里只有等式右边指数中含未知数 θ,用牛顿迭代法假定求得 $\theta = 0.52$。这就是说,对该题库所代表的特质领域来说,若掌握比率定为 0.70,那么分界分数在 θ 量表上的值为 0.52。于是凡特质水平 θ 值小于 0.52 者,应归为未掌握类,而大于 0.52 者应归于掌握类。

可见项目反应理论为标准参照测验确定分界分数提供了逻辑方法。

从上述过程可以看出,确定分界分数的前提是要有一个能代表特质领域的良好题库,并确定一个恰当的特质领域掌握百分比 π。

二、标准参照测验长度的确定

测验的长度是指测验内所含项目数。它与在分界分数处要求达到的测验信息函数值的大小有关;与所要挑选的项目性能有关。测验要使在分界分数处所作的决断误判最小,鉴别力最大,就要求在该点上的测验信息函数值最大。而该点上的测验信息函数值又取决于在该点上能允许的测量误差的大小。若根据实际工作需要某标准参照测验在分界分数处能允许的测量误差值为 $\sigma_{\hat{\theta 1}} = 0.18$,按公式 (12.46) 分界分数处的测验信息函数值为:

$$\sigma_{\hat{\theta}} = 1 \Big/ \sqrt{\sum_{i=1}^{m} I_i(\theta)}, \quad I(\theta) = 1/\sigma_{\hat{\theta}}^2 = 1/0.18^2 = 30.86$$

若从表 12.8 题库中挑选对于分界分数 $\theta = 0.52$ 来说信息量最大的项目,就应挑选项目 2 那样的项目($a = 2$,$b = 0.46$,$c = 0.1$),因为项目 2 最符合 (12.45) 的要求,即区分度值较大,难度值 $b = 0.46$ 略小于分界分数 $\theta = 0.52$,猜测水平较小。项目 2 在分界分数处所提供的信息量根据 (12.44) 式为:

$$I_i(\theta) = \frac{1.7^2 a_i^2 (1-c_i)}{\left[c_i + e^{1.7a_i(\theta-b_i)} \right] \left[1 + e^{-1.7a_i(\theta-b_i)} \right]^2}$$

$$I_2(0.52) = \frac{1.7^2 \times 2^2 \times (1-0.1)}{\left[0.1 + e^{1.7 \times 2 \times (0.52-0.46)} \right] \left[1 + e^{-1.7 \times 2 \times (0.52-0.46)} \right]^2}$$

$$= 2.38$$

假定所挑选出的项目参数都与项目 2 相同,则共需挑选 $30.86 \div 2.38 = 12.97 \approx$ 13 个项目。假如在分界分数处允许的测量误差为 $\sigma_{\hat{\theta}} = 0.15$,则分界分数处的测验信息函数值为 $I(\theta) = 1/0.15^2 = 44.44$,像项目 2 这样的项目共需要 $44.44 \div 2.38 = 18.67 \approx 19$ 个项目。可见,若由参数相同的项目组成测验,随着在分界分数处允许测量误差的减小,或者说在该点上随着精度的提高,测验长度要加长,项目数就要增多。

假定题库中各项目参数相等,且 b 值符合(12.45)式的要求,即 b 值略小于分界分数 θ,在 θ 处能使项目信息函数为最大,这时,对于三参数逻辑斯蒂模型来说,应挑选项目数 m_0 为:

$$m_0 = \frac{8(1-c)^2 I_0(\theta)}{1.7^2 a^2 [1 - 20c - 8c^2 + (1+8c)^{3/2}]} \tag{12.48}$$

在这里 $I_0(\theta)$ 表示在分界分数处所需要的测验信息函数值

若题库中所有项目参数都与表 12.8 中项目 2 相同,在分界分数 $\theta = 0.52$ 处允许的测量误差为 $\sigma_{\hat{\theta}} = 0.18$,用(12.48)式计算的测验长度与上述方法计算结果相同,如:

$$m_0 = \frac{8(1-0.1)^2 \times 30.86}{1.7^2 \times 2^2 \times [1 - 20 \times 0.1 - 8 \times 0.1^2 + (1+8 \times 0.1)^{3/2}]}$$
$$= 12.96 \approx 13(\text{项目})$$

由(12.48)式可知,当所需测验信息函数 $I_0(\theta)$ 越大,应挑选的项目数越多;当项目区分度 a 越大,应挑选的项目数越少;当项目猜测水平 c 为零,应挑选的项目数为:

$$m_0 = \frac{1.384 I_0(\theta)}{a^2} \tag{12.49}$$

上述关于测验长度的确定是从理论上来讲的,实际确定的项目数可能与之有出入。因为题库中各项目参数不会全都相等。

三、标准参照测验目标信息曲线的设计

目标信息曲线是在测验编制之前,根据测验精度(或测量误差)要求所设计的信息曲线的目标状态。其目标状态包括测验信息曲线峰值点的个数、峰值点的位置及峰值点的纵线高度。它是整个测验编制工作的指导,要按它的要求来挑选项目及组成测验等。

对标准参照测验来说,测验信息曲线峰值点的个数有单峰、双峰及阶梯形曲线等形式。

当根据教育和用人单位等社会需要,在某一心理特质水平量表上只需确定一个峰值点,这一测验信息曲线的目标状态为单峰曲线,如图 12.9a 所示。其曲线高峰处与 θ 轴上的对应点就是峰值点的位置。该点的纵线高度就是峰值点的纵线高度。此点是测验信息函数值达到最大的点,也是测量误差最小的点。若峰值点的位置恰好是合格与不合格、达标与未达标的分界点(分界分数),那么该测验在分界分数上测量误差最小,精确度最高,鉴别力最强。因为在这点上不合格误判为合格,已达标误判为未达标的概率最小。

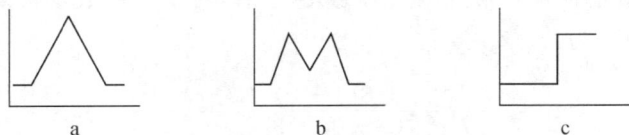

图 12.9 不同形式的测验目标信息曲线图

根据需要在某一心理特质水平量尺上确定两个峰值点的测验信息曲线的目标状态为双峰曲线,如图 12.9b 所示。如不仅需要在合格与不合格之间有一个分界分数,还需在优良与中等之间另有一个分界分数,就是双峰曲线。若希望这两个分界点上的鉴别力同样大(即测量误差同样小),则双峰的高度就可相同;若希望一个点的鉴别力大,另一个点的鉴别力可略小,则可一个峰高,另一个峰低。

若需要在合格及其以上所有被试测验分数的误差尽可能地小,这时测验信息曲线的目标状态是个阶梯形。该曲线升值转折点就位于合格分数线处,如图 12.9c 所示。

四、标准参照测验项目的挑选及测验的组成

按测验目的设计好测验目标信息曲线的形态,即确定了该曲线的峰值点的个数、位置,并根据测量误差的要求运用(12.46)式求出该点上应达到的测验信息函数,而后就要从题库中挑选适用的项目使所挑选出的项目信息函数被包括在测验目标信息曲线之下,并用来填充测验目标曲线下的面积。

项目反应理论在挑选项目时,通常采用最大信息函数法。当标准参照测验目标信息曲线为单峰时,可针对峰值点(即分界分数处)首先挑选信息量最大的项目,再挑选次大的项目,如此继续下去,直到所挑选的项目在分界分数处的信息函数累加和达到预定值为止。当测验目标信息曲线为双峰时,可针对各峰值点,依次为各点挑选信息函数尽可能大的项目,一次为每个峰值点挑选一个项目,循环往复进行,直到各峰值点信息函数累加和等于预定值为止。在此过程中,哪个点先达到要求,哪个点就停止为其挑选项目,先行退出循环。

关于挑选什么样的项目,首先应挑选难度 b 值与峰值点相接近的项目,然后再在这类项目中挑选区分度大、猜测水平尽可能小的项目,因为这类项目提供的信息量大。

每挑选出一个项目,就计算出这个项目在特定峰值点处的项目信息函数值,并将其与已选用的项目求在该点上的信息函数累加和,即测验信息函数值。随项目数量的增加,测验信息曲线不断扩张,向测验目标信息曲线逼近。但是,组成测验的项目数量不能太多,要用最少数量的项目尽快填满测验目标信息曲线下的面积,同时还要保证峰值点上的测验信息函数值(各项目信息函数值累加和)达到预定值,以提高测验编制工作的效率。

由此可见,运用项目反应理论的最大信息函数法来挑选项目,可以使测验的编制更加有效,更加有目的性,避免了盲目的尝试,同时还可使编制出的测验达到所需要的精确度。

五、标准参照测验的编制步骤

以项目反应理论为指导,编制标准参照测验的各环节已在前面叙述过了,现再将测验编制过程和步骤总结如下。

(一)准备题库

按照测验内容及其测量目标的双向细目表,编制及搜集大量题目。根据试验性测试估计各项目参数,从中选择出适合的项目组成题库。

(二)选择项目反应模型,并进行模型与数据的拟合性检验

选择项目反应模型,并运用适当方法对所选用的模型,从模型的假设、模型的性质、模型的预测力来检验它与数据间是否拟合。

(三)设计测验目标信息曲线的形态

根据测验具体目的确定峰值点的个数及峰值点在 θ 轴上的位置,同时根据社会需要,按允许的测量误差来确定在峰值点处所欲达到的测量精确度,也就是确定在该点上所欲达到的测验信息函数值。

(四)确定分界分数

将所确定的被试对领域掌握百分比,转换成特质水平 θ 值,以用来判别被试是否达到合格标准。

(五)挑选项目组成测验

从适用的题库中为分界分数处挑选信息函数值最大的项目,重复往返进行,直至所挑选的项目在分界分数处的信息函数累加和达到预定值,用最少数量的项目填满测验目标信息曲线下的面积。这时所挑选出的项目就组成了一个标准参照测验。

练 习 题

1. 什么是项目反应理论？它与经典测验理论相比有何优点？

2. 某项目的区分度为 1.2，难度为 -0.7，猜测参数为 0.1，用逻辑斯蒂模型计算能力水平 θ 分别为 -2，-1，0，1，2 的被试答对该项目的概率。

3. 一个学生作答难度分别为 1，0，-1 的 3 道题，做对 1 题得 1 分，做错 1 题得 0 分，该生是第 1 题做错，第 2、3 题做对，用逻辑斯蒂项目反应模型及牛顿迭代法估计被试的能力水平（令 $\varepsilon = 0.01$）。

4. 项目反应理论有哪些基本假设？

5. 为什么要对项目反应模型与资料进行拟合性检验？从哪几个方面，用什么方法进行检验？

6. 什么是测验信息函数？项目和测验信息函数有哪些性质？

7. 项目反应理论用什么指标来表示对被试能力估计的测量精确度？与经典测验理论中的测验信度相比，它有什么优点？

8. 被试能力水平估计值为 -0.25，某项目的参数 $a = 1.4$，$b = -1.5$，$c = 0.13$，若采用逻辑斯蒂模型，问，该项目对此类被试能力估计的测量精确度是多少？

9. 现从某题库中挑选出两个项目，其参数分别为 $a_1 = 1.4$，$b_1 = -1.5$，$c_1 = 0.13$；$a_2 = 1.8$，$b_2 = 0.5$，$c_2 = 0.2$，在能力 $\theta = -0.25$ 处的测验信息函数值已达到了多少？

10. 某标准参照测验的分界分数为 0.565，在分界分数处允许的测量误差为 0.20，若题库中所有项目参数都相同，即 $a = 2.4$，$b = 0.5$，$c = 0.20$，问，测验应由多少个项目组成？

11. 什么是测验目标信息曲线？它对测验的编制有何意义和作用？

12. 在编制测验过程中如何来挑选项目？应挑选什么样的项目？为什么？

13. 以项目反应理论为指导编制标准参照测验的步骤是怎样的？

第十三章　测　验　举　例

目前在国外,特别是美国有各种各样的标准化测验,这里不能一一列举。在这一章里,我们仅以几个常用的例子来增强读者对标准化测验的感性认识。

第一节　智力测验举例

当前世界著名的智力测验有:美国的斯坦福—比奈智力量表、韦克斯勒智力量表(含成人、儿童、幼儿及小学入学儿童智力量表)、考夫曼儿童成套评价测验及英国的瑞文测验等。现对韦克斯勒儿童智力测验量表略加介绍。

一、韦氏儿童智力量表概述

美国纽约贝勒维精神病院主任、心理学教授韦克斯勒(Wechsler)于 20 世纪 30 年代始编制并修订了三套智力测验量表,即适用于 4～6 岁幼儿及小学入学儿童的智力量表;适用于 6～16 岁儿童的儿童智力量表;适用于 16 岁以上的成人智力量表。其中儿童智力量表于 1949 年编制出版,1974 年修订出版(简称为 WISC-R)。该量表分为语言量表及操作量表两大部分,而语言量表又由常识、类同、算术、词汇、理解、背数 6 个分测验组成,操作量表又由填图、排列、积木、拼图、译码、迷津 6 个分测验组成。全量表由 12 个分测验组成,但背数和迷津两个分测验为替换或补充测验。替换测验只能在某一类测验因故失效时使用,但迷津可任意替换译码。补充测验的分数不用于计算智商。各分测验的题目按从易到难排列。实施个别测验,测验结果用离差智商表示。

二、各分测验内容举例及所测量的特性

为了对测验题目保密,所举例子尽可能与原测题类似,但又不完全相同。

(一) 常识

共有 30 题。测题内容广泛涉及到天文、地理、历史、物品等一般知识。

例:猫有几条腿?

例:国际劳动节是哪一月的哪一天?

该分测验主要测量被试对在日常生活中可能接触到的事物的认识能力。

(二) 类同

共有 17 组匹配成对的词,要求被试说出每一组两个词之间的共同之处。

例:手风琴——二胡

例:衬衫——裤子

该分测验主要测量被试逻辑推理能力及抽象概括能力。

(三) 算术

共 19 题。要求被试在解答算术题时,只能用心算不能用纸笔运算。

例:东东有 7 个玻璃球,爸爸又给他买了 5 个,他一共有几个玻璃球?

例:如果 4 块巧克力价值 5 元,问 12 块巧克力价值多少钱?

该分测验主要测量被试的心算、推理能力、注意力及短时记忆。

(四) 词汇

共 32 题。要求被试对读给他听,且同时呈现给他看的卡片上的词汇加以口头解释。

例:什么是钉子?

例:什么是刀子?

该分测验主要测量被试的词语理解及表达能力。

(五) 理解

共 17 题。测题内容多与自然、人际关系、社会规则有关。提问的形式多是让被试回答在某种情景下"该怎么办"及"为什么"。

例:如果你拾到了别人的钱包,你怎么办?

例:为什么讲话必须守信用?

该分测验主要是测量被试运用实际知识经验进行判断推理的能力。

(六) 背数

该分测验是补充(或替换)测验,共 15 题。测题是一些随机组合的数字组。施测时主试将每个数字组以每秒读 1 个数字的速度读给被试听,要求被试即时顺背或倒背进行重述。其中顺背的有 8 组,每组数字 3～10 个,不断增加;倒背的有 7 组,每组数字 2～8 个,不断增加。

例:736(要求顺背或倒背)

该分测验主要测量被试的注意力和短时记忆能力。

(七) 填图

共 26 张图片。每张图片上的图形都缺少一个主要部分。每张图片最多向被试呈现 20 秒。作答时要求被试说出或指出缺少部分的名称,而不要求把缺少部分补足。例如,一件上衣缺少扣眼。该分测验主要是测量视觉记忆、辨认、空间组织能力及观察能力。

(八)排列

共 12 组图片,每组有图片 3～5 幅。测验时主试将一组图片打乱次序(按统一规定的次序)呈现给被试(如图 13.1a),要求被试在一定时间内依一定逻辑次序将这组图片重新排列,使之成为一个故事。该分测验主要是测量被试对社会情境的理解能力、逻辑联想能力及部分与整体的综合能力。

(九)积木

共 11 题。有 9 块正方形积木,每块积木上的六面,其中两面是红色,两面是白色,另两面是在对角线两侧红白各半。测验时要求被试用这 9 块积木在一定时间内摆成呈现给他的 11 幅图案(如图13.1b)。每一幅图案不一定都需要用 9 块积木摆成。该分测验主要是测量视觉的分析综合能力、空间结构、想像能力、视觉协调能力。

(十)拼图

共有 4 题。共有 4 套组合板,每一套都是某一物体或人被切割成各个部分的图像组合板(如图 13.1c),要求被试在一定时间内用此套组合板拼配成一个完整的物体图像。该分测验主要是测量部分与整体关系的知觉能力、想像能力、视动协调能力。

(十一)译码

这是一种符号替代测验,分为两种形式:A 型是以符号替代图形,用于 8 岁以下的儿童;B 型是以符号替代数字,用于 8 岁及其以上的儿童。在 A 型测验前先给被试看图例,如在星星图形中有一条从上向下的直线,在图形当中有两条横线等,测验时要求被试按上述图例在给出的各种图形中画出相应的符号。B 型测验

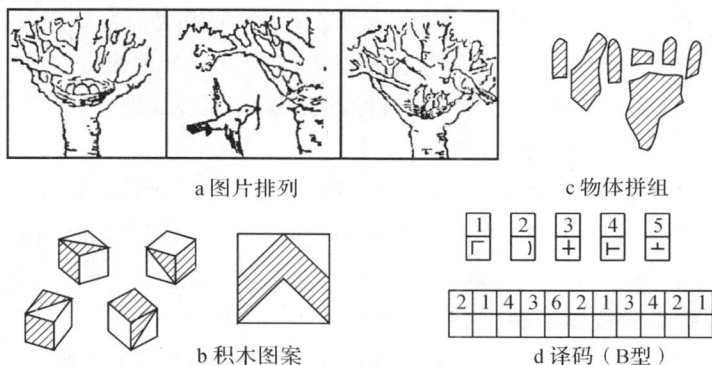

图 13.1 操作测验示例

是将 1 至 9 的数字用各种不同的符号表示(如图 13.1d),测验时要求被试在一定时间限制内,按给出的样子在许多数字的下面写出相应的符号。该分测验主要测量注意力、短时记忆力、知觉辨别速度与灵活性、视动协调能力等。

(十二) 迷津

这是操作量表中的补充测验,共有 9 题,即 9 个迷津图。测验时要求被试用铅笔连续画线,在规定时间内为居于迷津图中心的人像找出出口。被试所画的连续线不可穿越迷津的墙线。该分测验主要测量被试计划能力、视觉组织、空间推理及视动协调能力等。

三、施测、计分方法及侧面图

(一) 施测方法

测验由受过专门训练的人作主试。一个主试对一个被试施行个别测验。施测时为了使测验具有变化性,以引起被试的作答兴趣,语言与操作中的各分测验穿插进行,即测过语言中的一个分测验后,就测操作中的一个分测验。测验一个被试约需 90 分钟左右。

(二) 计分方法

主试将被试在题目上的反应与测验手册中的答案作比较,当场予以计分。对于有时间限制的题目(如计算、排列、积木、拼图、译码、迷津测验中的题目),既考虑反应速度又考虑反应的正确性。对于无时间限制的题目仅考虑反应的质量和水平。

将一个分测验上各题得分求和,即为一个分测验的原始分数。根据各分测验上的原始分数通过查测验手册中所提供的常模表就可转换成平均数为 10,标准差为 3 的标准分数,即各分测验的量表分。这些量表分是单位相等的,既可以相比又可以相加的分数。其分数范围在 1~19 之间。

语言、操作中所含的各分测验的量表分之和,分别组成语言量表分及操作量表分;语言与操作量表分之和构成全量表分。语言、操作、全量表分再通过查常模表就转换成平均数为 100,标准差为 15 的标准分数,即语言、操作、全量表的离差智商(IQ)。

常模表是从全美 32 个州的 6~16 岁(每 4 个月为一个年龄组)共 11 个年龄组中施行分层抽样,每年龄组男女儿童各抽 100 人,共抽 2 200 人组成标准化样本,根据标准化样本的测试结果而编成。

(三) 各量表分数侧面图

可将一个被试各分测验的量表分绘制成侧面图,如图 13.2 所示。从图 13.2 可以看出,该生在语言测验中,社会适应性(指常识)稍差,符号运算和机械记忆能力(指算术和背数)属于中等,抽象概括能力(指类同)属于中上,语言发展和抽象推理、知识组织(指词汇和理解)较好。在操作测验中,形象知觉(指积木)稍差,观察能力和反应速度(指填图和译码)属于中等,社会情景的理解、知觉整理、空间知觉(指排列、拼配、迷津)较好。

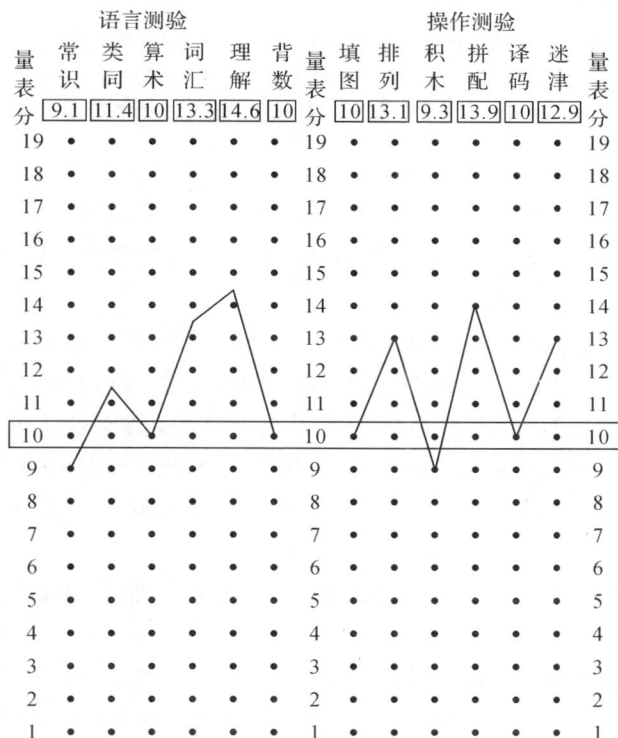

语言测验　　　　　　　　　　操作测验

量表分	常识	类同	算术	词汇	理解	背数	量表分	填图	排列	积木	拼配	译码	迷津	量表分
	9.1	11.4	10	13.3	14.6	10		10	13.1	9.3	13.9	10	12.9	

图 13.2　某生韦氏智力测验量表分数侧面图

四、测验的信度和效度

(一)测验的信度

标准化样本中 6 岁半至 7 岁半、10 岁半至 11 岁半、14 岁半至 15 岁半三个年龄组 303 名儿童相隔一个月施测两次的分数,用相关法求得的语言量表三个年龄组的再测信度系数分别为 0.90,0.95,0.94;操作量表的信度系数分别为 0.90,0.89,0.90;全量表的信度系数分别为 0.94,0.95,0.95。

在 11 个年龄组内用分半相关法分别计算了每个分测验(除背数及译码外)的内在一致性信度,其语言、操作、全量表的平均信度系数分别为 0.94,0.90,0.96。

（二）测验的效度

儿童智力量表修订版（WISC-R）的效度有以下几个方面的证据。

1. 原始分数随年龄的增加而增加。

2. 语言、操作、全量表的 IQ 与 1972 年斯坦福-比奈量表的 IQ 各年龄组的平均相关分别为 0.71，0.60，0.73。

3. 在 WISC-R 的内部，语言与操作量表各年龄组的平均相关为 0.67。

五、韦氏儿童智力量表的评价

（一）韦氏儿童智力量表的优点

1. 测验具有复杂的结构、丰富的内容、充足的题量，既含语言又含操作的题目。所取的行为样本对所欲测量的智力属性有很好的代表性。故测验的信度及效度都比较高。

2. 各测题按专车式排列，即把测量同一种能力的题目集中在一起组成分测验。每个题目单独记分。一个分测验中各测题的分数可以相加成为分测验的原始分数。将各分测验的原始分数转换成量表分之后，经比较就可以知道一个被试哪方面能力强，哪方面能力弱。这就是按专车式排列测题，并用分数量表表示各分测验测量结果的最大优点。另外专车式排列测题还可以节省指导测验的时间。

3. 标准化样本的容量大，抽样范围广，抽样方式合理，所建立的常模对被试总体的代表性较好。

4. 韦克斯勒在 WISC-R 中，第一次用离差智商代替了比率智商，这是一个极大的进步。这是因为：第一，离差智商克服了成人比率智商难以计算的缺点。比率智商是一个人的智龄与实龄之比。在计算高年龄组比率智商时，用多大年龄作为除数尚无一定标准。因为人的智力生长何时停止尚无定论。另外，智力的生长不是直线的，而是曲线的，智龄的单位是不等距的，而实龄的单位是等距的，这又给求比率智商带来困难。第二，离差智商能较好地反映一个人在不同年龄阶段智力的稳定性，因为一个人无论哪个年龄阶段的离差智商都是以同年龄团体作参照相比较而求得的，而且都是平均数相等、标准差相等的标准分数。因此，各年龄组离差智商的单位都是等距的。

由于韦氏儿童智力量表有上述众多优点，所以得到当今心理学界的公认及广泛应用，仅止 1974 年前就有 12 个外国译本。

（二）韦氏儿童智力量表的缺点

1. 在预测学业成就方面的效度不如斯坦福—比奈智力量表高。

2. 不大适用于测量智力极低或极高的被试。

3. 施测程序复杂,费时较多。若采用简缩本,测验的信度和效度又不如全长度的量表高。

六、WISC-R 的中国修订版

WISC-R 中国修订版于 1979 年由林传鼎、张原粲等人提出,并在有关单位协同下于 1981 年底完成修订工作。自 1980 年 10 月至 1981 年 5 月从全国 11 个省大、中城市的男女学生中抽取了 3 000 人实施测验,在此基础上建立了中国的常模。此常模适用于中等以上的城市儿童。

1981 年求得的语言(除背数外)、操作(除译码外)、全量表的分半信度分别为 0.91,0.75,0.85。其效度证据有以下几点:(1)该量表与 1936 年版的中国"比奈—西蒙智力量表"的相关系数为 0.64。(2)用二列相关法求得该量表与学业成绩(分为重点与非重点学校)的相关系数为 0.71;用四格表分析(以 110 IQ 为界,将被试的 IQ 分数二分),得到该量表的 IQ 分数与学业成绩的符合率为 0.83。

第二节　人格测验举例

目前世界上广泛应用的著名的人格测验有:卡特尔 16 种人格因素测验、明尼苏达人格测验、艾森克人格问卷、加州心理调查表等。现仅简略地介绍卡特尔 16 种人格因素测验(简称 16PF)。

一、16PF 的编制

16 种人格因素测验是由美国伊利诺州立大学人格及能力测验研究所卡特尔(R. B. Cattle)教授编制。

卡特尔对阿尔波特(G. Allport)等人从字典中选出的描述人格的 17 953 个词汇(主要是形容词)进行分析,从中选出一些词汇,又从当时心理学文献中选出一些词汇,用聚类分析法获得描述人格特质的一些基本词汇。他们根据这些基本词汇编制评价参照表,并用此表对一些人进行评价,对评价结果进行因素分析发现了一些主要因素,经过二三十年的系统观察、科学实验最后确定了 16 种人格因素,并据此于 1949 年编制成了 16 种人格因素测验。每一个因素就形成一个分测验。这 16 个人格因素或分测验的名称及代表符号是:乐群性(A)、聪慧性(B)、稳定性(C)、恃强性(E)、兴奋性(F)、有恒性(G)、敢为性(H)、敏感性(I)、怀疑性(L)、幻想性(M)、世故性(N)、忧虑性(O)、实验性(Q_1)、独立性(Q_2)、自律性(Q_3)、紧张性(Q_4)。上述人格因素各自独立,互相之间相关极小。这些因素的不同组合就构成一个人与其他人不同的独特人格。

该测验适用于 16 岁以上具有相当于初三以上文化程度的青壮年及老年的正常人群。

二、测验的结构及施测方法

1956 年～1957 年相继出版的 16PF（英文原版）有 A、B、C 三个复本。每一个复本均有 187 个题目，每一个人格因素分量表由10～13个题目组成。16 种因素的题目按序轮流排列，既便于计分又能保持被试的作答兴趣。为了防止被试勉强作答或不合作，每个测题都备有三个可能的答案使被试有折衷地选择。同时为了克服动机效应，尽量采用"中性"题目，避免含有一般社会所公认的"对"或"不对"、"好"或"不好"的题目。而且有许多题目表面上似乎与某种人格因素有关，而实际上却与另一种人格因素密切相关。这样，使被试不易猜到每一题目的用意，只能根据实际情况回答。

题目举例

例 1，我喜欢看球赛：a 是的，b 偶然的，c 不是的

例 2，我所喜欢的人大都是：a 拘谨缄默的，b 介于 a 与 c 之间，c 善于交际的

例 3，"女人"与"儿童"犹如"母猫"与：a 小猫，b 狗，c 男孩

测验时可个别施测也可团体施测。测验的指导语和题目可以由被试自己看，也可以由主试读给被试听。每个被试有一份答案纸。测验无时间限制，但不能拖延时间，一般在 45～60 分钟内完成。

三、计 分 方 法

绝大多数的题目无对错之分。每一个题目上的 a，b，c 三个答案分别按 0，1，2 三个等级记分。聪慧性（B）这一分量表的题目有正确答案（如上述例 3 的正确答案是 a），每题答对给 1 分，答错给 0 分。在没有计算分数之前，应先检查答案有无遗漏及错误。若有个别题目遗漏可由计分者选择折衷答案 b 代为填写；若遗漏太多，或有明显错误，则必须重测。使用模板计分得出各量表的原始分数，由于各量表的题目数量不等，故各量表的原始分数不能直接比较，要通过查常模表将原始分数转换成标准拾（含 10 个等级的正态化的标准分数）。根据某一被试各量表标准拾的分值在剖析图上找到相应的圆点（每一个圆点是标准拾 1～10 个等级的相应位置），将各圆点依次连接，即可得到一个被试的人格因素轮廓图。图 13.3 是某被试 16PF 测验结果的轮廓图。

人格因素	原分	标准分	低分者特征	标准拾　（至拾） 1 2 3 4　5 6　7 8 9 10	高分者特征
A			缄默孤独	· · · ·　·A·　· · · ·	乐群外向
B			迟钝、学识浅薄	· · · ·　·B·　· · · ·	聪慧、富有才识
C			情绪激动	· · · ·　·C·　· · · ·	情绪稳定
E			谦逊顺从	· · · ·　·E·　· · · ·	好强固执
F			严肃审慎	· · · ·　·F·　· · · ·	轻松兴奋
G			权宜敷衍	· · · ·　·G·　· · · ·	有恒负责
H			畏怯退缩	· · · ·　·H·　· · · ·	冒险敢为
I			理智、着重实际	· · · ·　·I·　· · · ·	敏感、感情用事
L			信赖随和	· · · ·　·L·　· · · ·	怀疑、刚愎
M			现实、合乎成规	· · · ·　·M·　· · · ·	幻想、狂放不羁
N			坦白直率、天真	· · · ·　·N·　· · · ·	精明能干、世故
O			安详沉着、有自信心	· · · ·　·O·　· · · ·	忧虑抑郁、烦恼多端
Q₁			保守、服从传统	· · · ·　·Q₁·　· · · ·	自由、批评激进
Q₂			依赖、随群附众	· · · ·　·Q₂·　· · · ·	自立、当机立断
Q₃			矛盾冲突、不明大体	· · · ·　·Q₃·　· · · ·	知己知彼、自律谨严
Q₄			心平气和	· · · ·　·Q₄·　· · · ·	紧张困扰

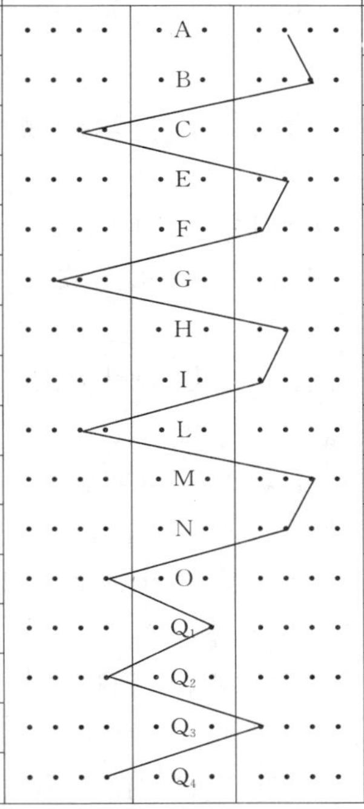

卡氏 16PF。AB 种修订合订本
修订者:刘永和　梅吉瑞

标准分	1	2	3	4	5	6	7	8	9	10	依统计
约等于	2.3%	4.4%	9.2%	15.0%	19.1%	19.1%	15.0%	9.2%	4.4%	2.3%	之成人

图 13.3　某人十六种人格因素测验轮廓图

四、测验结果的解释

根据各因素量表分的高低虽然也可以大体估计其人格倾向,但是对于每个因素分数不能单独孤立地作解释,因为某种因素分数高低的意义和作用还取决于其他各因素分数的高低,或者取决于各个因素之间的组合方式。例如,因素 C 分数低者,其情绪不稳定性在该被试整个人格中所产生的作用可能受到因素 A(乐群性)、E(恃强性)、F(兴奋性)、Q₃(自律性)、Q₄(紧张性)的影响。所以,用测验结果评定一个人的人格特征时,不能仅看各因素分数的高低,必须参考该被试其他各因素的得分,进行全面综合的考察。

(一)各因素高点分数的解释

被试在某个因素上获得的量表分(标准拾)高于 7 分或低于 4 分者称为高点

分数。

现对各因素高点分数的意义加以解释：

因素 A 乐群性：高分者外向、热情、乐群；低分者缄默、孤独、内向、冷漠。

因素 B 聪慧性：高分者聪明、富有才识、善于抽象思维；低分者迟钝、学识浅薄、抽象思维能力差。

因素 C 稳定性：高分者情绪稳定而成熟、能面对现实；低分者情绪激动不稳定、易生烦恼。

因素 E 恃强性：高分者好强固执、支配攻击；低分者谦虚顺从、通融、恭顺。

因素 F 兴奋性：高分者轻松兴奋、逍遥放纵、随遇而安；低分者严肃审慎、冷静、沉默、寡言。

因素 G 有恒性：高分者有恒负责、做事尽职、重良心；低分者权宜敷衍、原则性差。

因素 H 敢为性：高分者冒险敢为、少有顾忌、主动性强；低分者害羞、畏缩、退却、缺乏自信。

因素 I 敏感性：高分者细心、敏感、好感情用事；低分者粗心、理智、着重实际、自恃其力。

因素 L 怀疑性：高分者怀疑、刚愎、固执己见；低分者真诚、合作、宽容、信赖随和。

因素 M 幻想性：高分者富于想像、狂放不羁；低分者现实、脚踏实地、合乎成规。

因素 N 世故性：高分者精明、圆滑、世故、人情练达、善于处世；低分者坦诚、直率、天真。

因素 O 忧虑性：高分者忧虑抑郁、沮丧悲观、自责、缺乏自信；低分者安详沉着、有自信心。

因素 Q_1 实验性：高分者自由开放、批评激进；低分者保守、循规蹈矩、尊重传统。

因素 Q_2 独立性：高分者自主自强、当机立断；低分者依赖、随群附众。

因素 Q_3 自律性：高分者知己知彼、自律谨严；低分者矛盾冲突、不顾大体、不能自制、不守纪律、自我矛盾、松懈、随心所欲。

因素 Q_4 紧张性：高分者紧张、有挫折感、缺乏耐心、激动挣扎、心神不定、时感疲乏；低分者心平气和、镇静自若、知足常乐。

（二）次元人格因素

卡特尔对 16 种人格因素进行了二阶因素分析，得出了 4 个二阶公共因素，并列出了由一阶因素求二阶因素的多元回归方程式。这 4 个二阶公共因素就是综合了相应的一阶因素信息所获得的次元人格因素。它们分别描述着不同的人格类型。下面介绍 4 个二阶因素的计算公式并加以解释。

1. 适应与焦虑性

$$适应与焦虑性 = 3.8 + 0.2L + 0.3O + 0.4Q_4 - 0.2C$$
$$- 0.2H - 0.2Q_3 \tag{13.1}$$

式中字母 L、O、Q_4、C、H、Q_3 分别表示怀疑性、忧虑性、紧张性、稳定性、敢为性、自律性各量表上标准拾的分值。由公式(13.1)计算所得分数的高低就代表着"适应与焦虑性"的强弱。低分者生活适应顺利,通常感到心满意足,但极端低者可能缺乏毅力,事事知难而退,不肯艰苦奋斗与努力。高分者并不一定有神经症,但通常易于激动、焦虑,对自己的境遇常感到不满意。若高度焦虑不但降低工作效率,而且也会影响身体健康。

2. 内外向性

$$内外向性 = 0.2A + 0.3E + 0.4F + 0.5H$$
$$- 0.2Q_2 - 1.1 \tag{13.2}$$

式中字母 A、E、F、H、Q_2 分别表示乐群性、恃强性、兴奋性、敢为性、独立性各量表上标准拾的分值。由公式(13.2)计算所得分数就是"内外向性"分数。低分者内向,通常羞怯而审慎,与人相处多拘谨而不自然;高分者外倾,通常善于交际,不受拘束、开朗、不拘小节。

3. 感情用事与安详机警性

$$感情用事与安详机警性 = 7.7 + 0.2C + 0.2E + 0.2F + 0.2N$$
$$- 0.4A - 0.6I - 0.2M \tag{13.3}$$

式中字母 C、E、F、N、A、I、M 分别表示稳定性、恃强性、兴奋性、世故性、乐群性、敏感性、幻想性各量表上标准拾的分值。由公式(13.3)计算所得分数就代表着"感情用事与安详机警性"分数。低分者情绪多困扰不安,通常感觉挫折气馁,遇到问题需经反复考虑才能决定,但平时较为含蓄敏感,温文尔雅,讲究生活艺术。高分者安详警觉,果断刚毅,有进取精神,但常常过分现实,忽视了许多生活情趣,遇到困难有时会不经考虑,不计后果,贸然行事。

4. 怯懦与果断性

$$怯懦与果断性 = 0.4E + 0.3M + 0.4Q_1 + 0.4Q_2 - 0.3A - 0.2G \tag{13.4}$$

式中字母 E、M、Q_1、Q_2、A、G 分别表示恃强性、幻想性、实验性、独立性、乐群性、有恒性各量表上标准拾的分值。由公式(13.4)计算所得的分数就是"怯懦与果断性"分数。低分者常常人云亦云,优柔寡断,受人驱使而不能独立,依赖性强,因而事事迁就,以获取别人的欢心。高分者独立、果敢、锋芒毕露、有气魄、常常自动寻找可能施展所长的环境或机会,以充分表现自己的独创能力。

(三) 应用性次元人格因素

卡特尔及其同事搜集了7 500名从事80多种职业及5 000名有各种行为问题和精神症状的人16PF的答卷,详细分析他们人格因素的特征和类型。其结果除了列出了上述次元因素回归方程外,还拟定了其他一些计算公式,以用于心理咨询及升学就业指导,现举几例。

1. 心理健康者的人格因素

其计算公式为:

$$C+F+(11-O)+(11-Q_4) \tag{13.5}$$

式中字母分别表示稳定性、兴奋性、忧虑性、紧张性各量表上标准拾的分值。由公式(13.5)计算结果所得分数的高低,就代表着"心理健康"的水平。得分一般在0~40分之间,均值为22分。不到12分者情绪颇不稳定,这种人仅占人数分布的10%。心理健康的主要人格因素有:情绪稳定(高C),轻松兴奋(高F),有自信心(低O),心平气和(低Q_4)。

2. 专业工作有成就者的人格因素

其计算公式为:

$$2Q_3+2G+2C+E+N+Q_2+Q_1 \tag{13.6}$$

式中字母分别表示自律性、有恒性、稳定性、恃强性、世故性、独立性、实验性各量表上标准拾的分值。由公式(13.6)计算所得分数就是"专业工作者成就"的人格因素分数。它一般在10~100分之间,均值为55分。其60分约等于标准拾的7分,63分以上约等于标准拾的8、9、10分。67分以上者一般能有所成就。

专业有成就者的主要人格因素有:自律严谨(高Q_3),有恒负责(高G),情绪稳定(高C),好强固执(高E),精明能干而世故(高N),自立、当机立断(高Q_2),自由、批评、激进(高Q_1)。

3. 创造力强者的人格因素

其计算公式为:

$$2(11-A)+2B+E+2(11-F)+H+2I+M$$
$$+(11-N)+Q_1+2Q_2 \tag{13.7}$$

式中字母分别表示乐群性、聪慧性、恃强性、兴奋性、敢为性、敏感性、幻想性、世故性、实验性、独立性各量表上标准拾的分值。由公式(13.7)计算所得分数就是

"创造力强者"的人格因素分数,再将其通过下表转换成相应的标准拾,其标准拾越高,则创造力越强。

因素 总分	15～62	63～67	68～72	73～77	78～82	83～87	88～92	93～97	98～102	103～150
相当 标准分	1	2	3	4	5	6	7	8	9	10

4. 在新环境中有成长能力的人格因素

其计算公式为:

$$B + G + Q_3 + (11 - F) \tag{13.8}$$

式中字母分别表示聪慧性、有恒性、自律性、兴奋性,各量表上标准拾的分值,由公式(13.8)计算出的分数就是"在新环境中有成长能力"的人格因素分数。其平均数为 22 分,17 分以下者不太适应新环境,这种人约占 10%,27 分以上者有成功希望。

新环境中有顽强成长能力的人格因素有:聪慧富有才识(高 B),办事有恒负责(高 G),知己知彼、自律(高 Q_3),严肃审慎(低 F)。

五、测验的信度及效度

根据 1981 年的测试,该量表的再测信度最高者是 O 因素,最低者是 B 因素,其信度系数分别为 0.92,0.48。但用分半法计算的内在一致性信度却不高。

在效度方面,16 种因素之间相关较低,这表明各因素是独立的。各分量表中项目的因素负荷在 0.73～0.96 之间,表明同一因素中各测题的反应有高度一致性。

六、16PF 的中文修订版

16PF 已有多国修订本。20 世纪 60 年代美籍华人刘永和博士在卡特尔赞助下与伊利诺大学人格及能力研究所研究员梅吉瑞(G. M. Meredith)博士合作将 16PF 原测验的 A、B 两种复本加以合并及修订,并在港台地区测验了近 2 000 名中国学生,建立了常模,于 1970 年发表了 16PF 中文修订版。1979 年刘永和博士来华讲学时,将其介绍到中国内地。现中国内地已有中国成人(男、女)常模、中国大学生(男、女)常模、中国中学生(男、女)常模、中国产业工人常模、中国专业技术人员常模、中国干部常模以及上海市的各种常模,并取得了全国范围内的信度及效度资料。

第三节   教育测验举例

教育测验也称成就测验。成就测验分为成套测验和单科测验两种。目前应用广泛的成套标准化测验有：基本技能综合测验、爱荷华基本技能测验、都市成就测验、SRA 成就系列测验、斯坦福成就系列测验、教育进步序列测验等。

单科测验是指语文、数学、外语、自然常识、生物、化学、物理、历史、地理、音乐以及各专业方面的学科测验。我国单科测验有：陈荣华、吴武典编制及修订的数学能力诊断测验，程法必编制的中学混合数学测验，陈鹤琴编制的初小默读测验及小学语法测验，艾伟编制的汉字测验、中学文白理解力测验、四言辞句测验，艾伟、王金桂合编的小学国语默读测验，艾伟、杨清合编的小学国语默读诊断测验，艾伟、丁祖荫合编的语顺测验，以及王孝玲与陶保平合编的小学生识字量标准化测验等。

现将王孝玲、陶保平合编的小学生识字量标准化测验介绍于下。

一、测 验 的 编 制

该测验于 1989～1991 年编制，于 1996 年由上海教育出版社以题为《小学生识字量测试题库及评价量表》出版。现按工作顺序介绍其编制过程。

（一）字种的选择

以国家语言文字工作委员会和国家教育委员会于 1988 年 3 月 5 日联合发布的《现代汉语常用字表》[①]作为测定及估计小学生识字量的字种，其中常用字 2 500个，次常用字 1 000 个。该表中的每个字又依自二十年代以来不同时期的六种汉字平均频度从高到低排列，形成了《现代汉语常用字频度统计》。[②]

（二）汉字抽样范围的确定

为了节省测试时间、精力及经费，需将 3 500 个字（常用及次常用字）的抽样总体范围缩小，即要从中分别减去各年级几乎所有学生都认识的及都不认识的字（每个年级所减去的汉字及其数量各不相同），最后在估计学生识字量时，再将被试所属年级所有学生都认识的字数加上。

为了确定小学各年级（六年级除外，因为上海市的小学六年级已转入中学作为初一预备班）学生对 3 500 个字，哪些是几乎所有学生都认识的，哪些是几乎所有学生都不认识的，我们于 1990 年 3 月从上海市区抽取了小学语文教学属于中等水平的两个区，又从中抽取 8 所小学（其中好的 2 所，中等的 4 所，差的 2 所）的一至五

---

① 《现代汉语常用字表》，国家语言文字工作委员会汉字处编，语文出版社，1988 年 1 月版。
② 《现代汉语常用字频度统计》，国家语言文字工作委员会汉字处编，语文出版社，1989 年 6 月版。

年级学生共 1 521 名(其中一年级 271 人,二年级 322 人,三年级 312 人,四年级 300 人,五年级 316 人),用这 3 500 个字对每个学生一一进行测试。

根据测试结果,求出各年级每个汉字的认识率(即某年级对某个字正确作答人数,除以该年级总人数),然后分别将各年级 3 500 个字的认识率按一定次序排列,凡认识率在 0.00 至 0.04 之间的字,为该年级几乎所有人都不认识的字;凡认识率在 0.96 至 1.00 之间的字,为该年级几乎所有人都认识的字,不列入抽样范围之内。于是各年级列入抽样范围的字数,如表 13.1 所示。

表 13.1 小学 1～5 年级汉字抽样范围

汉字认识率	是否属抽样范围	字　　数				
		一年级	二年级	三年级	四年级	五年级
0.00～0.04	不抽样范围	2 494	1 721	839	212	0
0.05～0.95	抽样范围	1 006	1 779	2 212	2 299	2 195
0.96～1.00	不抽样范围	0	0	449	989	1 305
总　　和		3 500	3 500	3 500	3 500	3 500

(三)测试卷中汉字容量的确定

根据数理统计中抽样技术的原理及方法,我们采用了内曼(Neyman)最优配置法来确定应从各年级汉字抽样范围内抽取多少个汉字以组成一份测试卷。用这种抽样方法,能保证在用样本识字量推测、估计总体识字量达到一定可靠度前提下,抽取容量最少的汉字,以节省时间、精力及经费。

按这种抽样方法,首先将各年级抽样范围内的汉字分别按认识率从高到低分成十组,认识率在 0.90 至未满 0.96 为第一组,在 0.80 至未满 0.90 为第二组,其他各组依次类推,直至第十组的认识率为 0.05 至未满 0.10。然后,用下式计算各年级测试卷中汉字容量一次性近似值

$$n_0 = \frac{1}{V}\left(\sum_{h=1}^{L} W_h \sqrt{\overline{p_h q_h}}\right)^2 \tag{13.9}$$

式中 n_0 表示某年级识字量测试卷中汉字容量一次性近似值;V 表示平均数的最大方差,$V = \left(\dfrac{\alpha}{Z_{\frac{\alpha}{2}}}\right)^2$,若用样本识字量估计总体识字量要求达到 95% 可靠度时,则 $V = \left(\dfrac{0.05}{1.96}\right)^2 = 0.000\,65$。$W_h$ 表示某年级某组权数,$W_h = N_h/N$,即某年级某组权数 W_h 等于该年级该组字数除以其抽样范围内的字数。$\overline{p_h}$ 及 $\overline{p_h q_h}$ 分别表示某年级某组汉字认识率的平均数及方差。

当 n_0 与抽样范围内汉字个数 N 的比率(即 n_0/N)过大时,要用下式加以校正。

$$n = \frac{n_0}{1 + \frac{1}{NV}\sum\limits_{h=1}^{L} W_h \overline{p}_h \overline{q}_h}$$ (13.10)

式中 n 表示某年级测试卷中汉字容量的校正值。N 表示某年级抽样范围内汉字个数。

在确定了各年级测试卷内所含汉字容量之后,再用下式计算各年级测试卷中各组汉字容量。

$$n_h = n \frac{N_h \sqrt{\overline{p}_h \overline{q}_h}}{\sum\limits_{h=1}^{L} N_h \sqrt{\overline{p}_h \overline{q}_h}}$$ (13.11)

式中 n_h 表示某年级测试卷中各组汉字容量。N_h 表示该年级各组字数。

小学各年级测试卷的汉字容量及其各组汉字容量计算结果如表 13.2 所示。

表 13.2 小学各年级测试卷汉字容量及其各组汉字容量

年级	各组汉字容量										测试卷汉字容量
	0.90 ≀ 0.96	0.80 ≀	0.70 ≀	0.60 ≀	0.50 ≀	0.40 ≀	0.30 ≀	0.20 ≀	0.10 ≀	0.05 ≀	
一	17	9	6	7	8	9	10	17	32	27	142
二	25	20	18	18	19	13	12	14	18	16	173
三	18	26	23	22	23	19	18	20	22	15	206
四	28	31	22	18	18	17	15	16	17	12	194
五	24	33	26	28	24	20	19	16	14	6	210

（四）汉字抽样方式及复本的建立

我们根据各组字数及从中需抽字数,在各组建立字数相等、难度相近的一切可能个样本(即复本)。如三年级第五组共有 $N_5 = 194$ 个字,应从中抽取 $n_5 = 23$ 个字,则该组汉字可能允许组成的样本为 $N_5/n_5 = 194/23 = 8.43$ 个。为了使这 8 个(取整数)样本中的汉字难度基本相等,将该组汉字按认识率从高到低排列,并以下列方式将它们分配到各个样本中去。

```
第一个样本    1    16    17…97    113…168    185    186
第二个样本    2    15    18…98    112…169    184    187
第三个样本    3    14    19…99    111…170    183    188
第四个样本    4    13    20…100   110…171    182    189
第五个样本    5    12    21…101   109…172    181    190
第六个样本    6    11    22…102   108…173    180    191
第七个样本    7    10    23…103   107…174    179    192
第八个样本    8    9     24…104   106…175    178    193
                          105    176    177    194
```

该组 194 个字除组成 8 个完整的样本之外，还多 10 个字。剔除这 10 个字的方法，是在分配汉字时最后 10 列每列多排一个字，即每列排 9 个字，在组成样本时，每列的第 9 个字一律不计在内，而其他每一横行的汉字就组成该组的一个样本，其他各组均根据其所含字数及从中需抽字数，按上述方式组成所有可能个样本。

在拼配一份识字量测试卷时，从相应年级各组随机各抽取一个汉字样本就组成一份测试卷。这样既增加了所组成的测试卷数，又扩大了各组样本随机组合的可能性，同时还保持了样本汉字认识率在汉字总体分布中的均匀性。

在同一个年级内所组成的几个识字量测试卷之所以能称为复本，除了它们所含的汉字个数相等、难度相近之外，用这些样本卷对同一批学生的测试结果所估计出的识字量，其总体平均数及标准差在一定可靠度上也应当是相等的。为了检验同一个年级的几个样本卷所估计出识字量的总体平均数是否相等、标准差是否齐性，我们从一年级随机抽取 6 个样本，从二至五年级各随机抽 7 个样本，然后用同一个年级的几个样本卷对相应年级的同一批学生进行测试，以测试结果所估计出的识字量为依据，采用"维尔克斯（WILKS）多总体均值相等的检验"对这几个样本所估计出的识字量的平均数进行检验。其结果表明，各年级中的几个样本卷所估计出的识字量的平均数在 0.05 显著性水平上无显著性差异；采用"多个总体协方差阵相等的检验"对每个年级几个样本卷方差进行齐性检验，其结果表明，各年级的几个样本卷所估计出的识字量的标准差，除二年级几个样本卷是在 0.10 显著性水平上无显著性差异之外，其他各年级均在 0.05 显著性水平上无显著性差异。于是可以认为，每个年级的 6 至 7 个随机样本是相等的复本。

（五）测试卷举例

现将小学三年级识字量测试卷第三份复本卷摘录于下。

小学三年级识字量测试卷 3

学校_____ 班级_____ 姓名_____ 日期_____

总识字量_____

将下面各组中的汉字组成词语。

第一组：(18 个字) 做对个数____ ×17 ＝

略_____	季_____	值_____	药_____
基_____	住_____	考_____	破_____
巨_____	哪_____	丰_____	林_____
育_____	油_____	船_____	消_____

卖 _____ 终 _____

第二组:(26个字)　做对个数____ ×11.38＝

琴 _____	与 _____	盛 _____	翠 _____
壁 _____	诗 _____	恐 _____	巧 _____
寸 _____	糖 _____	婆 _____	默 _____
苗 _____	骂 _____	竹 _____	印 _____
且 _____	璃 _____	瓶 _____	态 _____
碰 _____	达 _____	湿 _____	闹 _____
富 _____	蓝 _____		

┄┄┄┄┄┄

第十组:(15个字)　做对个数____ ×16.20＝

贷 _____	弦 _____	歹 _____	钓 _____
娶 _____	渣 _____	彬 _____	谱 _____
侠 _____	帖 _____	咸 _____	扳 _____
牡 _____	雌 _____	昌 _____	

(六)题库的建立

将各年级抽样范围内的汉字按其认识率分成10组,每一组又分成几个汉字样本,在每组汉字样本前面都标出一个字代表多少个字,就分别构成各年级的识字量题库。现以三年级的题库为例来说明题库中汉字样本的结构。

小学三年级识字量测试题库

三年级第一组汉字样本

(一个字代表17个字)

第一个样本　料 腿 此 突 夏 专 精 弹 忽 响 急
　　　　　祖 旗 倒 士 怕 划 鸟

第二个样本　复 玻 利 担 味 压 够 肉 盘 满 央
　　　　　吧 内 铁 低 鱼 留 洗

┄┄┄┄┄┄

第十七个样本　休 彩 始 功 紧 轮 伟 街 谁 娘 刻 圆 桥
　　　　　　钟 实 社 争 深

三年级第二组汉字样本

(一个字代表11.38个字)

第一个样本　持 票 曲 扇 匹 娃 伞 建 官 敬 寻

像　扬　防　吸　刺　圈　森　胸　已　试　互
激　各　夫　惊

第二个样本　庆　险　椅　浅　舌　驼　必　飘　极　换　透
似　福　断　危　怀　惯　辆　易　绳　货　酒
顾　趣　程　困

······

第十一个样本　淡　剩　悄　匆　省　例　虽　状　治　技　眉　宽　尽
啦　良　遇　恶　礼　骑　义　模　镜　居　坚　丢　呼

······

三年级第十组汉字样本

（一个字代表16.2个字）

第一个样本　瞒　僻　虏　怨　谣　潘　玛　砂　秦　钥　绢
愈　巩　邀　倡

第二个样本　誉　膊　雹　慕　灶　彭　蔗　埃　卢　眴　锹
域　槽　巷　轴

······

第十六个样本　噪　喻　措　袁　瞄　敞　戈　椿　恋　柏　暇　朦　籽
昧　蕾

（七）常模表的编制

以从上海市12个行政区抽取的属于中等水平的20所小学1～5年级120个班5 102个学生（一年级1 011人，二年级1 031人，三年级1 022人，四年级1 007人，五年级1 031人）作为标准化被试样本。以标准化样本识字量的测试结果为依据，分别为各年级编制了百分等级量表、非线性 T 分数量表（即平均数为50，标准差为10的正态化的标准分数量表）、年级量表。

现将小学三年级识字量百分等级和 T 分数量表、测试时间与年级学月对照表及各年级识字量年级量表摘录于下。

表13.3　上海市区小学三年级识字量百分等级和 T 分数量表

识字量(1)	百分等级(2)	T 分数(3)	识字量(1)	百分等级(2)	T 分数(3)
2 624～2 625	99.98	82.9	1 938～1 952	78	57.7
2 603～2 623	99.9	80.9	1 927～1 937	77	57.3
2 574～2 602	99.8	78.7	1 913～1 926	76	57.0

识字量(1)	百分等级(2)	T 分数(3)	识字量(1)	百分等级(2)	T 分数(3)
2 556～2 573	99.6	76.5	1 899～1 912	75	56.7
2 542～2 555	99.4	75.2	1 891～1 898	74	56.4
2 534～2 541	99.0	73.3	1 873～1 890	73	56.1
2 483～2 533	98.5	71.7	1 866～1 872	72	55.8
2 453～2 482	98.0	70.5	1 860～1 865	71	55.5
2 412～2 452	97.5	69.6	1 849～1 859	70	55.2
2 396～2 411	97.0	68.8	1 841～1 848	69	55.0
2 351～2 395	96.5	68.1	1 836～1 840	68	54.7
⋮	⋮	⋮	⋮	⋮	⋮
1 578～1 582	35	46.1	1 224～1 250	6	34.5
1 565～1 577	34	45.9	1 208～1 223	5.5	34.0
1 555～1 564	33	45.6	1 187～1 207	5.0	33.6
1 549～1 554	32	45.3	1 160～1 186	4.5	33.1
1 535～1 548	31	45.0	1 152～1 159	4.0	32.5
1 529～1 534	30	44.8	1 147～1 151	3.5	31.9
1 518～1 528	29	44.5	1 132～1 146	3.0	31.2
1 508～1 517	28	44.2	1 117～1 131	2.5	30.4
1 501～1 507	27	43.9	1 089～1 116	2.0	29.5
1 494～1 500	26	43.6	1 074～1 088	1.5	28.3
1 488～1 493	25	43.3	1 056～1 073	1.0	26.7
1 482～1 487	24	43.0	1 056以下	1 以下	26.7 以下
1 460～1 481	23	42.6			
1 449～1 459	22	42.3			
1 437～1 448	21	42.0			

表 13.4　三年级识字量测试时间与年级学月对照表

学　　期	第一学期					第二学期(第二年)				
测试月份	9 月	10 月	11 月	12 月	1 月	2 月	3 月	4 月	5 月	6 月
年级学月	3.1	3.2	3.3	3.4	3.5	3.6	3.7	3.8	3.9	4.0

表 13.5　上海市区小学各年级识字量年级量表

平均识字量	年级	平均识字量	年级	平均识字量	年级	平均识字量	年级
55	1.1	979	2.4	1 920	3.7	2 601	5.0
123	1.2	1 051	2.5	1 991	3.8	2 630	5.1
190	1.3	1 124	2.6	2 063	3.9	2 660	5.2
258	1.4	1 196	2.7	2 135	4.0	2 690	5.3
330	1.5	1 269	2.8	2 206	4.1	2 720	5.4
402	1.6	1 341	2.9	2 278	4.2	2 739	5.5
474	1.7	1 414	3.0	2 350	4.3	2 758	5.6
546	1.8	1 486	3.1	2 422	4.4	2 777	5.7
618	1.9	1 559	3.2	2 451	4.5	2 796	5.8
690	2.0	1 631	3.3	2 481	4.6	2 815	5.9
762	2.1	1 705	3.4	2 511	4.7	2 834	6.0
834	2.2	1 776	3.5	2 541	4.8		
906	2.3	1 848	3.6	2 571	4.9		

　　上述的识字量百分等级和 T 分数量表是根据各年级第一学期 12 月份测试结果编制的,所以只能用来解释各年级第一学期 12 月份的测试结果。因为在小学时期识字量的进步速度是相当快的,一周内就可以认识许多新的字。为了给任何一个月份识字量测试结果提供解释、评价的参照标准,我们编制了年级量表。

　　年级量表的编制步骤:首先将一个学年除去两个月假期,分成 10 个学月,每学年第一学期 9 月份开学为某年级的第一个学月,第二年 6 月份,即第二学期最后一个月为第 10 个学月。然后将 1990 年 12 月份(即各年级的第四个学月)测得的上海市区小学各年级的平均识字量,每相邻两个年级相减,再除以 10,即为各年级各学月的平均识字量。各年级每个学月与其平均识字量的对照表就是各年级识字量年级量表。

二、施 测 与 计 分

(一) 施测方法

　　施测前首先确定测试卷。确定测试卷的方法有两种:一种是从《小学识字量测试题库及评价量表》书中选取为相应年级拼好了的现成的测试卷;另一种方法是从书中所列相应年级识字量题库中每一组随机各抽取一个样本,自行(教师或学生自己)拼配测试卷。

　　施测时,一年级采用个别指认法,即主试依次指出测试卷上的汉字,让学生读出其字音。读对时,主试用红笔在该字后面的横线上划 1,读错或不会读时划 0。

若学生读音含糊,可要学生重读一遍,或用该字组个词,以确定学生是否认识该字。测试时限为 30 分钟。二至五年级采用组词法。测验前指导学生看列在卷首上的作答样例,然后要求学生在不看书、不查字典、不讨论的情况下按顺序给下列汉字组词,并将所组的词写在每个汉字右边横线上。对于难以组词的字,可以写出含这个字的句子,不会做的可空白。测试时限为 50 分钟。

(二)评阅标准

一年级学生凡能读出字音者,就认为学生认识该字;凡读错或不会读者,就认为学生不认识该字。二至五年级学生凡能正确组词;并能明确表达意思者,就认为学生认识该字;若不会写所要组的词而用拼音或同音字代替,只要能明确表达意思者也可算认识该字;凡未做或不能正确表达意思者,就认为学生不认识该字。

(三)识字量的计算

测试卷评阅后,将学生各组汉字做对个数分别填写在试卷每组"做对个数"栏上。然后分别乘上各组做对一个字所代表的做对字数,求其和,再加上该年级几乎每个学生都认识的字数(表 13.1 中该年级汉字认识率在 $0.96 \sim 1.00$ 范围内的字数)即为被试的识字量。例如,三年级甲生测试卷上第一至第十组汉字组词做对字数分别为:18,24,18,12,12,8,6,4,0,0。各组每认识一个字分别代表的认识字数为:17,11.38,9.30,8.59,8.43,8.47,8.78,9.65,11.73,16.20。根据表 13.1 得知三年级几乎所有学生都认识的字数为 449 个,则该生识字量 $= 17 \times 18 + 11.38 \times 24 + 9.30 \times 18 + 8.59 \times 12 + 8.43 \times 12 + 8.47 \times 8 + 8.78 \times 6 + 9.65 \times 4 + 11.73 \times 0 + 16.20 \times 0 + 449 = 1558.8 \approx 1559$ 个字。

三、测验结果的解释

若上例三年级甲生识字量测试正是在第一学期 12 月份施测的,可以查三年级识字量百分等级及 T 分数量表(表 13.3)。表 13.3 第 1 列识字量一栏中寻到与该生识字量 1 559 相接近的 1 555～1 564 一行,与之相对应的百分等级是 33,T 分数是 45.6。这就是该生识字量的量表分数。百分等级 33 表示在三年级学生中识字量比甲生差的有 33% 的人。但是,这个百分等级分数 33 不能与其他项目的百分等级分数相加求和,因为它的单位是不等距的。甲生识字量的 T 分数 45.6 可以与其他项目的 T 分数相加,因为它的单位是等距的。同时,它也可以表示甲生识字量在团体中的位置,即将甲生识字量的 T 分数加以变换($Z = (T - 50)/10 = (45.6 - 50)/10$),再通过查正态分布表同样可以寻到识字量不如甲生的有 33% 的人。

假如,三年级乙生在第二学期 5 月份经测试计算出识字量为 2 353 个字。要知道这一识字量在三年级中的位置,不能查识字量百分等级和 T 分数量表,因为他不是在 12 月份施测的。这时可以查识字量年级量表(表 13.5)。查表的方法有两种:第一种查表法是,首先根据表 13.4 寻到该生测试时间为三年级第九个学月(表示为3.9)。然后,在表 13.5 中寻到与年级分数 3.9 相对应的平均识字量为2 063个字,这表明乙生识字量2 353个字高于同年级同学月的平均识字量2 063个字。第二种查表法是直接在年级量表(表 13.5)上寻到与乙生识字量2 353个字最相接近的平均识字量2 350个字,与之相对应的年级分数是 4.3,这表示乙生识字量相当于四年级第三个学月。

四、测验质量鉴定

(一)测验的信度及效度

1. 测验的信度

用同一年级的几个复本卷(一年级 6 个,二至五年级各 7 个)对相应年级同一组学生施测,以测试结果所估计出的识字量为依据,计算出各年级识字量测试的复本信度分别为:一年级在 0.947～0.970 之间,二年级在 0.925～0.950 之间,三年级在 0.975～0.982 之间,四年级在 0.970～0.980 之间,五年级在 0.984～0.987 之间。

2. 测验的效度

测验效度有以下两方面证据:

(1) 各年级平均识字量随年级的增长而增长,而增长率呈逐年下降趋势。如根据 1990 年求得的各年级识字量的常模:一年级为 258 个字,二年级为 979 个字,三年级为1 705个字,四年级为2 422个字,五年级为2 700个字;二至五年级识字量的增长率分别为:二年级为 279%,三年级为 74%,四年级为 42%,五年级为 11%。

(2) 以同年级几个复本(一年级 6 个,二至五年级各 7 个)测试结果所估计出的识字量为测验变量,以同一组学生3 500字实际识字量为效标,计算出各年级效标关联效度系数分别为:一年级在 0.640～0.697 之间,二年级在 0.963～0.970 之间,三年级在 0.985～0.989 之间,四年级在 0.968～0.978 之间,五年级在 0.985～0.987之间。

对各年级各个复本测试的效度系数进行与总体零相关的显著性检验,结果均在 0.001 显著性水平上与总体零相关有极其显著性差异。

(二)题库的质量

题库的质量由其中所含汉字区分度的大小,以及可能组成复本卷的多少来体现。

1. 题库中汉字的区分度

汉字的认识率 p 是它的难度,方差 pq 是它的区分度,$q = 1 - p$。可见,难度极小(认识率极高)和难度极大(认识率极低)的汉字,其区分度极小。这种汉字对于识字量多和识字量少的学生区分和鉴别能力极差。中等难度(如 $p=0.5$)的字,区分度为最大。这种字对于识字量多和识字量少的学生区分及鉴别能力最强。

在题库的建立过程中,已将难度极小(即认识率在 0.96 以上)和难度极大(即认识率在 0.05 以下),也即区分度极小的字排除在抽样范围之外了。另外,对于抽样范围内的字,运用内曼最优配置法所确定的各组样本容量,可以保证在难度适中、区分度较大的组内,抽取相对较多的汉字;在难度较大或较小,而区分度较小的组内,抽取相对较少的汉字。从表 13.6 可以看出,为建立三年级题库所进行的汉字抽样中,在难度适中、区分度较大的第 5、6 组,所抽取的汉字比率大于难度较大或较小即且区分度较小的其他各组。

表 13.6 小学三年级各组汉字抽样的比率

组　　序	1	2	3	4	5
各组认识率	0.90~0.96	0.80~	0.70~	0.60~	0.50~
各 组 字 数	306	296	214	189	194
所 抽 字 数	18	26	23	22	23
所抽字数的比率	0.059	0.088	0.107	0.116	0.119

组　　序	6	7	8	9	10
各组认识率	0.40~	0.30~	0.20~	0.10~	0.05~
各 组 字 数	161	158	193	258	243
所 抽 字 数	19	18	20	22	15
所抽字数的比率	0.118	0.114	0.104	0.085	0.062

2. 题库中所含复本测试卷的数量

各年级题库中的汉字均依认识率的高低分成 10 组,每组又有数个样本,若从某年级题库的 10 个组中各随机抽一个样本组成一个测试卷,那么这个题库所含测试卷的数目等于各组样本数的连乘积。例如,四年级题库中所含复本测试卷的数目为:$17 \times 12 \times 10 \times 9 \times 9 \times 9 \times 9 \times 10 \times 12 \times 16 = 25\,698\,124\,800$ 个。其他各年级题库中所含复本测试卷的数目如表 13.7 最下一行所示。

表 13.7 各年级各组样本数及题库所含测试卷数

组别	认识率	一年级	二年级	三年级	四年级	五年级
1	0.90~0.96	12	17	17	17	16
2	0.80~	6	10	11	12	11
3	0.70~	5	8	9	10	9
4	0.60~	4	7	8	9	8

组别	认识率	一年级	二年级	三年级	四年级	五年级
5	0.50～	4	7	8	9	8
6	0.40～	4	7	8	9	8
7	0.30～	5	7	8	9	8
8	0.20～	5	8	9	10	9
9	0.10～	6	10	11	12	11
10	0.05～	8	24	16	16	16
可能组成的测试卷数目		27 648 000 （2千万多）	3 657 203 200 （36亿多）	10 919 411 710 （109亿多）	25 698 124 800 （256亿多）	10 277 093 380 （102亿多）

五、测 验 的 评 价

（一）优点

1. 各年级分别有被压缩了的汉字抽样总体

这不仅减少了师生测试的工作量,更重要的是提高了识字量估计的可靠度及准确性。因为被列入抽样范围的字,多是些对相应年级的学生来说有一定区分度的字。另外,由于抽样总体内汉字的减少,样本卷上一个字所代表的字数也相应减少,于是总体识字量的估计误差也随之减小。

2. 汉字抽样采取了最优配置的分层抽样

这种抽样方法在确定各组汉字容量时,能保证在区分度较大的组中抽取较多的汉字;在确定测试卷汉字容量时,能保证用样本识字量估计、推测总体识字量达到一定可靠度的前提下,抽取容量最少的汉字,以节省人力、经费和时间。

3. 题库中所含复本测试卷数量较多,质量较高

各年级题库所含复本测试卷竟达2千万至256亿多个,并且具有较高的信度和效度。

4. 建立常模及量表的标准化被试样本容量较大

各年级都在1 000人以上。

5. 题库及常模表使用方便

除教师及家长使用之外,学生也可以自拼测试卷,自行测试,互相阅卷,自估总体识字量,自查常模表,自我评价。

（二）缺点

1. 识字量的百分等级及 T 分数量表在一学年当中只允许用来解释第一学期

12 月份的测试结果,使用的局性限太大。

2. 识字量的年级量表虽然能为解释每个学月的测试结果提供了方便,但是这种量表从编制到用来解释测试结果都存在许多缺点。

(1) 量表的编制隐含着学生识字量等速增长的前提假设。即学生各学月识字量的增长比率是相同的,恒定的。这个假设在现实中是不成立的。

(2) 年级分数常常会被误解。如上述三年级第九个学月的乙生识字量相当于四年级第三个学月,其实乙生对这些字的理解并不一定能比得上四年级第三个学月的学生。

(3) 识字量的年级分数与其他项目的年级分数不可以相互比较,更不能相加求和。

练习题答案（计算性练习题）

第三章 信度的操作定义与其估计方法

1. 再测信度 $r_{tt} = 0.872$

2. 同时性（连续施测）复本信度 $r_{tt} = 0.952$

3. ① 斯皮尔曼—布朗公式校正后的分半信度 $r_{tt} = 0.789$

　② 卢农公式的分半信度 $r_{tt} = 0.787$

　③ 弗拉南根公式的分半信度 $r_{tt} = 0.787$

　④ K-R20 公式的同质性信度 $r_{tt} = 0.664$

　⑤ K-R21 公式的同质性信度 $r_{tt} = 0.600$

　⑥ K-R20′ 公式的同质性信度 $r_{tt} = 0.720$

　⑦ K-R21′ 公式的同质性信度 $r_{tt} = 0.600$

4. 用 α 系数估计的同质性信度 $r_{tt} = 0.937$

5. 两位评分者的信度 $r_{tt} = 0.900$

6. 三位评分者的信度 $r_{tt} = 0.599$

7. 五位评分者的信度 $r_{tt} = 0.608$

8. 四位评分者的信度 $r_{tt} = 0.829$

第四章 信度的理论

5. $\sigma_e = 6.606$

6. $\sigma_e = 1.456$

7. ① 间接估计法 $\sigma_e = 0.799$

　② 分半估计法 $\sigma_e = 0.800$

8. 95% 置信区间：$66.16 < X_\infty < 81.84$

　99% 置信区间：$63.68 < X_\infty < 84.32$

9. 测验长度延长后的信度 $r_m = 0.786$

10. 测验长度应增到原长度的 4.75 倍

11. 测验施于第一个样本的信度 $r_m = 0.891$

第五章 效度的操作定义及其估计方法

2. 效标关联效度 $r = 0.749$

检验：① $|t| = 3.197^* > 2.306 = t_{(8)0.05}$

② $|r| = 0.749^* > 0.632 = r_{(8)0.05}$

测验具有有效性。

3. 效标关联效度 $r_b = 0.340$

检验：$|Z| = 1.02 < 1.96 = Z_{0.05}$

测验缺乏有效性

4. 效标关联效度 $r_{pb} = 0.045$

检验：① $|t| = 0.169 < 2.145 = t_{(14)0.05}$

② $|r_{pb}| = 0.045 < 0.497 = r_{(14)0.05}$

测验缺乏有效性

5. 效标关联效度 $r_R = 0.782$

检验：① $|t| = 3.549^{**} > 3.355 = t_{(8)0.01}$

② 查积差相关界值表 $|r_R| = 0.782^{**} > 0.765 = r_{(8)0.01}$

③ 查等级相关界值表 $r_{R0.05} = 0.648 < 0.782^* < 0.794 = r_{R0.01}$

测验具有有效性

6. 效标关联效度

① 四分相关法 $r_t = 0.665$，检验：$|Z| = 2.80^{**} > 2.58 = Z_{0.01}$

② Φ 相关法 $r_\Phi = 0.456$，检验：$\chi^2 = 9.36^{**} > 6.63 = \chi^2_{(1)0.01}$

测验具有有效性

7. 效标关联效度 $c = 0.386$

检验：$\chi^2 = 28.45^{**} > 16.81 = \chi^2_{(6)0.01}$

测验具有有效性

11. 教学前后平均数差异显著性检验：$|t| = 6.328^{**} > 3.250 = t_{(9)0.01}$

测验具有内容效度

12. $r = 0.945$

检验：① $|t| = 8.172^{**} > 3.355 = t_{(8)0.01}$

② $|r| = 0.945^{**} > 0.765 = r_{(8)0.01}$

测验具有内容效度

第六章　效 度 的 理 论

4. $r_{Y(3X)} = 0.738$

5. $n = 5.456$（倍）

6. $r_{W\infty} = 0.651$

7. $r_{W\infty} = 0.748$

8. 校正后的预测效度系数 $r = 0.731$

9. $\hat{Y} = 61.25$，$\sigma_{est} = 3.161$，$55.054 < Y < 67.446$

10. 正确预测效率提高了 16%

第七章 测 题 分 析

1. 第 1 题用(7.1)式 $P = 0.857$，用(7.2)式 $P = 0.875$

  第 2 题用(7.1)式 $P = 0.786$，用(7.2)式 $P = 0.625$

2. 3 个选项的 $CP = 0.10$，5 个选项的 $CP = 0.25$。5 个选项比 3 个选项的题目容易

3. 第 1 题 $P = 0.552$，第 2 题 $P = 0.672$

4. $Z'_1 = 5.20$，$Z'_2 = 3.36$，$Z'_3 = 5.71$

  $\Delta_1 = 13.8$，$\Delta_2 = 6.44$，$\Delta_3 = 15.84$

5. 第 1 题 $D = 0.25$，第 2 题 $D = 0.75$

6. 第 4 题的区分度：① $r_{pb} = 0.610$，② $r_b = 0.785$，③弗拉南根表法为 0.48

7. 第 6 题的区分度 $r = 0.392$

8. 第 4 题的效度 $r_{pb} = 0.528$

9. 第 6 题的效度 $r = 0.529$

10. 第 4 与第 5 题组间相关：① $r_t = 0.409$，② $r_\Phi = 0.258$

11. 第 2 与第 3 题的组间相关 $r = 0.340$

第八章 测验量表和常模

1. ①

组 中 值	92.5	87.5	82.5	77.5	72.5	67.5	62.5	57.5	52.5
百分等级	98.8	95.0	86.3	71.3	50.0	30.0	17.5	8.8	2.5

②

百分等级	95	92	80	70	60	50	40	30	20	10	5
百分位数	87.5	84	80	77.1	74.5	72.5	70.5	67.5	63.8	58.3	55

2.

科目	线性 Z 分数		线性 $CEEB$ 分数	
	A 生	B 生	A 生	B 生
物理	1.167	0.333	616.7	533.3
化学	1.625	0.250	662.5	725
总和	2.792	2.583	1 279.2	1 258.3
平均	1.396	1.292	639.6	629.2

3. ①

组中值	80.5	77.5	74.5	71.5	68.5	65.5	62.5	59.5	56.5	53.5
T 分数	73.7	68.0	64.0	59.5	55.1	50.0	45.1	40.4	35.3	29.0

②

九段分数	1	2	3	4	5	6	7	8	9
原始分数	55 分以下	55~	58~	61~	64~	67~	70~	73~	76 分以上

4. ①

常识	类同	算术	词汇	理解	背数
9	10	14.3	8.4	11.5	6.6
填图	排列	积木	拼图	译码	迷津
6.4	10	7.4	13.3	9.4	10.8

② 语言量表总分 $= 59.8$，操作量表总分 $= 57.3$，全量表总分 $= 117.1$

③ $IQ_语 = 101.22$，$IQ_操 = 95.95$，$IQ_全 = 97.28$

5.

测验分数	20	25	30	35	40	45	50	55	60	65
年级分数	2.9	3.5	4.1	4.5	4.9	5.3	5.6	6.2	6.4	6.9

6. 11 岁 9 个月

7.

测验分数	40	45	50	55	60	65	70	75	80
年龄分数	10.9	11.1	11.3	11.5	11.8	12.0	12.3	12.8	13.0

8. A 生　$IQ = 90.9$，$EQ = 109.1$，$AQ = 120$

　　B 生　$IQ = 108.3$，$EQ = 100$，$AQ = 92.3$

　　A 生比 B 生努力

第十章　测验编制的步骤和方法

3. $K = 100$，$\because K = \dfrac{r_{tt}(1 - \bar{r}_{it}^2)}{r_{it}^2(1 - r_{tt})}$，最低限 $r_{tt} = 0.90$，$\bar{r}_{it} = 0.30$，则 $K = \dfrac{0.90(1 - 0.30^2)}{0.30^2(1 - 0.90)} = 91 \approx 100$

4. $S = 62.5$(分)

7. 由实验组测验分数预测效标分数的回归方程 $\hat{Y} = 0.552X + 13.819$，延伸组实际效标分数与预测出的效标分数之相关 $r = 0.901$，表明该组测题不仅适用于实验组也适用于同一总体的其他样组。

第十一章　标准参照测验及其鉴定

3. 分界分数 $= 18.70 \approx 19$

4. 分界分数 $= 41.95 \approx 42$

6. 分界分数 $Md = 62.92 \approx 63$

7. 分界分数 $= 62.5$

8. 分界分数 $= 61.07 \approx 61$

10. $D = 0.27$，该题有良好识别作用

11. $S = 0.33$，是对教学效果有敏感性的有效测题

12. $\hat{\rho}_0 = 0.97$，$\hat{K} = 0.70$

13. 萨白考维克方法：$\hat{\rho}_0 = 0.91$，$\hat{K} = 0.10$

玛希尔方法：$\hat{\rho}_0 = 0.87$

惠恩反正弦正态近似法：$\hat{\rho}_0 = 0.84$，$\hat{K} = 0.18$

14. $\hat{K}^2(X.T) = 0.97$

15. $\hat{K}^2(X.T) = 0.71$

16.

题　　序	中位数	平均数	总　评
1	3	3.43	一般
2	5	4.57	好
3	2	1.57	较差

17. 第 2 题匹配一致性程度 $44.4\% < 55.6\% = \dfrac{5}{9}$，缺乏有效性。

第 3 题匹配一致性程度 $66.7\% > 55.6\% = \dfrac{5}{9}$，具有有效性。

18. $I_{2.1} = 0.60 < 0.67 = \dfrac{4}{6}$，该题对于测量第 2 个目标缺乏有效性。

19. $|Z| = 2.74^{**} > 2.58 = Z_{0.01}$，表明 B 类学生成绩显著低于全体考生平均水平。可以说，B 类学生理解了测量目标，但他们缺乏正确回答该题的有关知识，则测题具有有效性。

20. $P = 0.878$

第十二章　项目反应理论及其在标准参照测验中应用

2.

θ	-2	-1	0	1	2
P	0.159	0.416	0.830	0.973	0.996

3. $\theta_2 = \theta_1 - \Delta\theta_1 = 0.586\,8 + 0.001\,6 = 0.588\,4$

8. $I_i(-0.25) = 0.23$

9. $I(-0.25) = \sum\limits_{i=1}^{2} I_i(-0.25) = 0.44$

10. $m_0 = 8.8 \approx 9$（题）

附表 1(1) 平 方 根 表

N	0	1	2	3	4	5	6	7	8	9	1	2	3	4	5	6	7	8	9
1.0	1.000	1.0C5	1.010	1.015	1.020	1.025	1.030	1.034	1.039	1.044	0	1	1	2	2	3	3	4	4
1.1	1.049	1.054	1.058	1.063	1.068	1.072	1.077	1.082	1.086	1.091	0	1	1	2	2	3	3	4	4
1.2	1.095	1.1C0	1.105	1.109	1.114	1.118	1.122	1.127	1.131	1.136	0	1	1	2	2	3	3	4	4
1.3	1.140	1.145	1.149	1.153	1.158	1.162	1.166	1.170	1.175	1.179	0	1	1	2	2	3	3	3	4
1.4	1.183	1.187	1.192	1.196	1.200	1.204	1.208	1.212	1.217	1.221	0	1	1	2	2	2	3	3	4
1.5	1.225	1.229	1.233	1.237	1.241	1.245	1.249	1.253	1.257	1.261	0	1	1	2	2	2	3	3	4
1.6	1.265	1.269	1.273	1.277	1.281	1.285	1.288	1.292	1.296	1.300	0	1	1	2	2	2	3	3	3
1.7	1.304	1.308	1.311	1.315	1.319	1.323	1.327	1.330	1.334	1.338	0	1	1	2	2	2	3	3	3
1.8	1.342	1.345	1.349	1.353	1.356	1.360	1.364	1.367	1.371	1.375	0	1	1	1	2	2	3	3	3
1.9	1.378	1.382	1.386	1.389	1.393	1.396	1.400	1.404	1.407	1.411	0	1	1	1	2	2	3	3	3
2.0	1.414	1.418	1.421	1.425	1.428	1.432	1.435	1.439	1.442	1.446	0	1	1	1	2	2	2	3	3
2.1	1.449	1.453	1.456	1.459	1.463	1.466	1.470	1.473	1.476	1.480	0	1	1	1	2	2	2	3	3
2.2	1.483	1.487	1.490	1.493	1.497	1.500	1.503	1.507	1.510	1.513	0	1	1	1	2	2	2	3	3
2.3	1.517	1.520	1.523	1.526	1.530	1.583	1.536	1.539	1.543	1.546	0	1	1	1	2	2	2	3	3
2.4	1.549	1.552	1.556	1.559	1.562	1.565	1.568	1.572	1.575	1.578	0	1	1	1	2	2	2	3	3
2.5	1.581	1.584	1.587	1.591	1.594	1.597	1.600	1.603	1.606	1.609	0	1	1	2	2	2	3	3	
2.6	1.612	1.616	1.619	1.622	1.625	1.628	1.631	1.634	1.637	1.640	0	1	1	2	2	2	2	3	
2.7	1.643	1.646	1.649	1.652	1.655	1.658	1.661	1.664	1.667	1.670	0	1	1	2	2	2	2	3	
2.8	1.673	1.676	1.679	1.682	1.685	1.688	1.691	1.694	1.697	1.700	0	1	1	1	2	2	2	2	
2.9	1.703	1.706	1.709	1.712	1.715	1.718	1.720	1.723	1.726	1.729	0	1	1	1	2	2	2	3	
3.0	1.732	1.735	1.738	1.741	1.744	1.746	1.749	1.752	1.755	1.758	0	1	1	1	2	2	2	3	
3.1	1.761	1.764	1.766	1.769	1.772	1.775	1.778	1.780	1.783	1.786	0	1	1	1	1	2	2	3	
3.2	1.789	1.792	1.794	1.797	1.800	1.803	1.806	1.808	1.811	1.814	0	1	1	1	1	2	2	2	
3.3	1.817	1.819	1.822	1.825	1.828	1.830	1.833	1.836	1.838	1.841	0	1	1	1	1	2	2	2	
3.4	1.844	1.847	1.849	1.852	1.855	1.857	1.860	1.863	1.865	1.868	0	1	1	1	1	2	2	2	
3.5	1.871	1.873	1.876	1.879	1.881	1.884	1.887	1.889	1.892	1.895	0	1	1	1	1	2	2	2	
3.6	1.897	1.900	1.903	1.905	1.908	1.910	1.913	1.916	1.918	1.921	0	1	1	1	1	2	2	2	
3.7	1.924	1.926	1.929	1.931	1.934	1.936	1.939	1.942	1.944	1.947	0	1	1	1	1	2	2	2	
3.8	1.949	1.952	1.954	1.957	1.960	1.962	1.965	1.967	1.970	1.972	0	1	1	1	1	2	2	2	
3.9	1.975	1.977	1.980	1.982	1.985	1.987	1.990	1.992	1.995	1.997	0	1	1	1	1	2	2	2	
4.0	2.000	2.002	2.005	2.007	2.010	2.012	2.015	2.017	2.020	2.022	0	0	1	1	1	1	2	2	
4.1	2.025	2.027	2.030	2.032	2.035	2.037	2.040	2.042	2.045	2.047	0	0	1	1	1	1	2	2	
4.2	2.049	2.052	2.054	2.057	2.059	2.062	2.064	2.066	2.069	2.071	0	0	1	1	1	1	2	2	
4.3	2.074	2.076	2.078	2.081	2.083	2.086	2.088	2.090	2.093	2.095	0	0	1	1	1	1	2	2	
4.4	2.098	2.100	2.102	2.105	2.107	2.110	2.112	2.114	2.117	2.119	0	0	1	1	1	1	2	2	
4.5	2.121	2.124	2.126	2.128	2.131	2.133	2.135	2.138	2.140	2.142	0	0	1	1	1	2	2	2	
4.6	2.145	2.147	2.149	2.152	2.154	2.156	2.159	2.161	2.163	2.166	0	0	1	1	1	2	2	2	
4.7	2.168	2.170	2.173	2.175	2.177	2.179	2.182	2.184	2.186	2.189	0	0	1	1	1	2	2	2	
4.8	2.191	2.193	2.195	2.198	2.200	2.202	2.205	2.207	2.209	2.211	0	0	1	1	1	2	2	2	
4.9	2.214	2.216	2.218	2.220	2.223	2.225	2.227	2.229	2.232	2.234	0	0	1	1	1	2	2	2	
N	0	1	2	3	4	5	6	7	8	9	1	2	3	4	5	6	7	8	9

N	0	1	2	3	4	5	6	7	8	9	1	2	3	4	5	6	7	8	9
5.0	2.236	2.238	2.241	2.243	2.245	2.247	2.249	2.252	2.254	2.256	0	0	1	1	1	1	2	2	2
5.1	2.258	2.261	2.263	2.265	2.267	2.269	2.272	2.274	2.276	2.278	0	0	1	1	1	1	2	2	2
5.2	2.280	2.283	2.285	2.287	2.289	2.291	2.293	2.296	2.298	2.300	0	0	1	1	1	1	2	2	2
5.3	2.302	2.304	2.307	2.309	2.311	2.313	2.315	2.317	2.319	2.322	0	0	1	1	1	1	2	2	2
5.4	2.324	2.326	2.328	2.330	2.332	2.335	2.337	2.339	2.341	2.343	0	0	1	1	1	1	1	2	2
5.5	2.345	2.347	2.349	2.352	2.354	2.356	2.358	2.360	2.362	2.364	0	0	1	1	1	1	1	2	2
5.6	2.366	2.369	2.371	2.373	2.375	2.377	2.379	2.381	2.383	2.385	0	0	1	1	1	1	1	2	2
5.7	2.387	2.390	2.392	2.394	2.396	2.398	2.400	2.402	2.404	2.406	0	0	1	1	1	1	1	2	2
5.8	2.408	2.410	2.412	2.415	2.417	2.419	2.421	2.423	2.425	2.427	0	0	1	1	1	1	1	2	2
5.9	2.429	2.431	2.433	2.435	2.437	2.439	2.441	2.443	2.445	2.447	0	0	1	1	1	1	1	2	2
6.0	2.449	2.452	2.454	2.456	2.458	2.460	2.462	2.464	2.466	2.468	0	0	1	1	1	1	1	2	2
6.1	2.470	2.472	2.474	2.476	2.478	2.480	2.482	2.484	2.486	2.488	0	0	1	1	1	1	1	2	2
6.2	2.490	2.492	2.494	2.496	2.498	2.500	2.502	2.504	2.506	2.508	0	0	1	1	1	1	1	2	2
6.3	2.510	2.512	2.514	2.516	2.518	2.520	2.522	2.524	2.526	2.528	0	0	1	1	1	1	1	2	2
6.4	2.530	2.532	2.534	2.536	2.538	2.540	2.542	2.544	2.546	2.548	0	0	1	1	1	1	1	2	2
6.5	2.550	2.551	2.553	2.555	2.557	2.559	2.561	2.563	2.565	2.567	0	0	1	1	1	1	1	2	2
6.6	2.569	2.571	2.573	2.575	2.577	2.579	2.581	2.583	2.585	2.587	0	0	1	1	1	1	1	2	2
6.7	2.588	2.590	2.592	2.594	2.596	2.598	2.600	2.602	2.604	2.606	0	0	1	1	1	1	1	2	2
6.8	2.608	2.610	2.612	2.613	2.615	2.617	2.619	2.621	2.623	2.625	0	0	1	1	1	1	1	2	2
6.9	2.627	2.629	2.631	2.632	2.634	2.636	2.638	2.640	2.642	2.644	0	0	1	1	1	1	1	2	2
7.0	2.646	2.648	2.650	2.651	2.653	2.655	2.657	2.659	2.661	2.663	0	0	1	1	1	1	1	2	2
7.1	2.665	2.666	2.668	2.670	2.672	2.674	2.676	2.678	2.680	2.681	0	0	1	1	1	1	1	1	2
7.2	2.683	2.685	2.687	2.689	2.691	2.693	2.694	2.696	2.698	2.700	0	0	1	1	1	1	1	1	2
7.3	2.702	2.704	2.706	2.707	2.709	2.711	2.713	2.715	2.717	2.718	0	0	1	1	1	1	1	1	2
7.4	2.720	2.722	2.724	2.726	2.728	2.729	2.731	2.733	2.735	2.737	0	0	1	1	1	1	1	1	2
7.5	2.739	2.740	2.742	2.744	2.746	2.748	2.750	2.751	2.753	2.755	0	0	1	1	1	1	1	1	2
7.6	2.757	2.759	2.760	2.762	2.764	2.766	2.768	2.769	2.771	2.773	0	0	1	1	1	1	1	1	2
7.7	2.775	2.777	2.778	2.780	2.782	2.784	2.786	2.787	2.789	2.791	0	0	1	1	1	1	1	1	2
7.8	2.793	2.795	2.796	2.798	2.800	2.802	2.804	2.805	2.807	2.809	0	0	1	1	1	1	1	1	2
7.9	2.811	2.812	2.814	2.816	2.818	2.820	2.821	2.823	2.825	2.827	0	0	1	1	1	1	1	1	2
8.0	2.828	2.830	2.832	2.834	2.835	2.837	2.839	2.841	2.843	2.844	0	0	1	1	1	1	1	1	2
8.1	2.846	2.848	2.850	2.851	2.853	2.855	2.857	2.858	2.860	2.862	0	0	1	1	1	1	1	1	2
8.2	2.864	2.865	2.867	2.869	2.871	2.872	2.874	2.876	2.877	2.879	0	0	1	1	1	1	1	1	2
8.3	2.881	2.883	2.884	2.886	2.888	2.890	2.891	2.893	2.895	2.897	0	0	1	1	1	1	1	1	2
8.4	2.898	2.900	2.902	2.903	2.905	2.907	2.909	2.910	2.912	2.914	0	0	1	1	1	1	1	1	2
8.5	2.915	2.917	2.919	2.921	2.922	2.924	2.926	2.927	2.929	2.931	0	0	1	1	1	1	1	1	2
8.6	2.933	2.934	2.936	2.938	2.939	2.941	2.943	2.944	2.946	2.948	0	0	1	1	1	1	1	1	2
8.7	2.950	2.951	2.953	2.955	2.956	2.958	2.960	2.961	2.963	2.965	0	0	1	1	1	1	1	1	2
8.8	2.966	2.968	2.970	2.972	2.973	2.975	2.977	2.978	2.980	2.982	0	0	1	1	1	1	1	1	2
8.9	2.983	2.985	2.987	2.988	2.990	2.992	2.993	2.995	2.997	2.998	0	0	1	1	1	1	1	1	2
N	0	1	2	3	4	5	6	7	8	9	1	2	3	4	5	6	7	8	9

附表1(3)　平　方　根　表

N	0	1	2	3	4	5	6	7	8	9	1	2	3	4	5	6	7	8	9
9.0	3.000	3.002	3.003	3.005	3.007	3.008	3.010	3.012	3.013	3.015	0	0	0	1	1	1	1	1	1
9.1	3.017	3.018	3.020	3.022	3.023	3.025	3.027	3.028	3.030	3.032	0	0	0	1	1	1	1	1	1
9.2	3.033	3.035	3.036	3.038	3.040	3.041	3.043	3.045	3.046	3.048	0	0	0	1	1	1	1	1	1
9.3	3.050	3.051	3.053	3.055	3.056	3.058	3.059	3.061	3.063	3.064	0	0	0	1	1	1	1	1	1
9.4	3.066	3.068	3.069	3.071	3.072	3.074	3.076	3.077	3.079	3.081	0	0	0	1	1	1	1	1	1
9.5	3.082	3.084	3.085	3.087	3.089	3.090	3.092	3.094	3.095	3.097	0	0	0	1	1	1	1	1	1
9.6	3.098	3.100	3.102	3.103	3.105	3.106	3.108	3.110	3.111	3.113	0	0	0	1	1	1	1	1	1
9.7	3.114	3.116	3.118	3.119	3.121	3.122	3.124	3.126	3.127	3.129	0	0	0	1	1	1	1	1	1
9.8	3.130	3.132	3.134	3.135	3.137	3.138	3.140	3.142	3.143	3.145	0	0	0	1	1	1	1	1	1
9.9	3.146	3.148	3.150	3.151	3.153	3.154	3.156	3.158	3.159	3.161	0	0	0	1	1	1	1	1	1
10.	3.162	3.178	3.194	3.209	3.225	3.240	3.256	3.271	3.286	3.302	1	3	5	6	8	9	11	12	14
11.	3.317	3.332	3.347	3.362	3.376	3.391	3.406	3.421	3.435	3.450	1	3	4	6	7	9	10	12	13
12.	3.464	3.479	3.493	3.507	3.521	3.536	3.550	3.564	3.578	3.592	1	3	4	6	7	8	10	11	13
13.	3.606	3.619	3.633	3.647	3.661	3.674	3.688	3.701	3.715	3.728	1	3	4	5	7	8	10	11	12
14.	3.742	3.755	3.768	3.782	3.795	3.808	3.821	3.834	3.847	3.860	1	3	4	5	7	8	9	11	12
15.	3.873	3.886	3.899	3.912	3.924	3.937	3.950	3.962	3.975	3.987	1	3	4	5	6	8	9	10	11
16.	4.000	4.012	4.025	4.037	4.050	4.062	4.074	4.087	4.099	4.111	1	2	4	5	6	7	9	10	11
17.	4.123	4.135	4.147	4.159	4.171	4.183	4.195	4.207	4.219	4.231	1	2	4	5	6	7	8	10	11
18.	4.243	4.254	4.266	4.278	4.290	4.301	4.313	4.324	4.336	4.347	1	2	3	5	6	7	8	9	10
19.	4.359	4.370	4.382	4.393	4.405	4.416	4.427	4.438	4.450	4.461	1	2	3	5	6	7	8	9	10
20.	4.472	4.483	4.494	4.506	4.517	4.528	4.539	4.550	4.561	4.572	1	2	3	4	6	7	8	9	10
21.	4.583	4.593	4.604	4.615	4.626	4.637	4.648	4.658	4.669	4.680	1	2	3	4	5	6	8	9	10
22.	4.690	4.701	4.712	4.722	4.733	4.743	4.754	4.764	4.775	4.785	1	2	3	4	5	6	7	8	9
23.	4.796	4.806	4.817	4.827	4.837	4.848	4.858	4.868	4.879	4.889	1	2	3	4	5	6	7	8	9
24.	4.899	4.909	4.919	4.930	4.940	4.950	4.960	4.970	4.980	4.990	1	2	3	4	5	6	7	8	9
25.	5.000	5.010	5.020	5.030	5.040	5.050	5.060	5.070	5.079	5.089	1	2	3	4	5	6	7	8	9
26.	5.099	5.109	5.119	5.128	5.138	5.148	5.158	5.167	5.177	5.187	1	2	3	4	5	6	7	8	9
27.	5.196	5.206	5.215	5.225	5.235	5.244	5.254	5.263	5.273	5.282	1	2	3	4	5	6	7	8	9
28.	5.292	5.301	5.310	5.320	5.329	5.339	5.348	5.357	5.367	5.376	1	2	3	4	5	6	7	7	8
29.	5.385	5.394	5.404	5.413	5.422	5.431	5.441	5.450	5.459	5.468	1	2	3	4	5	5	6	7	8
30.	5.477	5.486	5.495	5.505	5.514	5.523	5.532	5.541	5.550	5.559	1	2	3	4	5	5	6	7	8
31.	5.568	5.577	5.586	5.595	5.604	5.612	5.621	5.630	5.639	5.648	1	2	3	4	4	5	6	7	8
32.	5.657	5.666	5.675	5.683	5.692	5.701	5.710	5.718	5.727	5.736	1	2	3	3	4	5	6	7	8
33.	5.745	5.753	5.762	5.771	5.779	5.788	5.797	5.805	5.814	5.822	1	2	3	3	4	5	6	7	8
34.	5.831	5.840	5.848	5.857	5.865	5.874	5.882	5.891	5.899	5.908	1	2	3	3	4	5	6	7	8
35.	5.916	5.925	5.933	5.941	5.950	5.958	5.967	5.975	5.983	5.992	1	2	2	3	4	5	6	7	8
36.	6.000	6.008	6.017	6.025	6.033	6.042	6.050	6.058	6.066	6.075	1	2	2	3	4	5	6	7	7
37.	6.083	6.091	6.099	6.107	6.116	6.124	6.132	6.140	6.148	6.156	1	2	2	3	4	5	6	7	7
38.	6.164	6.173	6.181	6.189	6.197	6.205	6.213	6.221	6.229	6.237	1	2	2	3	4	5	6	6	7
39.	6.245	6.253	6.261	6.269	6.277	6.285	6.293	6.301	6.309	6.317	1	2	2	3	4	5	6	6	7
N	0	1	2	3	4	5	6	7	8	9	1	2	3	4	5	6	7	8	9

附表1(4)　平　方　根　表

N	0	1	2	3	4	5	6	7	8	9	1	2	3	4	5	6	7	8	9
40.	6.325	6.332	6.340	6.348	6.356	6.364	6.372	6.380	6.387	6.395	1	2	2	3	4	5	6	6	7
41.	6.403	6.411	6.419	6.427	6.434	6.442	6.450	6.458	6.465	6.473	1	2	2	3	4	5	5	6	7
42.	6.481	6.488	6.496	6.504	6.512	6.519	6.527	6.535	6.542	6.550	1	2	2	3	4	5	5	6	7
43.	6.557	6.565	6.573	6.580	6.588	6.595	6.603	6.611	6.618	6.626	1	2	2	3	4	5	5	6	7
44.	6.633	6.641	6.648	6.656	6.663	6.671	6.678	6.686	6.693	6.701	1	2	2	3	4	5	5	6	7
45.	6.708	6.716	6.723	6.731	6.738	6.745	6.753	6.760	6.768	6.775	1	1	2	3	4	4	5	6	7
46.	6.782	6.790	6.797	6.804	6.812	6.819	6.826	6.834	6.841	6.848	1	1	2	3	4	4	5	6	7
47.	6.856	6.863	6.870	6.877	6.885	6.892	6.899	6.907	6.914	6.921	1	1	2	3	4	4	5	6	7
48.	6.928	6.935	6.943	6.950	6.957	6.964	6.971	6.979	6.986	6.993	1	1	2	3	4	4	5	6	6
49.	7.000	7.007	7.014	7.021	7.029	7.036	7.043	7.050	7.057	7.064	1	1	2	3	4	4	5	6	6
50.	7.071	7.078	7.085	7.092	7.099	7.106	7.113	7.120	7.127	7.134	1	1	2	3	4	4	5	6	6
51.	7.141	7.148	7.155	7.162	7.169	7.176	7.183	7.190	7.197	7.204	1	1	2	3	3	4	5	6	6
52.	7.211	7.218	7.225	7.232	7.239	7.246	7.253	7.259	7.266	7.273	1	1	2	3	3	4	5	6	6
53.	7.280	7.287	7.294	7.301	7.308	7.314	7.321	7.328	7.335	7.342	1	1	2	3	3	4	5	5	6
54.	7.348	7.355	7.362	7.369	7.376	7.382	7.389	7.396	7.403	7.409	1	1	2	3	3	4	5	5	6
55.	7.416	7.423	7.430	7.436	7.443	7.450	7.457	7.463	7.470	7.477	1	1	2	3	3	4	5	5	6
56.	7.483	7.490	7.497	7.503	7.510	7.517	7.523	7.530	7.537	7.543	1	1	2	3	3	4	5	5	6
57.	7.550	7.556	7.563	7.570	7.576	7.583	7.589	7.596	7.603	7.609	1	1	2	3	3	4	5	5	6
58.	7.616	7.622	7.629	7.635	7.642	7.649	7.655	7.662	7.668	7.675	1	1	2	3	3	4	5	5	6
59.	7.681	7.688	7.694	7.701	7.707	7.714	7.720	7.727	7.733	7.740	1	1	2	3	3	4	5	6	
60.	7.746	7.752	7.759	7.765	7.772	7.778	7.785	7.791	7.797	7.804	1	1	2	3	3	4	4	5	6
61.	7.810	7.817	7.823	7.829	7.836	7.842	7.849	7.855	7.861	7.868	1	1	2	3	3	4	4	5	6
62.	7.874	7.880	7.887	7.893	7.899	7.906	7.912	7.918	7.925	7.931	1	1	2	3	3	4	4	5	6
63.	7.937	7.944	7.950	7.956	7.962	7.969	7.975	7.981	7.987	7.994	1	1	2	3	3	4	4	5	6
64.	8.000	8.006	8.012	8.019	8.025	8.031	8.037	8.044	8.050	8.056	1	1	2	2	3	4	4	5	6
65.	8.062	8.068	8.075	8.081	8.087	8.093	8.099	8.106	8.112	8.118	1	1	2	2	3	4	4	5	6
66.	8.124	8.130	8.136	8.142	8.149	8.155	8.161	8.167	8.173	8.179	1	1	2	2	3	4	4	5	5
67.	8.185	8.191	8.198	8.204	8.210	8.216	8.222	8.228	8.234	8.240	1	1	2	2	3	4	4	5	5
68.	8.246	8.252	8.258	8.264	8.270	8.276	8.283	8.289	8.295	8.301	1	1	2	2	3	4	4	5	5
69.	8.307	8.313	8.319	8.325	8.331	8.337	8.343	8.349	8.355	8.361	1	1	2	2	3	4	4	5	5
70.	8.367	8.373	8.379	8.385	8.390	8.396	8.402	8.408	8.414	8.420	1	1	2	2	3	4	4	5	5
71.	8.426	8.432	8.438	8.444	8.450	8.456	8.462	8.468	8.473	8.479	1	1	2	2	3	4	4	5	5
72.	8.485	8.491	8.497	8.503	8.509	8.515	8.521	8.526	8.532	8.538	1	1	2	2	3	3	4	5	5
73.	8.544	8.550	8.556	8.562	8.567	8.573	8.579	8.585	8.591	8.597	1	1	2	2	3	4	4	5	5
74.	8.602	8.608	8.614	8.620	8.626	8.631	8.637	8.643	8.649	8.654	1	1	2	2	3	3	4	5	5
75.	8.660	8.666	8.672	8.678	8.683	8.689	8.695	8.701	8.706	8.712	1	1	2	2	3	3	4	5	5
76.	8.718	8.724	8.729	8.735	8.741	8.746	8.752	8.758	8.764	8.769	1	1	2	2	3	3	4	5	5
77.	8.775	8.781	8.786	8.792	8.798	8.803	8.809	8.815	8.820	8.826	1	1	2	2	3	3	4	4	5
78.	8.832	8.837	8.843	8.849	8.854	8.860	8.866	8.871	8.877	8.883	1	1	2	2	3	3	4	4	5
79.	8.888	8.894	8.899	8.905	8.911	8.916	8.922	8.927	8.933	8.939	1	1	2	2	3	3	4	4	5
N	0	1	2	3	4	5	6	7	8	9	1	2	3	4	5	6	7	8	9

附表 1(5) 平 方 根 表

N	0	1	2	3	4	5	6	7	8	9	1	2	3	4	5	6	7	8	9
80.	8.944	8.950	8.955	8.961	8.967	8.972	8.978	8.983	8.989	8.994	1	1	2	2	3	3	4	4	5
81.	9.000	9.006	9.011	9.017	9.022	9.028	9.033	9.039	9.044	9.050	1	1	2	2	3	3	4	4	5
82.	9.055	9.061	9.066	9.072	9.077	9.083	9.088	9.094	9.099	9.105	1	1	2	2	3	3	4	4	5
83.	9.110	9.116	9.121	9.127	9.132	9.138	9.143	9.149	9.154	9.160	1	1	2	2	3	3	4	4	5
84.	9.165	9.171	9.176	9.182	9.187	9.192	9.198	9.203	9.209	9.214	1	1	2	2	3	3	4	4	5
85.	9.220	9.225	9.230	9.236	9.241	9.247	9.252	9.257	9.263	9.268	1	1	2	2	3	3	4	4	5
86.	9.274	9.279	9.284	9.290	9.295	9.301	9.306	9.311	9.317	9.322	1	1	2	2	3	3	4	4	5
87.	9.327	9.333	9.338	9.343	9.349	9.354	9.359	9.365	9.370	9.375	1	1	2	2	3	3	4	4	5
88.	9.381	9.386	9.391	9.397	9.402	9.407	9.413	9.418	9.423	9.429	1	1	2	2	3	3	4	4	5
89.	9.434	9.439	9.445	9.450	9.455	9.460	9.466	9.471	9.476	9.482	1	1	2	2	3	3	4	4	5
90.	9.487	9.492	9.497	9.503	9.508	9.513	9.518	9.524	5.529	9.534	1	1	2	2	3	3	4	4	5
91.	9.539	9.545	9.550	9.555	9.560	9.566	9.571	9.576	9.581	9.586	1	1	2	2	3	3	4	4	5
92.	9.592	9.597	9.602	9.607	9.612	9.618	9.623	9.628	9.633	9.638	1	1	2	2	3	3	4	4	5
93.	9.644	9.649	9.654	9.659	9.664	9.670	9.675	9.680	9.685	9.690	1	1	2	2	3	3	4	4	5
94.	9.695	9.701	9.706	9.711	9.716	9.721	9.726	9.731	9.737	9.742	1	1	2	2	3	3	4	4	5
95.	9.747	9.752	9.757	9.762	9.767	9.772	9.778	9.783	9.788	9.793	1	1	2	2	3	3	4	4	5
96.	9.798	9.803	9.808	9.813	9.818	9.823	9.829	9.834	9.839	9.844	1	1	2	2	3	3	4	4	5
97.	9.849	9.854	9.859	9.864	9.869	9.874	9.879	9.884	9.889	9.894	1	1	2	2	3	3	4	4	5
98.	9.899	9.905	9.910	9.915	9.920	9.925	9.930	9.935	9.940	9.945	0	1	1	2	2	3	3	4	4
99.	9.950	9.955	9.960	9.965	9.970	9.975	9.980	9.985	9.990	9.995	0	1	1	2	2	3	3	4	4
N	0	1	2	3	4	5	6	7	8	9	1	2	3	4	5	6	7	8	9

说明：

1. 由《平方根表》能查出任意一个四位数的平方根。

2. 大于 1 小于 100 的三位数的平方根可以在表上直接查得。如

$$\sqrt{8.17} = 2.858; \quad \sqrt{84.1} = 9.171.$$

3. 查四位数的平方根,需要用到修正值。如

$$\sqrt{8.176} = 2.858 + 0.001 = 2.859; \quad \sqrt{84.18} = 9.171 + 0.004 = 9.175.$$

4. 小于 1 或大于 100 的数的平方根在表上不能直接查得,要先移动被开方数的小数点,使它成为表内可以查到的数,移动小数点时必须两位两位地移。如

被开方数 827.3,先要移成 8.273;

被开方数 8 273,先要移成 82.73;

被开方数 0.005 627,先要移成 56.27;

被开方数 0.065 43,先要移成 6.543。

5. 查表前被开方数的小数点每移两位,查得的平方根的小数点要向相反方向移一位。如

$$\sqrt{8'27.3} = 28.77。（因为 \quad \sqrt{8.273} = 2.877）$$

$$\sqrt{0.00'56'27} = 0.075\,02。（因为 \quad \sqrt{56.27} = 7.502）$$

附表 2(1)　正态曲线的面积(P)与纵线(Y)

Z	Y	P	Z	Y	P	Z	Y	P
.00	.398 94	.000 00	.30	.381 39	.117 91	.60	.333 22	.225 75
.01	.398 92	.003 99	.31	.380 23	.121 72	.61	.331 21	.229 07
.02	.398 86	.007 98	.32	.379 03	.125 52	.62	.329 18	.232 37
.03	.398 76	.011 97	.33	.377 80	.129 30	.63	.327 13	.235 65
.04	.398 62	.015 95	.34	.376 54	.133 07	.64	.325 06	.238 91
.05	.398 44	.019 94	.35	.375 24	.136 83	.65	.322 97	.242 15
.06	.398 22	.023 92	.36	.373 91	.140 58	.66	.320 86	.245 37
.07	.397 97	.027 90	.37	.372 55	.144 31	.67	.318 74	.248 57
.08	.397 67	.031 88	.38	.371 15	.148 03	.68	.316 59	.251 75
.09	.397 33	.035 86	.39	.369 73	.151 73	.69	.314 43	.254 90
.10	.396 95	.039 83	.40	.368 27	.155 42	.70	.312 25	.258 04
.11	.396 54	.043 80	.41	.366 78	.159 10	.71	.310 06	.261 15
.12	.396 08	.047 76	.42	.365 26	.162 76	.72	.307 85	.264 24
.13	.395 59	.051 72	.43	.363 71	.166 40	.73	.305 63	.267 30
.14	.395 05	.055 67	.44	.362 13	.170 03	.74	.303 39	.270 35
.15	.394 48	.059 62	.45	.360 53	.173 64	.75	.301 14	.273 37
.16	.393 87	.063 56	.46	.358 89	.177 24	.76	.298 87	.276 37
.17	.393 22	.067 49	.47	.357 23	.180 82	.77	.296 59	.279 35
.18	.392 53	.071 42	.48	.355 53	.184 39	.78	.294 31	.282 30
.19	.391 81	.075 35	.49	.353 81	.187 93	.79	.292 00	.285 24
.20	.391 04	.079 26	.50	.352 07	.191 46	.80	.289 69	.288 14
.21	.390 24	.083 17	.51	.350 29	.194 97	.81	.287 37	.291 03
.22	.389 40	.087 06	.52	.348 49	.198 47	.82	.285 04	.293 89
.23	.388 53	.090 95	.53	.346 67	.201 94	.83	.282 69	.296 73
.24	.387 62	.094 83	.54	.344 82	.205 40	.84	.280 34	.299 55
.25	.388 67	.098 71	.55	.342 94	.208 84	.85	.277 98	.302 34
.26	.385 68	.102 57	.56	.341 05	.212 26	.86	.275 62	.305 11
.27	.384 66	.106 42	.57	.339 12	.215 66	.87	.273 24	.307 85
.28	.383 61	.110 26	.58	.337 18	.219 04	.88	.270 86	.310 57
.29	.382 51	.114 09	.59	.335 21	.222 40	.89	.288 48	.313 27

附表 2(2)　正态曲线的面积(P)与纵线(Y)

Z	Y	P	Z	Y	P	Z	Y	P
.90	.266 09	.315 94	1.20	.194 19	.384 93	1.50	.129 52	.433 19
.91	.263 69	.318 59	1.21	.191 86	.386 86	1.51	.127 58	.434 48
.92	.261 29	.321 21	1.22	.189 54	.388 77	1.52	.125 66	.435 74
.93	.258 88	.323 81	1.23	.187 24	.390 65	1.53	.123 76	.436 99
.94	.256 47	.326 39	1.24	.184 94	.392 51	1.54	.121 88	.438 22
.95	.254 06	.328 94	1.25	.182 65	.394 35	1.55	.120 01	.439 43
.96	.251 64	.331 47	1.26	.180 37	.396 17	1.56	.118 16	.440 62
.97	.249 23	.333 98	1.27	.178 10	.397 96	1.57	.116 32	.441 79
.98	.246 81	.336 46	1.28	.175 85	.399 73	1.58	.114 50	.442 95
.99	.244 39	.338 91	1.29	.173 60	.401 47	1.59	.112 70	.444 08
1.00	.241 97	.341 34	1.30	.171 37	.403 20	1.60	.110 92	.445 20
1.01	.239 55	.343 75	1.31	.169 15	.404 90	1.61	.109 15	.446 30
1.02	.237 13	.346 14	1.32	.166 94	.406 58	1.62	.107 41	.447 38
1.03	.234 71	.348 50	1.33	.164 74	.408 24	1.63	.105 67	.448 45
1.04	.232 30	.350 83	1.34	.162 56	.409 88	1.64	.103 96	.449 50
1.05	.229 88	.353 14	1.35	.160 38	.411 49	1.65	.102 26	.450 53
1.06	.227 47	.355 43	1.36	.158 22	.413 09	1.66	.100 59	.451 54
1.07	.225 06	.357 69	1.37	.156 08	.414 66	1.67	.098 93	.452 54
1.08	.222 65	.359 93	1.38	.153 95	.416 21	1.68	.097 28	.453 52
1.09	.220 25	.362 14	1.39	.151 83	.417 74	1.69	.095 66	.454 49
1.10	.217 85	.364 33	1.40	.149 73	.419 24	1.70	.094 05	.455 43
1.11	.215 46	.366 50	1.41	.147 64	.420 73	1.71	.092 46	.456 37
1.12	.213 07	.368 64	1.42	.145 56	.422 20	1.72	.090 89	.457 28
1.13	.210 69	.370 76	1.43	.143 50	.423 64	1.73	.089 33	.458 18
1.14	.208 31	.372 86	1.44	.141 46	.425 07	1.74	.087 80	.459 07
1.15	.205 94	.374 93	1.45	.139 43	.426 47	1.75	.086 28	.459 94
1.16	.203 57	.376 98	1.46	.137 42	.427 86	1.76	.084 78	.460 80
1.17	.201 21	.379 00	1.47	.135 42	.429 22	1.77	.083 29	.461 64
1.18	.198 86	.381 00	1.48	.133 44	.430 56	1.78	.081 83	.462 46
1.19	.196 52	.382 98	1.49	.131 47	.431 89	1.79	.080 38	.463 27

316

Z	Y	P	Z	Y	P	Z	Y	P
1.80	.078 95	.464 07	2.10	.043 98	.482 14	2.40	.022 39	.491 80
1.81	.077 54	.464 85	2.11	.043 07	.482 57	2.41	.021 86	.492 02
1.82	.076 14	.465 62	2.12	.042 17	.483 00	2.42	.021 34	.492 24
1.83	.074 77	.466 38	2.13	.041 28	.483 41	2.43	.020 83	.492 45
1.84	.073 41	.467 12	2.14	.040 41	.483 82	2.44	.020 33	.492 66
1.85	.072 06	.467 84	2.15	.039 55	.484 22	2.45	.019 84	.492 86
1.86	.070 74	.468 56	2.16	.038 71	.484 61	2.46	.019 36	.493 05
1.87	.069 43	.469 26	2.17	.037 88	.485 00	2.47	.018 89	.493 24
1.88	.068 14	.469 95	2.18	.037 06	.485 37	2.48	.018 42	.493 43
1.89	.066 87	.470 62	2.19	.036 26	.485 74	2.49	.017 97	.493 61
1.90	.065 62	.471 28	2.20	.035 47	.486 10	2.50	.017 53	.493 79
1.91	.064 39	.471 93	2.21	.034 70	.486 45	2.51	.017 09	.493 96
1.92	.063 16	.472 57	2.22	.033 94	.486 79	2.52	.016 67	.494 13
1.93	.061 95	.473 20	2.23	.033 19	.487 13	2.53	.016 25	.494 30
1.94	.060 77	.473 81	2.24	.032 46	.487 45	2.54	.015 85	.494 46
1.95	.059 59	.474 41	2.25	.031 74	.487 78	2.55	.015 45	.494 61
1.96	.058 44	.475 00	2.26	.031 03	.488 09	2.56	.015 06	.494 77
1.97	.057 30	.475 58	2.27	.030 34	.488 40	2.57	.014 68	.494 92
1.98	.056 18	.476 15	2.28	.029 65	.488 70	2.58	.014 31	.495 06
1.99	.055 08	.476 70	2.29	.028 98	.488 99	2.59	.013 94	.495 20
2.00	.053 99	.477 25	2.30	.028 33	.489 28	2.60	.013 58	.495 34
2.01	.025 92	.477 78	2.31	.027 68	.489 56	2.61	.013 23	.495 47
2.02	.051 86	.478 31	2.32	.027 05	.489 83	2.62	.012 89	.495 60
2.03	.050 82	.478 82	2.33	.026 43	.490 10	2.63	.012 56	.495 73
2.04	.049 80	.479 32	2.34	.025 82	.490 36	2.64	.012 23	.495 85
2.05	.048 79	.479 82	2.35	.025 22	.490 61	2.65	.011 91	.495 98
2.06	.047 80	.480 30	2.36	.024 63	.490 86	2.66	.011 60	.496 09
2.07	.046 82	.480 77	2.37	.024 06	.491 11	2.67	.011 30	.496 21
2.08	.045 86	.481 24	2.38	.023 49	.491 34	2.68	.011 00	.496 32
2.09	.044 91	.481 69	2.39	.022 94	.491 58	2.69	.010 71	.496 43

附表 2(4)　正态曲线的面积(P)与纵线(Y)

Z	Y	P	Z	Y	P	Z	Y	P
2.70	.010 42	.496 53	3.00	.004 43	.498 65	3.30	.001 72	.499 52
2.71	.010 14	.496 64	3.01	.004 30	.498 69	3.31	.001 67	.499 53
2.72	.009 87	.496 74	3.02	.004 17	.498 74	3.32	.001 61	.499 55
2.73	.009 61	.496 83	3.03	.004 05	.498 78	3.33	.001 56	.499 57
2.74	.009 35	.496 93	3.04	.003 93	.498 82	3.34	.001 51	.499 58
2.75	.009 09	.497 02	3.05	.003 81	.498 86	3.35	.001 46	.499 60
2.76	.008 85	.497 11	3.06	.003 70	.498 89	3.36	.001 41	.499 61
2.77	.008 61	.497 20	3.07	.003 58	.498 93	3.37	.001 36	.499 62
2.78	.008 37	.497 28	3.08	.003 48	.498 97	3.38	.001 32	.499 64
2.79	.008 14	.497 36	3.09	.003 37	.499 00	3.39	.001 27	.499 65
2.80	.007 92	.497 44	3.10	.003 27	.499 03	3.40	.001 23	.499 66
2.81	.007 70	.497 52	3.11	.003 17	.499 06	3.41	.001 19	.499 68
2.82	.007 48	.497 60	3.12	.003 07	.499 10	3.42	.001 15	.499 69
2.83	.007 27	.497 67	3.13	.002 98	.499 13	3.43	.001 11	.499 70
2.84	.007 07	.497 74	3.14	.002 88	.499 16	3.44	.001 07	.499 71
2.85	.006 87	.497 81	3.15	.002 79	.499 18	3.45	.001 04	.499 72
2.86	.006 68	.497 88	3.16	.002 71	.499 21	3.46	.001 00	.499 73
2.87	.006 49	.497 95	3.17	.002 62	.499 24	3.47	.000 97	.499 74
2.88	.006 31	.498 01	3.18	.002 54	.499 26	3.48	.000 94	.499 75
2.89	.006 13	.498 07	3.19	.002 46	.499 29	3.49	.000 90	.499 76
2.90	.005 95	.498 13	3.20	.002 38	.499 31	3.50	.000 87	.499 77
2.91	.005 78	.498 19	3.21	.002 31	.499 34	3.51	.000 84	.499 78
2.92	.005 62	.498 25	3.22	.002 24	.499 36	3.52	.000 81	.499 78
2.93	.005 45	.498 31	3.23	.002 16	.499 38	3.53	.000 79	.499 79
2.94	.005 30	.498 36	3.24	.002 10	.499 40	3.54	.000 76	.499 80
2.95	.005 14	.498 41	3.25	.002 03	.499 42	3.55	.000 73	.499 81
2.96	.004 99	.498 46	3.26	.001 96	.499 44	3.56	.000 71	.499 81
2.97	.004 85	.498 51	3.27	.001 90	.499 46	3.57	.000 68	.499 82
2.98	.004 71	.498 56	3.28	.001 84	.499 48	3.58	.000 66	.499 83
2.99	.004 57	.498 61	3.29	.001 78	.499 50	3.59	.000 63	.499 83

附表 2(5)　正态曲线的面积(P)与纵线(Y)

Z	Y	P	Z	Y	P	Z	Y	P
3.60	.000 61	.499 84	3.75	.000 35	.499 91	3.90	.000 20	.499 95
3.61	.000 59	.499 85	3.76	.000 34	.499 92	3.91	.000 19	.499 95
3.62	.000 57	.499 85	3.77	.000 33	.499 92	3.92	.000 18	.499 96
3.63	.000 55	.499 86	3.78	.000 31	.499 92	3.93	.000 18	.499 96
3.64	.000 53	.499 86	3.79	.000 30	.499 92	3.94	.000 17	.499 96
3.65	.000 51	.499 87	3.80	.000 29	.499 93	3.95	.000 16	.499 96
3.66	.000 49	.499 87	3.81	.000 28	.499 93	3.96	.000 16	.499 96
3.67	.000 47	.499 88	3.82	.000 27	.499 93	3.97	.000 15	.499 96
3.68	.000 46	.499 88	3.83	.000 26	.499 94	3.98	.000 14	.499 97
3.69	.000 44	.499 89	3.84	.000 25	.499 94	3.99	.000 14	.499 97
3.70	.000 42	.499 89	3.85	.000 24	.499 94			
3.71	.000 41	.499 90	3.86	.000 23	.499 94			
3.72	.000 39	.499 90	3.87	.000 22	.499 95			
3.73	.000 38	.499 90	3.88	.000 21	.499 95			
3.74	.000 37	.499 91	3.89	.000 21	.499 95			

附表 3(1)　正弦和余弦表

正　弦

A	0′	6′	12′	18′	24′	30′	36′	42′	48′	54′	60′		1′	2′	3′
											0.000 0	90°			
0°	0.000 0	001 7	003 5	005 2	007 0	008 7	010 5	012 2	014 0	015 7	017 5	89°	3	6	9
1°	017 5	019 2	020 9	022 7	024 4	026 2	027 9	029 7	031 4	033 2	034 9	88°	3	6	9
2°	034 9	036 6	038 4	040 1	041 9	043 6	045 4	047 1	048 8	050 6	052 3	87°	3	6	9
3°	052 3	054 1	055 8	057 6	059 3	061 0	062 8	064 5	066 3	068 0	069 8	86°	3	6	9
4°	069 8	071 5	073 2	075 0	076 7	078 5	080 2	081 9	083 7	085 4	0.087 2	85°	3	6	9
5°	0.087 2	088 9	090 6	092 4	094 1	095 8	097 6	099 3	101 1	102 8	104 5	84°	3	6	9
6°	104 5	106 3	108 0	109 7	111 5	113 2	114 9	116 7	118 4	120 1	121 9	83°	3	6	9
7°	121 9	123 6	125 3	127 1	128 8	130 5	132 3	134 0	135 7	137 4	139 2	82°	3	6	9
8°	139 2	140 9	142 6	144 4	146 1	147 8	149 5	151 3	153 0	154 7	156 4	81°	3	6	9
9°	156 4	158 2	159 9	161 6	163 3	165 0	166 8	168 5	170 2	171 9	0.173 6	80°	3	6	9
10°	0.173 6	175 4	177 1	178 8	180 5	182 2	184 0	185 7	187 4	189 1	190 8	79°	3	6	9
11°	190 8	192 5	194 2	195 9	197 7	199 4	201 1	202 8	204 5	206 2	207 9	78°	3	6	9
12°	207 9	209 6	211 3	213 0	214 7	216 4	218 1	219 8	221 5	223 3	225 0	77°	3	6	9
13°	225 0	226 7	228 4	230 0	231 7	233 4	235 1	236 8	238 5	240 2	241 9	76°	3	6	8
14°	241 9	243 6	245 3	247 0	248 7	250 4	252 1	253 8	255 4	257 1	0.258 8	75°	3	6	8
15°	0.258 8	260 5	262 2	263 9	265 6	267 2	268 9	270 6	272 3	274 0	275 6	74°	3	6	8
16°	275 6	277 3	279 0	280 7	282 3	284 0	285 7	287 4	289 0	290 7	292 4	73°	3	6	8
17°	292 4	294 0	295 7	297 4	299 0	300 7	302 4	304 0	305 7	307 4	309 0	72°	3	6	8
18°	309 0	310 7	312 3	314 0	315 6	317 3	319 0	320 6	322 3	323 9	325 6	71°	3	6	8
19°	325 6	327 2	328 9	330 5	332 2	333 8	335 5	337 1	338 7	340 4	0.342 0	70°	3	5	8
20°	0.342 0	343 7	345 3	346 9	348 6	350 2	351 8	353 5	355 1	356 7	358 4	69°	3	5	8
21°	358 4	360 0	361 6	363 3	364 9	366 5	368 1	369 7	371 4	373 0	374 6	68°	3	5	8
22°	374 6	376 2	377 8	379 5	381 1	382 7	384 3	385 9	387 5	389 1	390 7	67°	3	5	8
23°	390 7	392 3	393 9	395 5	397 1	398 7	400 3	401 9	403 5	405 1	406 7	66°	3	5	8
24°	406 7	408 3	409 9	411 5	413 1	414 7	416 3	417 9	419 5	421 0	0.422 6	65°	3	5	8
25°	0.422 6	424 2	425 8	427 4	428 9	430 5	432 1	433 7	435 2	436 8	438 4	64°	3	5	8
26°	438 4	439 9	441 5	443 1	444 6	446 2	447 8	449 3	450 9	452 4	454 0	63°	3	5	8
27°	454 0	455 5	457 1	458 6	460 2	461 7	463 3	464 8	466 4	467 9	469 5	62°	3	5	8
28°	469 5	471 0	472 6	474 1	475 6	477 2	478 7	480 2	481 8	483 3	484 8	61°	3	5	8
29°	484 8	486 3	487 9	489 4	490 9	492 4	493 9	495 5	497 0	498 5	0.500 0	60°	3	5	8
30°	0.500 0	501 5	503 0	504 5	506 0	507 5	509 0	510 5	512 0	513 5	515 0	59°	3	5	8
31°	515 0	516 5	518 0	519 5	521 0	522 5	524 0	525 5	527 0	528 4	529 9	58°	2	5	7
32°	529 9	531 4	532 9	534 4	535 8	537 3	538 8	540 2	541 7	543 2	544 6	57°	2	5	7
33°	544 6	546 1	547 6	549 0	550 5	551 9	553 4	554 8	556 3	557 7	559 2	56°	2	5	7
34°	559 2	560 6	562 1	563 5	565 0	566 4	567 8	569 3	570 7	572 1	0.573 6	55°	2	5	7
	60′	54′	48′	42′	36′	30′	24′	18′	12′	6′	0′	A	1′	2′	3′

余　弦

正　弦

A	0′	6′	12′	18′	24′	30′	36′	42′	48′	54′	60′		1′	2′	3′
35°	0.573 6	575 0	576 4	577 9	579 3	580 7	582 1	583 5	585 0	586 4	0.587 8	54°	2	5	7
36°	587 8	589 2	590 6	592 0	593 4	594 8	596 2	597 6	599 0	600 4	601 8	53°	2	5	7
37°	601 8	603 2	604 6	606 0	607 4	608 8	610 1	611 5	612 9	614 3	615 7	52°	2	5	7
38°	615 7	617 0	618 4	619 8	621 1	622 5	623 9	625 2	626 6	628 0	629 3	51°	2	5	7
39°	629 3	630 7	632 0	633 4	634 7	636 1	637 4	638 8	640 1	641 4	0.642 8	50°	2	4	7
40°	0.642 8	644 1	645 5	646 8	648 1	649 4	650 8	652 1	653 4	654 7	656 1	49°	2	4	7
41°	656 1	657 4	658 7	660 0	661 3	662 6	663 9	665 2	666 5	667 8	669 1	48°	2	4	7
42°	669 1	670 4	671 7	673 0	674 3	675 6	676 9	678 2	679 4	680 7	682 0	47°	2	4	6
43°	682 0	683 3	684 5	685 8	687 1	688 4	689 6	690 9	692 1	693 4	694 7	46°	2	4	6
44°	694 7	695 9	697 2	698 4	699 7	700 9	702 2	703 4	704 6	705 9	0.707 1	45°	2	4	6
45°	0.707 1	708 3	709 6	710 8	712 0	713 3	714 5	715 7	716 9	718 1	719 3	44°	2	4	6
46°	719 3	720 6	721 8	723 0	724 2	725 4	726 6	727 8	729 0	730 2	731 4	43°	2	4	6
47°	731 4	732 5	733 7	734 9	736 1	737 3	738 5	739 6	740 8	742 0	743 1	42°	2	4	6
48°	743 1	744 3	745 5	746 6	747 8	749 0	750 1	751 3	752 4	753 6	754 7	41°	2	4	6
49°	754 7	755 9	757 0	758 1	759 3	760 4	761 5	762 7	763 8	764 9	0.766 0	40°	2	4	6
50°	0.766 0	767 2	768 3	769 4	770 5	771 6	772 7	773 8	774 9	776 0	777 1	39°	2	4	6
51°	777 1	778 2	779 3	780 4	781 5	782 6	783 7	784 8	785 9	786 9	788 0	38°	2	4	5
52°	788 0	789 1	790 2	791 2	792 3	793 4	794 4	795 5	796 5	797 6	798 6	37°	2	4	5
53°	798 6	799 7	800 7	801 8	802 8	803 9	804 9	805 9	807 0	808 0	809 0	36°	2	3	5
54°	809 0	810 0	811 1	812 1	813 1	814 1	815 1	816 1	817 1	818 1	0.819 2	35°	2	3	5
55°	0.819 2	820 2	821 1	822 1	823 1	824 1	825 1	826 1	827 1	828 1	829 0	34°	2	3	5
56°	829 0	830 0	831 0	832 0	832 9	833 9	834 8	835 8	836 8	837 7	838 7	33°	2	3	5
57°	838 7	839 6	840 6	841 5	842 5	843 4	844 3	845 3	846 2	847 1	848 0	32°	2	3	5
58°	848 0	849 0	849 9	850 8	851 7	852 6	853 6	854 5	855 4	856 3	857 2	31°	2	3	5
59°	857 2	858 1	859 0	859 9	860 7	861 6	862 5	863 4	864 3	865 2	0.866 0	30°	1	3	4
60°	0.866 0	866 9	867 8	868 6	869 5	870 4	871 2	872 1	872 9	873 8	874 6	29°	1	3	4
61°	874 6	875 5	876 3	877 1	878 0	878 8	879 6	880 5	881 3	882 1	882 9	28°	1	3	4
62°	882 9	883 8	884 6	885 4	886 2	887 0	887 8	888 6	889 4	890 2	891 0	27°	1	3	4
63°	891 0	891 8	892 6	893 4	894 2	894 9	895 7	896 5	897 3	898 0	898 8	26°	1	3	4
64°	898 8	899 6	900 3	901 1	901 8	902 6	903 3	904 1	904 8	905 6	0.906 3	25°	1	3	4
65°	0.906 3	907 0	907 8	908 5	909 2	910 0	910 7	911 4	912 1	912 8	913 5	24°	1	2	4
66°	913 5	914 3	915 0	915 7	916 4	917 1	917 8	918 4	919 1	919 8	920 5	23°	1	2	3
67°	920 5	921 2	921 9	922 5	923 2	923 9	924 5	925 2	925 9	926 5	927 2	22°	1	2	3
68°	927 2	927 8	928 5	929 1	929 8	930 4	931 1	931 7	932 3	933 0	933 6	21°	1	2	3
69°	933 6	934 2	934·8	935 4	936 1	936 7	937 3	937 9	938 5	939 1	0.939 7	20°	1	2	3
	60′	54′	48′	42′	36′	30′	24′	18′	12′	6′	0′	A	1′	2′	3′

余　弦

附表 3(3)　正弦和余弦表

正　弦

A	0′	6′	12′	18′	24′	30′	36′	42′	48′	54′	60′		1′	2′	3′
70°	0.939 7	940 3	940 9	941 5	942 1	942 6	943 2	943 8	944 4	944 9	0.945 5	19°	1	2	3
71°	945 5	946 1	946 6	947 2	947 8	948 3	948 9	949 4	950 0	950 5	951 1	18°	1	2	3
72°	951 1	951 6	952 1	952 7	953 2	953 7	954 2	954 8	955 3	955 8	956 3	17°	1	2	3
73°	956 3	956 8	957 3	957 8	958 3	958 8	959 3	959 8	960 3	960 8	961 3	16°	1	2	2
74°	961 3	961 7	962 2	962 7	963 2	963 6	964 1	964 6	965 0	965 5	0.965 9	15°	1	2	2
75°	0.965 9	966 4	966 8	967 3	967 7	968 1	968 6	969 0	969 4	969 9	970 3	14°	1	1	2
76°	970 3	970 7	971 1	971 5	972 0	972 4	972 8	973 2	973 6	974 0	974 4	13°	1	1	2
77°	974 4	974 8	975 1	975 5	975 9	976 3	976 7	977 0	977 4	977 8	978 1	12°	1	1	2
78°	978 1	978 5	978 9	979 2	979 6	979 9	980 3	980 6	981 0	981 3	981 6	11°	1	1	2
79°	981 6	982 0	982.3	982 6	982 9	983 3	983 6	983 9	984 2	984 5	0.984 8	10°	1	1	2
80°	0.984 8	985 1	985 4	985 7	986 0	986 3	986 6	986 9	987 1	987 4	987 7	9°	0	1	1
81°	987 7	988 0	988 2	988 5	988 8	989 0	989 3	989 5	989 8	990 0	990 3	8°	0	1	1
82°	990 3	990 5	990 7	991 0	991 2	991 4	991 7	991 9	992 1	992 3	992 5	7°	0	1	1
83°	992 5	992 8	993 0	993 2	993 4	993 6	993 8	994 0	994 2	994 3	994 5	6°	0	1	1
84°	994 5	994 7	994 9	995 1	995 2	995 4	995 6	995 7	995 9	996 0	0.996 2	5°	0	1	1
85°	0.996 2	996 3	996 5	996 6	996 8	996 9	997 1	997 2	997 3	997 4	997 6	4°	0	0	1
86°	997 6	997 7	997 8	997 9	998 0	998 1	998 2	998 3	998 4	998 5	998 6	3°	0	0	0
87°	998 6	998 7	998 8	998 9	999 0	999 0	999 1	999 2	999 3	999 3	999 4	2°	0	0	0
88°	999 4	999 5	999 5	999 6	999 6	999 7	999 7	999 7	999 8	999 8	0.999 8	1°	0	0	0
89°	999 8	999 9	999 9	999 9	999 9	000 0	000 0	000 0	000 0	000 0	1.000 0	0°	0	0	0
90°	1.000 0														
	60′	54′	48′	42′	36′	30′	24′	18′	12′	6′	0′	A	1′	2′	3′

余　弦

附表 4(1)　　t 值 表

df	P(2): 0.50 P(1): 0.25	0.20 0.10	0.10 0.05	0.05 0.025	0.02 0.01	0.01 0.005	0.005 0.0025	0.002 0.001	0.001 0.0005
1	1.000	3.078	6.314	12.706	31.821	63.657	127.321	318.300	636.619
2	0.816	1.886	2.920	4.303	6.965	9.925	14.089	22.327	31.599
3	0.765	1.638	2.353	3.182	4.541	5.841	7.453	10.215	12.924
4	0.741	1.533	2.132	2.776	3.747	4.604	5.598	7.173	8.610
5	0.727	1.476	2.015	2.571	3.365	4.032	4.773	5.893	6.869
6	0.718	1.440	1.943	2.447	3.143	3.707	4.317	5.208	5.959
7	0.711	1.415	1.895	2.365	2.998	3.499	4.029	4.785	5.408
8	0.706	1.397	1.860	2.306	2.896	3.355	3.833	4.501	5.041
9	0.703	1.383	1.833	2.262	2.821	3.250	3.690	4.297	4.781
10	0.700	1.372	1.812	2.228	2.764	3.169	3.581	4.144	4.587
11	0.697	1.363	1.796	2.201	2.718	3.106	3.497	4.025	4.437
12	0.695	1.356	1.782	2.179	2.681	3.055	3.428	3.930	4.318
13	0.694	1.350	1.771	2.160	2.650	3.012	3.372	3.852	4.221
14	0.692	1.345	1.761	2.145	2.624	2.977	3.326	3.787	4.140
15	0.691	1.341	1.753	2.131	2.602	2.947	3.286	3.733	4.073
16	0.690	1.337	1.746	2.120	2.583	2.921	3.252	3.686	4.015
17	0.689	1.333	1.740	2.110	2.567	2.898	3.222	3.646	3.965
18	0.688	1.330	1.734	2.101	2.552	2.878	3.197	3.610	3.922
19	0.688	1.328	1.729	2.093	2.539	2.861	3.174	3.579	3.883
20	0.687	1.325	1.725	2.086	2.528	2.845	3.153	3.552	3.850

附表 4(2) t 值 表

df									
21	0.686	1.323	1.721	2.080	2.518	2.831	3.135	3.527	3.819
22	0.686	1.321	1.717	2.074	2.508	2.819	3.119	3.505	3.792
23	0.685	1.319	1.714	2.069	2.500	2.807	3.104	3.485	3.768
24	0.685	1.318	1.711	2.064	2.492	2.797	3.091	3.467	3.745
25	0.684	1.316	1.708	2.060	2.485	2.787	3.078	3.450	3.725
26	0.684	1.315	1.706	2.056	2.479	2.779	3.067	3.435	3.707
27	0.684	1.314	1.703	2.052	2.473	2.771	3.057	3.421	3.690
28	0.683	1.313	1.701	2.048	2.467	2.763	3.047	3.408	3.674
29	0.683	1.311	1.699	2.045	2.462	2.756	3.038	3.396	3.659
30	0.683	1.310	1.697	2.042	2.457	2.750	3.030	3.385	3.646
31	0.682	1.309	1.696	2.040	2.453	2.744	3.022	3.375	3.633
32	0.682	1.309	1.694	2.037	2.449	2.738	3.015	3.365	3.622
33	0.682	1.308	1.692	2.035	2.445	2.733	3.008	3.356	3.611
34	0.682	1.307	1.691	2.032	2.441	2.728	3.002	3.348	3.601
35	0.682	1.306	1.690	2.030	2.438	2.724	2.996	3.340	3.591
36	0.681	1.306	1.688	2.028	2.434	2.719	2.990	3.333	3.582
37	0.681	1.305	1.687	2.026	2.431	2.715	2.985	3.326	3.574
38	0.681	1.304	1.686	2.024	2.429	2.712	2.980	3.319	2.566
39	0.681	1.304	1.685	2.023	2.426	2.708	2.976	3.313	3.558
40	0.681	1.303	1.684	2.021	2.423	2.704	2.971	3.307	3.551
50	0.679	1.290	1.676	2.009	2.403	2.678	2.937	3.261	3.496
60	0.679	1.296	1.671	2.000	2.390	2.660	2.915	3.232	3.460
70	0.678	1.294	1.667	1.994	2.381	2.648	2.899	3.211	3.435
80	0.678	1.292	1.664	1.990	2.374	2.639	2.887	3.195	3.416
90	0.677	1.291	1.662	1.987	2.368	2.632	2.876	3.183	3.402
100	0.677	1.290	1.660	1.984	2.364	2.626	2.871	3.174	3.390
200	0.676	1.286	1.653	1.972	2.345	2.601	2.839	3.131	3.340
500	0.675	1.283	1.648	1.965	2.334	2.586	2.820	3.107	3.310
1 000	0.675	1.282	1.646	1.962	2.330	2.581	2.813	3.098	3.300
∞	0.674 5	1.281 6	1.644 9	1.960 0	2.326 3	2.575 8	2.807 0	3.090 2	3.290 5

附表 5(1) 相关系数界值表

$df = n-2$	$P(2)$: 0.50 $P(1)$: 0.25	0.20 0.10	0.10 0.05	0.05 0.025	0.02 0.01	0.01 0.005	0.005 0.0025	0.002 0.001	0.001 0.0005
1	0.707	0.951	0.988	0.997	1.000	1.000	1.000	1.000	1.000
2	0.500	0.800	0.900	0.950	0.980	0.990	0.995	0.998	0.999
3	0.404	0.687	0.805	0.878	0.934	0.959	0.974	0.986	0.991
4	0.347	0.608	0.729	0.811	0.882	0.917	0.942	0.963	0.974
5	0.309	0.551	0.669	0.755	0.833	0.875	0.906	0.935	0.951
6	0.281	0.507	0.621	0.707	0.789	0.834	0.870	0.905	0.925
7	0.260	0.472	0.582	0.666	0.750	0.798	0.836	0.875	0.898
8	0.212	0.443	0.549	0.632	0.715	0.765	0.805	0.847	0.872
9	0.228	0.419	0.521	0.602	0.685	0.735	0.776	0.820	0.847
10	0.216	0.398	0.497	0.576	0.658	0.708	0.750	0.795	0.823
11	0.206	0.380	0.476	0.553	0.634	0.684	0.726	0.772	0.801
12	0.197	0.365	0.457	0.532	0.612	0.661	0.703	0.750	0.780
13	0.189	0.351	0.441	0.514	0.592	0.641	0.683	0.730	0.760
14	0.182	0.338	0.426	0.497	0.574	0.623	0.664	0.711	0.742
15	0.176	0.327	0.412	0.482	0.558	0.606	0.647	0.694	0.725
16	0.170	0.317	0.400	0.468	0.542	0.590	0.631	0.678	0.708
17	0.165	0.308	0.389	0.456	0.529	0.575	0.616	0.662	0.693
18	0.160	0.299	0.378	0.444	0.515	0.561	0.602	0.648	0.679
19	0.156	0.291	0.369	0.433	0.503	0.549	0.589	0.635	0.665
20	0.152	0.284	0.360	0.423	0.492	0.537	0.576	0.622	0.652

附表 5(2) 相关系数界值表

21	0.148	0.277	0.352	0.413	0.482	0.526	0.565	0.610	0.640
22	0.145	0.271	0.344	0.404	0.472	0.515	0.554	0.599	0.629
23	0.141	0.265	0.337	0.396	0.462	0.505	0.543	0.588	0.618
24	0.138	0.260	0.330	0.388	0.453	0.496	0.534	0.578	0.607
25	0.136	0.255	0.323	0.381	0.445	0.487	0.524	0.568	0.597
26	0.133	0.250	0.317	0.374	0.437	0.479	0.515	0.559	0.588
27	0.131	0.248	0.311	0.367	0.430	0.471	0.507	0.550	0.579
28	0.128	0.241	0.306	0.361	0.423	0.463	0.499	0.541	0.570
29	0.126	0.237	0.301	0.355	0.416	0.456	0.491	0.533	0.562
30	0.124	0.233	0.296	0.349	0.409	0.449	0.484	0.526	0.554
31	0.122	0.229	0.291	0.344	0.403	0.442	0.477	0.518	0.546
32	0.120	0.225	0.287	0.339	0.397	0.436	0.470	0.511	0.539
33	0.118	0.222	0.283	0.334	0.392	0.430	0.464	0.504	0.532
34	0.116	0.219	0.279	0.329	0.386	0.424	0.458	0.498	0.525
35	0.115	0.216	0.275	0.325	0.381	0.418	0.452	0.492	0.519
36	0.113	0.213	0.271	0.320	0.376	0.413	0.446	0.486	0.513
37	0.111	0.210	0.267	0.316	0.371	0.408	0.441	0.480	0.507
38	0.110	0.207	0.264	0.312	0.367	0.403	0.435	0.474	0.501
39	0.108	0.204	0.261	0.308	0.362	0.398	0.430	0.469	0.495
40	0.107	0.202	0.257	0.304	0.358	0.393	0.425	0.463	0.490
41	0.106	0.199	0.254	0.301	0.354	0.389	0.420	0.458	0.484
42	0.104	0.197	0.251	0.297	0.350	0.384	0.416	0.453	0.479
43	0.103	0.195	0.248	0.294	0.346	0.380	0.411	0.449	0.474
44	0.102	0.192	0.246	0.291	0.342	0.376	0.407	0.444	0.469
45	0.101	0.190	0.243	0.288	0.338	0.372	0.403	0.439	0.465
46	0.100	0.188	0.240	0.285	0.335	0.368	0.399	0.435	0.460
47	0.099	0.186	0.238	0.282	0.331	0.365	0.395	0.431	0.456
48	0.098	0.184	0.235	0.279	0.328	0.361	0.391	0.427	0.451
49	0.097	0.182	0.233	0.276	0.325	0.358	0.387	0.423	0.447
50	0.096	0.181	0.231	0.273	0.322	0.354	0.384	0.419	0.443

附表 5(3)　相关系数界值表

$df=$ $n-2$	$P(2):$ 0.50 $P(1):$ 0.25	0.20 0.10	0.10 0.05	0.05 0.025	0.02 0.01	0.01 0.005	0.005 0.0025	0.002 0.001	0.001 0.0005
52	0.094	0.177	0.226	0.268	0.316	0.348	0.377	0.411	0.485
54	0.092	0.174	0.222	0.263	0.310	0.341	0.370	0.404	0.428
56	0.090	0.171	0.218	0.259	0.305	0.336	0.364	0.398	0.421
58	0.089	0.168	0.214	0.254	0.300	0.330	0.358	0.391	0.414
60	0.087	0.165	0.211	0.250	0.295	0.325	0.352	0.385	0.408
62	0.086	0.162	0.207	0.246	0.290	0.320	0.347	0.379	0.402
64	0.084	0.160	0.204	0.242	0.286	0.315	0.342	0.374	0.396
66	0.083	0.157	0.201	0.239	0.282	0.310	0.337	0.368	0.390
68	0.082	0.155	0.198	0.235	0.278	0.306	0.332	0.363	0.385
70	0.081	0.153	0.195	0.232	0.274	0.302	0.327	0.358	0.380
72	0.080	0.151	0.193	0.229	0.270	0.298	0.323	0.354	0.375
74	0.079	0.149	0.190	0.226	0.266	0.294	0.319	0.349	0.370
76	0.078	0.147	0.188	0.223	0.263	0.290	0.315	0.345	0.365
78	0.077	0.145	0.185	0.220	0.260	0.286	0.311	0.340	0.361
80	0.076	0.143	0.183	0.217	0.257	0.283	0.307	0.336	0.357
82	0.075	0.141	0.181	0.215	0.253	0.280	0.304	0.333	0.328
84	0.074	0.140	0.179	0.212	0.251	0.276	0.300	0.329	0.349
86	0.073	0.138	0.177	0.210	0.248	0.273	0.297	0.325	0.345
88	0.072	0.136	0.174	0.207	0.245	0.270	0.293	0.321	0.341
90	0.071	0.135	0.173	0.205	0.242	0.267	0.200	0.318	0.338

附表 5(4) 相关系数界值表

n									
92	0.334	0.315	0.287	0.264	0.240	0.203	0.171	0.133	0.070
94	0.331	0.312	0.284	0.262	0.237	0.201	0.169	0.132	0.070
96	0.327	0.308	0.281	0.259	0.235	0.199	0.167	0.131	0.069
98	0.324	0.305	0.279	0.256	0.232	0.197	0.165	0.129	0.068
100	0.321	0.303	0.276	0.254	0.230	0.195	0.164	0.128	0.068
105	0.314	0.296	0.270	0.248	0.225	0.190	0.160	0.125	0.066
110	0.307	0.289	0.264	0.242	0.220	0.186	0.156	0.122	0.064
115	0.300	0.283	0.258	0.237	0.215	0.182	0.153	0.119	0.063
120	0.294	0.277	0.253	0.232	0.210	0.178	0.150	0.117	0.062
125	0.289	0.272	0.248	0.228	0.206	0.174	0.147	0.114	0.060
130	0.283	0.267	0.243	0.223	0.202	0.171	0.144	0.112	0.059
135	0.278	0.262	0.239	0.219	0.199	0.168	0.141	0.110	0.058
140	0.273	0.257	0.234	0.215	0.195	0.165	0.139	0.108	0.057
145	0.269	0.253	0.230	0.212	0.192	0.162	0.136	0.106	0.056
150	0.264	0.249	0.227	0.208	0.189	0.159	0.134	0.105	0.055
160	0.256	0.241	0.220	0.202	0.183	0.154	0.130	0.101	0.053
170	0.249	0.234	0.213	0.196	0.177	0.150	0.126	0.098	0.052
180	0.242	0.228	0.207	0.190	0.172	0.145	0.122	0.095	0.050
190	0.236	0.222	0.202	0.185	0.168	0.142	0.119	0.093	0.049
200	0.230	0.210	0.197	0.181	0.164	0.138	0.116	0.091	0.048
250	0.206	0.194	0.176	0.162	0.146	0.124	0.104	0.081	0.043
300	0.188	0.177	0.161	0.148	0.134	0.113	0.095	0.074	0.039
350	0.175	0.164	0.149	0.137	0.124	0.105	0.088	0.068	0.036
400	0.164	0.154	0.140	0.128	0.116	0.098	0.082	0.064	0.034
450	0.154	0.145	0.132	0.121	0.109	0.092	0.077	0.060	0.032
500	0.146	0.138	0.125	0.115	0.104	0.088	0.074	0.057	0.030
600	0.134	0.126	0.114	0.105	0.095	0.080	0.067	0.052	0.028
700	0.124	0.116	0.106	0.097	0.088	0.074	0.062	0.048	0.026
800	0.116	0.109	0.099	0.091	0.082	0.069	0.058	0.045	0.024
900	0.109	0.103	0.093	0.086	0.077	0.065	0.055	0.043	0.022
1 000	0.104	0.098	0.089	0.081	0.073	0.062	0.052	0.041	0.021

附表 6(1)　等级相关系数界值表

n	$P(2):$ 0.50 $P(1):$ 0.25	0.20 0.10	0.10 0.05	0.05 0.025	0.02 0.01	0.01 0.005	0.005 0.0025	0.002 0.001	0.001 0.0005
4	0.600	1.000							
5	0.500	0.800	0.900	1.000					
6	0.371	0.657	0.829	0.886	0.943	1.000			
7	0.321	0.571	0.714	0.786	0.893	0.929	0.964	1.000	
8	0.310	0.524	0.643	0.738	0.833	0.881	0.905	0.952	1.000
9	0.267	0.483	0.600	0.700	0.783	0.833	0.867	0.917	0.976
10	0.248	0.455	0.564	0.648	0.745	0.794	0.830	0.879	0.933
11	0.236	0.427	0.536	0.618	0.709	0.755	0.800	0.845	0.903
12	0.217	0.406	0.503	0.587	0.678	0.727	0.769	0.818	0.873
13	0.209	0.385	0.484	0.560	0.648	0.703	0.747	0.791	0.846
14	0.200	0.367	0.464	0.538	0.626	0.679	0.723	0.771	0.824
15	0.189	0.354	0.446	0.521	0.604	0.654	0.700	0.750	0.802
16	0.182	0.341	0.429	0.503	0.582	0.635	0.679	0.729	0.779
17	0.176	0.328	0.414	0.485	0.566	0.615	0.662	0.713	0.762
18	0.170	0.317	0.401	0.472	0.550	0.600	0.643	0.695	0.748
19	0.165	0.309	0.391	0.460	0.535	0.584	0.628	0.677	0.728
20	0.161	0.299	0.380	0.447	0.520	0.570	0.612	0.662	0.712
21	0.156	0.292	0.370	0.435	0.508	0.556	0.599	0.648	0.696
22	0.152	0.284	0.361	0.425	0.496	0.544	0.586	0.634	0.681
23	0.148	0.278	0.353	0.415	0.486	0.532	0.573	0.622	0.667
24	0.144	0.271	0.344	0.406	0.476	0.521	0.562	0.610	0.654
25	0.142	0.265	0.337	0.398	0.466	0.511	0.551	0.598	0.642

附表 6(2)　等级相关系数界值表

n									
26	0.619	0.587	0.541	0.501	0.457	0.390	0.331	0.259	0.138
27	0.608	0.577	0.531	0.491	0.448	0.382	0.324	0.255	0.136
28	0.598	0.567	0.522	0.483	0.440	0.375	0.317	0.250	0.133
29	0.589	0.558	0.513	0.475	0.433	0.368	0.312	0.245	0.130
30	0.580	0.549	0.504	0.467	0.425	0.362	0.306	0.240	0.128
31	0.571	0.541	0.496	0.459	0.418	0.356	0.301	0.236	0.126
32	0.563	0.533	0.489	0.452	0.412	0.350	0.296	0.232	0.124
33	0.554	0.525	0.482	0.446	0.405	0.345	0.291	0.229	0.121
34	0.547	0.517	0.475	0.439	0.399	0.340	0.287	0.225	0.120
35	0.539	0.510	0.468	0.433	0.394	0.335	0.283	0.222	0.118
36	0.533	0.504	0.462	0.427	0.388	0.330	0.279	0.219	0.116
37	0.526	0.497	0.456	0.421	0.383	0.325	0.275	0.216	0.114
38	0.519	0.491	0.450	0.415	0.378	0.321	0.271	0.212	0.113
39	0.513	0.485	0.444	0.410	0.373	0.317	0.267	0.210	0.111
40	0.507	0.479	0.439	0.405	0.368	0.313	0.264	0.207	0.110
41	0.501	0.473	0.433	0.400	0.364	0.309	0.261	0.204	0.108
42	0.495	0.468	0.428	0.395	0.359	0.305	0.257	0.202	0.107
43	0.490	0.463	0.423	0.391	0.355	0.301	0.254	0.199	0.105
44	0.484	0.458	0.419	0.386	0.351	0.298	0.251	0.197	0.104
45	0.479	0.453	0.414	0.382	0.347	0.294	0.248	0.194	0.103
46	0.474	0.448	0.410	0.378	0.343	0.291	0.246	0.192	0.102
47	0.469	0.443	0.405	0.374	0.340	0.288	0.243	0.190	0.101
48	0.465	0.439	0.401	0.370	0.336	0.285	0.240	0.188	0.100
49	0.460	0.434	0.397	0.366	0.333	0.282	0.238	0.186	0.098
50	0.456	0.430	0.393	0.363	0.329	0.279	0.235	0.184	0.097

附表 7(1) χ² 值 表

df	P												
	0.995	0.990	0.975	0.950	0.900	0.750	0.500	0.250	0.100	0.050	0.025	0.010	0.005
1	...	...	...	...	0.02	0.10	0.45	1.32	2.71	3.84	5.02	6.63	7.88
2	0.01	0.02	0.05	0.10	0.21	0.58	1.39	2.77	4.61	5.99	7.38	9.21	10.60
3	0.07	0.11	0.22	0.35	0.58	1.21	2.37	4.11	6.25	7.81	9.35	11.34	12.84
4	0.21	0.30	0.48	0.71	1.06	1.92	3.36	5.39	7.78	9.49	11.14	13.28	14.86
5	0.41	0.55	0.83	1.15	1.61	2.67	4.35	6.63	9.24	11.07	12.83	15.09	16.75
6	0.68	0.87	1.24	1.64	2.20	3.45	5.35	7.84	10.64	12.59	14.45	16.81	18.55
7	0.99	1.24	1.69	2.17	2.83	4.26	6.35	9.04	12.02	14.07	16.01	18.48	20.28
8	1.34	1.65	2.18	2.73	3.49	5.07	7.34	10.22	13.36	15.51	17.53	20.09	21.96
9	1.73	2.09	2.70	3.33	4.17	5.90	8.34	11.39	14.68	16.92	19.02	21.67	23.59
10	2.16	2.56	3.25	3.94	4.87	6.74	9.34	12.55	15.99	18.31	20.48	23.21	25.19
11	2.60	3.05	3.82	4.57	5.58	7.58	10.34	13.70	17.28	19.68	21.92	24.72	26.76
12	3.07	3.57	4.40	5.23	6.30	8.44	11.34	14.85	18.55	21.03	23.34	26.22	28.30
13	3.57	4.11	5.01	5.89	7.04	9.30	12.34	15.98	19.81	22.36	24.74	27.69	29.82
14	4.07	4.66	5.63	6.57	7.79	10.17	13.34	17.12	21.06	23.68	26.12	29.14	31.32
15	4.60	5.23	6.27	7.26	8.55	11.04	14.34	18.25	22.31	25.00	27.49	30.58	32.80

附表 7(2) χ^2 值 表

df													
16	5.14	5.81	6.91	7.96	9.31	11.91	15.34	19.37	23.54	26.30	28.85	32.00	34.27
17	5.70	6.41	7.56	8.67	10.09	12.79	16.34	20.49	24.77	27.59	30.19	33.41	35.72
18	6.26	7.01	8.23	9.39	10.86	13.68	17.34	21.60	25.99	28.87	31.53	34.81	37.16
19	6.84	7.63	8.91	10.12	11.65	14.56	18.34	22.72	27.20	30.14	32.85	36.19	38.58
20	7.43	8.26	9.59	10.85	12.44	15.45	19.34	23.83	28.41	31.41	34.17	37.57	40.00
21	8.03	8.90	10.28	11.59	13.24	16.34	20.34	24.93	29.62	32.67	35.48	38.93	41.40
22	8.64	9.54	10.98	12.34	14.04	17.24	21.34	26.04	30.81	33.92	36.78	40.29	42.80
23	9.26	10.20	11.69	13.09	14.85	18.14	22.34	27.14	32.01	35.17	38.08	41.64	44.18
24	9.89	10.86	12.40	13.85	15.66	19.04	23.34	28.24	33.20	36.42	39.36	42.98	45.56
25	10.52	11.52	13.12	14.61	16.47	19.94	24.34	29.34	34.38	37.65	40.65	44.31	46.93
26	11.16	12.20	13.84	15.38	17.29	20.84	25.34	30.43	35.56	38.89	41.92	45.64	48.29
27	11.81	12.88	14.57	16.15	18.11	21.75	26.34	31.53	36.74	40.11	43.19	46.96	49.64
28	12.46	13.56	15.31	16.93	18.94	22.66	27.34	32.62	37.92	41.34	44.46	48.28	50.99
29	13.12	14.26	16.05	17.71	19.77	23.57	28.34	33.71	39.09	42.56	45.72	49.59	52.34
30	13.79	14.95	16.79	18.49	20.60	24.48	29.34	34.80	40.26	43.77	46.98	50.89	53.67
40	20.71	22.16	24.43	26.51	29.05	33.66	39.34	45.62	51.80	55.76	59.34	63.69	66.77
50	27.99	29.71	32.36	34.76	37.69	42.94	49.33	56.33	63.17	67.50	71.42	76.15	79.49
60	35.53	37.48	40.48	43.19	46.46	52.28	59.33	66.98	74.40	79.08	83.30	88.38	91.95
70	43.28	45.44	48.76	51.74	55.33	61.70	69.33	77.58	85.53	90.53	95.02	100.42	104.22
80	51.17	53.54	57.15	60.39	64.28	71.14	79.33	88.13	96.58	101.88	106.63	112.33	116.32
90	59.20	61.75	65.65	69.13	73.29	80.62	89.33	98.64	107.56	113.14	118.14	124.12	128.30
100	67.33	70.06	74.22	77.93	82.36	90.13	99.33	109.14	113.50	124.34	129.56	135.81	140.17

基本率 = 40%

r	选择率										
	.05	.10	.20	.30	.40	.50	.60	.70	.80	.90	.95
.00	.40	.40	.40	.40	.40	.40	.40	.40	.40	.40	.40
.05	.44	.43	.43	.42	.42	.42	.41	.41	.41	.40	.40
.10	.48	.47	.46	.45	.44	.43	.42	.42	.41	.41	.40
.15	.52	.50	.48	.47	.46	.45	.44	.43	.42	.41	.41
.20	.57	.54	.51	.49	.48	.46	.45	.44	.43	.41	.41
.25	.61	.58	.54	.51	.49	.48	.46	.45	.43	.42	.41
.30	.65	.61	.57	.54	.51	.49	.47	.46	.44	.42	.41
.35	.69	.65	.60	.56	.53	.51	.49	.47	.45	.42	.41
.40	.73	.69	.63	.59	.56	.53	.50	.48	.45	.43	.41
.45	.77	.72	.66	.61	.58	.54	.51	.49	.46	.43	.42
.50	.81	.76	.69	.64	.60	.56	.53	.49	.46	.43	.42
.55	.85	.79	.72	.67	.62	.58	.54	.50	.47	.44	.42
.60	.89	.83	.75	.69	.64	.60	.55	.51	.48	.44	.42
.65	.92	.87	.79	.72	.67	.62	.57	.52	.48	.44	.42
.70	.95	.90	.82	.76	.69	.64	.58	.53	.49	.44	.42
.75	.97	.93	.86	.79	.72	.66	.60	.54	.49	.44	.42
.80	.99	.96	.89	.82	.75	.68	.61	.55	.49	.44	.42
.85	1.00	.98	.93	.86	.79	.71	.63	.56	.50	.44	.42
.90	1.00	1.00	.97	.91	.82	.74	.65	.57	.50	.44	.42
.95	1.00	1.00	.99	.96	.87	.77	.66	.57	.50	.44	.42
1.00	1.00	1.00	1.00	1.00	1.00	.80	.67	.57	.50	.44	.42

基本率 = 50%

r	选择率										
	.05	.10	.20	.30	.40	.50	.60	.70	.80	.90	.95
.00	.50	.50	.50	.50	.50	.50	.50	.50	.50	.50	.50
.05	.54	.54	.53	.52	.52	.52	.51	.51	.51	.50	.50
.10	.58	.57	.56	.55	.54	.53	.53	.52	.51	.51	.50
.15	.63	.61	.58	.57	.56	.55	.54	.53	.52	.51	.51
.20	.67	.64	.61	.59	.58	.56	.55	.54	.53	.52	.51
.25	.70	.67	.64	.62	.60	.58	.56	.55	.54	.52	.51
.30	.74	.71	.67	.64	.62	.60	.58	.56	.54	.52	.51
.35	.78	.74	.70	.66	.64	.61	.59	.57	.55	.53	.51
.40	.82	.78	.73	.69	.66	.63	.61	.58	.56	.53	.52
.45	.85	.81	.75	.71	.68	.65	.62	.59	.56	.53	.52
.50	.88	.84	.78	.74	.70	.67	.63	.60	.57	.54	.52
.55	.91	.87	.81	.76	.72	.69	.65	.61	.58	.54	.52
.60	.94	.90	.84	.79	.75	.70	.66	.62	.59	.54	.52
.65	.96	.92	.87	.82	.77	.73	.68	.64	.59	.55	.52
.70	.98	.95	.90	.85	.80	.75	.70	.65	.60	.55	.53
.75	.99	.97	.92	.87	.82	.77	.72	.66	.61	.55	.53
.80	1.00	.99	.95	.90	.85	.80	.73	.67	.61	.55	.53
.85	1.00	.99	.97	.94	.88	.82	.76	.69	.62	.55	.53
.90	1.00	1.00	.99	.97	.92	.86	.78	.70	.62	.56	.53
.95	1.00	1.00	1.00	.99	.96	.90	.81	.71	.63	.56	.53
1.00	1.00	1.00	1.00	1.00	1.00	1.00	.83	.71	.63	.56	.53

附表 8(2)　泰勒—卢雪尔预期表

基本率＝60%　高效标组

r	选择率										
	.05	.10	.20	.30	.40	.50	.60	.70	.80	.90	.95
.00	.60	.60	.60	.60	.60	.60	.60	.60	.60	.60	.60
.05	.64	.63	.63	.62	.62	.62	.61	.61	.61	.60	.60
.10	.68	.67	.65	.64	.64	.63	.63	.62	.61	.61	.60
.15	.71	.70	.68	.67	.66	.65	.64	.63	.62	.61	.61
.20	.75	.73	.71	.69	.67	.66	.65	.64	.63	.62	.61
.25	.78	.76	.73	.71	.69	.68	.66	.65	.63	.62	.61
.30	.82	.79	.76	.73	.71	.69	.68	.66	.64	.62	.61
.35	.85	.82	.78	.75	.73	.71	.69	.67	.65	.63	.62
.40	.88	.85	.81	.78	.75	.73	.70	.68	.66	.63	.62
.45	.90	.87	.83	.80	.77	.74	.72	.69	.66	.64	.62
.50	.93	.90	.86	.82	.79	.76	.73	.70	.67	.64	.62
.55	.95	.92	.88	.84	.81	.78	.75	.71	.68	.64	.62
.60	.96	.94	.90	.87	.83	.80	.76	.73	.69	.65	.63
.65	.98	.96	.92	.89	.85	.82	.78	.74	.70	.65	.63
.70	.99	.97	.94	.91	.87	.84	.80	.75	.71	.66	.63
.75	.99	.99	.96	.93	.90	.86	.81	.77	.71	.66	.63
.80	1.00	.99	.98	.95	.92	.88	.83	.78	.72	.66	.63
.85	1.00	1.00	.99	.97	.95	.91	.86	.80	.73	.66	.63
.90	1.00	1.00	1.00	.99	.97	.94	.88	.82	.74	.66	.63
.95	1.00	1.00	1.00	1.00	.99	.97	.92	.84	.75	.67	.63
1.00	1.00	1.00	1.00	1.00	1.00	1.00	1.00	.86	.75	.67	.63

基本率＝70%

r	选择率										
	.05	.10	.20	.30	.40	.50	.60	.70	.80	.90	.95
.00	.70	.70	.70	.70	.70	.70	.70	.70	.70	.70	.70
.05	.73	.73	.72	.72	.72	.71	.71	.71	.71	.70	.70
.10	.77	.76	.75	.74	.73	.73	.72	.72	.71	.71	.70
.15	.80	.79	.77	.76	.75	.74	.73	.73	.72	.71	.71
.20	.83	.81	.79	.78	.76	.76	.75	.74	.73	.71	.71
.25	.86	.84	.81	.80	.78	.77	.76	.75	.73	.72	.71
.30	.88	.86	.84	.82	.80	.78	.77	.75	.74	.72	.71
.35	.91	.89	.86	.83	.82	.80	.78	.76	.75	.73	.71
.40	.93	.91	.88	.85	.83	.81	.79	.77	.75	.73	.72
.45	.94	.93	.90	.87	.85	.83	.81	.78	.76	.73	.72
.50	.96	.94	.91	.89	.87	.84	.82	.80	.77	.74	.72
.55	.97	.96	.93	.91	.88	.86	.83	.81	.78	.74	.72
.60	.98	.97	.95	.92	.90	.87	.85	.82	.79	.75	.73
.65	.99	.98	.96	.94	.92	.89	.86	.83	.80	.75	.73
.70	1.00	.99	.97	.96	.93	.91	.88	.84	.80	.76	.73
.75	1.00	1.00	.98	.97	.95	.92	.89	.86	.81	.76	.73
.80	1.00	1.00	.99	.98	.97	.94	.91	.87	.82	.77	.73
.85	1.00	1.00	1.00	.99	.98	.96	.93	.89	.84	.77	.74
.90	1.00	1.00	1.00	1.00	.99	.98	.95	.91	.85	.78	.74
.95	1.00	1.00	1.00	1.00	1.00	.99	.98	.94	.86	.78	.74
1.00	1.00	1.00	1.00	1.00	1.00	1.00	1.00	.88	.78	.74

z	p_z	$\hat{\rho}=0.10$	0.20	0.30	0.40	0.50	0.60	0.70	0.80	0.90
-2.00	0.022 8	0.000 9	0.001 4	0.002 0	0.002 9	0.004 1	0.005 5	0.007 4	0.009 8	0.013 4
-1.90	0.028 7	0.001 3	0.002 0	0.003 0	0.004 1	0.005 6	0.007 5	0.009 8	0.012 9	0.017 3
-1.80	0.035 9	0.002 0	0.003 0	0.004 2	0.005 8	0.007 7	0.010 0	0.013 0	0.016 8	0.022 1
-1.70	0.044 6	0.003 0	0.004 3	0.005 9	0.007 9	0.010 4	0.013 3	0.017 0	0.021 6	0.028 1
-1.60	0.054 8	0.004 4	0.006 1	0.008 3	0.010 8	0.013 9	0.017 5	0.022 0	0.027 6	0.035 3
-1.50	0.066 8	0.006 3	0.008 6	0.011 3	0.014 5	0.018 3	0.022 8	0.028 2	0.034 9	0.044 0
-1.40	0.080 8	0.009 0	0.011 9	0.015 4	0.019 3	0.023 9	0.029 3	0.035 7	0.043 6	0.054 3
-1.30	0.096 8	0.012 6	0.016 3	0.020 5	0.025 4	0.030 9	0.037 4	0.044 9	0.054 1	0.066 4
-1.20	0.115 1	0.017 3	0.021 9	0.027 1	0.032 9	0.039 6	0.047 1	0.055 9	0.066 5	0.080 6
-1.10	0.135 7	0.023 4	0.029 1	0.035 3	0.042 3	0.050 0	0.058 7	0.068 8	0.080 9	0.096 9
-1.00	0.158 7	0.031 3	0.038 1	0.045 5	0.053 6	0.062 5	0.072 5	0.840 0	0.097 6	0.115 5
-0.90	0.184 1	0.041 3	0.049 2	0.057 8	0.067 1	0.077 3	0.088 7	0.101 5	0.116 7	0.136 5
-0.80	0.211 9	0.053 6	0.062 8	0.073 6	0.083 2	0.094 6	0.107 3	0.121 6	0.138 3	0.160 0
-0.70	0.242 0	0.068 5	0.079 1	0.090 2	0.102 0	0.114 7	0.128 6	0.144 2	0.162 5	0.186 0
-0.60	0.274 3	0.086 5	0.098 3	0.110 6	0.123 7	0.137 6	0.152 7	0.169 6	0.189 3	0.214 5
-0.50	0.308 5	0.107 8	0.120 7	0.134 2	0.148 3	0.163 3	0.179 6	0.197 6	0.218 6	0.245 3
-0.40	0.344 6	0.132 4	0.146 4	0.160 9	0.176 0	0.192 0	0.209 2	0.228 2	0.250 3	0.278 4
-0.30	0.382 1	0.160 6	0.175 5	0.190 8	0.206 7	0.223 5	0.241 5	0.261 4	0.284 3	0.313 5
-0.20	0.420 7	0.192 4	0.207 9	0.223 9	0.240 4	0.257 7	0.276 3	0.296 8	0.320 4	0.350 4
-0.10	0.460 2	0.227 6	0.243 5	0.259 8	0.276 7	0.294 4	0.313 4	0.334 3	0.358 3	0.388 8
0.00	0.500 0	0.265 9	0.282 1	0.298 6	0.315 5	0.333 3	0.352 4	0.374 3	0.397 6	0.428 2
0.10	0.539 8	0.307 2	0.323 2	0.339 5	0.356 4	0.374 1	0.393 0	0.413 9	0.437 9	0.468 4
0.20	0.579 3	0.350 9	0.366 4	0.382 4	0.398 9	0.416 2	0.434 8	0.455 3	0.478 9	0.508 9
0.30	0.617 9	0.396 5	0.411 3	0.426 6	0.442 6	0.459 3	0.477 3	0.497 2	0.520 2	0.549 3
0.40	0.655 4	0.443 3	0.457 3	0.471 8	0.486 9	0.502 6	0.520 0	0.539 1	0.561 2	0.589 3
0.50	0.691 5	0.490 7	0.503 6	0.517 1	0.531 2	0.546 2	0.562 5	0.580 5	0.601 5	0.628 3
0.60	0.725 8	0.538 0	0.549 8	0.562 1	0.575 2	0.589 1	0.602 4	0.621 1	0.640 8	0.666 0
0.70	0.758 0	0.584 6	0.599 1	0.606 2	0.618 1	0.630 8	0.644 7	0.660 3	0.678 6	0.702 1
0.80	0.788 1	0.629 8	0.639 1	0.648 9	0.659 5	0.671 0	0.683 6	0.697 9	0.714 8	0.736 3
0.90	0.815 9	0.673 0	0.681 1	0.689 7	0.699 0	0.709 2	0.720 5	0.733 4	0.748 6	0.768 4
1.00	0.841 3	0.741 0	0.720 8	0.728 2	0.736 3	0.745 2	0.757 2	0.766 7	0.780 3	0.798 2
1.10	0.864 3	0.752 1	0.757 7	0.764 0	0.770 9	0.778 7	0.787 4	0.797 5	0.809 6	0.825 5
1.20	0.884 9	0.787 2	0.791 8	0.797 3	0.802 8	0.809 4	0.816 9	0.825 7	0.836 3	0.850 4
1.30	0.903 2	0.819 0	0.822 7	0.826 9	0.831 8	0.837 3	0.843 8	0.851 3	0.860 5	0.872 8
1.40	0.919 2	0.847 5	0.850 4	0.853 8	0.857 8	0.862 4	0.867 8	0.874 2	0.882 1	0.892 8
1.50	0.933 2	0.872 7	0.875 0	0.877 7	0.880 9	0.884 7	0.889 2	0.894 6	0.901 2	0.910 3
1.60	0.945 2	0.894 8	0.896 5	0.897 8	0.901 2	0.904 3	0.907 9	0.912 4	0.918 0	0.925 7
1.70	0.955 4	0.913 9	0.915 2	0.916 8	0.918 8	0.921 2	0.924 2	0.927 9	0.932 5	0.938 9
1.80	0.964 1	0.930 2	0.931 1	0.932 4	0.933 9	0.935 8	0.936 8	0.941 1	0.944 9	0.950 3
1.90	0.971 3	0.943 9	0.944 6	0.945 5	0.946 7	0.948 2	0.950 0	0.952 4	0.955 5	0.959 8